文化ファッション大系
服飾造形講座 ❻

服飾造形応用編 Ⅰ
（高級素材）

文化服装学院編

序

　文化服装学院は今まで『文化服装講座』、それを新しくした『文化ファッション講座』をテキストとしてきました。

　1980年頃からファッション産業の専門職育成のためのカリキュラム改定に取り組んできた結果、各分野の授業に密着した内容の、専門的で細分化されたテキストの必要性を感じ、このほど『文化ファッション大系』という形で内容を一新することになりました。

　それぞれの分野は次の四つの講座からなっております。

　「服飾造形講座」は、広く服飾類の専門的な知識・技術を教育するもので、広い分野での人材育成のための講座といえます。

　「アパレル生産講座」は、アパレル産業に対応する専門家の育成講座であり、テキスタイルデザイナー、マーチャンダイザー、アパレルデザイナー、生産管理者などの専門家を育成するための講座といえます。

　「ファッション流通講座」は、ファッションの流通分野で、専門化しつつあるスタイリスト、バイヤー、ファッションアドバイザー、ディスプレイデザイナーなど各種ファッションビジネスマンの育成のための講座といえます。

　それに以上の3講座に関連しながら、それらの基礎ともなる、色彩、デザイン画、ファッション史、素材のことなどを学ぶ「服飾関連専門講座」の四つの講座を骨子としています。

　「服飾造形講座」では、被服に関する総合的な知識と製作技術を修得し、さらに創造力と美的感性の開発を目指し、学習できるようになっています。

　まず、服飾造形の基礎知識から入り、それぞれの基本的な服種（アイテム）の「服造り」を通して、服飾全般の知識と応用を学びます。

　さらには、ますます専門分化が進んでいるアパレル産業からのニーズにこたえられるように高度な専門知識と技術を身につけます。

　"作ることは、商品を創ること"の意識のもと、技術の修得を主とするこの講座で研鑽を積んでいただきたいと思います。

目次 服飾造形応用編Ⅰ（高級素材）

序 …………………………………………… 3
はじめに …………………………………… 8
カラー口絵 ………………………………… 9

第1章　シルク・化合繊　13

Ⅰ　シルク・化合繊について ………………… 14
　　種類と特徴 ……………………………… 14

Ⅱ　シルク・化合繊の扱い …………………… 17
　　　　透ける布地の扱い
　　　　　地直し／裁断／印つけ／芯／縫製

Ⅲ　デザインと作図・縫製 …………………… 21
　1　ワンウエープリーツスカート ………… 21
　2　アンブレラプリーツスカート ………… 27
　3　無双仕立てのブラウス ………………… 32
　4　アンサンブル …………………………… 36
　5　ローウエストのパーティドレス ……… 42
　6　ベアトップドレス ……………………… 52
　　　ファウンデーションとパニエについて …… 60
　　　　（1）ファウンデーションA ………… 62
　　　　（2）ファウンデーションB ………… 66
　　　　（3）パニエA …………………………… 68
　　　　（4）パニエB …………………………… 77
　7　エンパイアシルエットのロングドレス …… 80
　8　ウェディングドレス …………………… 87

第2章　レース・スパングルエンブロイダリー …99

〈レース〉
- Ⅰ　レースについて ……………………………… **100**
    - 1　種類と特徴 ……………………………… 100
    - 2　デザイン ………………………………… 101
- Ⅱ　レースの扱い ………………………………… **102**
    - 地直し／裁断／印つけ／縫製
- Ⅲ　デザインと作図・縫製 ……………………… **103**
    - ケミカルレースのジャケット …………… 103

〈スパングルエンブロイダリー〉
- Ⅰ　スパングルエンブロイダリーについて …… **114**
    - 1　種類と特徴 ……………………………… 114
    - 2　デザイン ………………………………… 114
- Ⅱ　スパングルエンブロイダリーの扱い ……… **114**
    - 地直し／裁断、印つけ／縫製
- Ⅲ　デザインと作図・縫製 ……………………… **115**
    - ノーカラー、ノースリーブのブラウス …… 115

第3章　ベルベット ………… 119

- Ⅰ　ベルベットについて ………………………… **120**
    - 1　種類と特徴 ……………………………… 120
    - 2　デザイン ………………………………… 120
- Ⅱ　ベルベットの扱い …………………………… **121**
    - 地直し／裁断、印つけ／仮縫い合せ／
    - 芯／縫製／アイロン
- Ⅲ　デザインと作図・縫製 ……………………… **122**
    - カウルネックのロングドレス …………… 122

第 4 章　高級ウール……………131

〈リバーシブル〉
- Ⅰ　リバーシブルについて……………………132
  - 種類と特徴……………………132
- Ⅱ　リバーシブルの扱い……………………132
  - 裁断／縫製
- Ⅲ　デザインと作図・縫製……………………138
  - プリンセスラインのコート……………………138

〈高級ウール〉
- Ⅰ　高級ウールについて……………………149
  - 1　種類と特徴……………………149
  - 2　デザイン……………………149
- Ⅱ　カシミア・ドスキン類の扱い……………………150
  - 地直し／縫製／芯
- Ⅲ　デザインと作図・縫製……………………151
  - フォーマルジャケット……………………151

作図の凡例……………………183
文化式原型成人女子用身頃……………………184
参考寸法……………………186

はじめに

　ファッション産業は、今や人々の生活全体を対象とした大きな広がりを持つようになりました。中でもアパレルに関する分野は広く、これらの仕事に携わる人たちにとって、服作りについての専門的な知識は欠くことのできない大切なことといえます。

　近年、ライフスタイルの変化にともない、日本人全体の体位が向上し、特に若年層を中心にした女性の体型に大きな変化が現われています。その実状を的確に把握した服作りが考えられなくてはならないことを切実に感じています。

　「文化ファッション大系」として講座を一新するにあたり、学院では独自に「衣服製作のための計測項目」を検討し、学生を被験者として人体計測を実施しました。一方、サイズ別に原型の試着実験を行ない、若年層の女性を対象として原型と標準サイズの改訂をしました。

　作図法に関しては、これらの年齢層への適合を重点に検討し展開してあります。

　「服飾造形講座」の応用編は、「高級素材」と「特殊素材」の2冊からなり、素材の扱い方に重点をおいて解説してあります。

　この「高級素材」編では、服飾造形の基本的知識や技術を既に習得された方のために、扱い方の難しい素材を高級素材ととらえ、素材別にそれぞれの特徴をふまえた作例により、パターンメーキングから縫製までを解説してあります。

　シルク・化合繊、レース、スパングルエンブロイダリー、ベルベットでは、プリーツスカートやブラウス、フォーマルドレスなどを中心に、各素材の特徴を生かした扱い方を重視した内容になっています。

　また高級ウールのリバーシブルでは、縫い代やエッジの始末などの基本的な扱い方をコートで、カシミア・ドスキン類では、毛芯を使用したテーラードジャケットの仕立て方をとり上げました。

　服作りを学び、将来プロフェッショナルを目指すかたがたが、さらなる技術の習得と向上のためにこの本を役立てくださるように願っています。

シルク・化合繊

ジャンリュック・エヴラール

イヴ・サンローラン

シャネル

ハナヱ・モリ

ヴァレンティノ

ヴァレンティノ

イヴ・サンローラン

ヴァレンティノ

シャネル

カルヴァン

シルク・化合繊

フランク・ソルビエ

ピエール・バルマン

イヴ・サンローラン

シャネル

ジバンシィ

シャネル

クリスチャン・ラクロワ

シャネル

レース

シャネル

ウンガロ

ヴァレンティノ

ジバンシィ

イヴ・サンローラン

スパングルエンブロイダリー

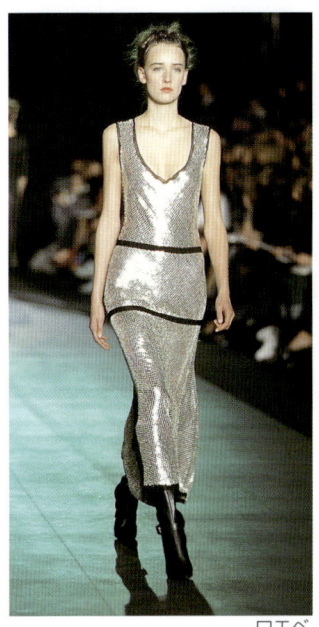

ロエベ

エルヴェ・レジェ

ベルベット

アナ・スイ

ルイ・フェロー

イヴ・サンローラン

高級ウール

ジバンシィ

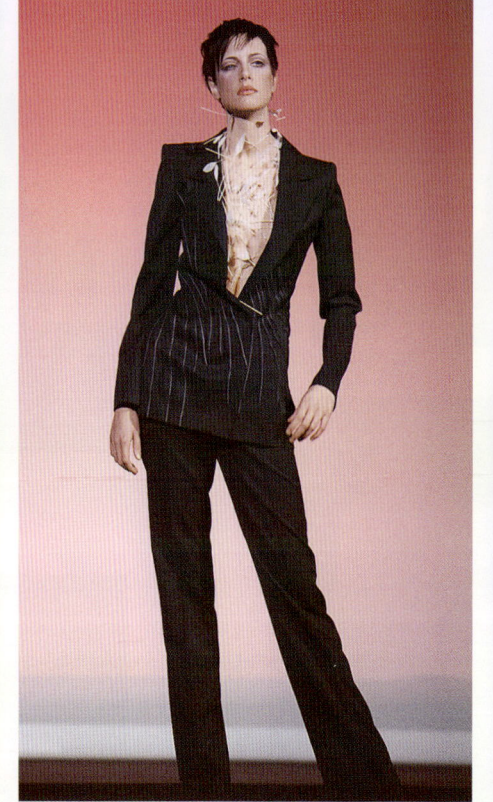

ラルフローレン

ドミニク・シロー

ジャンルイ・シェレル

ピエール・バルマン

リバーシブル

ヴァレンティノ

マイケル・コース

マックス・マーラ

第1章
シルク・化合繊

ルコアネ・エマン

I シルク・化合繊について

種類と特徴

美しい光沢としなやかな感触の絹織物や、絹に似せた化合繊は、撚り糸や組織によって作り出す風合いは異なるが高級感がある。

●薄くて透けるタイプ

種類	特徴
モスリン	太さにむらの少ない細めの糸で、たて、よこの密度をほぼ等しくして織った平織物。 綿糸、絹糸、梳毛糸のほかにレーヨン、ポリエステル混紡、ナイロン混紡、ビニロン混紡など、いろいろな繊維の織り糸を使って織られている。
オーガンジー	ごく薄地で軽く、透けて見える平織物で、さらりとした手ざわりを持つ。 本来は綿だが、絹やポリエステル、レーヨンでも作られる。
ジョーゼット	たて、よこともに左撚りと右撚りの強撚糸を1本、または2本交互に織り込んで平織りにした経緯縮緬。 もともと絹織物であるが、現在ではキュプラ、化合繊のフィラメント糸や綿とポリエステルとの混紡糸、さらに梳毛糸のものもある。地薄で柔らかい、優美な布地である。
ボイル	たて、よこともに強撚糸を用いた平織物。薄地で軽く、密度が粗く、透けて見える。しゃり味があって、さらりとした感触である。 本来は綿だが、毛、絹、化合繊でも作られる。
シフォン	地薄で透けて見える一種の経緯縮緬。強撚をかけた細い糸をたて、よこに使い、たて、よこの密度をほぼ同じくらいにして粗く平織りにしたもの。 生糸で織ったものが代表的であり、精練しないで生のまま使われる。キュプラやアセテートのシフォンもある。非常に軽く、ドレープのでやすい布地である。
ローン	フランスのラン（Laon）で織りはじめたことからその名がついた高級薄地の亜麻織物。手ざわりが柔らかい。 これに模して綿や化合繊のローンが作られている。 適度の張りがあって、さらりとした感触である。
チュール	薄い六角形の網目構造のもの。フランスのチュールで最初に生産されたところからこの名称がつけられた。 本来絹製品であるが、現在ではナイロン、ポリエステルなどでも作られる。

●垂れてドレープ性があるタイプ

楊柳	不規則な形のたてしぼがある織物。絹や化合繊のフィラメント糸では右撚りだけ、綿糸では左撚りだけの強撚糸を使って平織りにする。左か右のどちらか片方だけの強撚糸を使ってあらわすしぼなので、片しぼという。
縮緬	よこ糸に強撚糸を交互に打ち込んだ絹織物の総称。一般にたて糸に撚りのない生糸、よこ糸に強撚の生糸を用いて平織りに製織したのち、ソーダを混ぜた石けん液で数時間煮沸して縮ませ、水洗いしてのりを取り、乾燥仕上げをする。縮緬のしぼの大きさに変化をもたせることがある。
クレープデシン	18世紀の初めころ、フランスのリヨンで中国産の縮緬に模して織り出したときにつけられた名称。たてに無撚糸を、よこに左撚りと右撚りの強撚糸を2本ずつ交互に打ち込んだ平織り。織り上げてから精練し、しぼ出しをして仕上げる。布面には繊細な美しいしぼがあらわれている。もとはすべて絹織物であったが、現在では、キュプラ、アセテート、ポリエステル、ナイロンなどの化合繊でも織られている。

●美しい光沢としなやかな張りがあるタイプ

サテン	朱子織物。手ざわりがなめらかで光沢に富んでいる。やや厚めなものが多く、優美な雰囲気をもっており、ドレッシーな衣服を仕立てるものに適している。
タフタ	薄地の平織りの絹織物。現在は絹のほか、レーヨン、アセテート、ナイロン、ポリエステルなどもあり、交織したものもある。絹のタフタは地薄であるが、地合いが密なためほどよいこしがあり、縞や格子を織りあらわしたものも多い。色違いの染糸を使って玉虫効果をあらわしたものもあり、玉虫タフタ、またはカメレオンタフタと呼ばれる。
羽二重	平絹ともいい、たて糸に無撚の生糸などを使用した主として平組織の後練り織物。筬の1羽にたて糸2本を通すことから名づけられた。軽めのなめらかな柔らかい質感がある。
ツイル	斜文織物。斜めの畝があらわれる。

●畝のあるタイプ

ファイユ	たてに細い絹や化合繊のフィラメント糸を使い、よこにはたての数倍の太さの織り糸を使って織った織物。組織は平織りが多いが、たて畝織りもある。 　布面には、横畝があらわれる。畝の太さは、タフタより太く、グログランよりも細い。 　しなやかで、ドレープ性があり、こしがある。
オットマン	幅の広い（約3mm以上）横畝のある織物で、ドレッシーな趣をもつ。 　たてに細い糸を密に配列して、ごく太いよこ糸を平織りに組織させるか、1杼口に2本以上のよこ糸を打ち込んでたて畝織りに組織させる。
グログラン	2mmぐらいの幅の横畝をあらわした織物。もともと絹織物であり、たて糸の密度が多いので、太いよこ糸を充分包み巻いて布面に横畝をあらわしている。 　一般に厚く、緻密な織物で、絹、人絹、アセテート、ポリエステルをたて糸に使ったものは光沢があり、ドレッシーな趣がある。

●節のあるタイプ

シャンタン	本来は、よこ糸に太い節のある柞蚕糸を用いた野趣豊かで、比較的薄地の平織物。 　シャンタンは中国の山東をさし、この地方で織りはじめられたことから、この名がついた。 　レーヨン、アセテート、綿、化合繊の糸を使ったものもシャンタンといわれる。

●その他

ジャカード	紋織りの織物で、フランスのジャカールによってジャカード織機が作られた。 　よこ糸を1本ごとに、これに組織させるたて糸の開口を規制する小孔をあけた紋紙の操作によって文様を織り出している。
ドビー	紋織機の一種のドビー機で織られた織物。織り紋は、小柄の規則正しい幾何学的なモチーフが多い。
ゴブラン	毛、絹、綿などで織られたつづれ織りである。表の模様には多彩なたて糸、またはよこ糸を使って、下絵に従い模様をあらわす。
ダマスク	たて朱子の地によこ朱子で模様をあらわした、綸子や緞子に似た織物。たて朱子とよこ朱子とを組み合わせて、地と紋をあらわした織物で、ジャカード機で織る。 　光線が布面に当たると、たて朱子とよこ朱子とでは反射する強さが違うため、地と紋のどちらか一方が光って見え、他方は鈍く暗く見える。

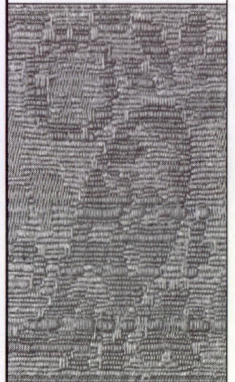

ブロケード	花や唐草、風景などの模様を織りあらわした豪華な絹織物。 たて朱子かたて綾の地に、いろいろな色に染めた数組みの絹糸や金・銀糸を打ち込んで模様をあらわす。 現在では、ジャカードで紋織りにした一重のものが多い。	マトラッセ	表面が幾何学的な形か、不規則な形にふくれ上がった織物。クロッケともいう。 絹、毛、綿、レーヨン、アセテート、ポリエステル、アクリルなどのものがあり、金属糸を織り込むこともある。

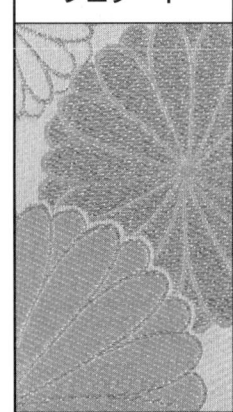

II　シルク・化合繊の扱い

図1

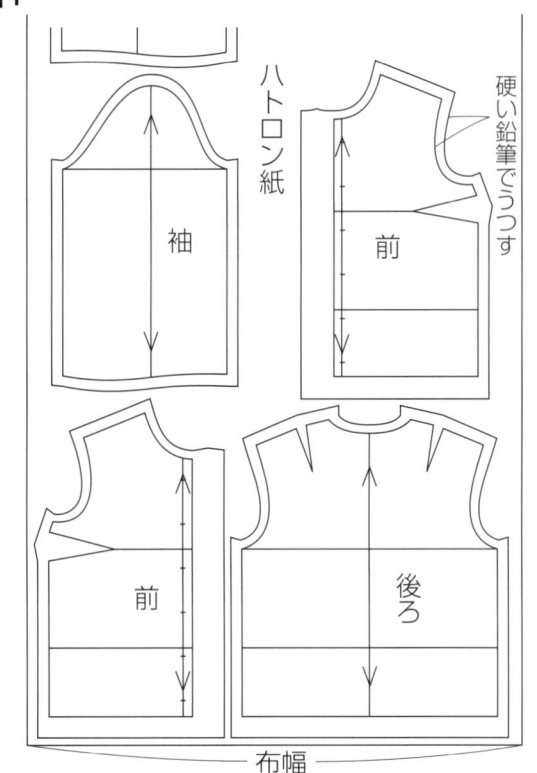

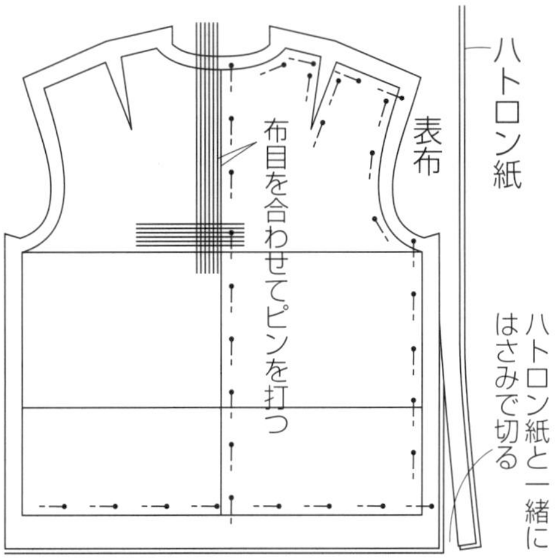

透ける布地の扱い

薄くて透けるタイプのものから地厚なものまであるが、ここでは透ける布地について解説する。

地直し

布地のもつ光沢や風合いを損なわないように、裏面からかるく、アイロンの温度に注意してドライアイロンをかけ、布目を整える。

裁断

布地が動きやすいので、ハトロン紙で裁合せのための敷紙を作り、ハトロン紙と一緒に裁断する。
①布幅に合わせたハトロン紙に、縫い代をつけたパターンを配置する。
②ハトロン紙にルレット、または布につかないように硬い鉛筆でうつす（図1）。
③ハトロン紙の上に布地をのせ、布目を合わせてピンで細かく止める（図2）。
④ハトロン紙と一緒に裁断する（図2）。

印つけ

ハトロン紙に止めた状態で、印どおりに布地だけに縫い印をする。
針はメリケン針9番を使用し、糸はぞべ糸、地縫い糸、ロックミシン糸などを使う。

芯

芯は透けることを考えて、はる位置を決める。共布やオーガンジーを使うこともある。接着芯を使用する場合は、試しばりをして確かめる。

図2

縫製

● 針、糸、糸調子

ミシン針は7番、9番を使用し、糸は布に合わせて、絹ミシン糸100番、ポリエステル糸90番を使用する。糸の色は同色または少し薄い色を選ぶ。特に透ける布地の場合は、織り糸を抜いた糸でまつると目立たなくてよい。

ミシンの糸調子はゆるめにし、3cmに16～18針のやや細かい針目にする。トレーシングペーパーやハトロン紙を布の下に敷き、一緒に縫うこともある。

● 縫い代の始末

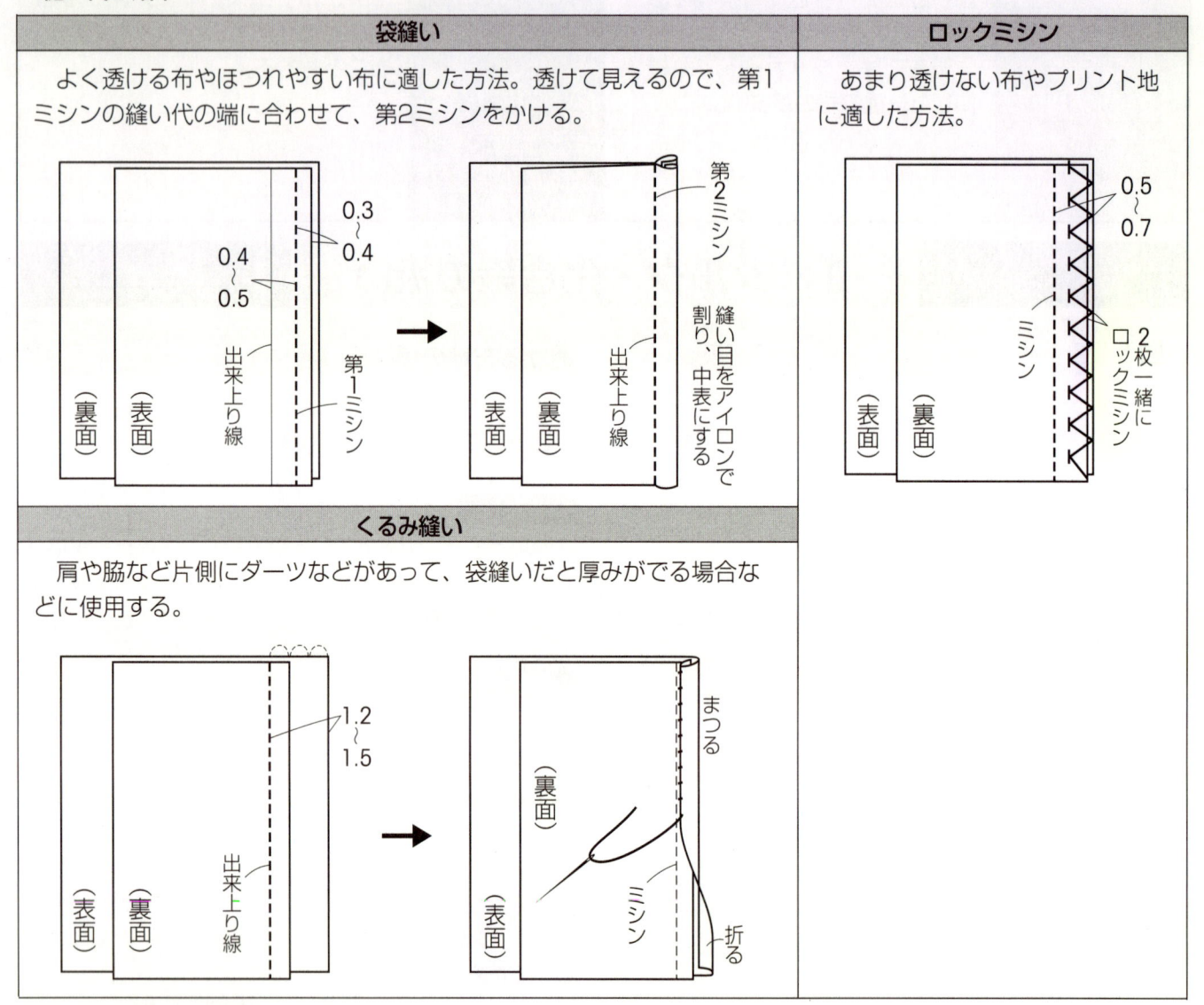

袋縫い

よく透ける布やほつれやすい布に適した方法。透けて見えるので、第1ミシンの縫い代の端に合わせて、第2ミシンをかける。

ロックミシン

あまり透けない布やプリント地に適した方法。

くるみ縫い

肩や脇など片側にダーツなどがあって、袋縫いだと厚みがでる場合などに使用する。

● 折り代や布端の始末

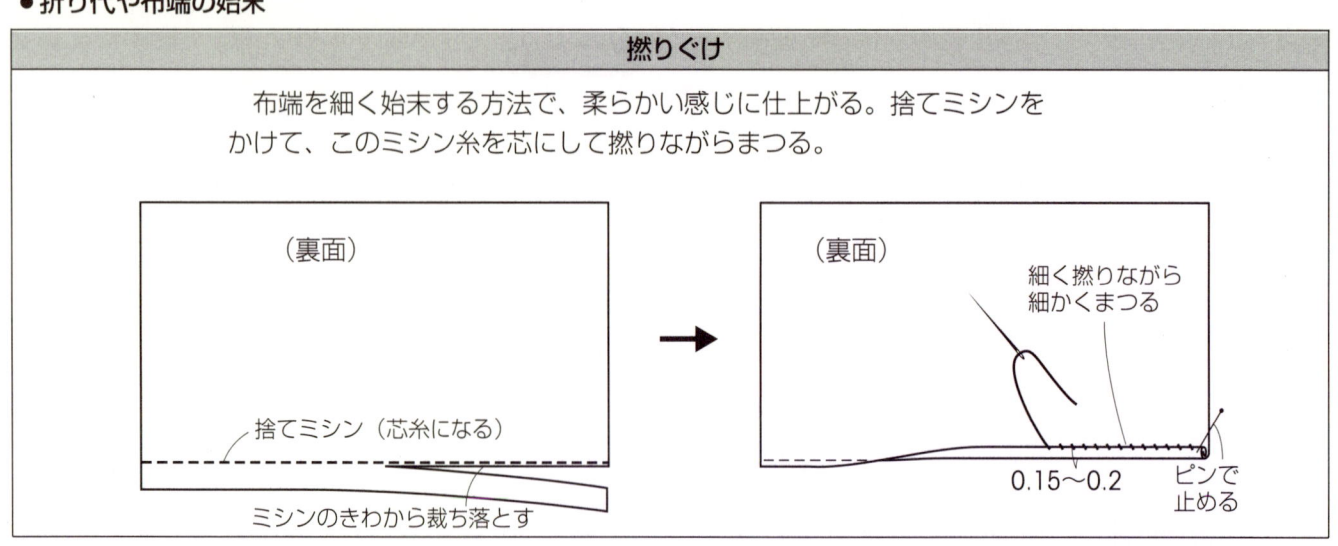

撚りぐけ

布端を細く始末する方法で、柔らかい感じに仕上がる。捨てミシンをかけて、このミシン糸を芯にして撚りながらまつる。

三つ折り縫い

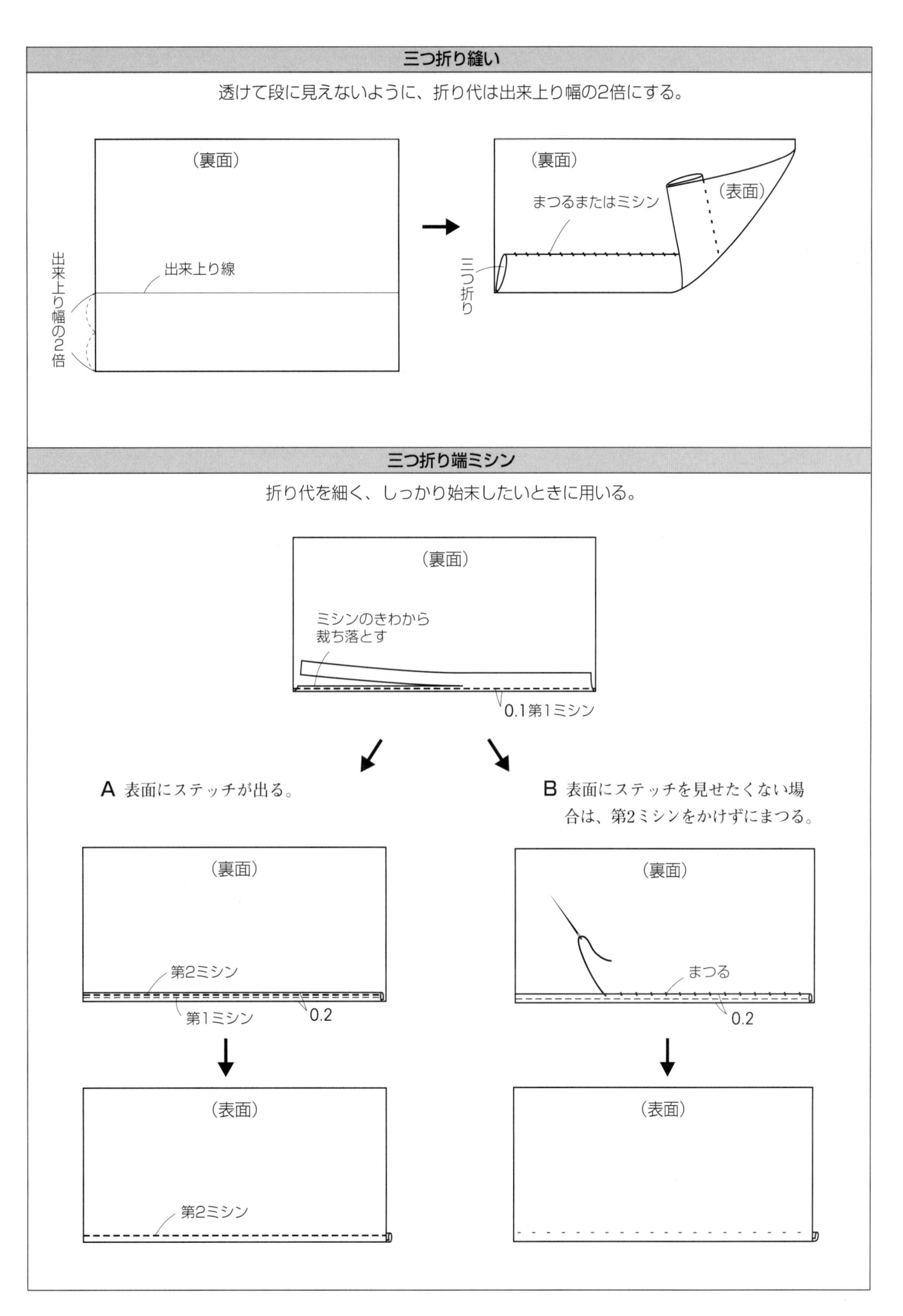

透けて段に見えないように、折り代は出来上り幅の2倍にする。

(裏面) 出来上り線 出来上り幅の2倍

→

(裏面) まつるまたはミシン (表面) 三つ折り

三つ折り端ミシン

折り代を細く、しっかり始末したいときに用いる。

(裏面) ミシンのきわから裁ち落とす 0.1 第1ミシン

↓ ↓

A 表面にステッチが出る。

(裏面) 第2ミシン 第1ミシン 0.2

↓

(表面) 第2ミシン

B 表面にステッチを見せたくない場合は、第2ミシンをかけずにまつる。

(裏面) まつる 0.2

↓

(表面)

Ⅱ　シルク・化合繊の扱い

折ってジグザグミシン

A 布端を折り、折り山のきわにジグザグミシンをかけ、ミシン目のきわから縫い代を裁ち落とす。

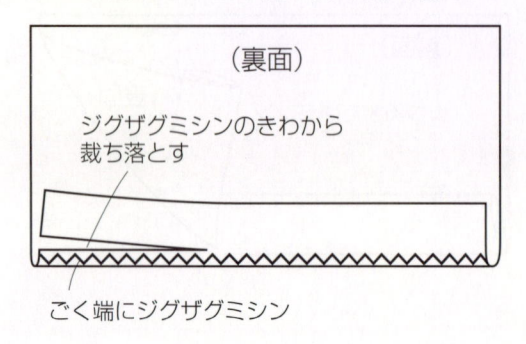

（裏面）
ジグザグミシンのきわから裁ち落とす
ごく端にジグザグミシン

B 布端を折り、ジグザグミシンの一方をその折り山からはずしてかける。最も細く始末できる。

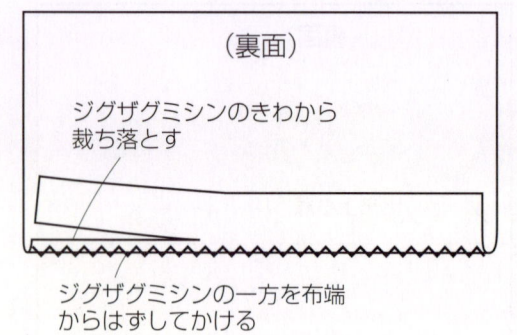

（裏面）
ジグザグミシンのきわから裁ち落とす
ジグザグミシンの一方を布端からはずしてかける

C 布端を折り、折り山にコード（既製のコードやテグスなど）をはさんでミシンをかけ、その上にBの方法でジグザグミシンをかける。コードにより布端に張りがでる。

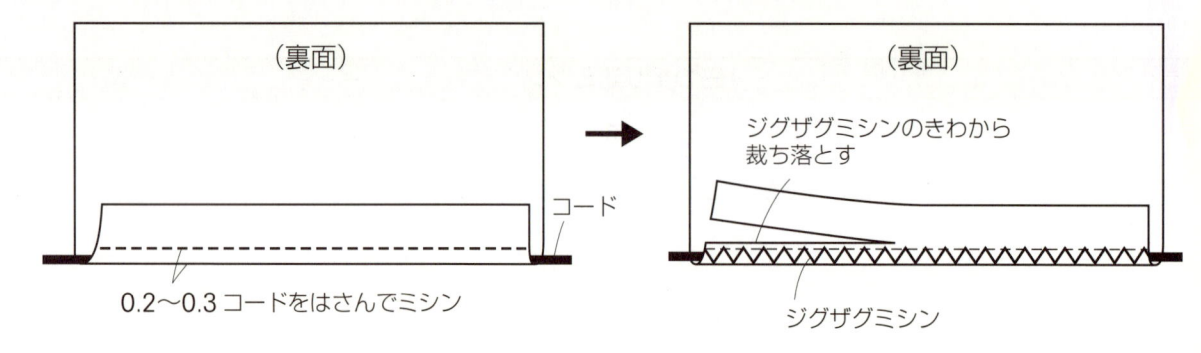

（裏面）
コード
0.2〜0.3 コードをはさんでミシン

→

（裏面）
ジグザグミシンのきわから裁ち落とす
ジグザグミシン

巻きロックミシン

ロックミシンで布端を細く始末する方法で、ジグザグミシンより厚みがでる。糸の種類によって、変化がある。

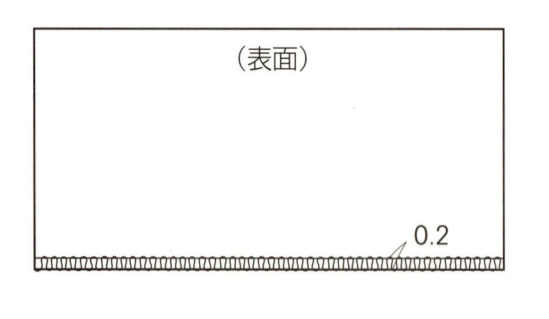

（表面）
0.2

縁とり

バイアステープを二つ折りにして、裁ち端側をミシンで縫い、わの部分をまつる。

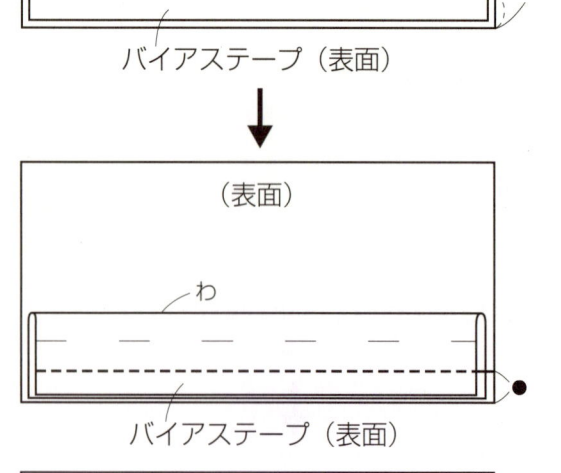

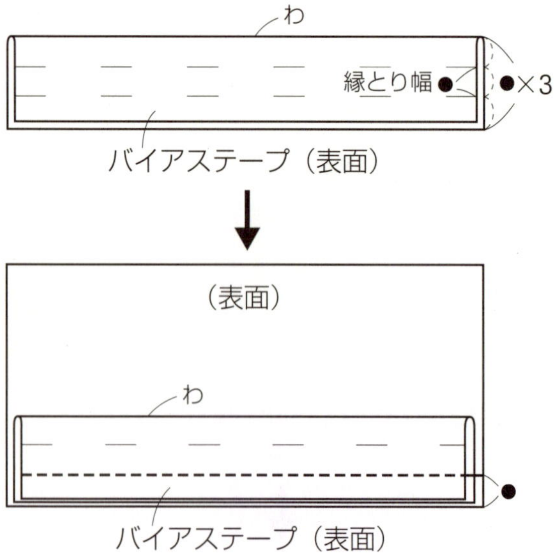

わ
縁とり幅 ●　●×3
バイアステープ（表面）

↓

（表面）
わ
バイアステープ（表面）

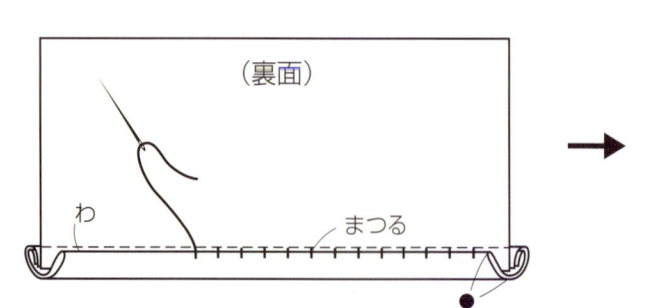

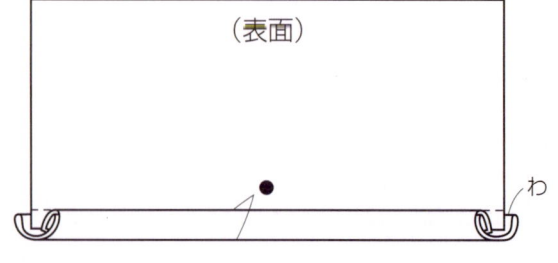

↙　　　→

（裏面）
わ　まつる

（表面）
わ　　　　　わ

III デザインと作図・縫製

1 ワンウェープリーツスカート

華やかな雰囲気で、流行に関係なく着られるスカート。熱可塑性のあるポリエステルなどの布地が適している。

使用量
表布＝ポリエステルジョーゼット110cm幅230cm

【作図】
作図要点
- プリーツ幅は好みによって変えてよいが、あまり広くならないほうがよい。
- プリーツ本数は、ヒップの必要寸法をプリーツ幅で等分して決める。
- ヒップに加えるゆとり分は、布が重なるため、布の厚みやデザインにより決める。ここではヒップ寸法に20〜24cmのゆとりを入れ、72本のプリーツで作図している。

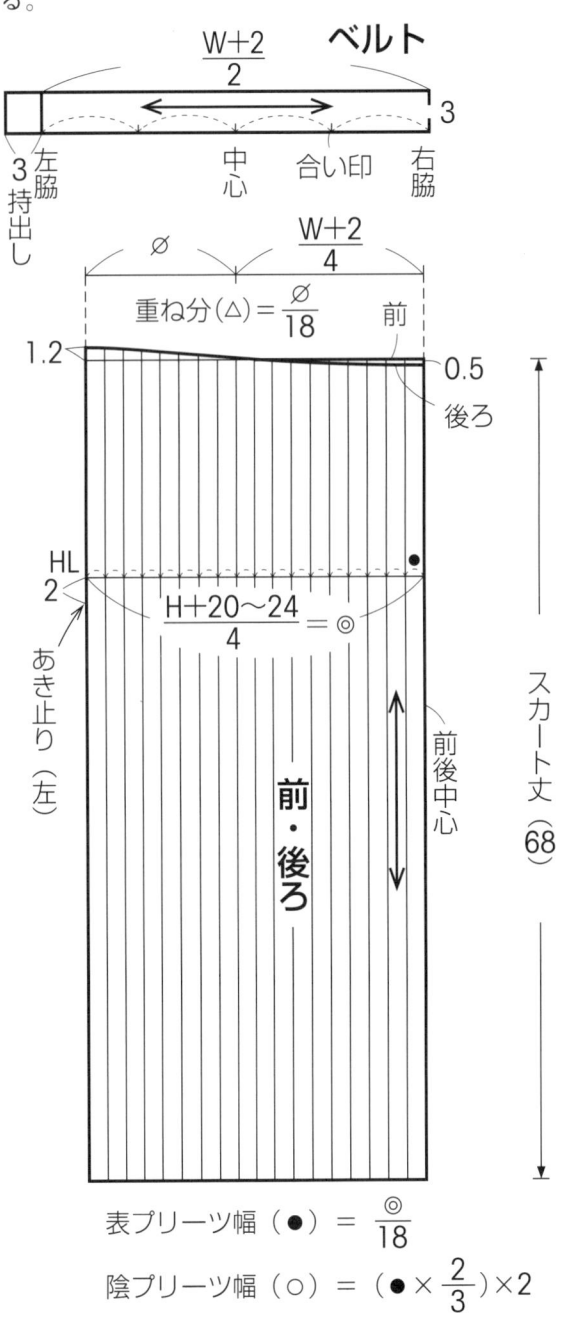

ベルト $\frac{W+2}{2}$
3 左脇持出し　中心　合い印　右脇 3

$\varnothing$　$\frac{W+2}{4}$
重ね分($\triangle$) = $\frac{\varnothing}{18}$　前
1.2　0.5　後ろ
HL
2
あき止り（左）
$\frac{H+20〜24}{4}$ = ◎
前後中心
前・後ろ
スカート丈（68）

表プリーツ幅（●） = $\frac{◎}{18}$

陰プリーツ幅（○） = （● × $\frac{2}{3}$）× 2

● 陰プリーツ幅は、最大で表プリーツ幅の2倍までとするが、使用量に限りがある場合は陰プリーツを浅くする。このプリーツの場合は、表プリーツ幅の$\frac{2}{3}×2$を目安としている。

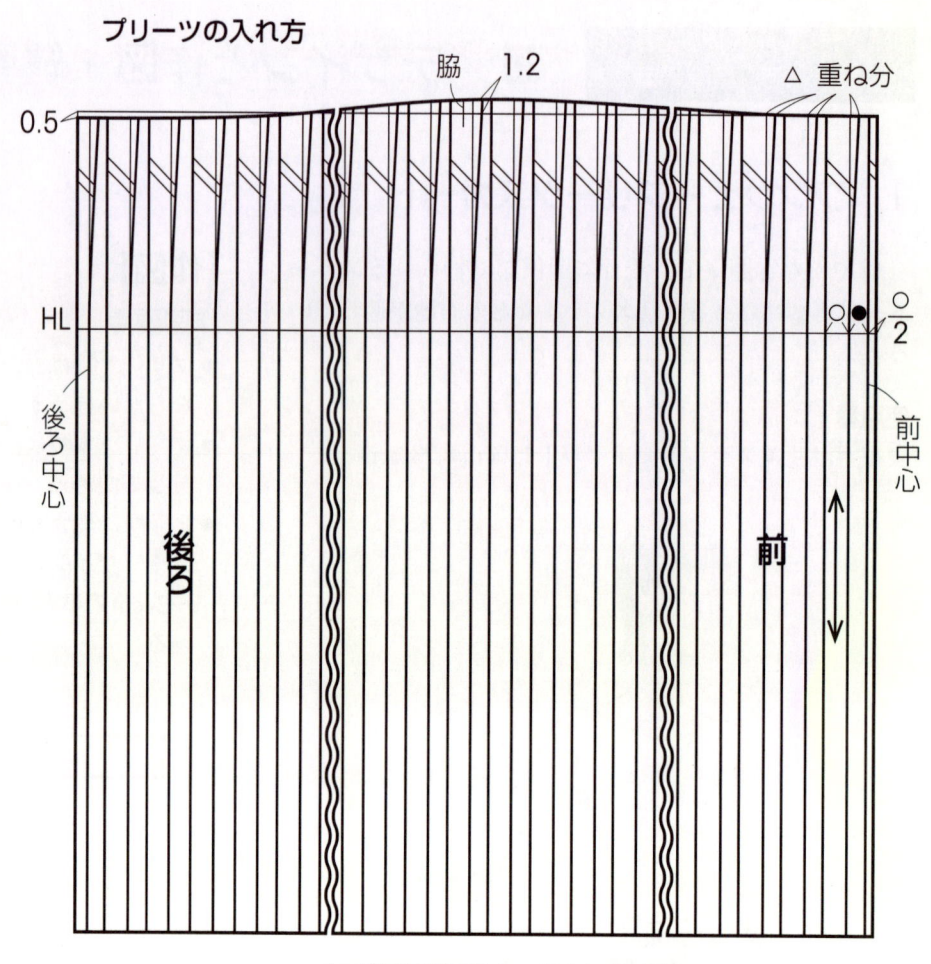

プリーツの入れ方

脇 1.2
△ 重ね分
0.5
HL
○/2
後ろ中心
前中心
後ろ
前

はぎ目は陰プリーツ山に入れる

【裁断】

スカート丈にウエストの縫い代と裾の折り代を加えて裁断し、裏側よりドライアイロンをかけ、布目を正す。

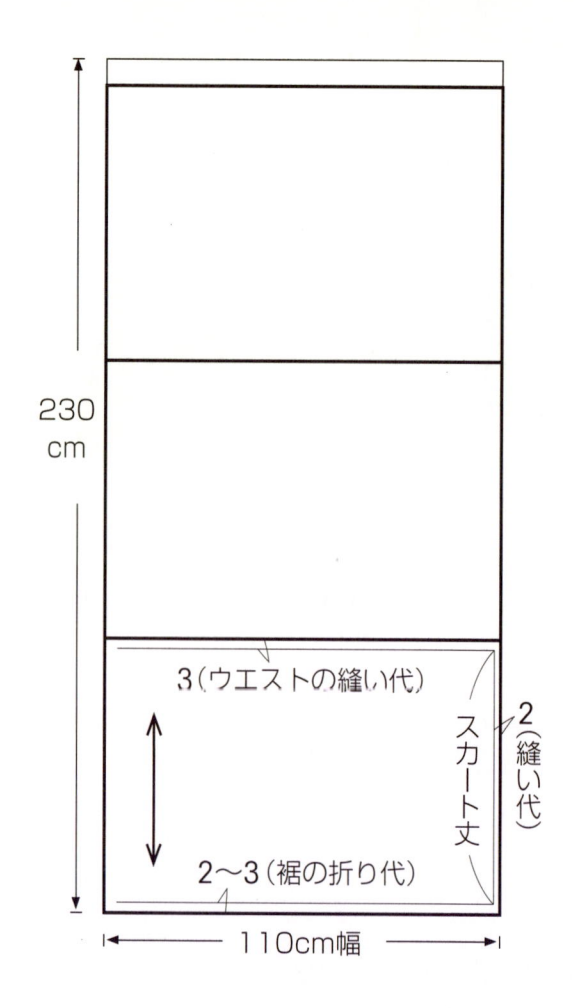

230 cm

3（ウエストの縫い代）
2（縫い代）
スカート丈
2〜3（裾の折り代）
110cm幅

【印つけ】

　裾の始末をしてから印つけをする。
　プリーツ幅をしるしたハトロン紙を布にのせ、表プリーツ山と陰プリーツ山にぞべ糸でしつけ（縫い印）をする。

A　ロックミシンをかけてまつる方法

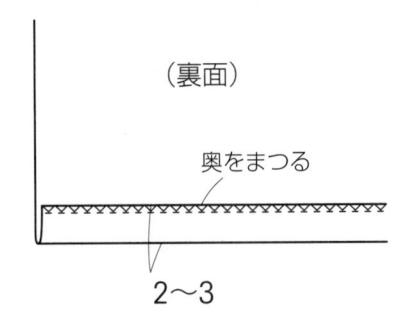

（裏面）
奥をまつる
2〜3

B　完全三つ折りにしてまつる方法

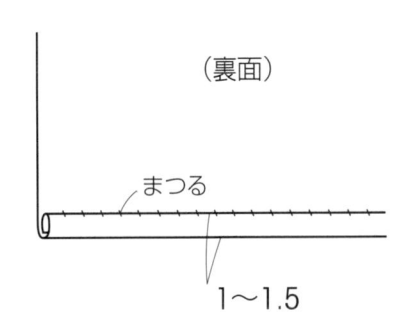

（裏面）
まつる
1〜1.5

1枚の布に24本印をつける

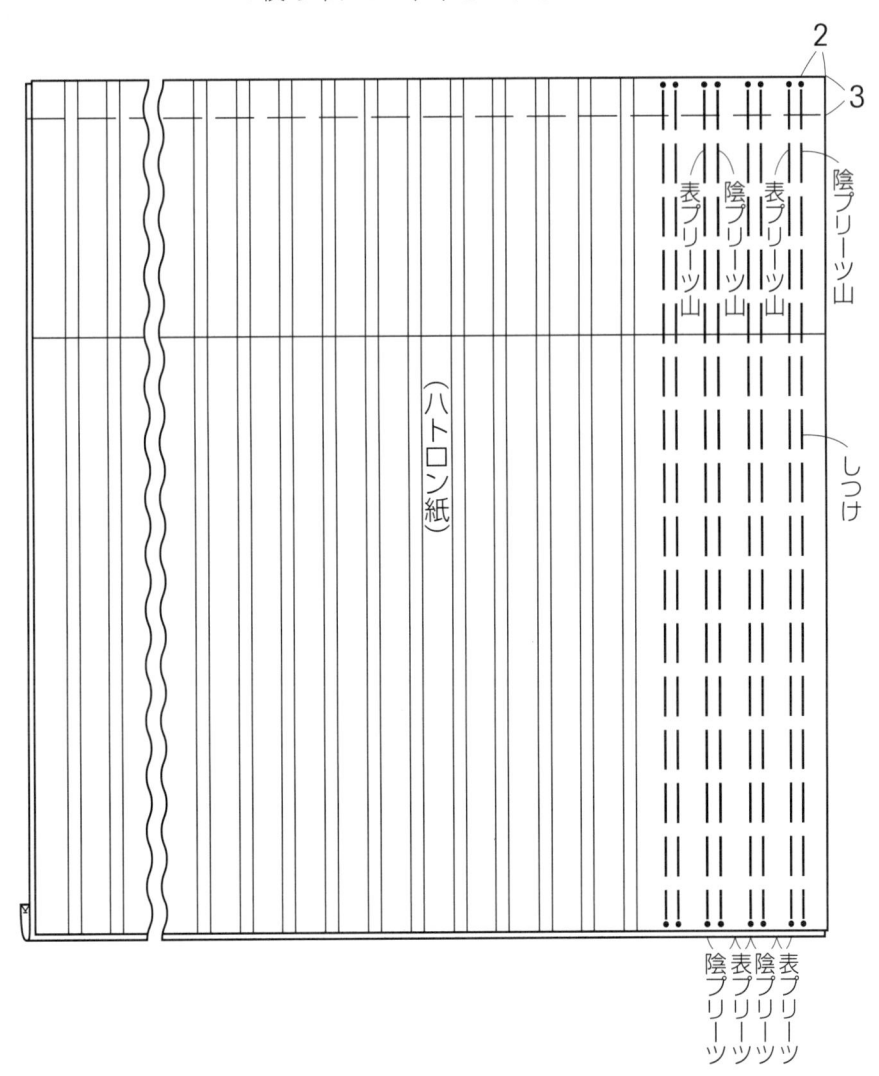

（ハトロン紙）

陰プリーツ山
表プリーツ山
陰プリーツ山
表プリーツ山

2
3

しつけ

陰プリーツ
表プリーツ
陰プリーツ
表プリーツ

Ⅲ　デザインと作図・縫製

【プリーツの折り方】

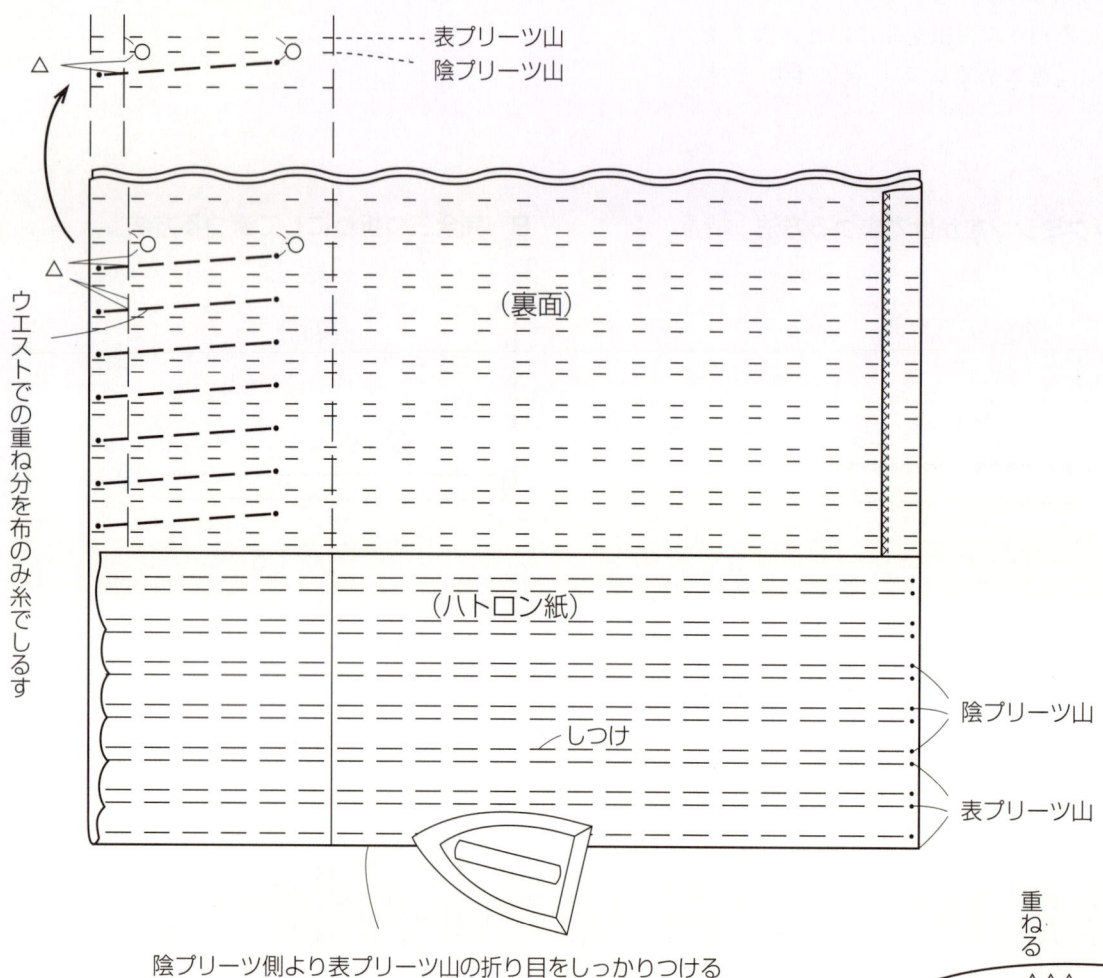

表プリーツ山
陰プリーツ山

(裏面)

ウエストでの重ね分を布のみ糸でしるす

(ハトロン紙)

しつけ

陰プリーツ山
表プリーツ山

陰プリーツ側より表プリーツ山の折り目をしっかりつける

重ねる
プレスボール
しつけ
(表面)
しつけ

① 表プリーツ山を表面(ハトロン紙側)の陰プリーツ側よりアイロンでしっかり折る。
② 陰プリーツ山は裏面よりヒップラインの5cm上から裾までしっかりとアイロンで折る。
③ プリーツをたたみ、表面(ハトロン紙側)よりヒップラインの5cmくらい上までもう一度しっかりアイロンをかける。
④ しつけを取ってハトロン紙をはずし、ウエストラインからヒップラインにかけてプレスボールの上で△寸法を重ね、腰の丸みを立体的に作る。重ね分量や重ね位置は、体型により変化する。
　陰プリーツ山はこの間で変化するため、アイロンで押さえて落ち着かせる。
⑤ 裾とヒップライン位置にプリーツが開かないようにしつけをする。

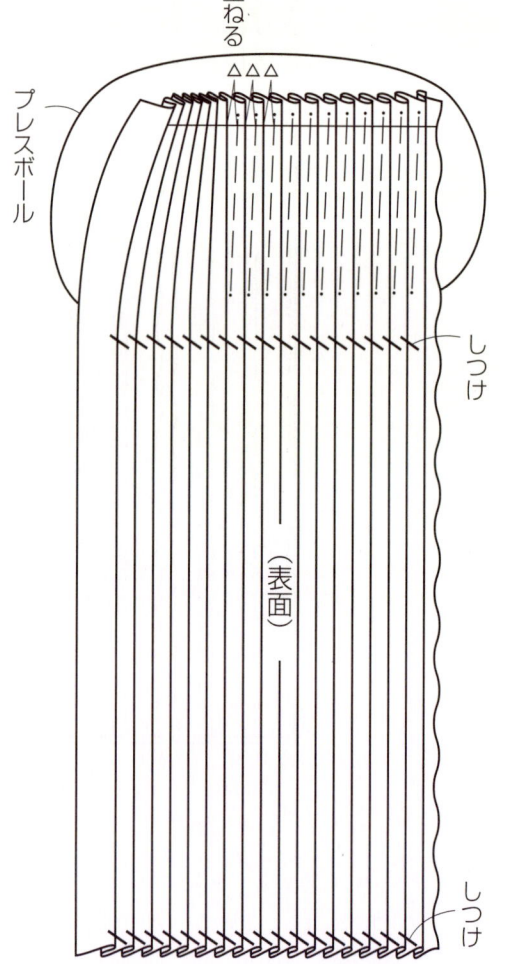

【縫製】

1 左脇あき部分を残し、3枚はぎ合わせる

〈はぎ方〉

- (裏面)
- ミシン
- 0.7
- 縫い代を0.7にカットしながら2枚一緒にロックミシンをかける
- 縫い代を斜めに折る

2 左脇あきを始末する

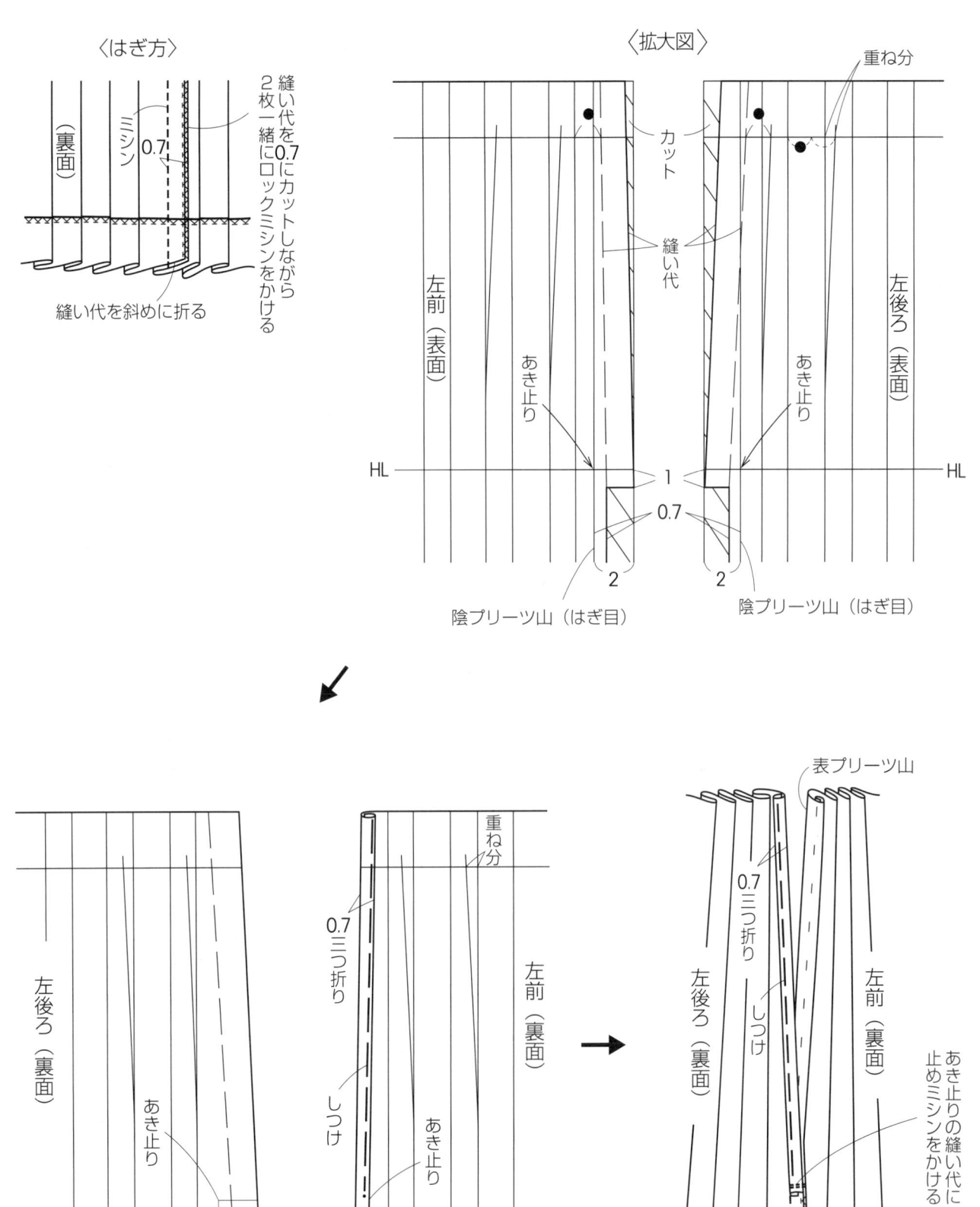

〈拡大図〉

- 重ね分
- カット
- 縫い代
- 左前（表面）
- 左後ろ（表面）
- あき止り
- あき止り
- HL
- 1
- 0.7
- 2
- 2
- 陰プリーツ山（はぎ目）
- 陰プリーツ山（はぎ目）

↓

- 左後ろ（裏面）
- あき止り
- 0.7
- 三つ折り
- しつけ
- あき止り
- 重ね分
- 左前（裏面）
- 陰プリーツ山（はぎ目）

→

- 表プリーツ山
- 0.7
- 三つ折り
- しつけ
- 左後ろ（裏面）
- 左前（裏面）
- あき止りの縫い代に止めミシンをかける
- 陰プリーツ山をはぎ合わせる

Ⅲ　デザインと作図・縫製

3 ウエストベルトを作り、つける
ウエストラインをパターンどおりに訂正してからウエストベルトをつける。

透ける布のベルト布

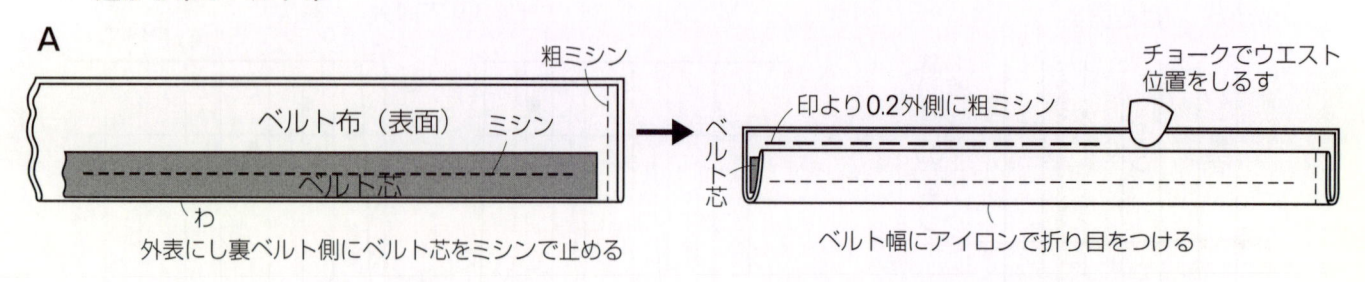

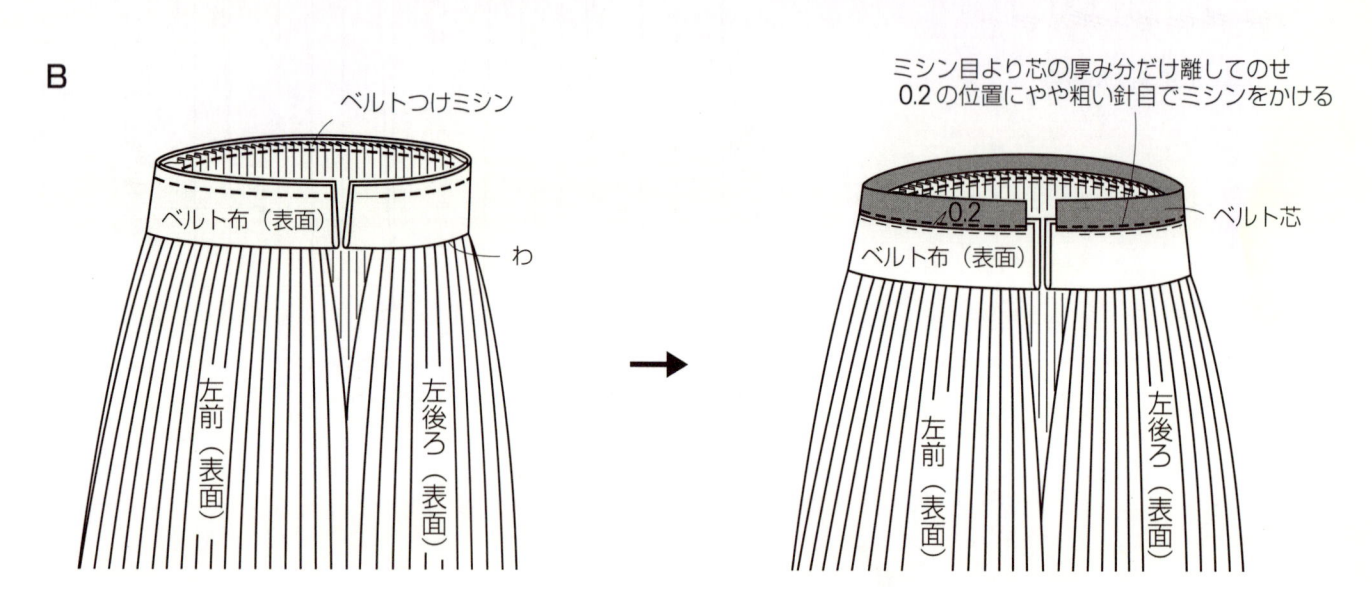

A

- 粗ミシン
- ベルト布（表面）
- ミシン
- ベルト芯
- わ
- 外表にし裏ベルト側にベルト芯をミシンで止める

→

- 印より0.2外側に粗ミシン
- チョークでウエスト位置をしるす
- ベルト芯
- ベルト幅にアイロンで折り目をつける

B

- ベルトつけミシン
- ベルト布（表面）
- わ
- 左前（表面）
- 左後ろ（表面）

→

- ミシン目より芯の厚み分だけ離してのせ0.2の位置にやや粗い針目でミシンをかける
- 0.2
- ベルト芯
- ベルト布（表面）
- 左前（表面）
- 左後ろ（表面）

C

- 表布の裏面に裏布を当て、ミシンまたは両面接着テープで止める
- 裏布（裏面）
- ミシン
- 耳
- ベルト布（裏面）

↓

- ベルト芯
- ベルト芯をミシンで止める（裏布を一緒に止めてもよい）

4 ホックとスナップをつける

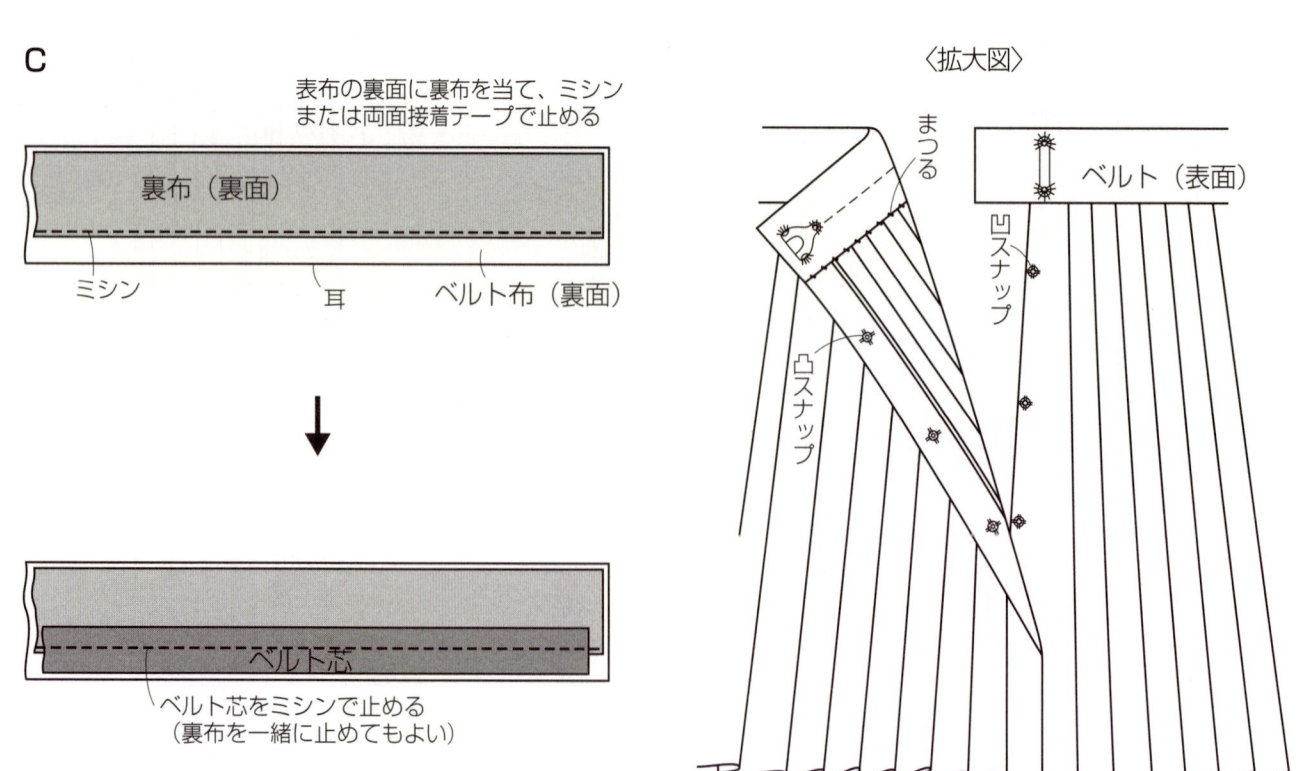

〈拡大図〉

- まつる
- ベルト（表面）
- 凸スナップ
- 凹スナップ

26

2 アンブレラプリーツスカート

傘を半開きにしたような裾広がりに折られたプリーツである。扇形の布を、ウエスト側のプリーツ幅は細く、裾側のプリーツ幅は広く放射状になるように、表側と裏側に折り目が交互に立つように折る。優雅で躍動感のあるプリーツスカートである。

使用量
表布＝ポリエステルジョーゼット110cm幅230cm
（Aの方法で裁つ場合）
110cm幅320cm
（Bの方法で裁つ場合）

【作図】
作図要点

このスカートは6枚はぎであるが、4枚はぎまたは8枚はぎにしてもよい。ウエストのギャザー分量や裾幅も自由に変えられるが、両側の傾斜が弱くなると直線的でスポーティな感じになり、傾斜が強いと優雅さはあるがバイアスになるので縫製が難しくなる。着用目的、素材など考慮して決めるとよい。ここではウエストのギャザー分量を、ウエストの必要寸法の$\frac{1}{2}$にしてある。

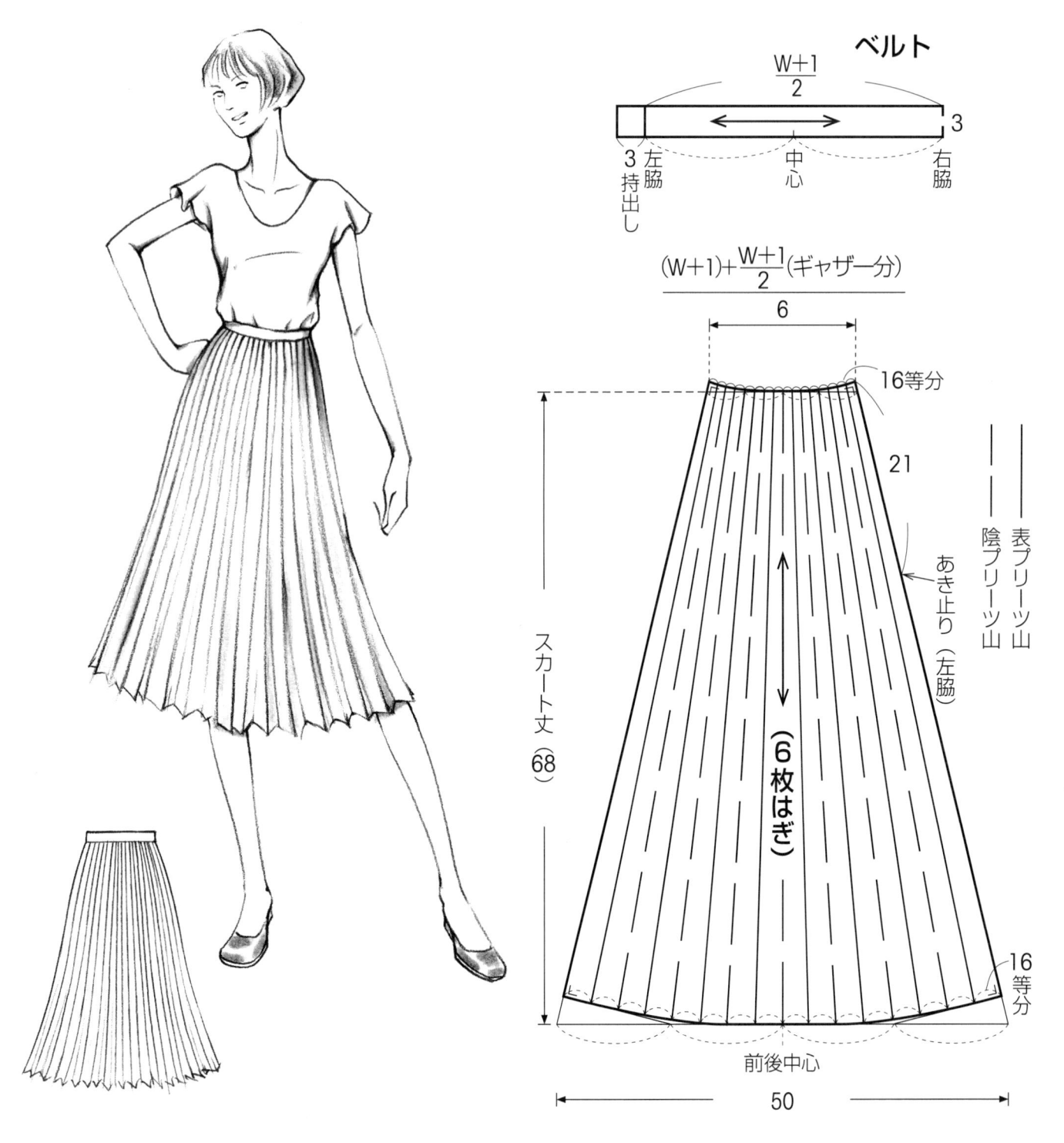

【裁断】

A

110cm幅

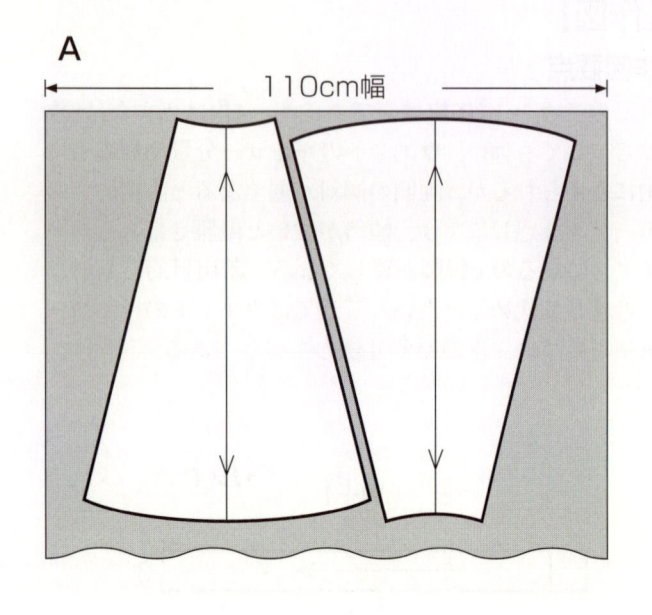

B

このシルエットの場合、布目の通し方によって表情が変わる。ここでは2通りの布目の通し方の違いによる裁ち方のポイントを説明する。

A　パターンの中心に布目を通す場合

はぎ合わせる両側の布目がバイアスになり、伸びて裾線が不ぞろいになるので、縫い代を多めにつけて粗裁ちし（図1）、中心から両側のバイアスになる部分に向かって徐々に伸ばすようにアイロンをかけ（図2）、布の伸びを落ち着かせてから、正確に印つけをして裁ち直す（図3）。

B　パターンの中心がバイアスになるように布目を通す場合

Aよりソフトな表情になる。Aより縫い代を多めにつけて粗裁ちした布を全体にアイロンでよく伸ばし、パターンを置いて裁ち直す。

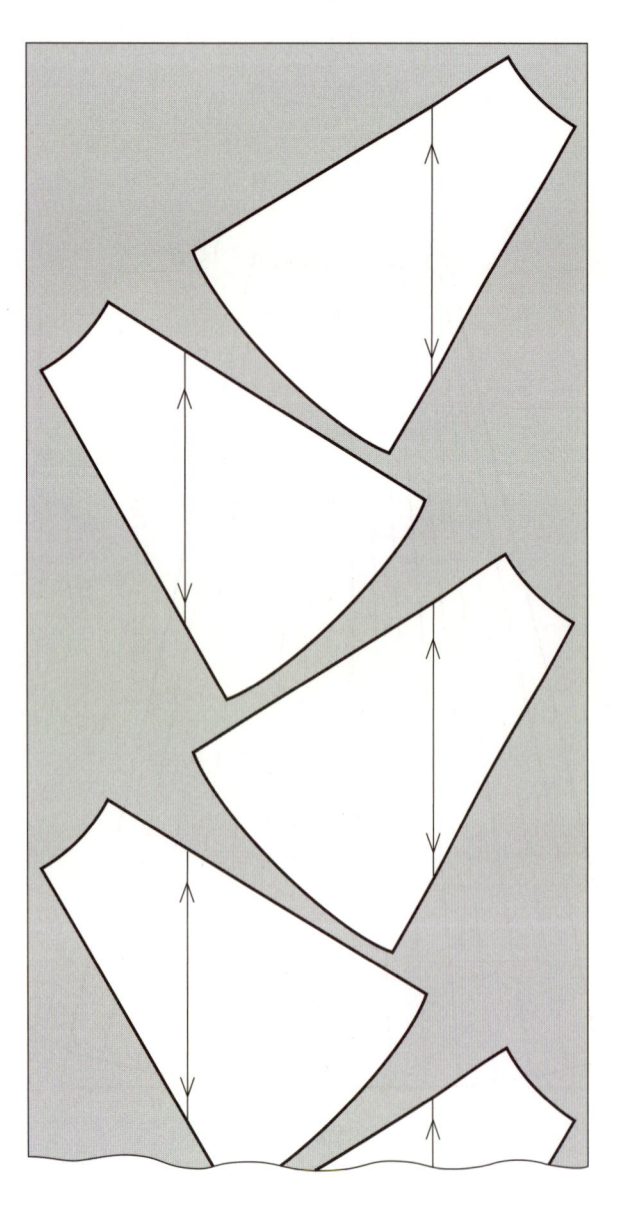

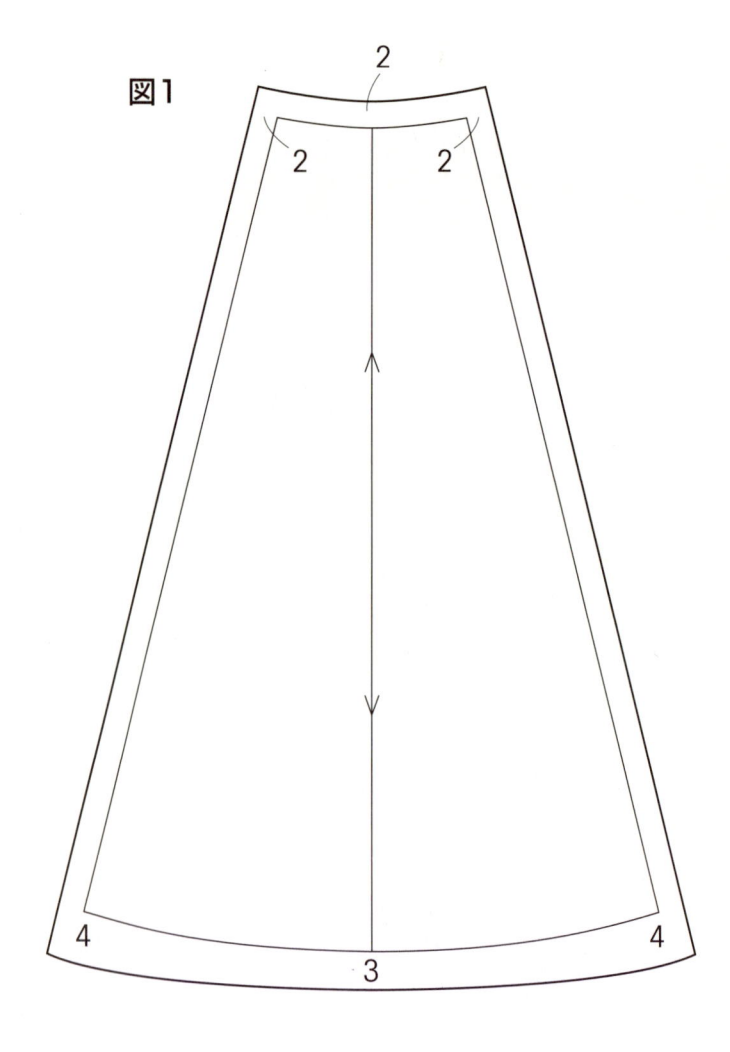

図1

図2

（裏面）

伸びて変化する

図3

1.5

1　　　　1

2～3

【印つけ】

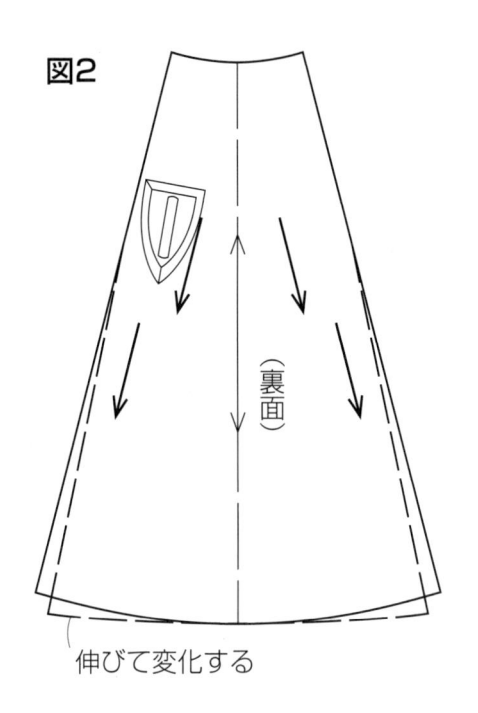

裾にロックミシンをかけ、1枚ずつ裾上げをし、はぎ目とウエストラインに縫い印をする。

【プリーツの折り方】

1　表プリーツ山に印をつける

- 裁断台の上にシーチングを3～4枚重ねたアイロン台を用意する。
- 布の裏面を上にして広げ、その上にパターン（ハトロン紙）をのせ、周囲をアイロン台まで通してピンで止める（パターンの上からアイロンをかけると静電気がおきて密着し、落ち着く）。
- おもりにもなる金属製の定規と造花用の筋ごてを用意し、表プリーツ山に印をつける。
筋ごてはそばにぬれタオルを用意し、温度を確認しながら強くこすらないように注意して当てる。

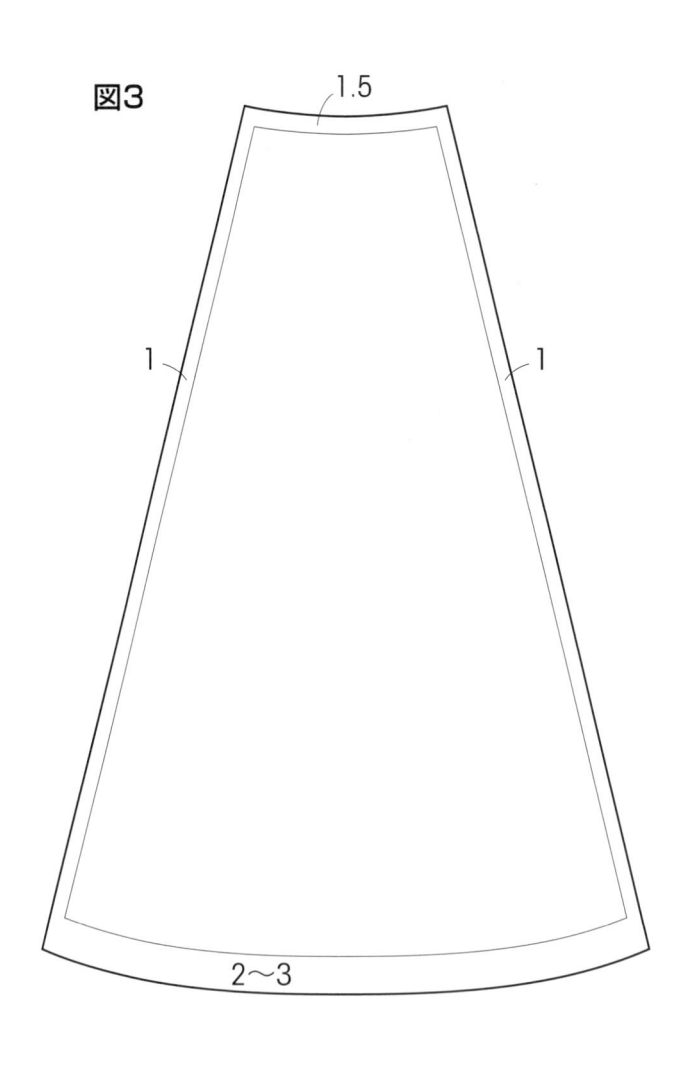

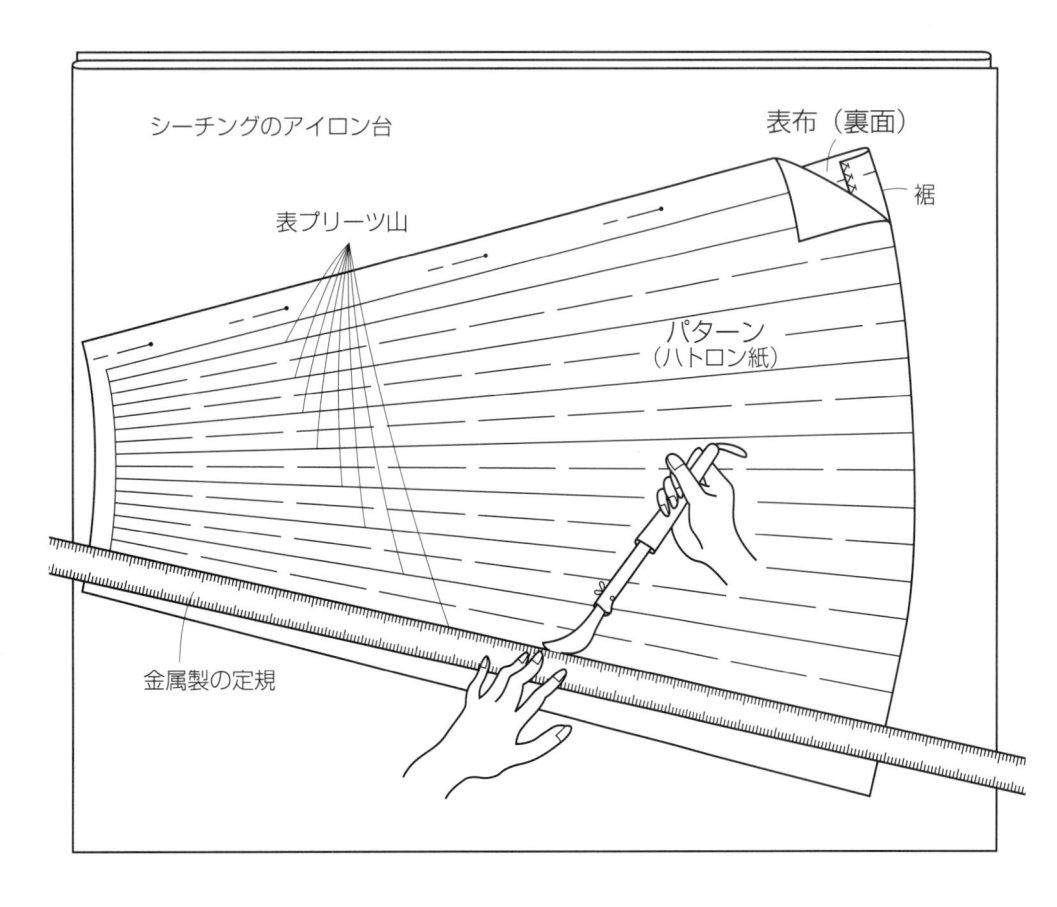

シーチングのアイロン台　　表布（裏面）
裾
表プリーツ山
パターン（ハトロン紙）
金属製の定規

Ⅲ　デザインと作図・縫製

2 表プリーツ山を折る

- 表プリーツ山の印つけが終わったらパターンを静かにはずし、表プリーツ山をアイロンで折っていく。アイロン台に筋ごての線がついているので、これに合わせると折りやすい。このとき布はすべて折り終わるまで動かさない。

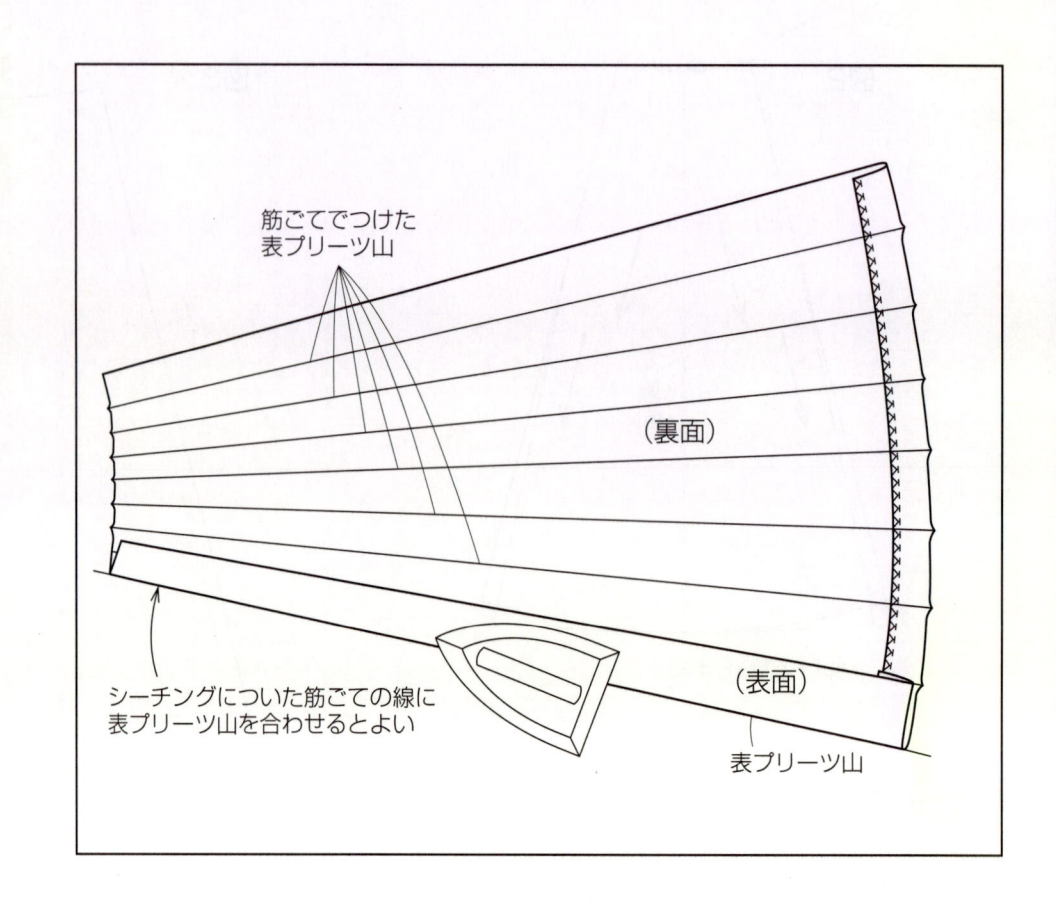

筋ごてでつけた表プリーツ山

（裏面）

（表面）

シーチングについた筋ごての線に表プリーツ山を合わせるとよい

表プリーツ山

3 陰プリーツ山を折る

- 表プリーツ山を0.1cmずつずらせて重ねながら、陰プリーツ山にアイロンをかけて折る。陰プリーツ山は表面側からアイロンをかけることになる。

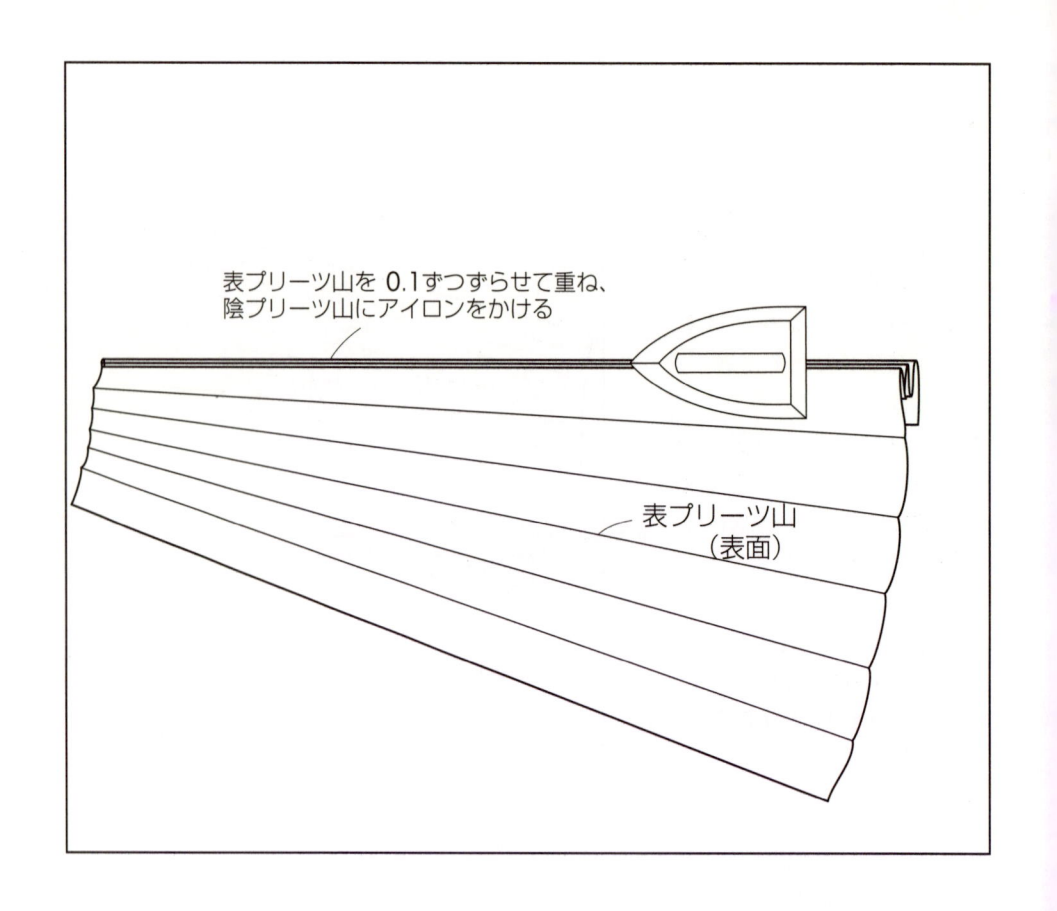

表プリーツ山を0.1ずつずらせて重ね、陰プリーツ山にアイロンをかける

表プリーツ山（表面）

【縫製】

1　左脇あきにファスナーをつける
あきの位置にバイアスのシルクオーガンジーを伸ばして止めつけ、あき止りより6cmぐらい下まで縫い代の始末をしておく。

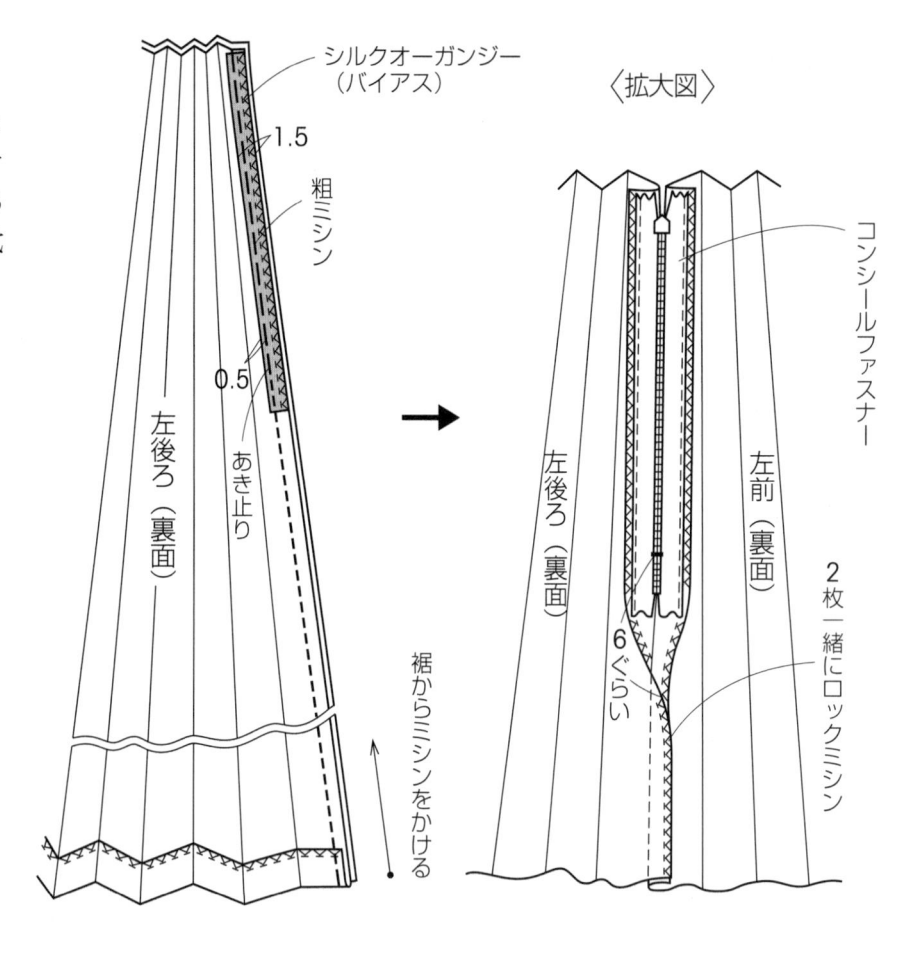

〈拡大図〉

シルクオーガンジー（バイアス）
1.5
0.5
粗ミシン
あき止り
左後ろ（裏面）
裾からミシンをかける

コンシールファスナー
左後ろ（裏面）
左前（裏面）
2枚一緒にロックミシン
6ぐらい

2　6枚はぎ合わせる
脇傾斜が強い場合は、裾からウエスト方向にミシン、ロックミシンをかけ、伸ばさないようにする。

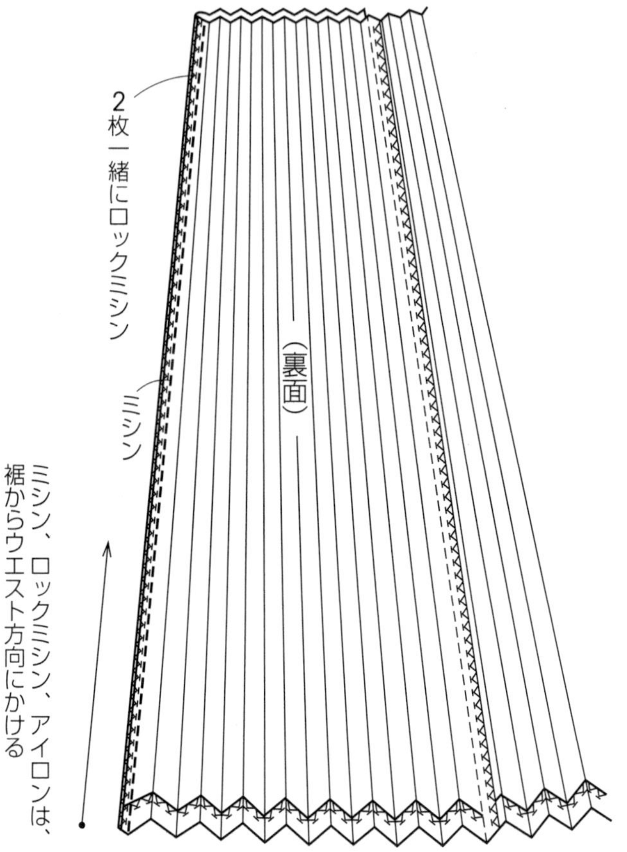

2枚一緒にロックミシン
（裏面）
ミシン、ロックミシン、アイロンは、裾からウエスト方向にかける

3　ウエストを始末する
たたんだプリーツを開き、ウエストの出来上り線より0.2cm縫い代側をつながりよくぐし縫いし、ウエストベルトの合い印に合わせながら均等にギャザーを寄せる。縫い代をアイロンでつぶし、ベルトを仮づけし、ボディに着せてギャザーの配分と床上り寸法の確認をする。

ベルトつけはワンウェープリーツスカート参照。

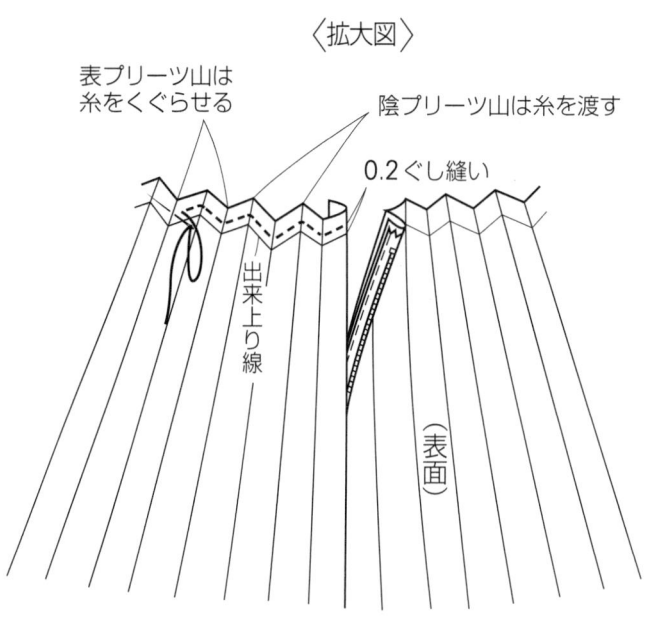

〈拡大図〉

表プリーツ山は糸をくぐらせる
陰プリーツ山は糸を渡す
0.2ぐし縫い
出来上り線
（表面）

3　無双仕立てのブラウス

ノースリーブでボーカラーのブラウス。

無双仕立てとは、表と裏を同じ布地で仕立てることで、薄物や透ける布地に用いられることが多い。このブラウスは、前端と後ろ裾をわにし、表身頃と裏身頃を続け裁ちにして仕立てるため、ストレートなシルエットがよい。

使用量

表布＝シフォンジョーゼット110cm幅240cm

【作図】

作図要点

身頃

- ノースリーブなので袖ぐり下を1.5cm上げる。
- 裾でヒップ寸法が不足しないか確認する。
- 胸ぐせダーツは脇ダーツに移動するが、分量が多い場合は、ダーツを2本に分ける。
- 衿つけ止りは、ボーの結びのゆとりを考慮して決める。

衿

- 布地に合わせてボーの幅や長さを決める。

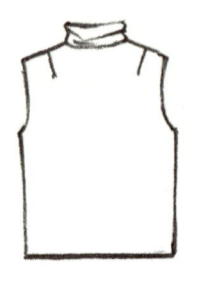

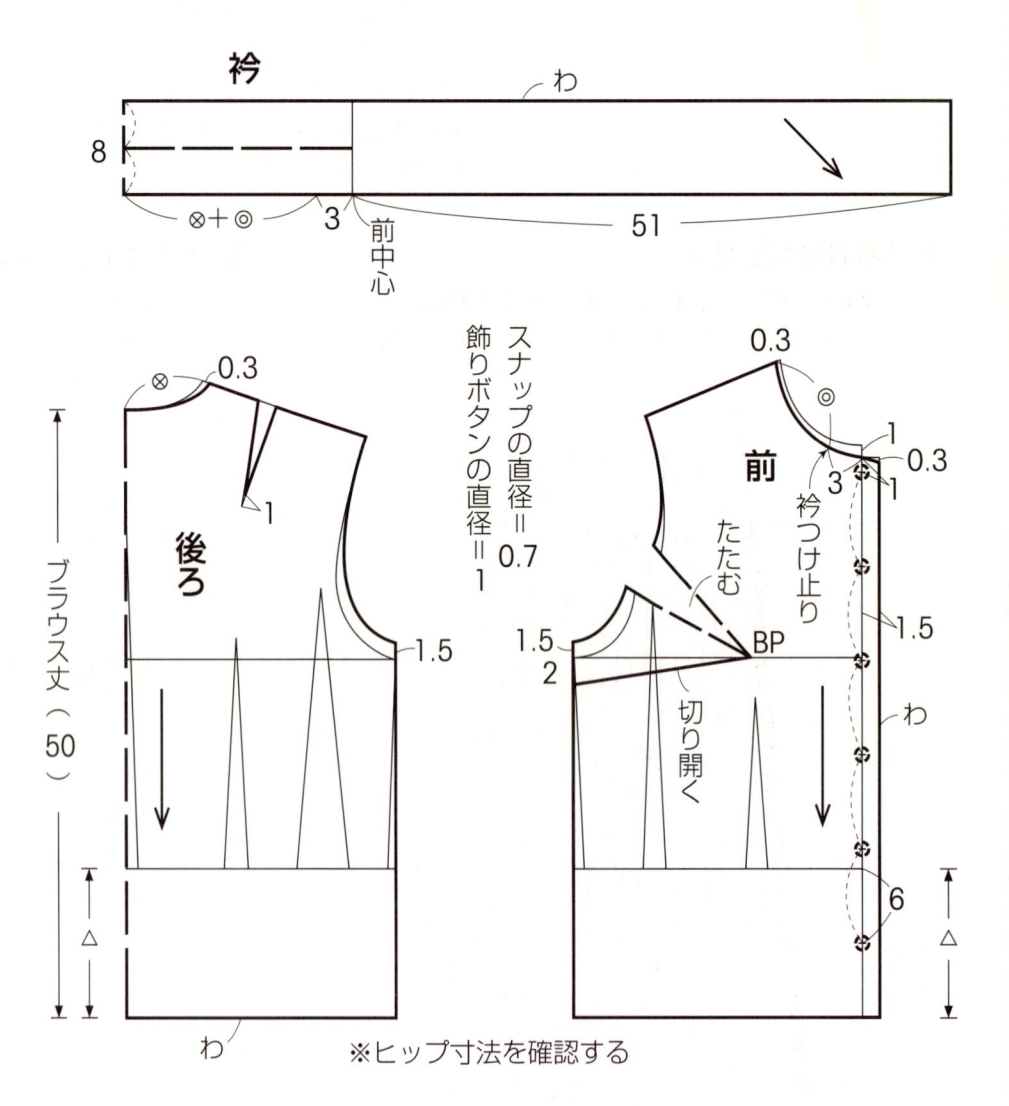

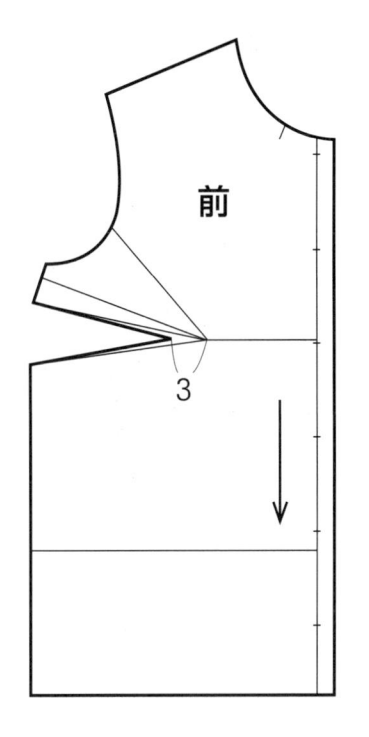

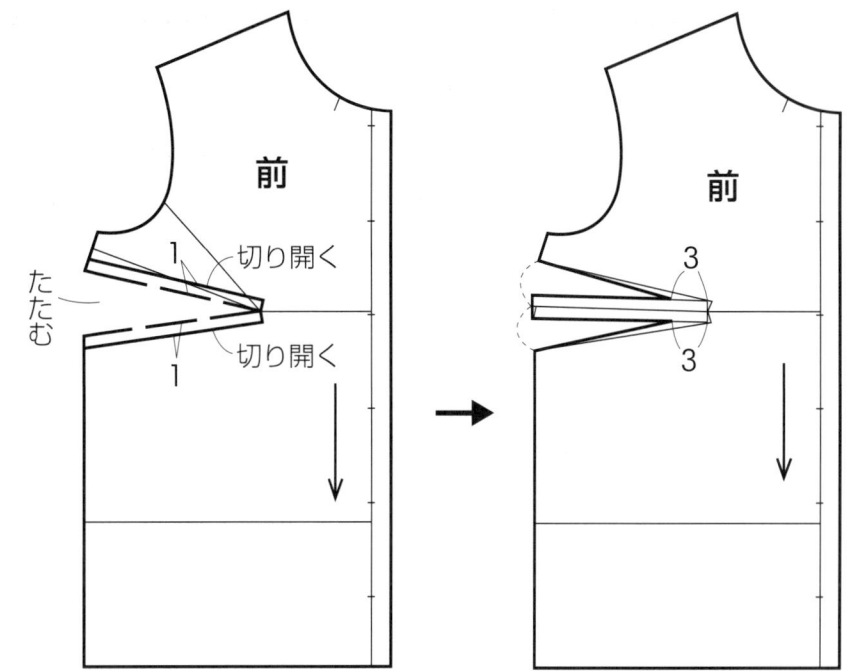

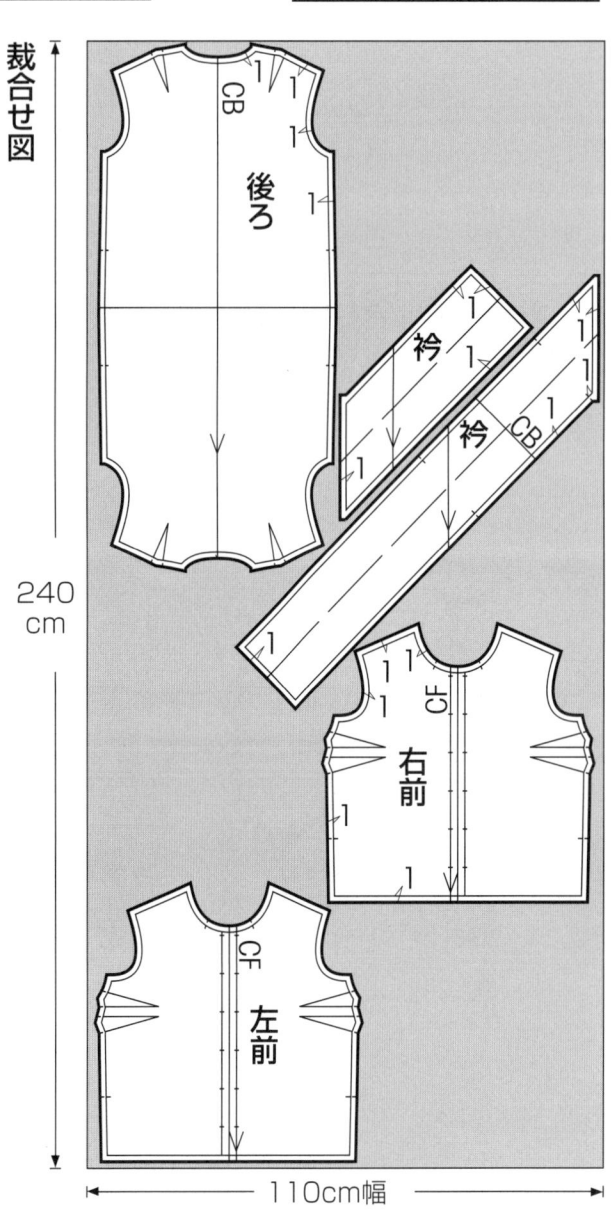

1本ダーツの場合　　　　　　　　2本ダーツの場合

【パターンメーキング】

後ろ身頃は裾、前身頃は前端をわにし、裏身頃を続けたパターンにする。

衿のはぎ目は、結びの目立たない位置に入れる。

【仮縫いと試着補正】

一部分がわ裁ちで、補正がでた場合の直しが難しいため、実物に近い布地で仮縫い合せをし、試着補正する。

補正後、縫い代つきパターンを作る。

【地直し】

布目を通しながら、裏からドライアイロンをかける。

【裁断】

布幅に合わせたハトロン紙にパターンを配置しながらうつし取り、その上に布地をのせる。布目を合わせて出来上り線の内側をピンで固定し、ハトロン紙と一緒に裁断する。

【印つけ】

ダーツ位置、合い印位置はぞべ糸で縫い印をする。

裁合せ図　240cm　110cm幅

Ⅲ　デザインと作図・縫製

【縫製】

1 表身頃と裏身頃のダーツをそれぞれ縫い、前身頃の裾を縫い返す

- 裏前（表面）
- ミシン
- 中心側に倒す
- 表後ろ（裏面）
- 表前（裏面）
- ミシン
- 裾側に倒す
- ミシン
- 縫い代を0.5～0.6にカットする

2 脇を縫う

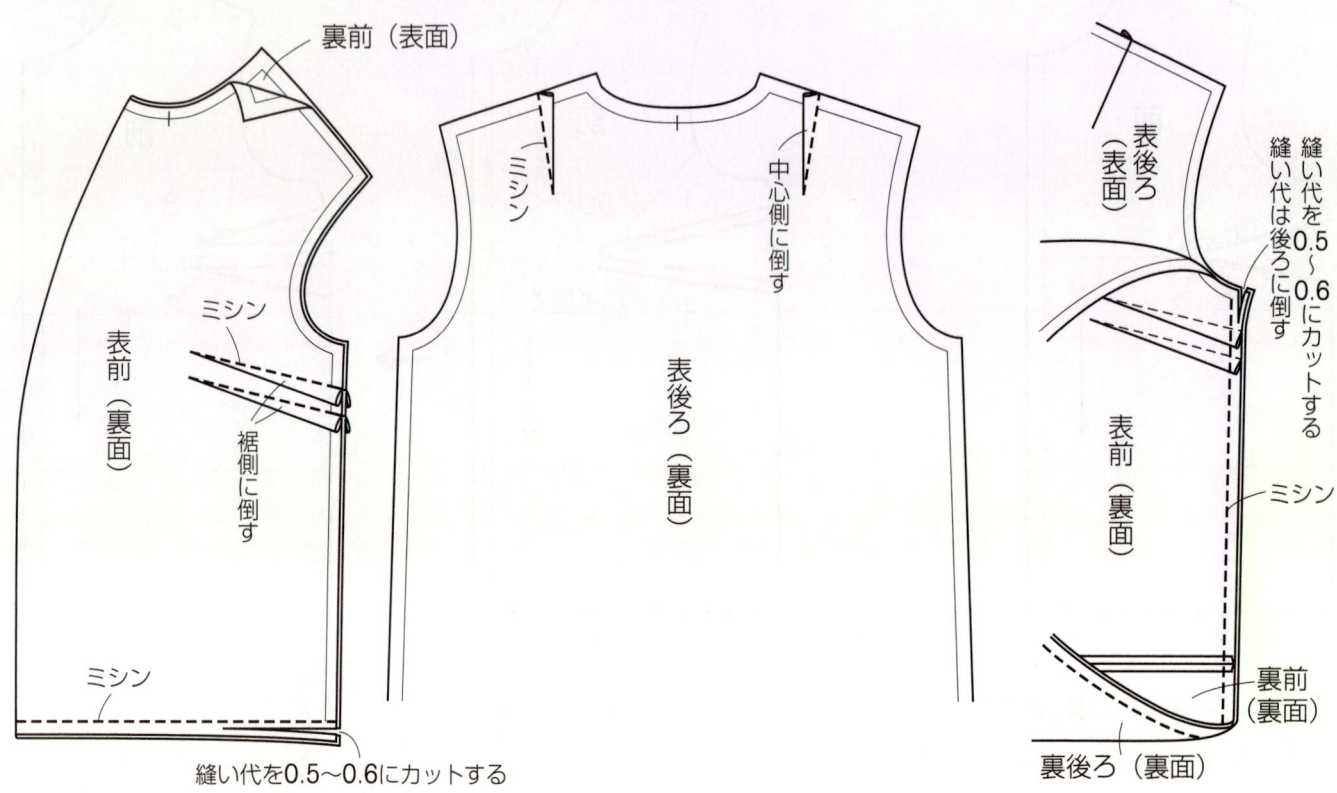

- 表後ろ（表面）
- 縫い代を0.5～0.6にカットする
- 縫い代は後ろに倒す
- 表前（裏面）
- ミシン
- 裏前（裏面）
- 裏後ろ（裏面）

3 身頃を中表に合わせ、前衿ぐり、袖ぐりを縫う

- 衿つけ止りまでミシン
- 出来上りまでミシン
- 切込み
- 衿つけ止り
- 表前（裏面）
- 表後ろ（裏面）
- 縫い代を0.5～0.6にカットし、つれるところに切込みを入れる

4 サイドダーツ、脇を中とじする

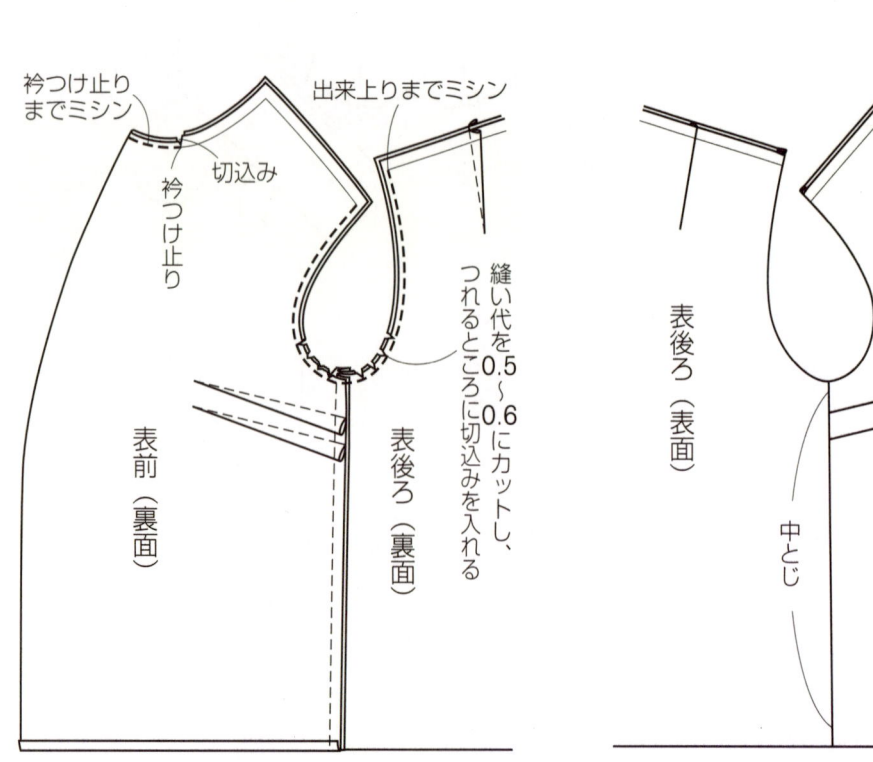

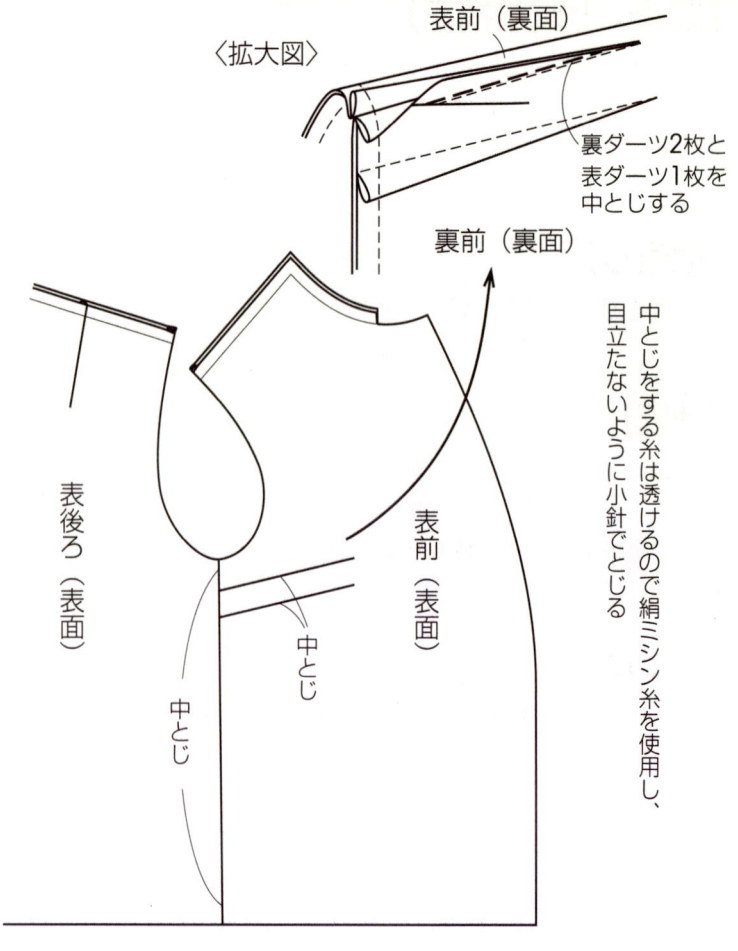

- 〈拡大図〉
- 表前（裏面）
- 裏ダーツ2枚と表ダーツ1枚を中とじする
- 裏前（裏面）
- 表後ろ（表面）
- 表前（表面）
- 中とじ
- 中とじをする糸は透けるので絹ミシン糸を使用し、目立たないように小針でとじる

5 肩を縫う

表身頃のSNPからSPを通り、裏身頃のSNPまで縫う。
肩ダーツ、肩縫い代を中とじしたあと、縫い代を前に倒す。

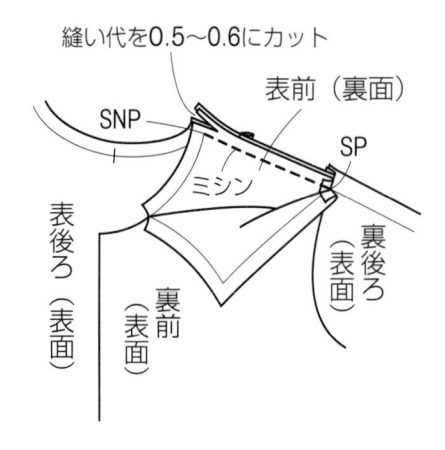

6 衿を作り、つける

衿をはぎ合わせ、ボーの周囲を始末し、衿をつける。

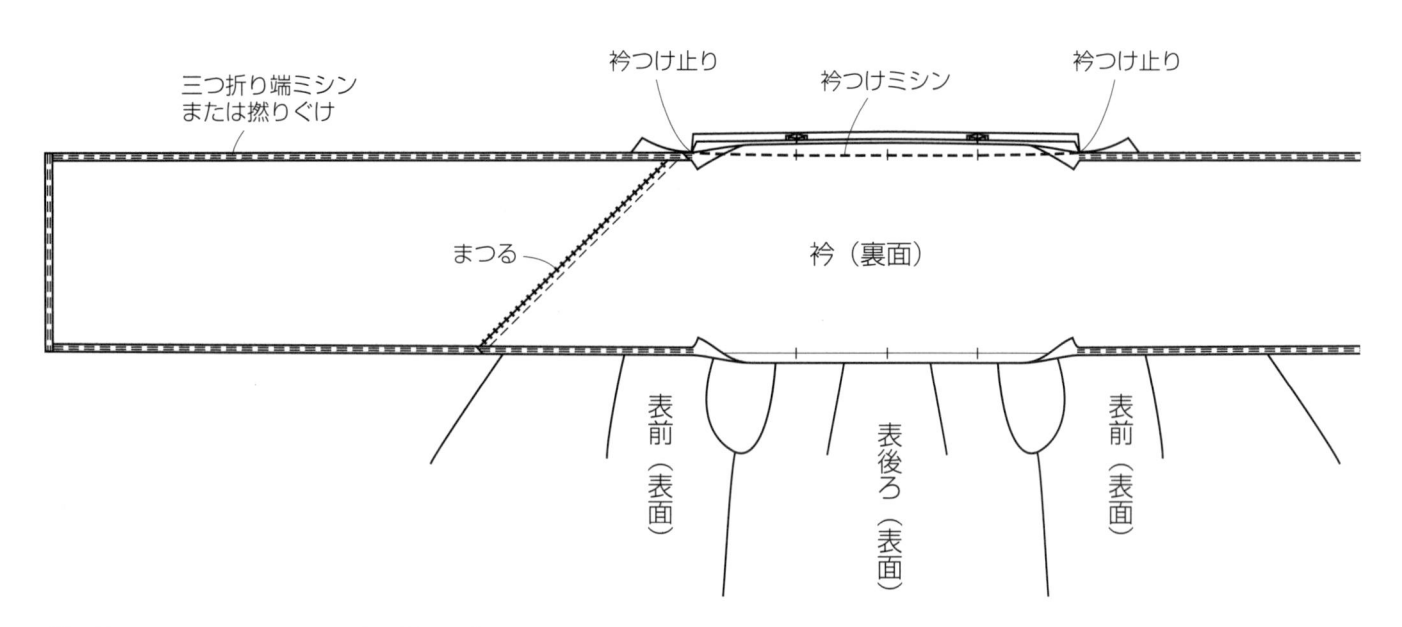

7 衿をまつり、スナップ、飾りボタンをつける

Ⅲ デザインと作図・縫製

4　アンサンブル

　アンサンブルとは、フランス語で「統一」「調和」「一緒に」などの意味で、スカートとジャケットまたはワンピースとコート、帽子などを、共通の布地、色、柄、デザインにして、全体としてまとまったものをいう。

　このアンサンブルは、ショールカラーでウエスト丈のジャケットとラウンドネックラインでノースリーブのワンピースドレスの組合せ。フォーマルに適したシックで上品なあきのこないスタイルである。

使用量
表布＝シルクシャンタン110cm幅400cm
裏布＝90cm幅370cm
接着芯＝90cm幅170cm
肩パッドの厚さ＝1cm

【作図】
ジャケット
原型のダーツ操作
後ろ身頃
　肩ダーツ分量の $\frac{2}{3}$ 程度をゆとり分として袖ぐりに移動する。残りをいせ分とする。
前身頃
　胸ぐせダーツ分量を衿ぐりに0.5cm移動し、前後袖ぐりのバランスを変えないために $\frac{1}{4}$ 程度を袖ぐりのゆとり分とし、残りを胸ぐせダーツとする。

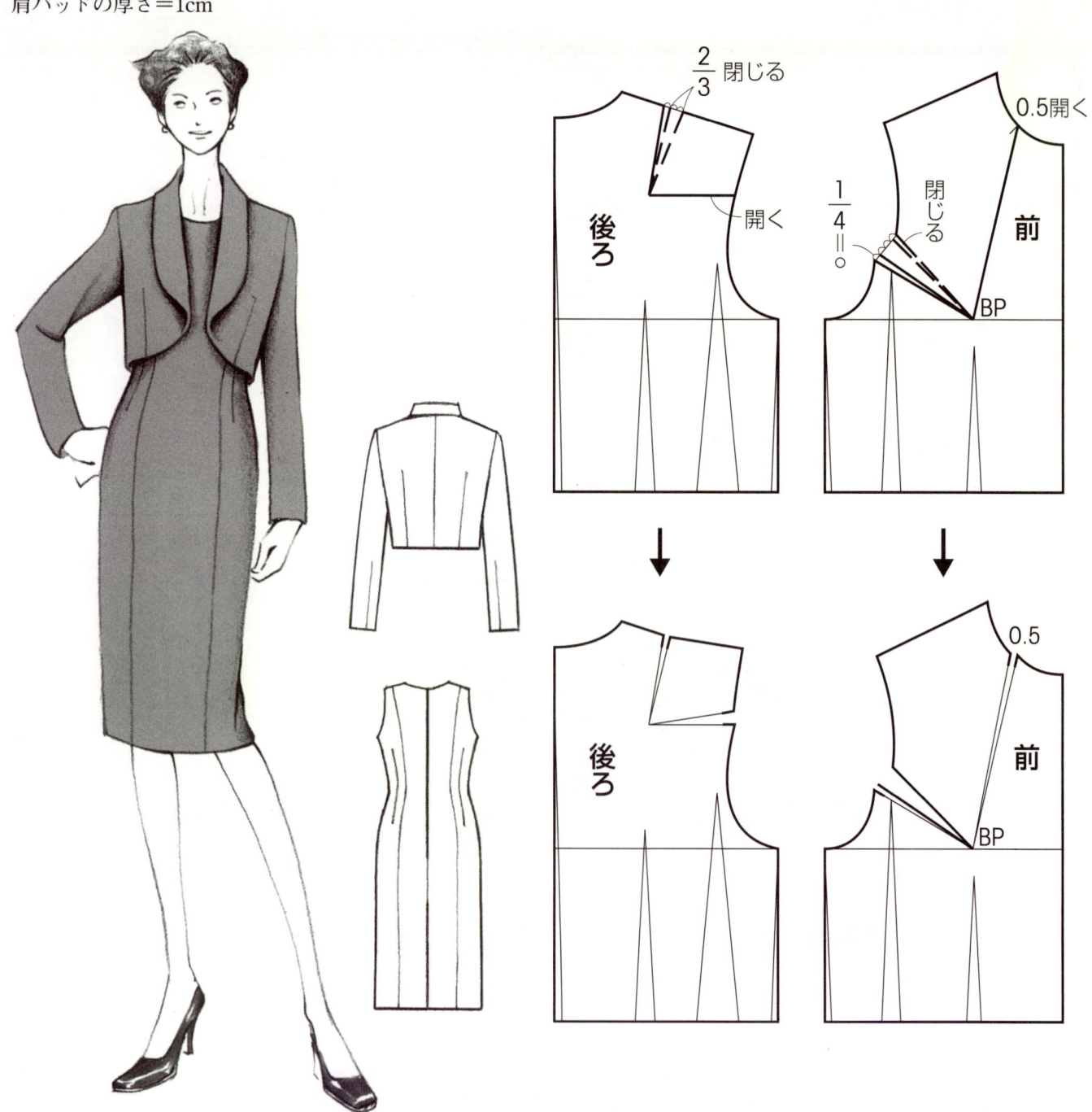

作図要点

身頃
- 前身頃、後ろ身頃の2面で構成する。
- 胸ぐせ分量は、ウエストダーツとネックラインダーツに移動する。

袖
- 一枚袖で、腕の方向性を形作る作図である。

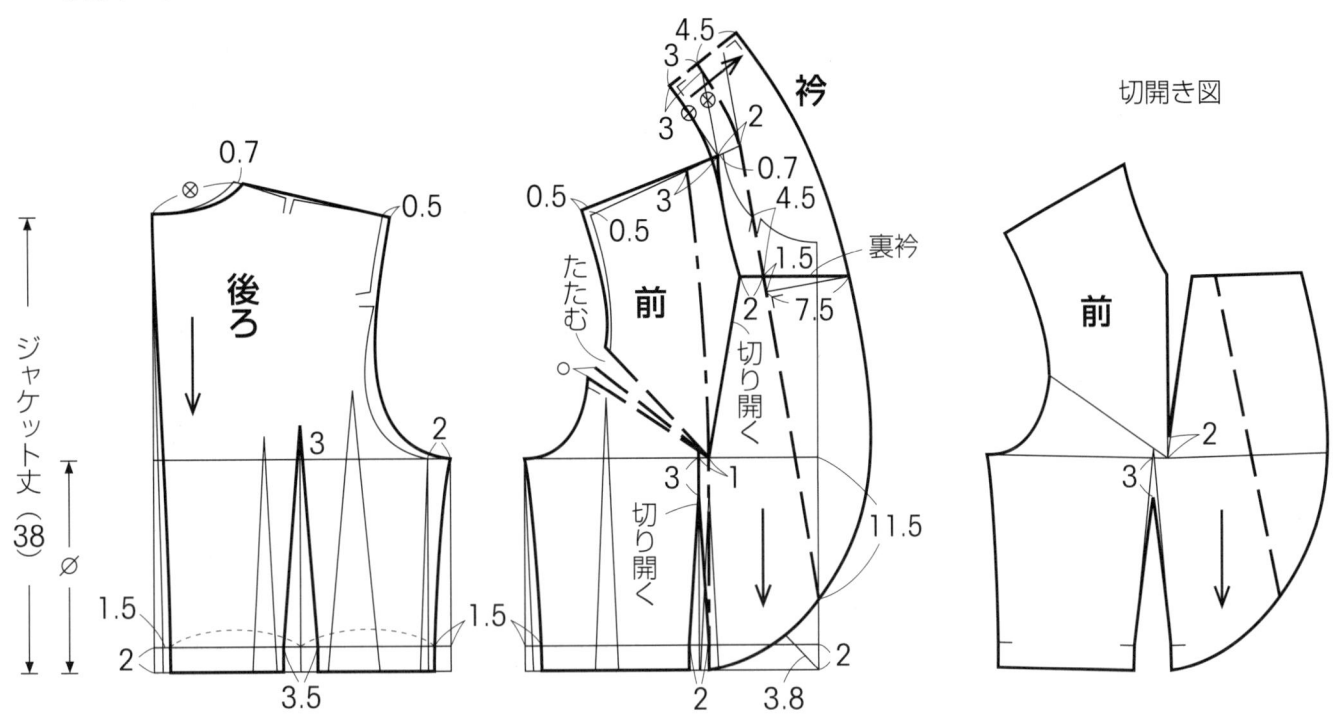

袖山の高さの決め方

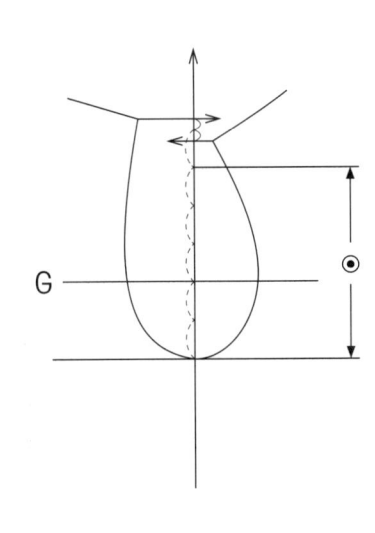

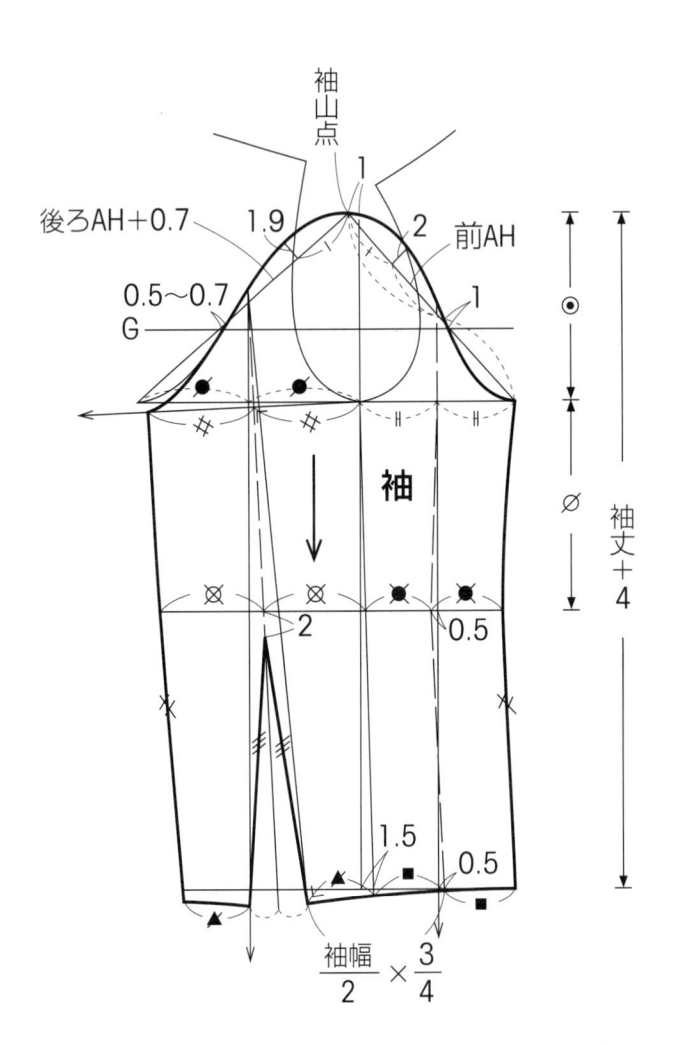

ワンピースドレス
原型のダーツ操作
前身頃
胸ぐせダーツを肩ダーツに移動する。

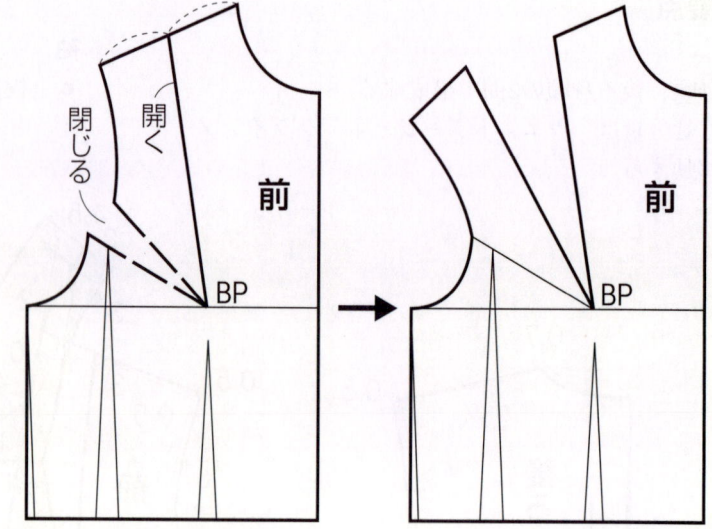

作図要点
身頃
- 衿ぐりを落ち着かせるために肩線を0.5cm前に移動する。
- プリンセスラインは、バストライン、ウエストライン、ヒップライン、裾での切替え位置のバランスを考えて作図する。
- ウエストのゆとりは、全体で6～8cm入れているが、体型やシルエットのバランスがとれる寸法にする。ウエストをシェープさせるため、補助ダーツをとる。
- ノースリーブなので、脇でゆとりを1cmカットし、袖ぐり下を1cm上げる。
- 衿ぐりはジャケットのVゾーンとのバランスを考えてラウンドネックラインをかく。

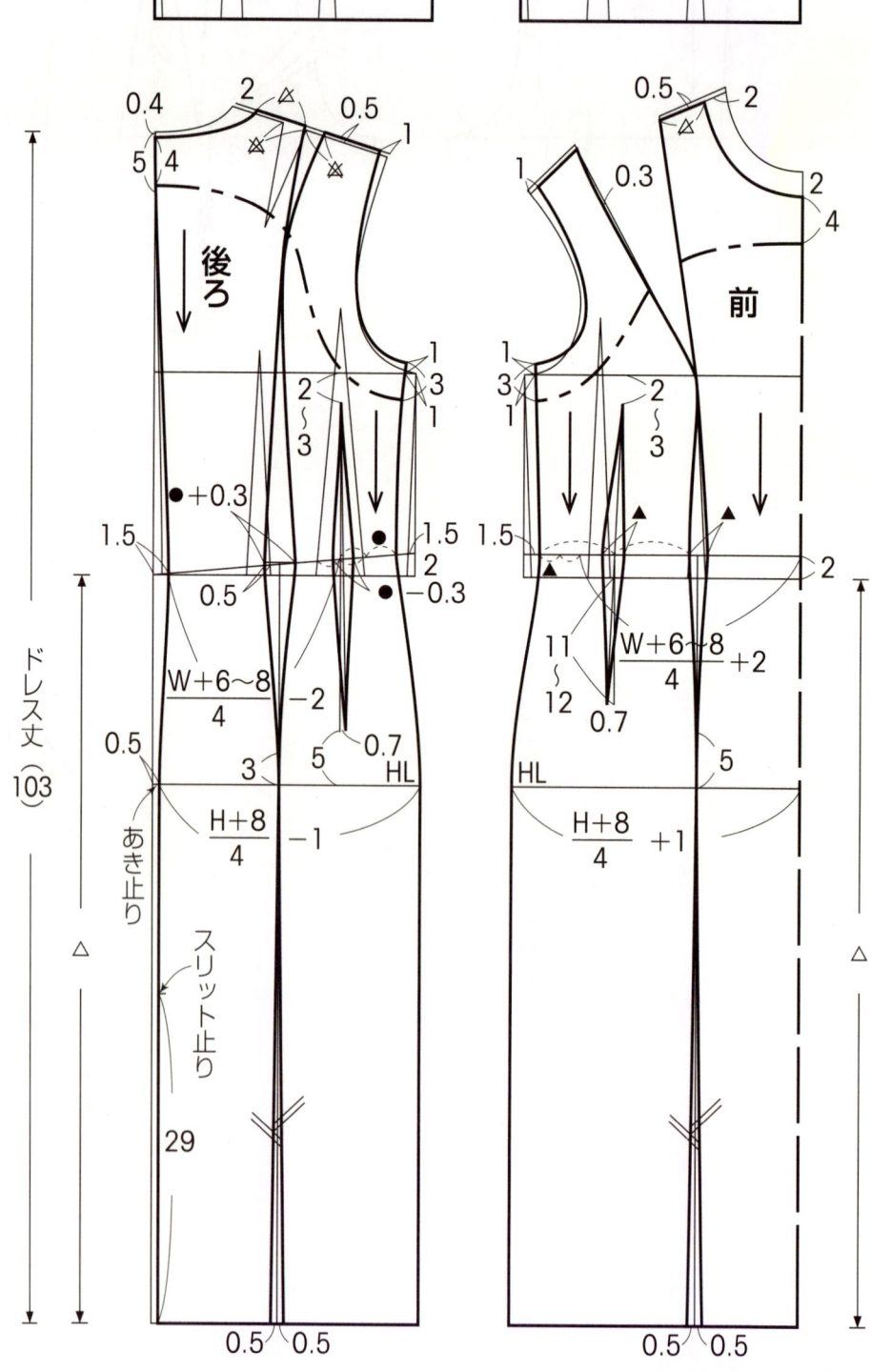

【パターンメーキング】

ここではジャケットの衿と見返しのパターンメーキングのみ説明する。
- 表衿と見返しは一続きに裁断するが、衿と衿ぐりの交差分が大きいとシルクはくせとりがしにくいので、前衿ぐりの見返しを切り替える。
- 表衿はパターンを操作して、必要なゆとりを入れて作り、縫い代をつける。

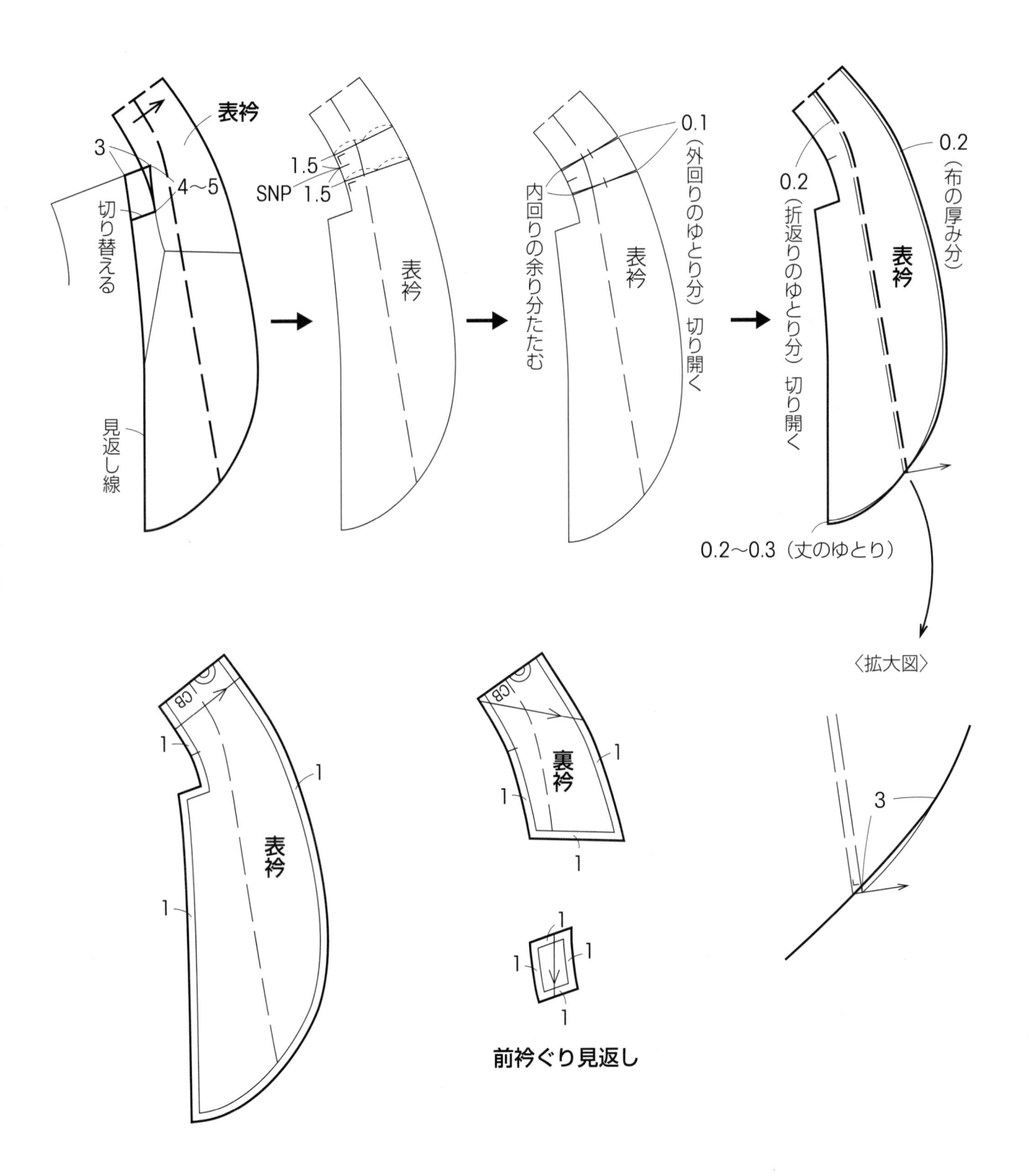

前衿ぐり見返し

【地直し】

シルク100％の素材は、水や熱、圧力などに弱く、水じみができたり、縮んでしまったりすることがあるので、専門店に地直しに出した後、低温のドライアイロンで裏面から布目を整える。

ポリエステル素材の場合はスチームアイロンでよこ糸を整える要領で横方向にかける。

【裁断】

- 横畝がはっきりしていて布目がよく見えるので、裁断台の上に布を中表に二つ折りにして置き、方眼定規を利用して布目を整える。
- 耳がつれている場合は耳に切込みを入れて伸ばし、布目を正す。
- シルク素材には光沢や毛並みがあったりするので、一方方向にパターンを配置する。
- 接着芯を全面にはる場合は粗裁ちし、接着後正確に裁断する。

【印つけ】

ぞべ糸で縫い印をする。

【仮縫い合せ】

シルクの場合は、縫合せによる針跡が残ることがあるので、シーチング等で仮縫い合せをし、試着補正をしたあと、実物の布で仮縫い補正を行なう。

ジャケットの前身頃と裏衿には接着芯をはり、ぞべ糸1本で中表に縫い合わせ、縫い代は片返しにして表から押えじつけをする。

【縫製】

ジャケットについては服飾造形講座④『スーツ・ベスト』参照。ここではワンピースドレスの縫製要点のみ解説する。

1 見返し、スリット部分に接着芯をはり、後ろ中心に伸止めテープをつける

非接着芯を使用すると、ソフトに仕上がる。

後ろ中心のファスナーあき縫い代につける伸止めテープは、布の風合いをそこねないようにするため、オーガンジーのバイアステープをしつけで止める。

2 表身頃の切替え線を縫う

縫い代を割るときは、余分な水分を布に与えると風合いをそこなうので、裏面から水を浸した穴糸を縫い目のみに当て、アイロンをかける。

また、シャンタンはよこ糸の張りが強いので、時間がたつと割った縫い代が元に戻ってしまうことがある。プリーツ加工液を薄めたものを穴糸に含ませて使用する場合もあるが、布が変色することもあるので必ず布端で試してから行なう。

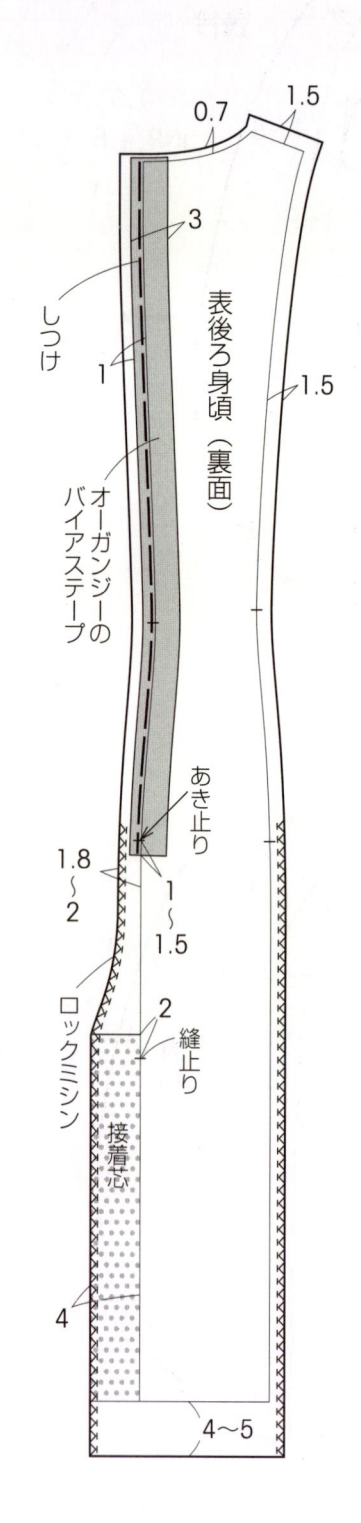

3 表身頃、見返しの肩をそれぞれ縫い、中表に合わせて衿ぐり、袖ぐりを縫う

表に返したら見返しを控えて整える。

4 表身頃の後ろ中心を縫い、ファスナーをつける

ファスナーは後ろ中心を突合せにし、星止めでつける。

5 脇を縫う

6 裾の始末をする

7 裏身頃を縫う

8 裏身頃と見返しを縫い合わせる

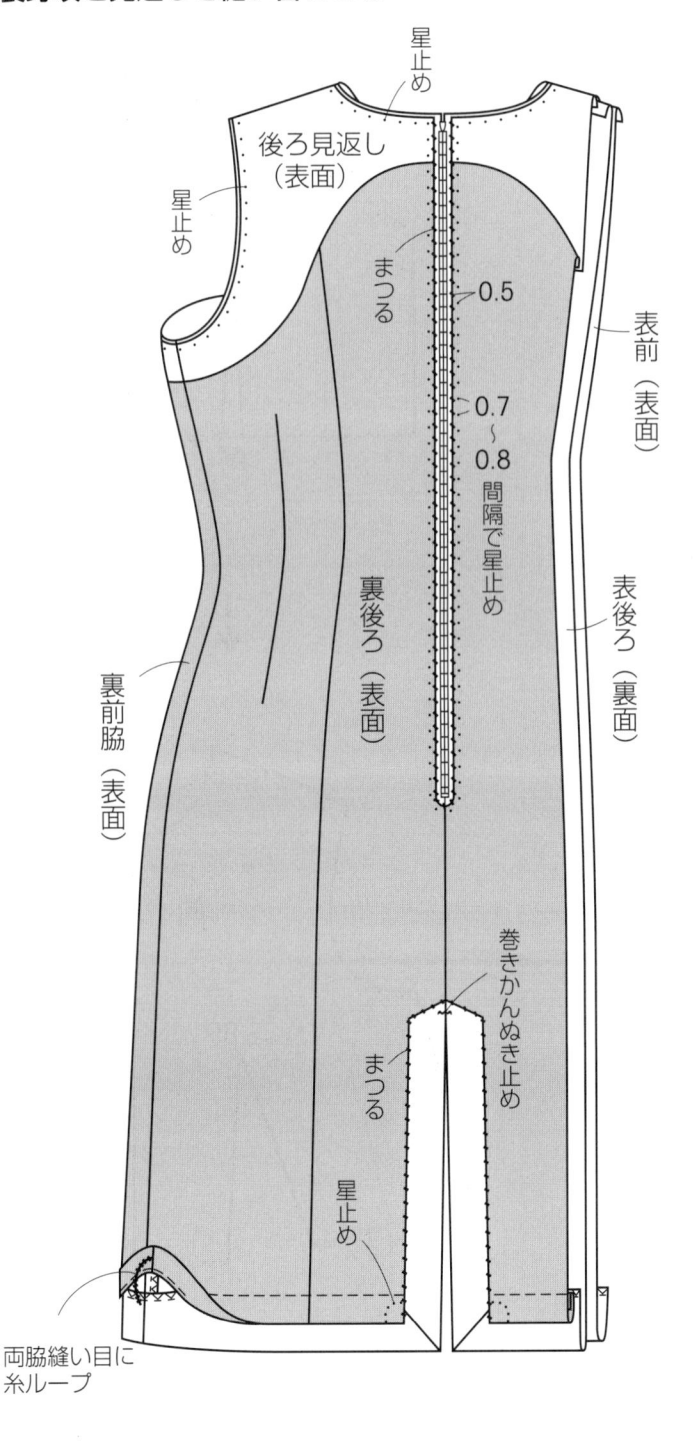

9 表身頃と裏身頃の脇を中とじする

10 裏身頃の後ろあきとスリットを始末し、ループ、スプリングホックをつける

〈拡大図〉

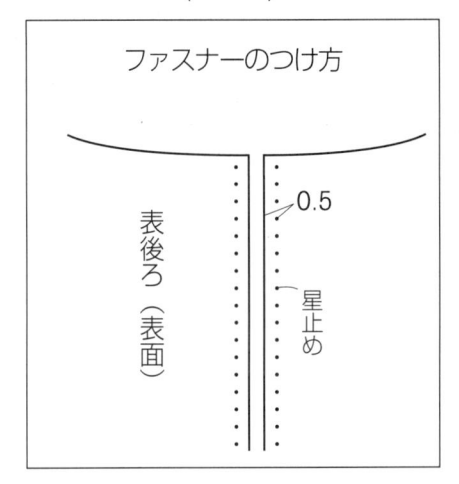

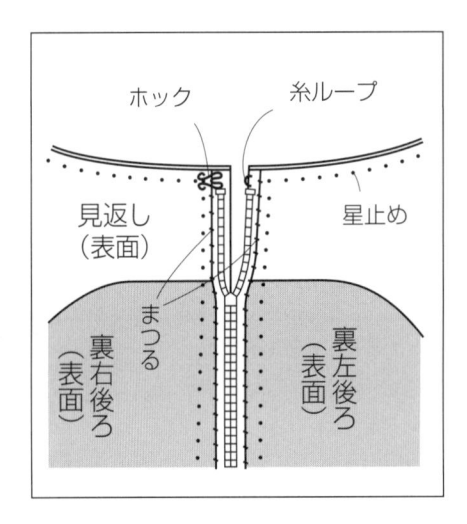

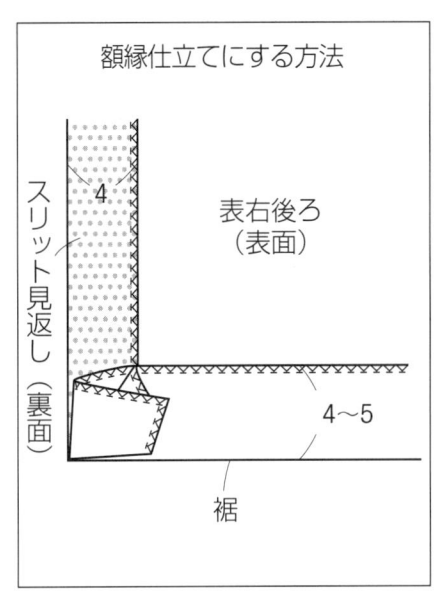

ファスナーのつけ方

額縁仕立てにする方法

III デザインと作図・縫製

5　ローウエストのパーティドレス

トップはノースリーブのサテンの上に、キモノスリーブのシルクオーガンジーを重ねて透ける効果をだし、スカートはフリルいっぱいの華やかなパーティドレス。

使用量
シルクオーガンジー＝108cm幅520cm
〈衿、カフス、袖口フリルを配色にする場合〉
　シルクオーガンジーA＝108cm幅480cm
　シルクオーガンジーB＝108cm幅70cm
サテン＝110cm幅260cm
レース＝12cm幅130cm
　　　　7cm幅100cm
裏布＝90cm幅180cm
接着芯＝90cm幅30cm

【作図】
原型のダーツ操作
前身頃
　胸ぐせダーツをウエストダーツに移動する。

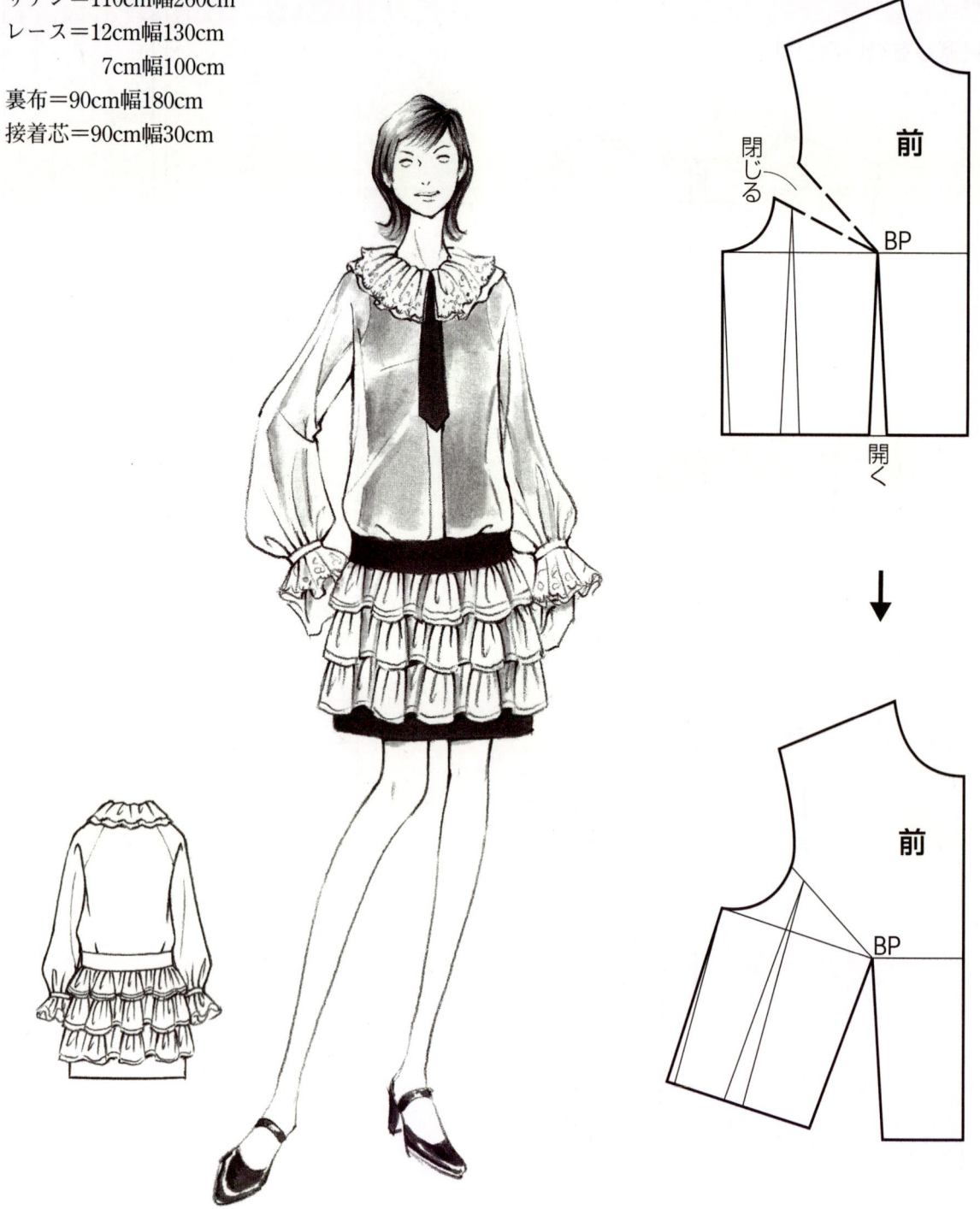

作図要点

身頃A（サテン）
- 体にフィットさせるため、バストライン（BL）で前は2.5cm、後ろは1.5cmカットする。
- ローウエストでブラウジングさせるため、裏身頃の丈は6cm短くする。

スカート（サテン）
- スカート丈は、これ以上長くすると歩行に支障が生じるので、長くする場合にはスリットを入れたほうがよい。

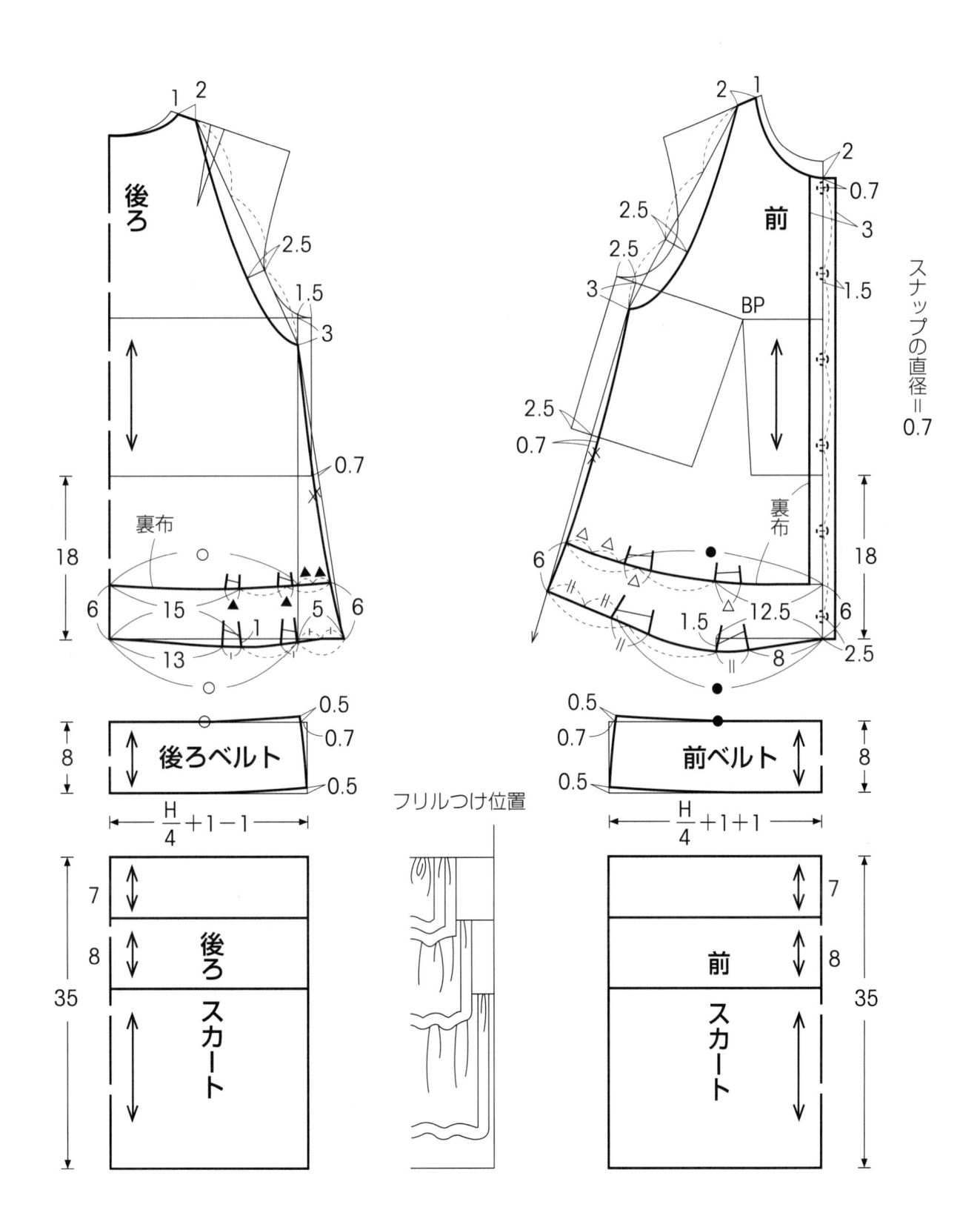

身頃B（シルクオーガンジー）

- 前身頃のキモノスリーブは、ショルダーポイント（SP）で0.5cm追加して肩線を延長し、袖丈をとり、さらにパフ分として6cm追加する。

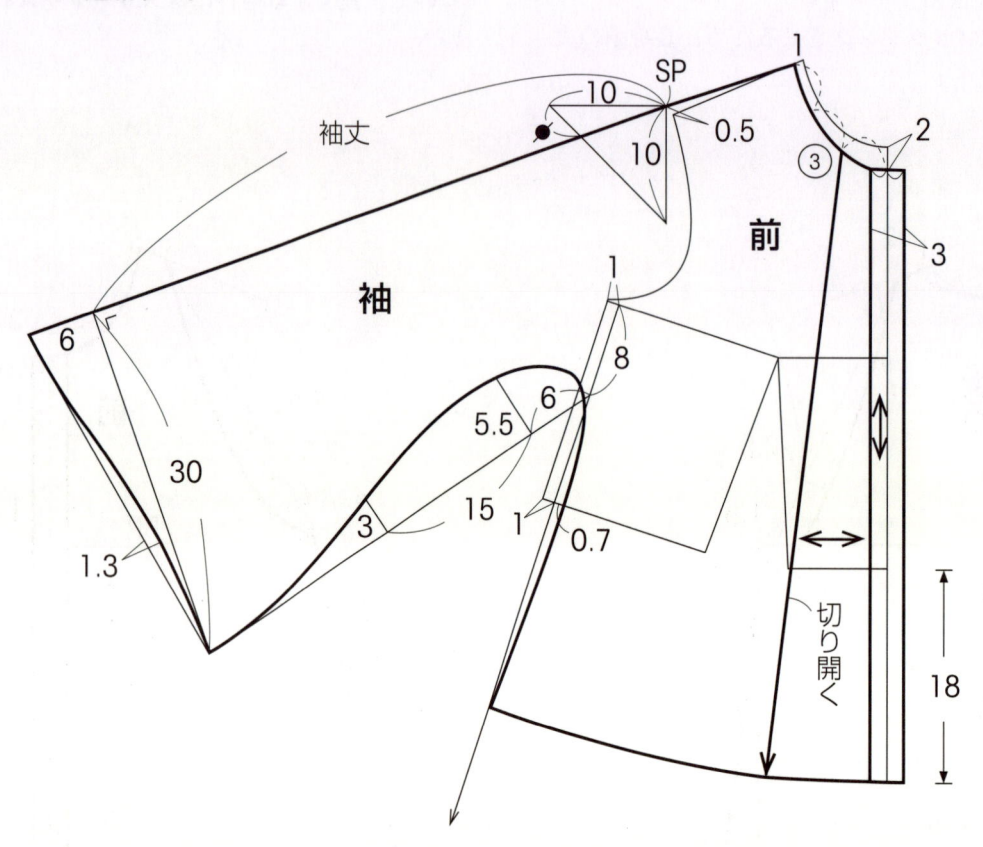

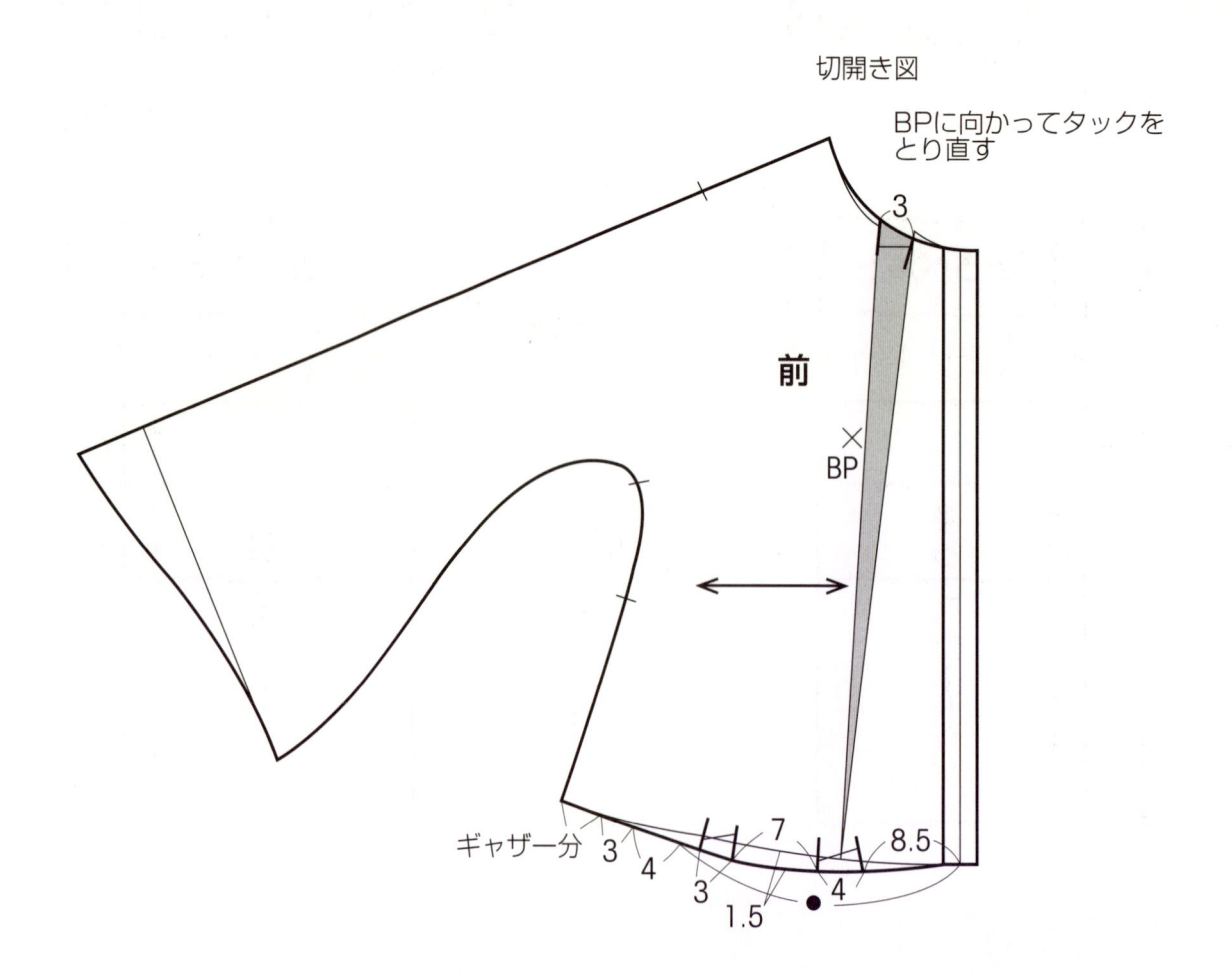

切開き図

BPに向かってタックをとり直す

ギャザー分

- 後ろ身頃は、ショルダーポイントで0.5cm追加し、肩ダーツを0.5cm残してたたみ、裾で切り開く（図1、2）。前身頃と同角度で袖丈をとり、袖口線を延長し（図3）、ウエストラインと袖口線をそろえて前身頃に重ね、袖口から袖下、脇線をうつし取る（図4）。

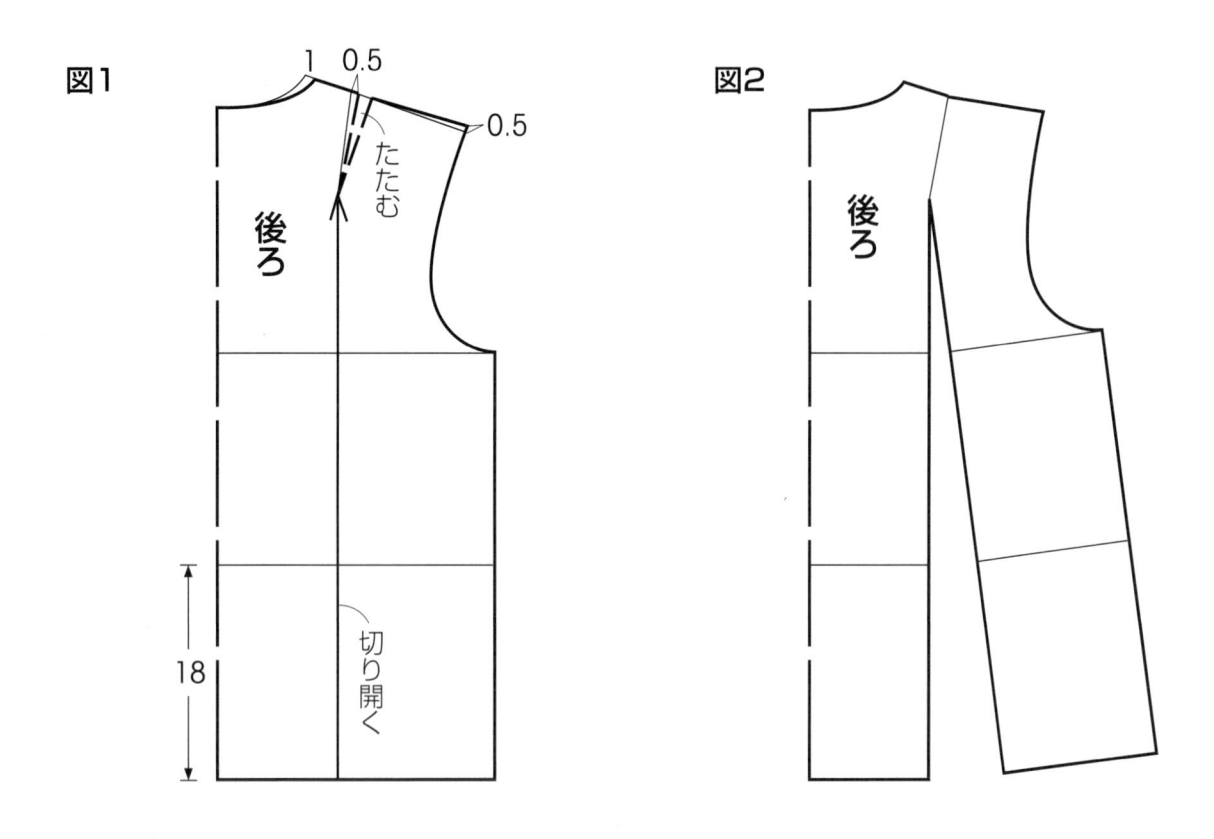

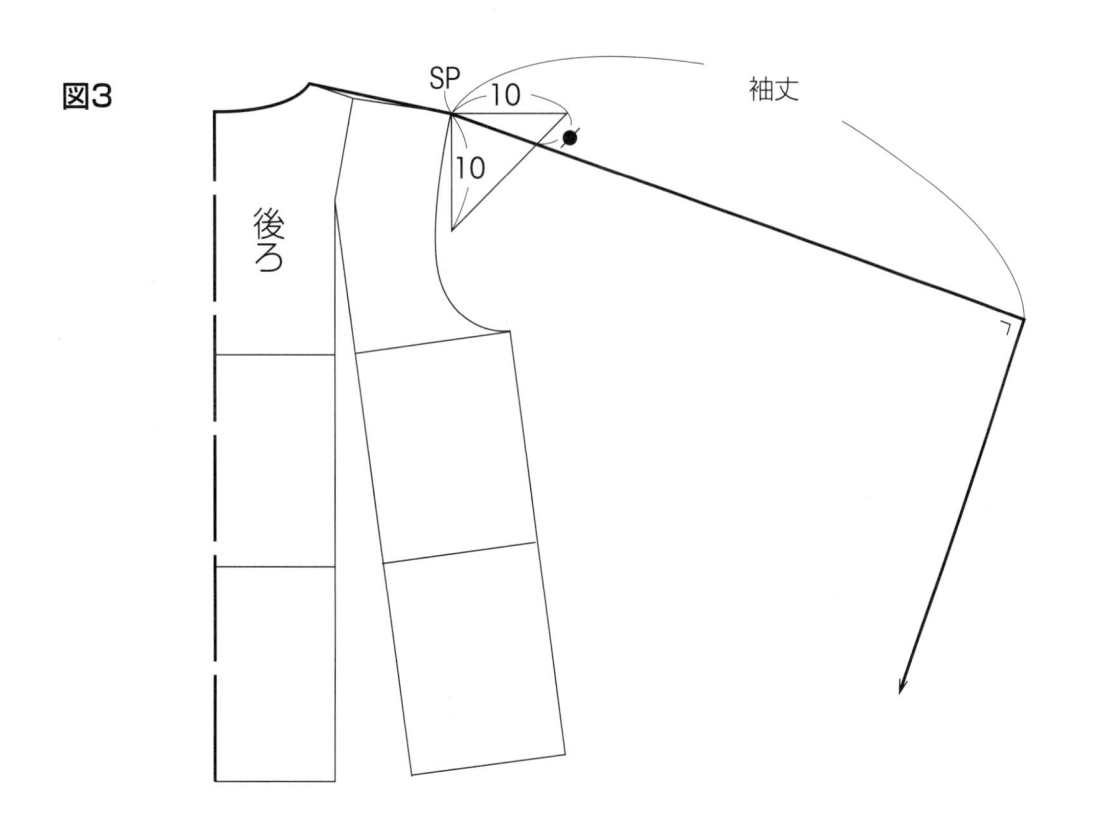

図4

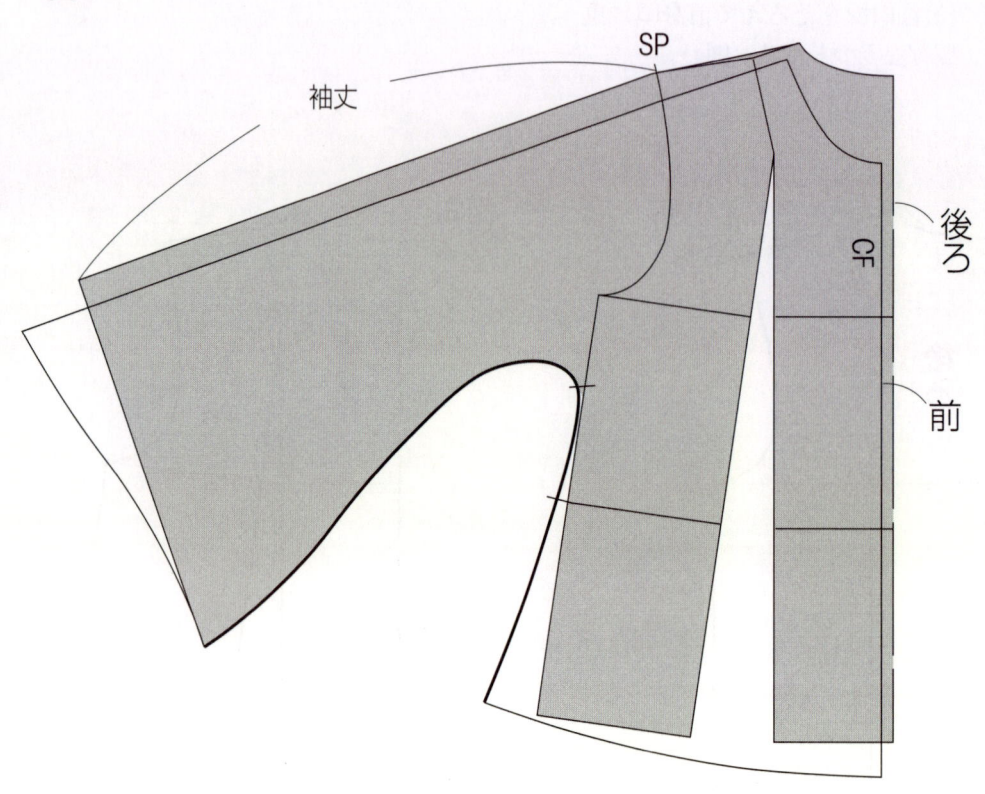

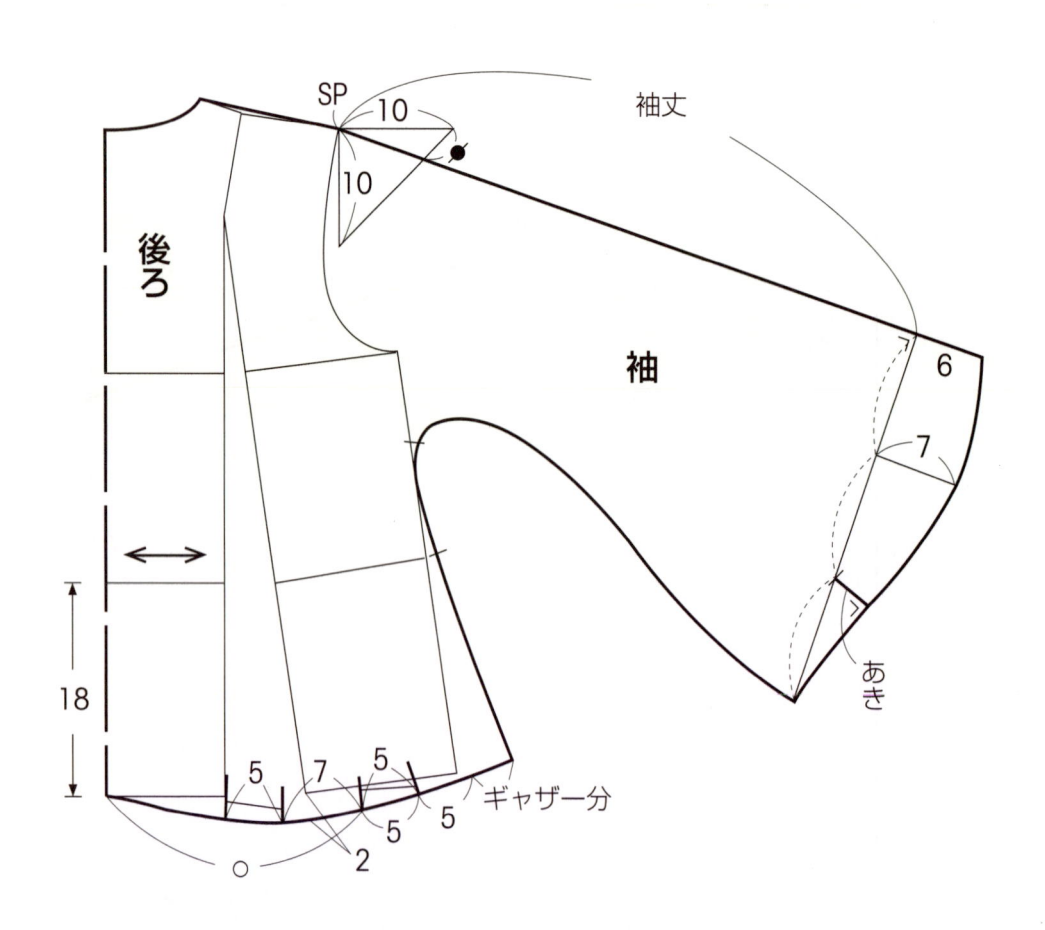

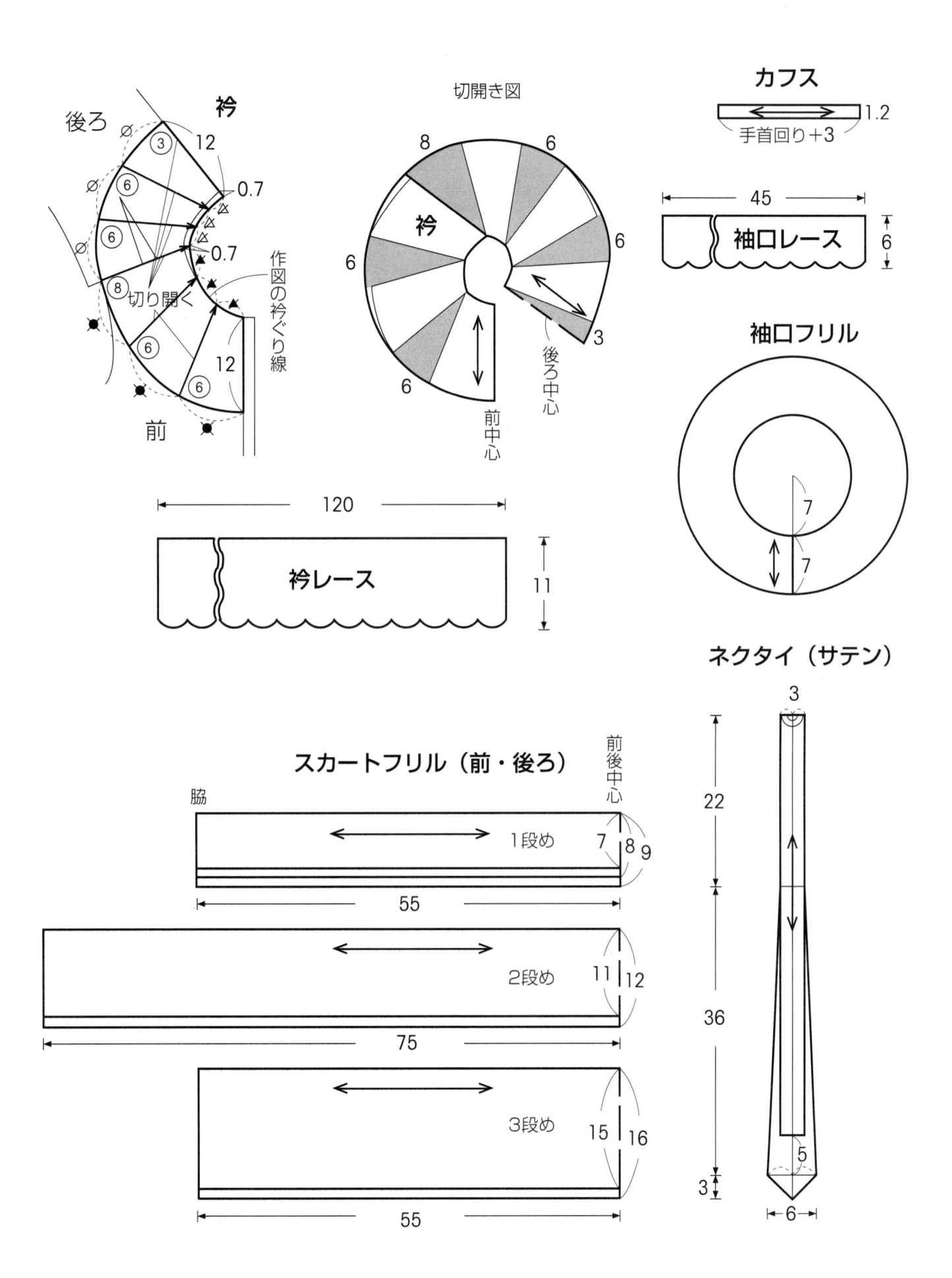

衿

- 後ろ
- 3, 12
- 6, 0.7
- 6, 0.7
- 8
- 切り開く
- 6
- 6, 12
- 前
- 作図の衿ぐり線

切開き図

衿
- 8, 6
- 6, 6
- 6, 3
- 6
- 後ろ中心
- 前中心

カフス

- 1.2
- 手首回り+3

袖口レース

- 45
- 6

袖口フリル

- 7
- 7

衿レース

- 120
- 11

スカートフリル（前・後ろ）

脇　／　前後中心

- 1段め：55　 / 7, 8, 9
- 2段め：75　 / 11, 12
- 3段め：55　 / 15, 16

ネクタイ（サテン）

- 3
- 22
- 36
- 3
- 5
- 6

【パターンメーキング】

身頃は作図をうつし取り、タックの訂正、前後袖口のラインをつながりよく訂正し、合い印を入れる。

【裁断】

透ける素材の扱いに準ずる。

縫い代は仮縫い補正のため、ボリュームをだしたい箇所、袖口、袖幅、脇、ウエストラインなどは、縫い代を多めにつけておくとよい。

【印つけ】

透ける素材の扱いに準ずる。

【縫製】

1　身頃Aを作る

①身頃Aの肩、脇を縫い割る。
②裏身頃の肩、脇を縫い、縫い代を前側に倒す。前のあきはロックミシンをかけ、出来上りに折ってステッチをかける。
③身頃Aと裏身頃の袖ぐりを中表に合わせ、身頃Aの袖ぐりにシルクオーガンジーのバイアステープをしつけで止めて縫う。
④表に返し、裏身頃を0.2cm控えてアイロンをかけ、星止めをする。
⑤ウエストのタックをたたみ、しつけをする。

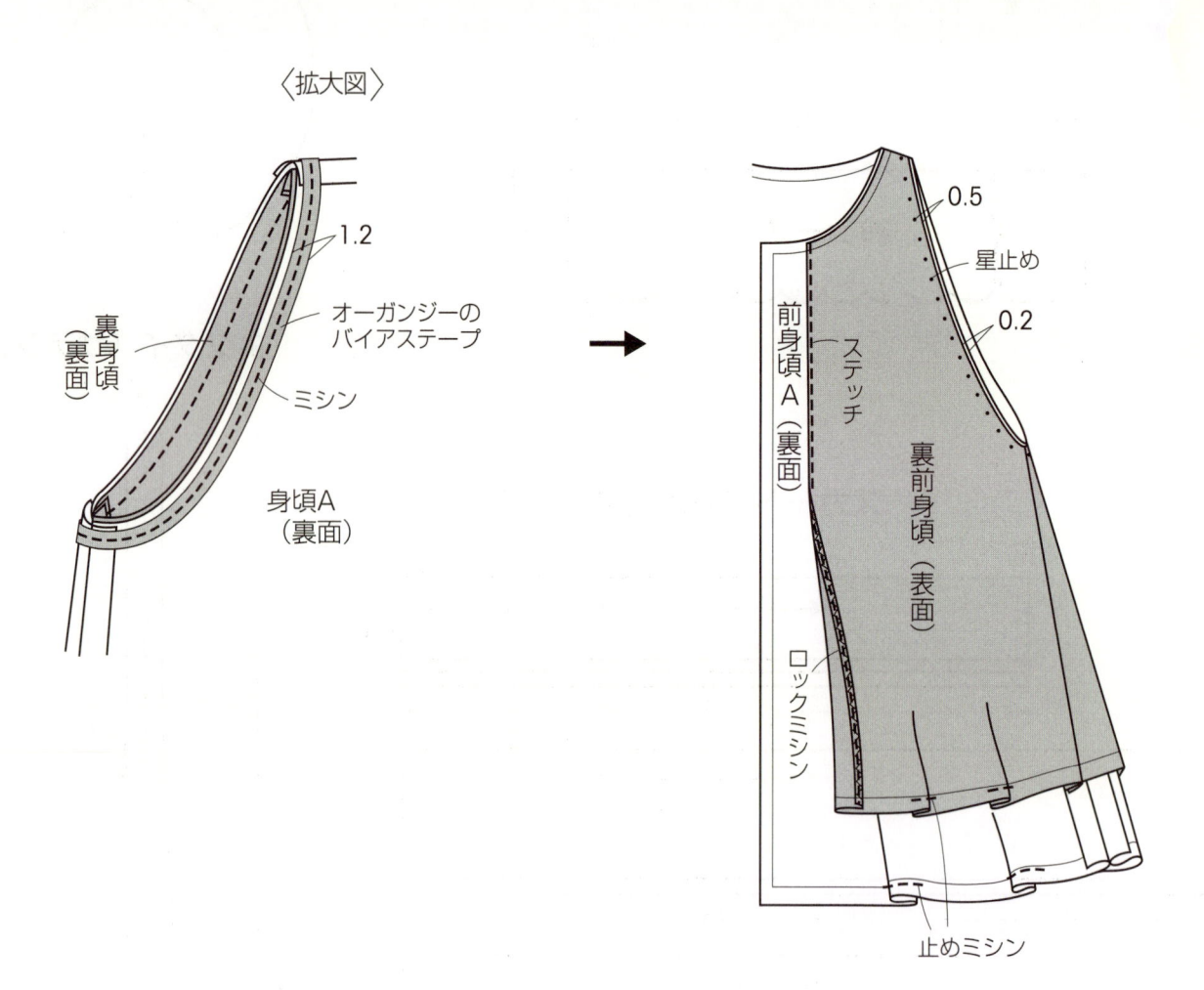

〈拡大図〉

1.2
オーガンジーのバイアステープ
ミシン
裏身頃（裏面）
身頃A（裏面）

→

0.5
星止め
0.2
前身頃A（裏面）
ステッチ
裏前身頃（表面）
ロックミシン
止めミシン

2　身頃Bを作る

①後ろ袖口あきに切込みを入れ、三つ折り端ミシンで始末する。
②肩から袖山、袖下から脇は0.3〜0.4cmの袋縫いにする。
③袖口、衿ぐり、ウエストのタックをたたみ、しつけをする。

〈拡大図〉

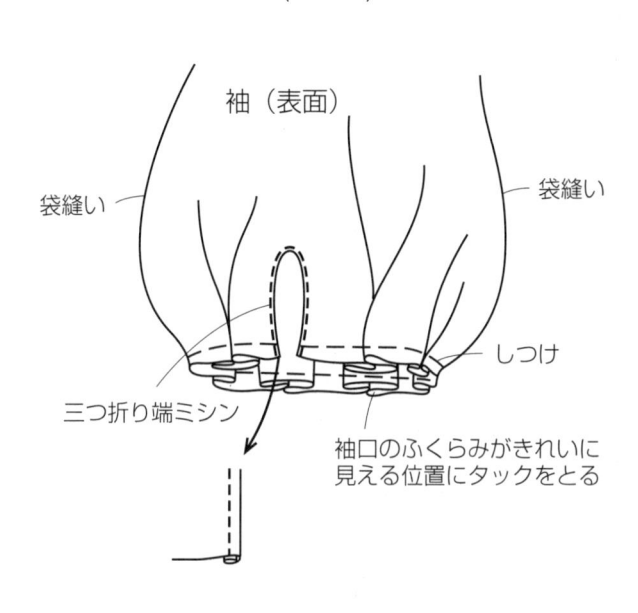

- 袖（表面）
- 袋縫い
- 袋縫い
- しつけ
- 三つ折り端ミシン
- 袖口のふくらみがきれいに見える位置にタックをとる

3　身頃AとBを合わせる

身頃AとBの前端を合わせ、前立てと縫い合わせる。
前立てを出来上りに整え、しつけをする。

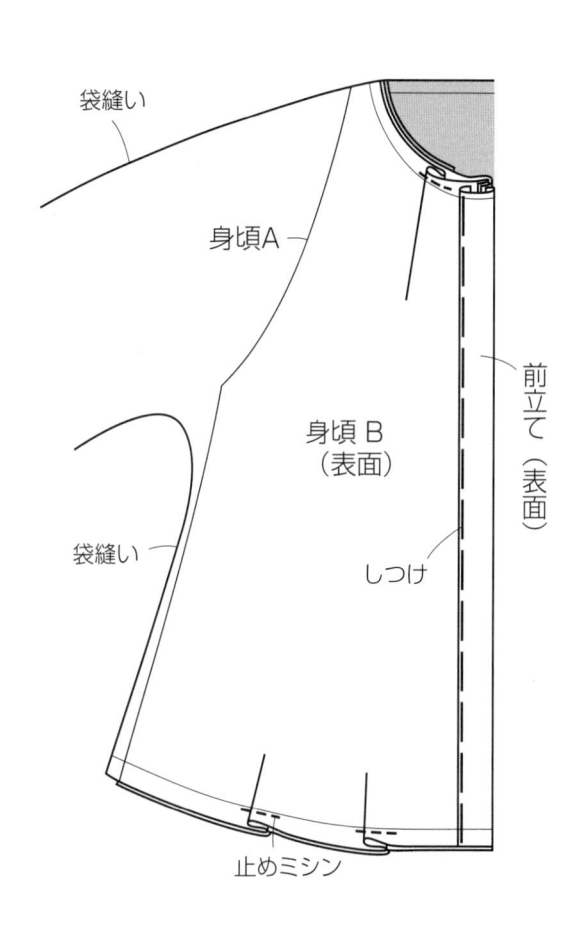

- 袋縫い
- 身頃A
- 身頃B（表面）
- 前立て（表面）
- 袋縫い
- しつけ
- 止めミシン

4　衿を作り、つける

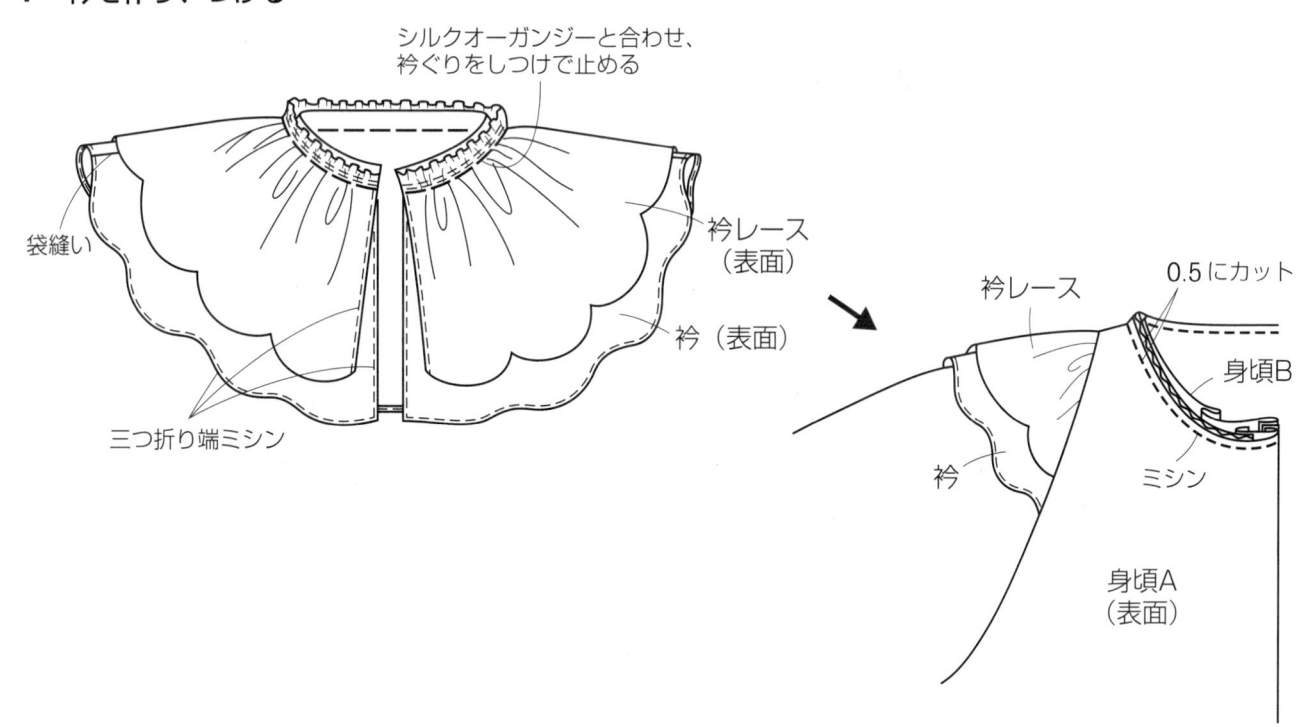

- シルクオーガンジーと合わせ、衿ぐりをしつけで止める
- 袋縫い
- 衿レース（表面）
- 衿（表面）
- 三つ折り端ミシン
- 衿レース
- 衿
- 0.5にカット
- 身頃B
- ミシン
- 身頃A（表面）

5 衿ぐり、前立てにステッチをかけ、ウエストを
合わせてブラウジングさせる

①衿ぐり、前立てにステッチ

身頃B

身頃A

③スナップをつける

右前立てを上にして重ねる

前身頃（表面）

しつけ

②身頃A、Bのウエストラインを合わせて
しつけをし、裏身頃のウエストラインと
合わせてブラウジングさせる

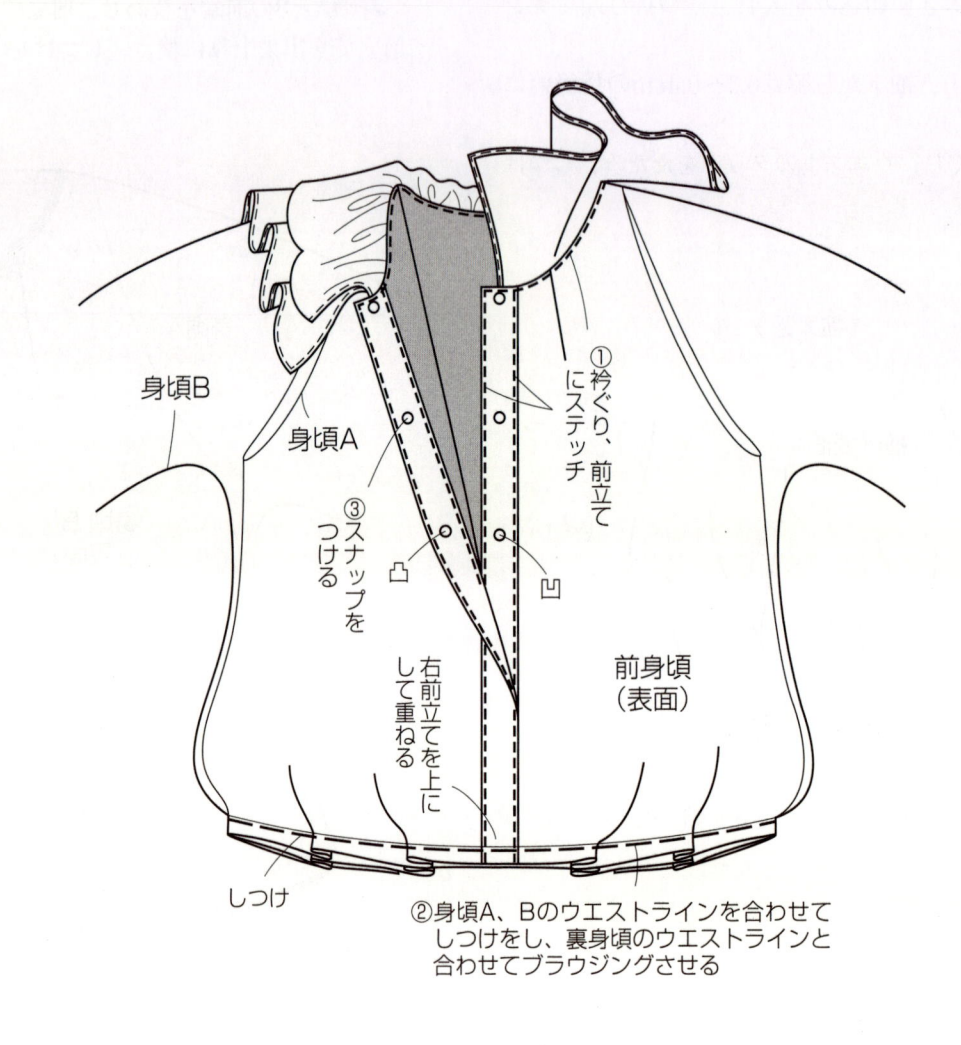

6 カフスを作り、つける

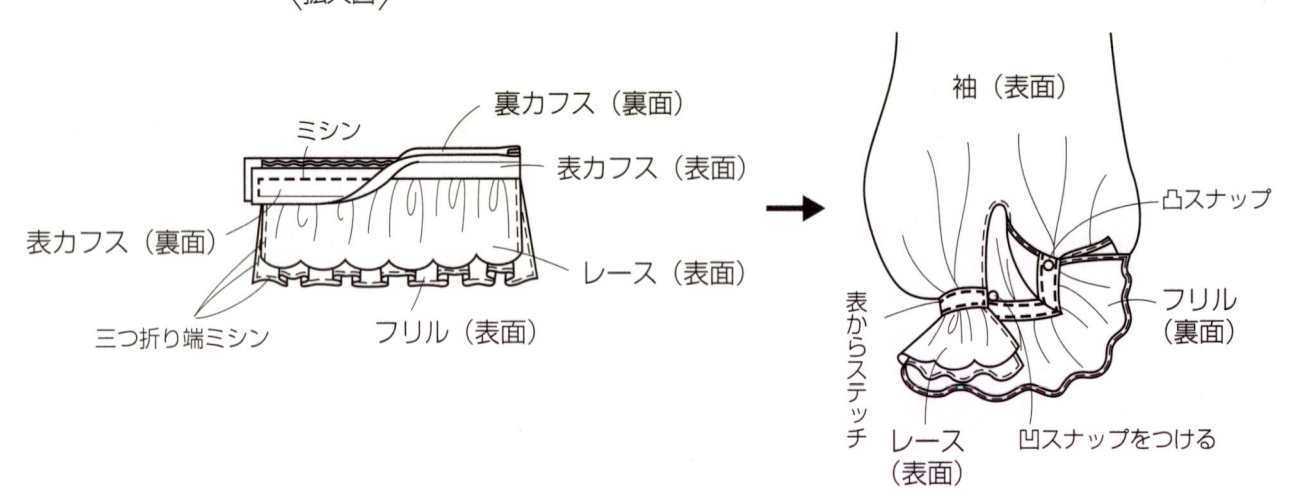

〈拡大図〉

ミシン
裏カフス（裏面）
表カフス（表面）
表カフス（裏面）
レース（表面）
三つ折り端ミシン
フリル（表面）

袖（表面）

凸スナップ

表からステッチ

フリル（裏面）

レース（表面）

凹スナップをつける

袖と表カフスを縫い、裏カフスをしつけで止めて、
表からステッチをかけ、スナップをつける

7 スカートを作る

①フリルは脇を縫い、縫い代を2枚一緒にロックミシンをかけて片返しにする。裾は三つ折り端ミシンで始末し、1枚ずつギャザーを寄せ、段ごとにしつけで止める。
②スカートは段ごとに脇を縫い、裾はロックミシンをかけてまつる。2段めと3段めにフリルをはさんで縫い、押えミシンをかける。
③スカートの裏布を縫う。

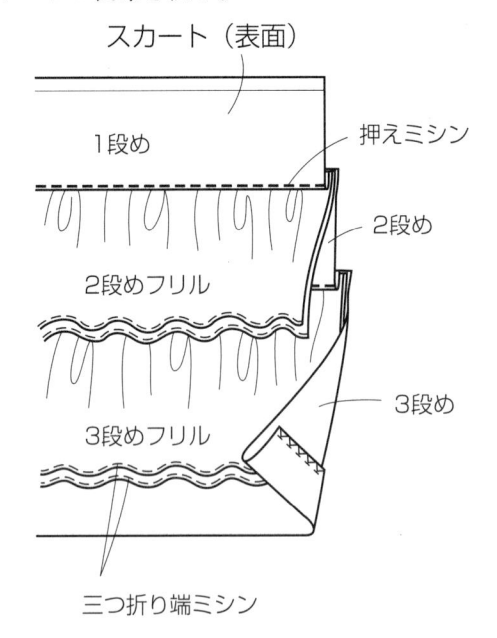

8 スカートとベルトを縫い合わせる

ベルトは芯をはり、脇を縫う。表スカートと裏スカートを合わせ、1段めのフリルをはさんでベルトを縫い合わせる。

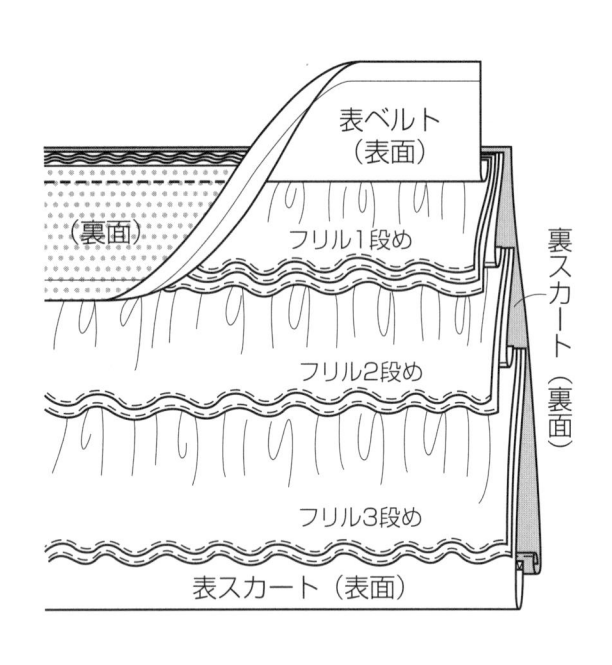

9 身頃とベルトを縫い合わせる

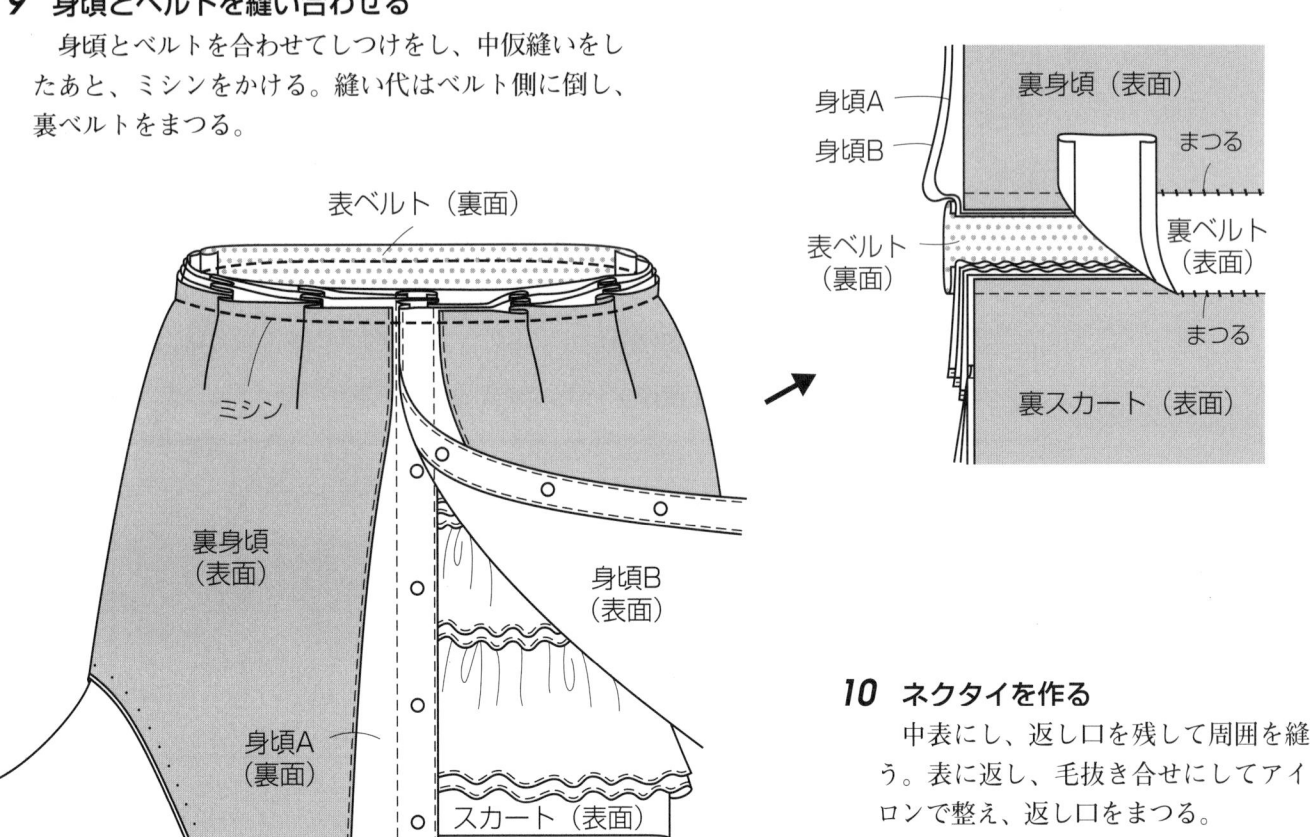

身頃とベルトを合わせてしつけをし、中仮縫いをしたあと、ミシンをかける。縫い代はベルト側に倒し、裏ベルトをまつる。

10 ネクタイを作る

中表にし、返し口を残して周囲を縫う。表に返し、毛抜き合せにしてアイロンで整え、返し口をまつる。

6 ベアトップドレス

　ベアトップは体にぴったりとフィットさせ、スカートは8枚はぎのたっぷりした裾回りで優雅な雰囲気をだしたドレス。ウエストはV字形に切り替えて細さを強調している。

　素材は、トップをしっかりした布地にし、スカートは軽やかな張りのあるものが適している。

　全体のシルエットは、ベアトップファウンデーションやパニエなどで整える。スカートに透ける布地を使用した場合は、アンダースカートを用いるとよい。

使用量
表布＝身頃は厚地サテン90cm幅70cm
　　　スカートはタフタ90cm幅870cm
裏布（身頃のみ）＝90cm幅50cm
接着芯＝90cm幅20cm

【作図】
原型のダーツ操作
前身頃
胸ぐせダーツを肩ダーツに移動する。

作図要点

身頃

前後身頃とも脇でゆとり分をカットし、ウエストには全体で2cmのゆとりを入れ、切替え線で体にフィットさせる。

袖ぐり下はバストラインより1cm上げる。

スカート

ウエストのタック・ギャザー分量は布の厚さなどで加減する。

$$\frac{○+\varnothing+●+\bullet}{4}=⊠$$

切り開く分量

$$\frac{布幅(90)-⊠}{4}=▲$$

スカートのはぎ方と身頃のつけ位置

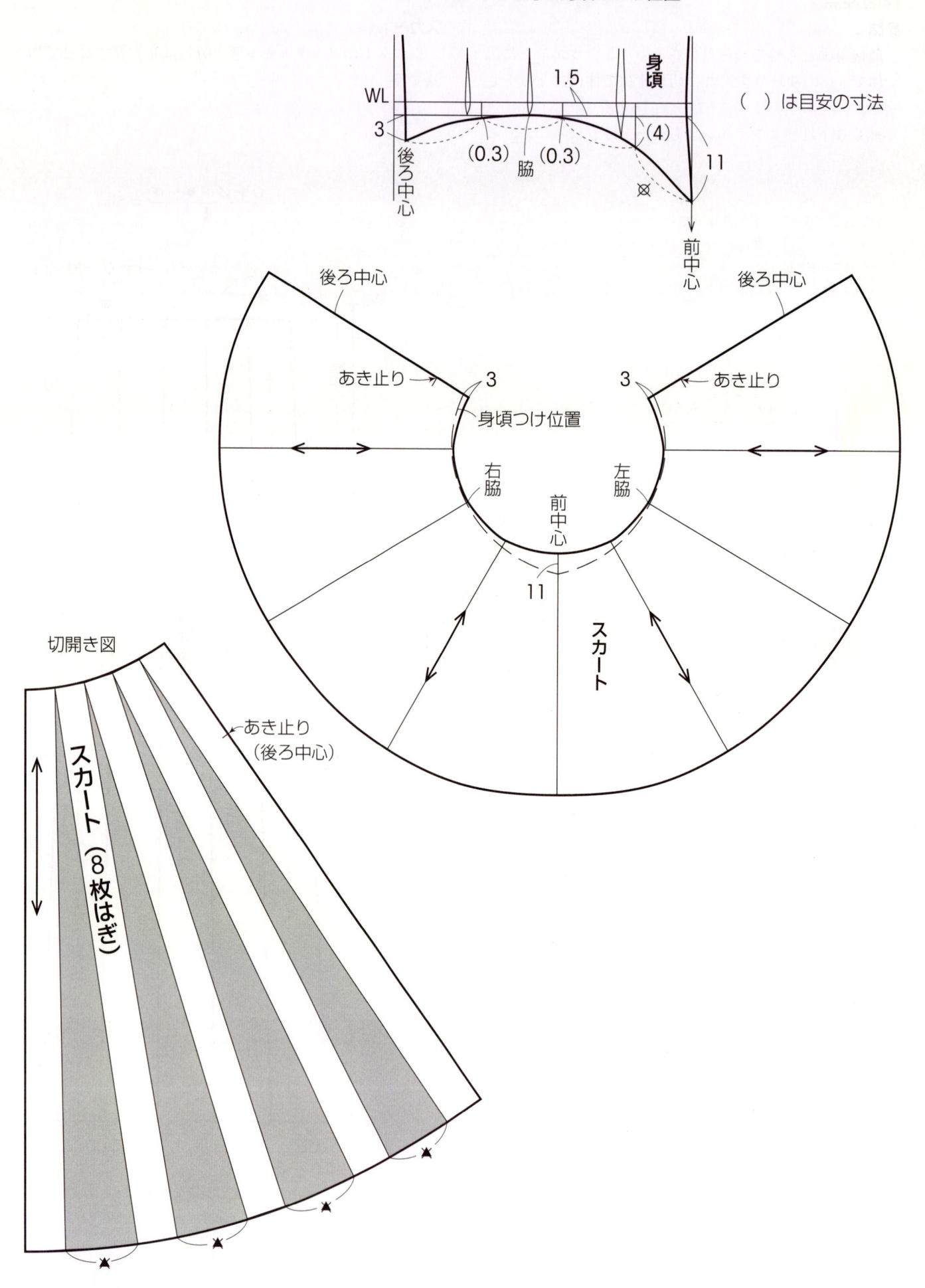

( )は目安の寸法

WL / 身頃 / 1.5 / 3 / 後ろ中心 / (0.3) / 脇 / (0.3) / (4) / 11 / 前中心

後ろ中心　あき止り　3　3　あき止り　後ろ中心

身頃つけ位置

右脇　左脇

前中心

11

スカート

切開き図

あき止り（後ろ中心）

スカート（8枚はぎ）

パニエ

パニエB（77ページ参照）の土台のパターンを使用し、チュールでフリルをつけ、ボリュームと軽やかな張りを作る。

使用量
表布＝ハードツイル122cm幅190cm
50デニールのチュール（フリル分）115cm幅800cm

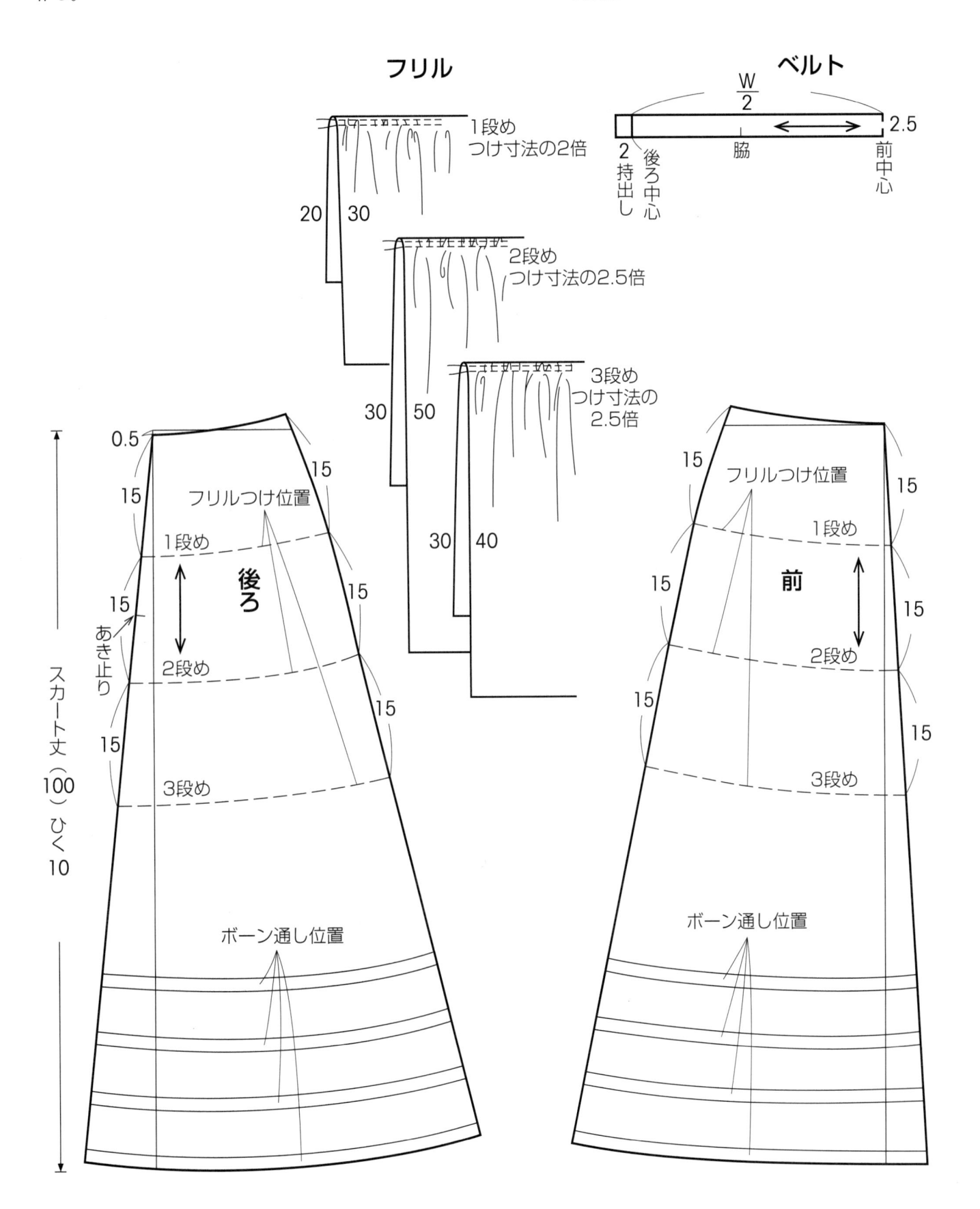

フリル

1段め つけ寸法の2倍
20　30

2段め つけ寸法の2.5倍
30　50

3段め つけ寸法の2.5倍
30　40

ベルト

$\frac{W}{2}$　2.5
2　後ろ中心　脇　前中心
持出し

後ろ

0.5
15
15　15
フリルつけ位置
1段め
15　あき止り
2段め
15
3段め
15

スカート丈(100)ひく10

ボーン通し位置

前

15　15
フリルつけ位置
1段め
15
2段め
15
3段め

ボーン通し位置

【縫製】

身頃は裏つき仕立て、スカートは一重仕立てでまとめる。

1　表身頃の切替え線を縫う

上端に伸止めのテープをはり、切替え線を縫い割る。
前中心のポイントは厚地で鋭角のため、補強芯をはり、シルクオーガンジーまたは裏布で縫い返す。

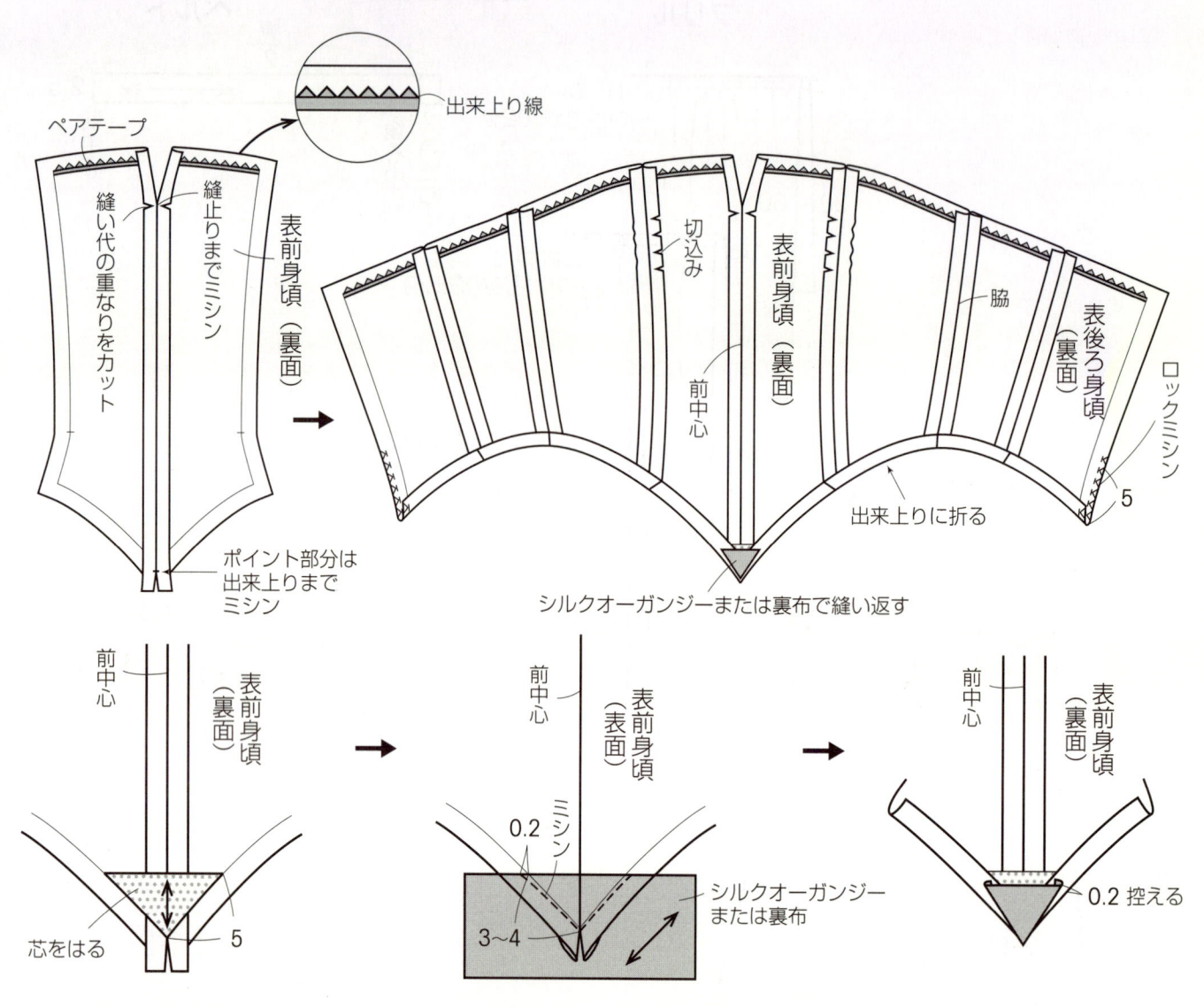

2　裏身頃と見返しを縫い合わせ、表身頃と合わせて上端を縫う

上端はファスナーつけのため、後ろ中心から3cmぐらい縫い残す。

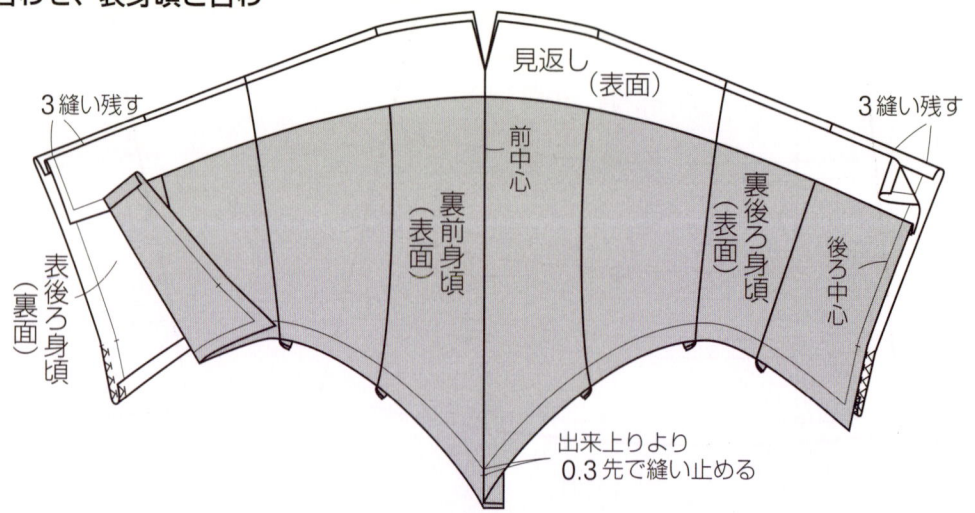

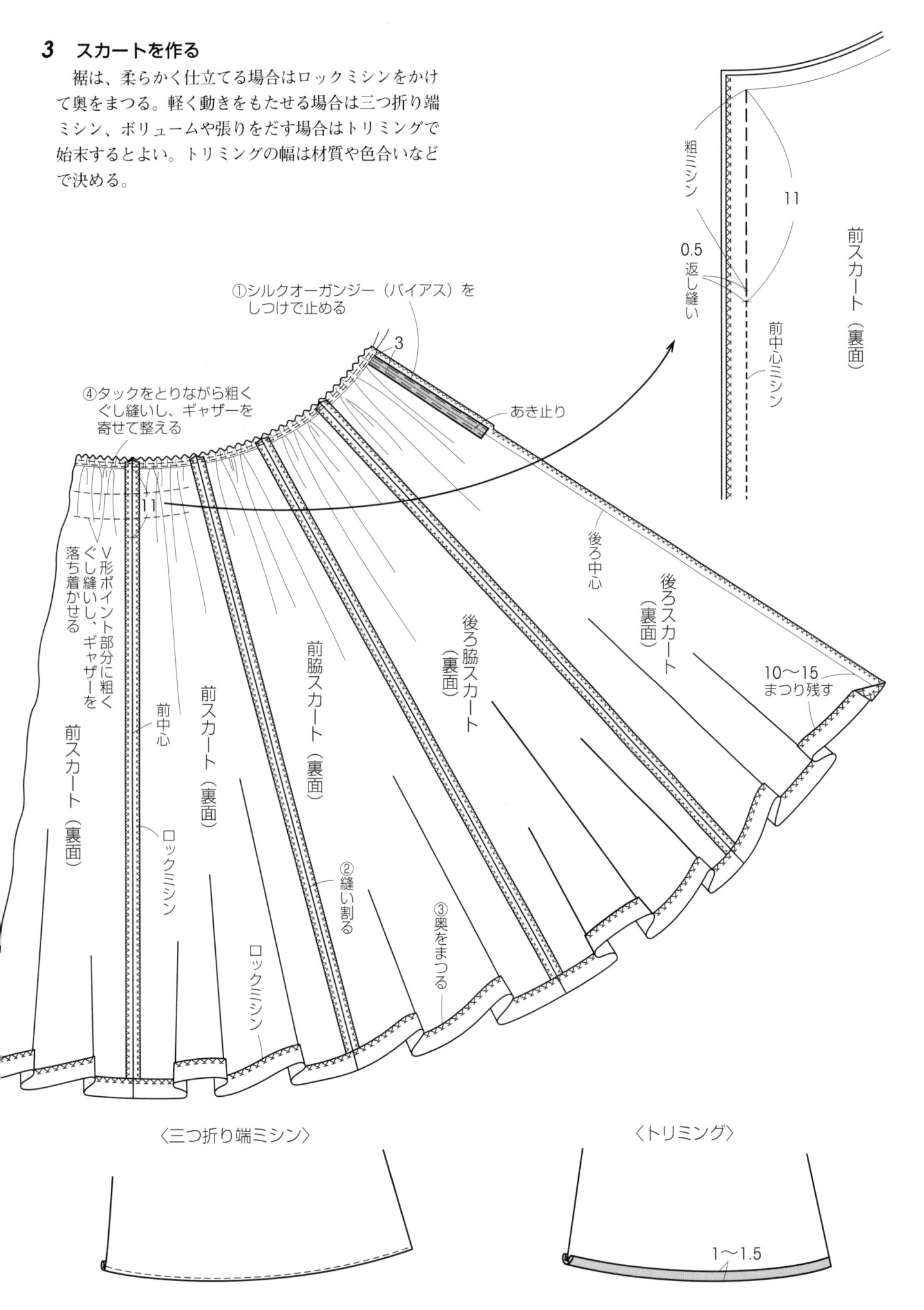

3 スカートを作る

裾は、柔らかく仕立てる場合はロックミシンをかけて奥をまつる。軽く動きをもたせる場合は三つ折り端ミシン、ボリュームや張りをだす場合はトリミングで始末するとよい。トリミングの幅は材質や色合いなどで決める。

①シルクオーガンジー（バイアス）をしつけで止める

④タックをとりながら粗くぐし縫いし、ギャザーを寄せて整える

あき止り

粗ミシン

0.5 返し縫い

前スカート（裏面）

前中心ミシン

V形ポイント部分に粗くぐし縫いし、ギャザーを落ち着かせる

後ろ中心

後ろスカート（裏面）

10〜15 まつり残す

前スカート（裏面）

前中心

ロックミシン

前スカート（裏面）

前脇スカート（裏面）

ロックミシン

後ろ脇スカート（裏面）

②縫い割る

③奥をまつる

後ろスカート（裏面）

〈三つ折り端ミシン〉

〈トリミング〉

1〜1.5

III デザインと作図・縫製

4 ウエストをはぐ

- 前後中心、脇を合わせてスカートに身頃をのせ、巻きじつけをした後、ボディまたは着装で確認する。
- 前中心のポイントはミシンがかけづらいため、身頃の出来上りのきわにしつけをかけ、細かくまつる。
- ウエストの後ろ中心の縫い代は、切込みを入れて割る。布の厚みに差がある場合は、薄地のほうに片返す場合もある。

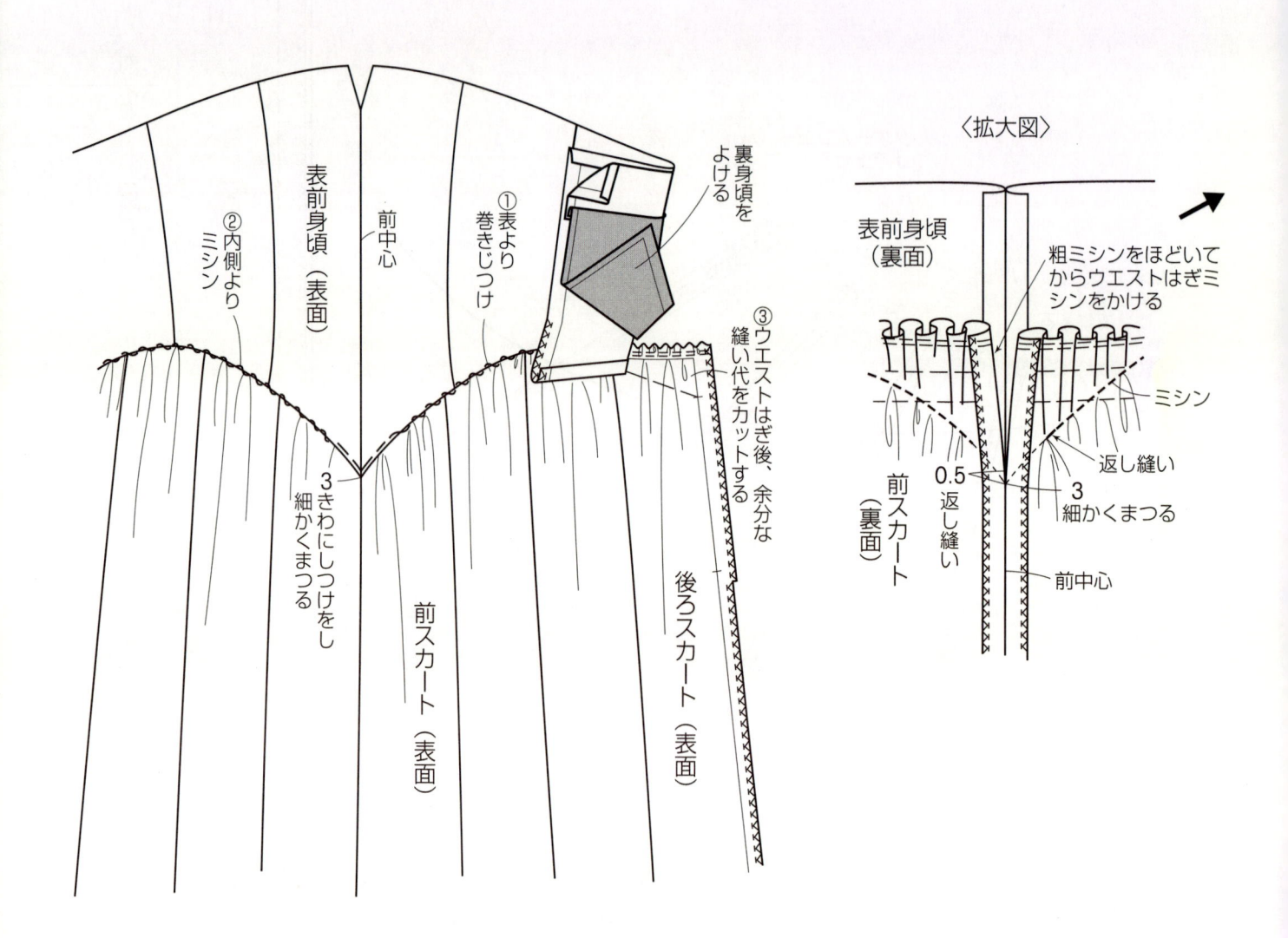

図中ラベル（左図）：
- ②内側よりミシン
- 表前身頃（表面）
- 前中心
- ①表より巻きじつけ
- 裏身頃をよける
- 3 きわにしつけをし細かくまつる
- ③ウエストはぎ後、余分な縫い代をカットする
- 前スカート（表面）
- 後ろスカート（表面）

〈拡大図〉
- 表前身頃（裏面）
- 粗ミシンをほどいてからウエストはぎミシンをかける
- ミシン
- 返し縫い
- 0.5 返し縫い
- 3 細かくまつる
- 前スカート（裏面）
- 前中心

〈ポイントが鈍角の場合〉

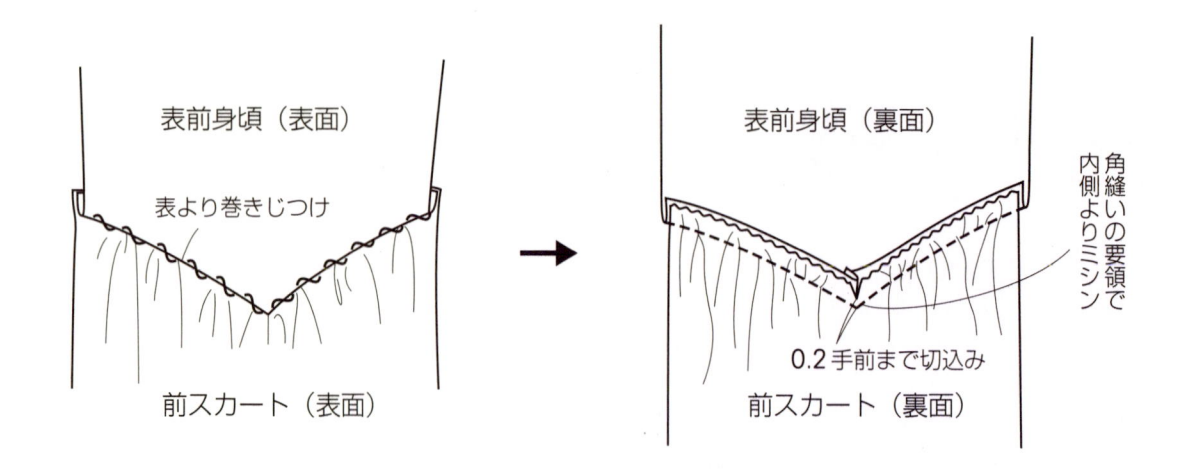

左図：
- 表前身頃（表面）
- 表より巻きじつけ
- 前スカート（表面）

右図：
- 表前身頃（裏面）
- 角縫いの要領で内側よりミシン
- 0.2 手前まで切込み
- 前スカート（裏面）

5 ファスナーをつけ、裏身頃をまつる

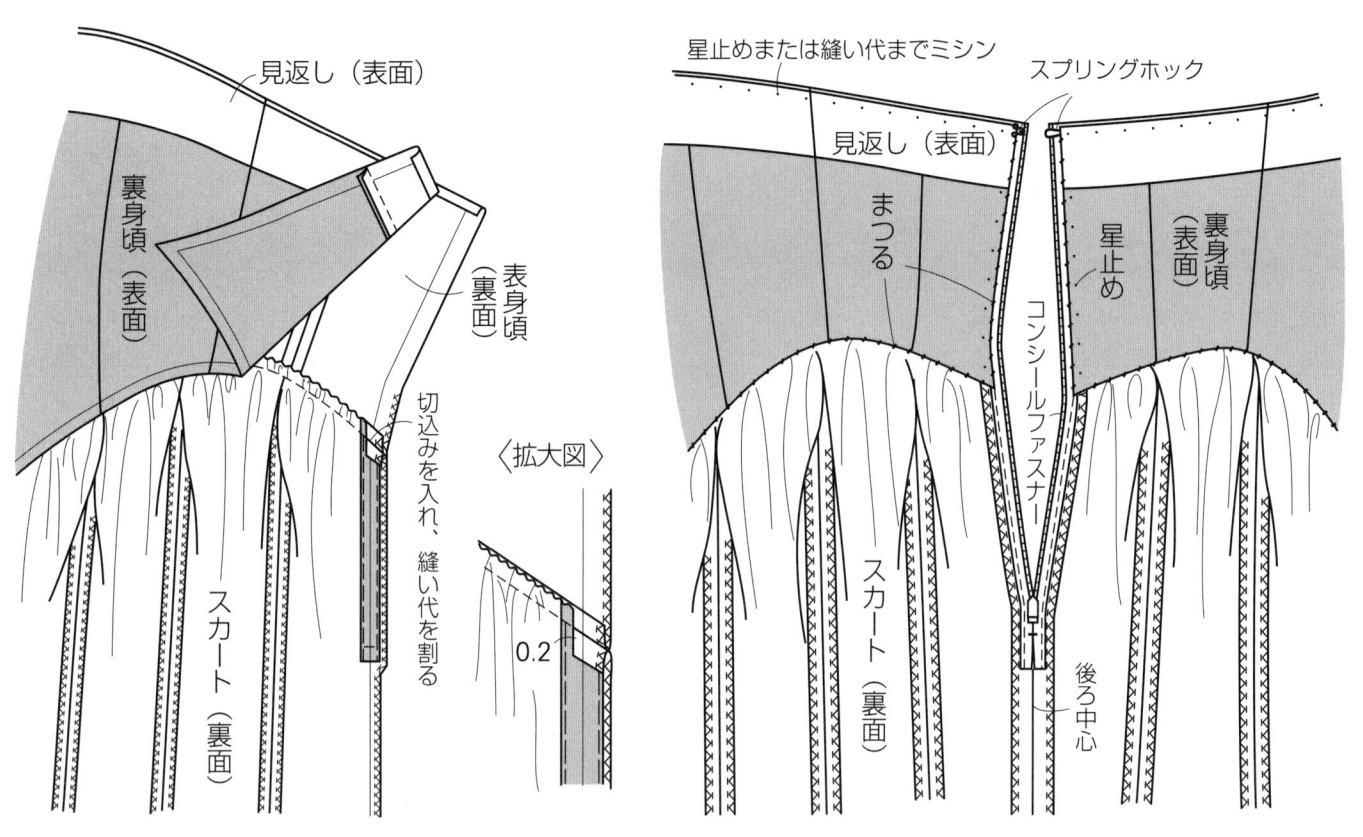

図ラベル：
- 見返し（表面）
- 裏身頃（表面）
- 表身頃（裏面）
- スカート（裏面）
- 切込みを入れ、縫い代を割る
- 〈拡大図〉 0.2
- 星止めまたは縫い代までミシン
- スプリングホック
- 見返し（表面）
- まつる
- 星止め
- 裏身頃（表面）
- コンシールファスナー
- スカート（裏面）
- 後ろ中心

6 ファウンデーションをつける

既製のキャミソール型のファウンデーションを着装し、ドレスに合わせてつけ位置を確認し、糸ループまたはマジックテープで見返しに止める。

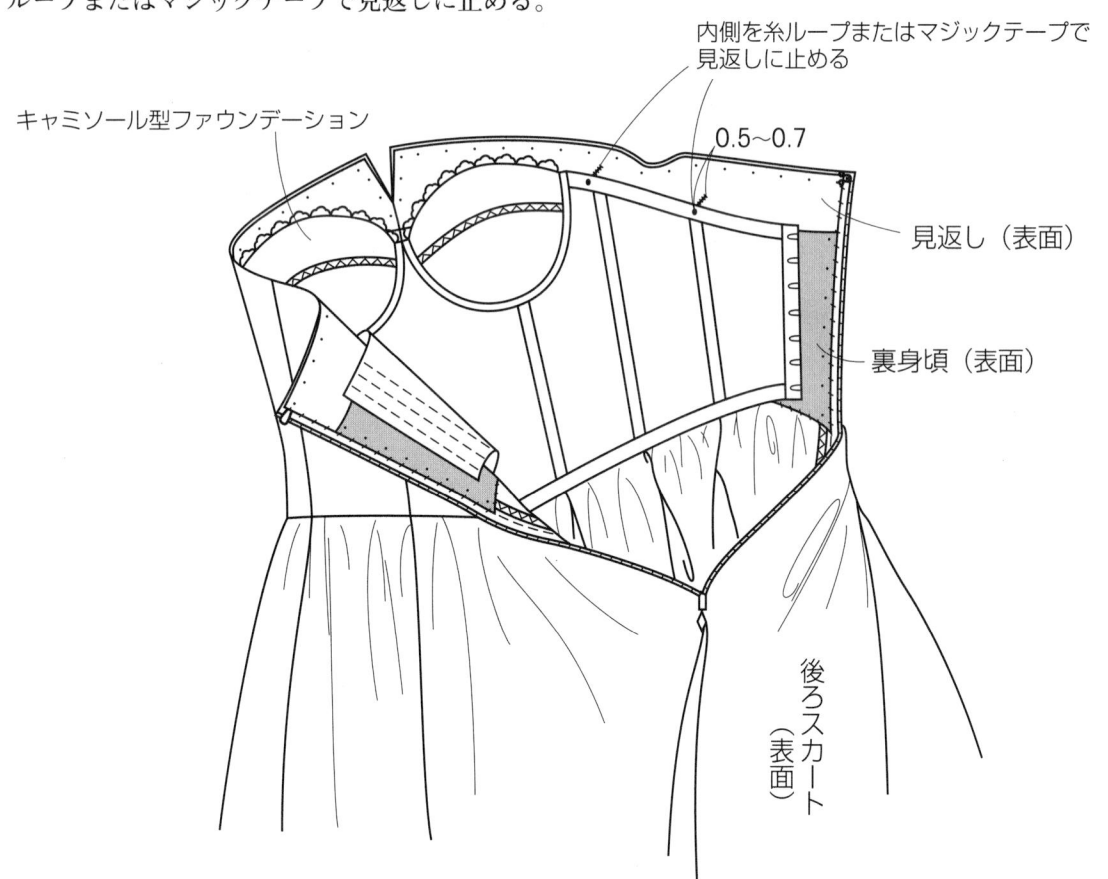

図ラベル：
- キャミソール型ファウンデーション
- 内側を糸ループまたはマジックテープで見返しに止める
- 0.5〜0.7
- 見返し（表面）
- 裏身頃（表面）
- 後ろスカート（表面）

III デザインと作図・縫製

ファウンデーションとパニエについて

ファウンデーション (foundation)

洋服の土台となる下着のこと。体型を整え、美しいプロポーションを作り、上に着るドレスのシルエットを保つことが目的である。

ここでは、ベアトップドレスの土台として、ウエストで支えるドレスのシルエットを保つためのファウンデーションをとり上げてある。ドレスにつける方法は、ベアトップドレスで既製のファウンデーション（写真①②）を利用し、解説してある。

素材

ファウンデーションの素材は、ドレスの下着になるため、吸湿性、耐久性があり、肌ざわりのよい布地を使用する。

軽やかなドレスには、キャラコ、洋ざらし、スレキ、ドレスと共布などがよい。

ドレスに重みがありしっかり支えたい場合は、片面綿ネル、グログラン、シルクタフタ、薄手のデニムなどを使用するとよい。

使用する布地は、あらかじめのり抜きと縮絨のために、水通しと地直しをしてから用いる。

パニエ (panier)

18世紀ヨーロッパの婦人がスカートを広げるために用いた腰枠形式のアンダースカートのことである。スカートのシルエットを支え、張りをもたせるためにスカートやドレスの下に着用する。ドレスの動きに合わせて自然になじむことが大切である。

シルエットに合わせて製作するか、シルエットに合った既製のもの（写真①～⑤）を選んで使用するとよい。

素材

パニエの素材は、土台布、フリル用布、オーバースカート用布を準備する。

土台布としては、足にまとわりつかないようにすべりがよく、多少張りのあるものがよい。ナイロン芯、ナイロンシャー、ナイロンタフタ、ナイロンハードツイル等を使用する。裾に張りをもたせるためにボーンを使用する場合もある。

フリル用の素材は、ソフトなふくらみをだすために、ナイロンチュール（ソフト）、テトロンシャー、オーガンジー（シルク、ポリエステル）等を使用する。しっかりさせたいときは、ナイロンスクリーン、ナイロンシャー、ナイロンチュール（30デニール、50デニール、70デニール）などを使用する。

オーバースカートは、表のドレスにパニエのひびきがでないようにつける。テトロンシャー、ナイロンシャー、オーガンジーなどを使用する

③

④

⑤

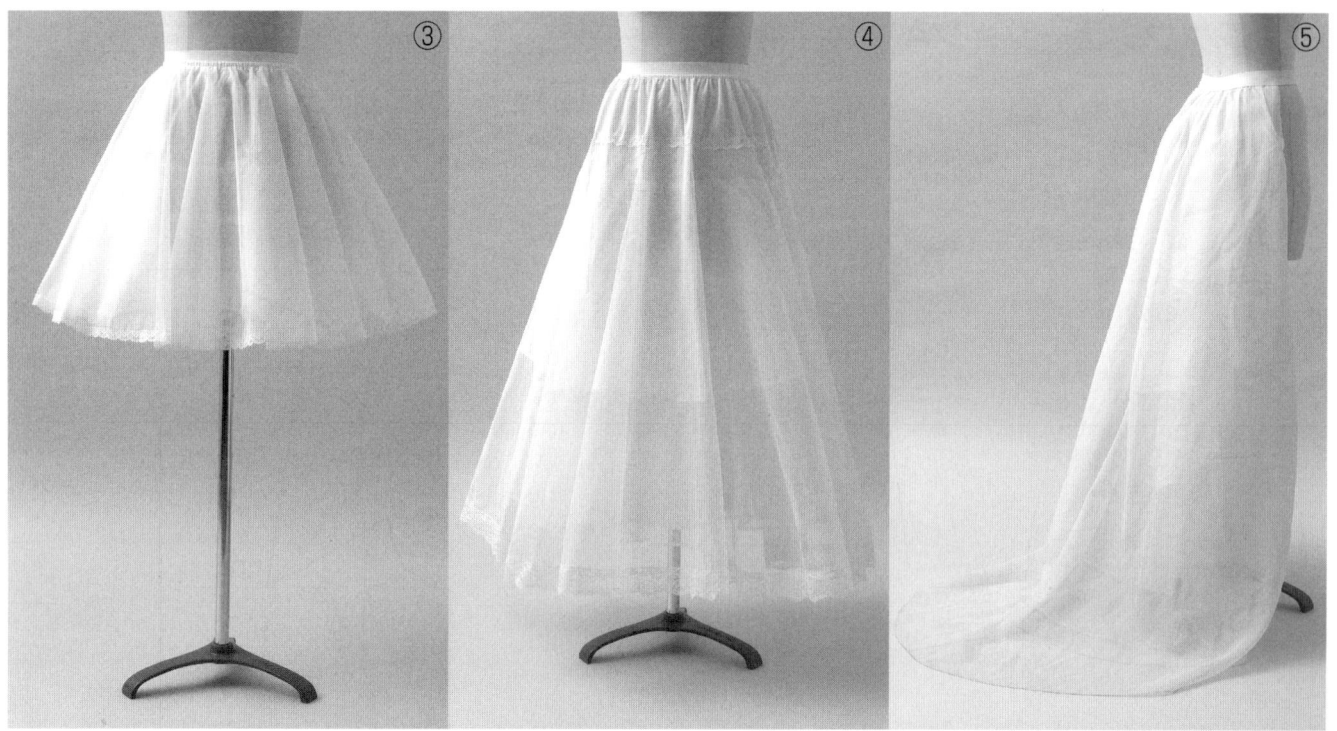

ボーンの種類

ボーンには、いろいろな種類（写真⑥）があり、直接ミシンで止めつけられるもの、縫い代やテープの中に通して使用するものがある。使用する箇所、目的によって使い分ける。

ボーンを中に通す方法

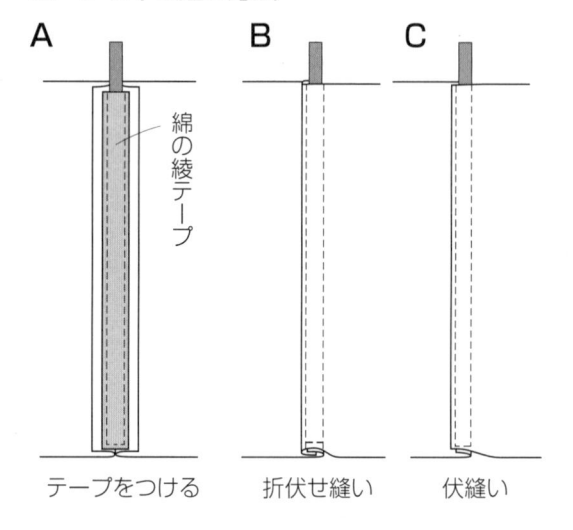

A　綿の綾テープ　テープをつける

B　折伏せ縫い

C　伏縫い

ボーンを直接ミシンで止める方法

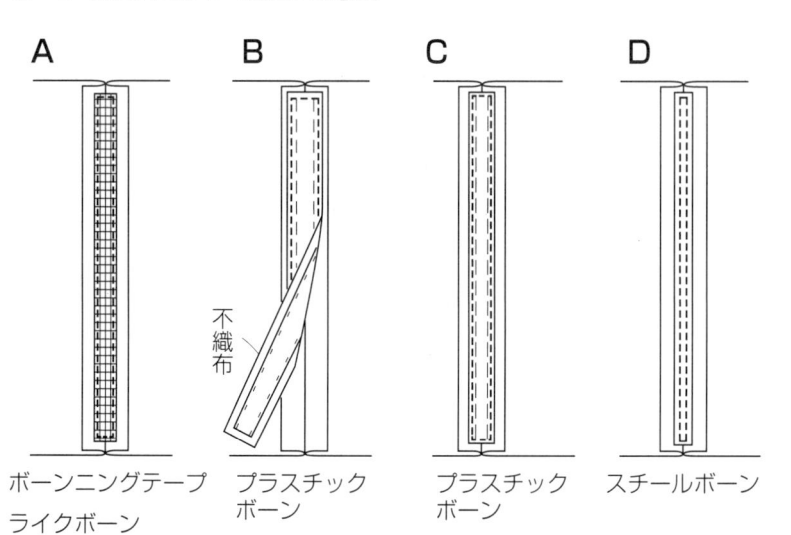

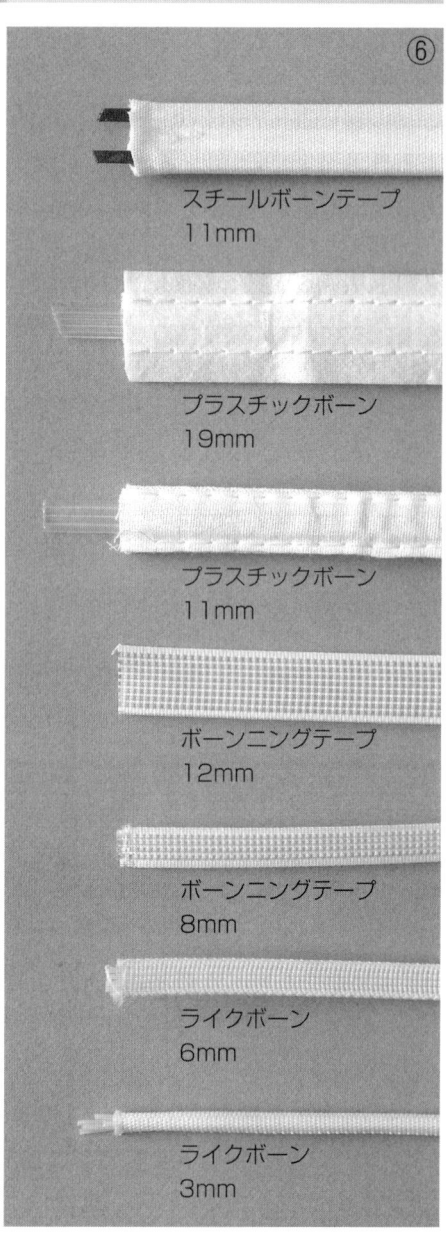

A　ボーンニングテープ　ライクボーン

B　不織布　プラスチックボーン

C　プラスチックボーン

D　スチールボーン

⑥

- スチールボーンテープ 11mm
- プラスチックボーン 19mm
- プラスチックボーン 11mm
- ボーンニングテープ 12mm
- ボーンニングテープ 8mm
- ライクボーン 6mm
- ライクボーン 3mm

Ⅲ　デザインと作図・縫製

（1）ファウンデーションA

使用量
表布＝90cm幅70cm

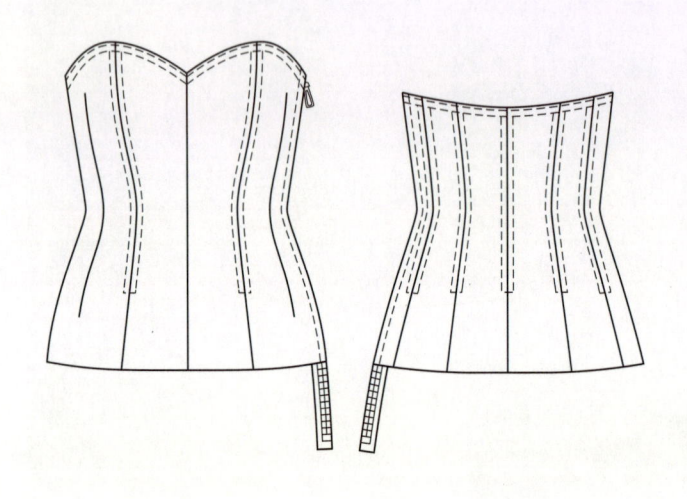

【作図】
原型のダーツ操作
前身頃
胸ぐせダーツを肩ダーツに移動する。

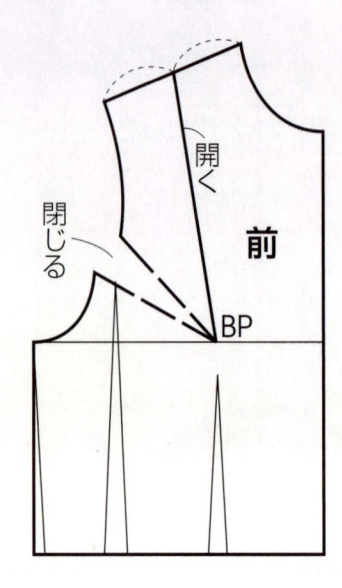

作図要点
ダーツ、切替え線を入れて体にフィットさせる。

後ろ身頃
- 後ろ中心はウエストで1cm、ヒップラインで0.5cmカットする。
- 脇はバストラインで2cm、ウエストラインではさらに0.7cmカットし、ヒップにも最小のゆとりを加え、脇線を引く。
- 原型ダーツに近い位置を切替え線にする。

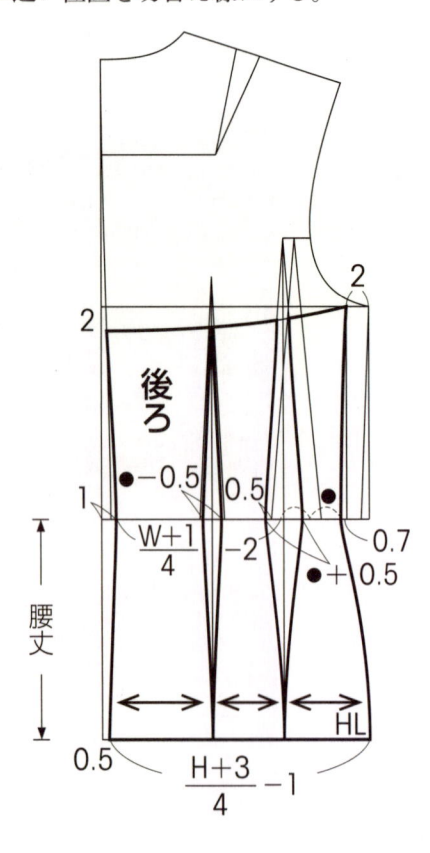

前身頃
- 前中心をウエストラインで0.5cmカットする。
- 脇はバストラインで2.5cmカットし、後ろ身頃と同様に脇線を引く。
- 上部のデザイン線はドレスからファウンデーションが見えないようにする。

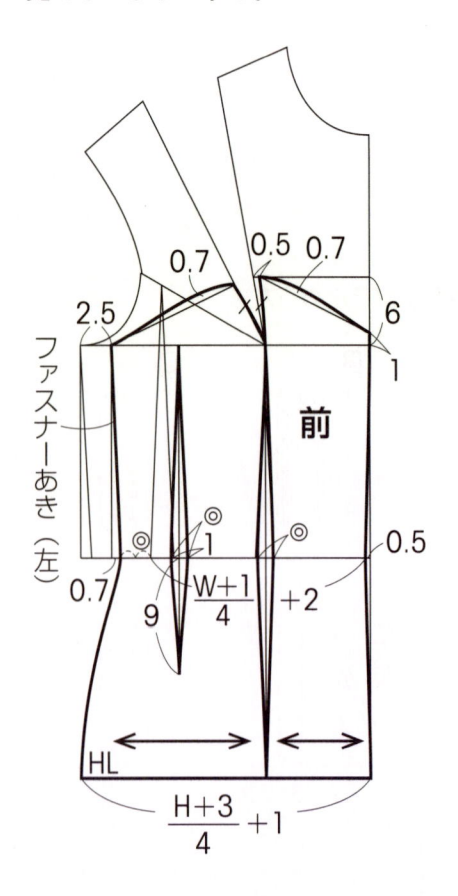

【裁断】

素材はしっかりした布地で、表布と同系色か白を使用する。

綿素材の場合は水通しを行ないアイロンをかける。

布目は裾線に縦地を通し、裾に耳がくるように裁断すると薄く仕立てられる。

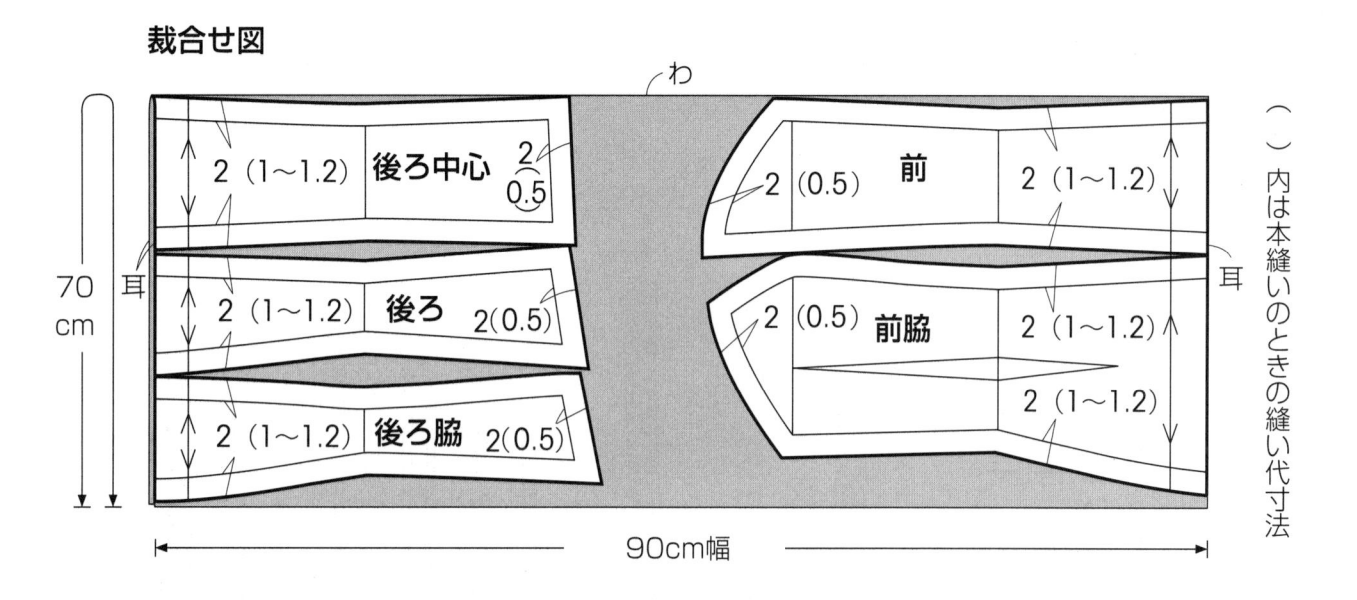

裁合せ図

（　）内は本縫いのときの縫い代寸法

【仮縫い合せ】

体にぴったり合わせるために縫い代を外側に出してダーツ、プリンセスライン、脇線を縫う。バストのデザイン線とウエストラインには縫い印を入れる。

【試着補正】

縫い代を外側に出したまま補正を行ない、ファウンデーションの本縫いが済んでからドレスの補正に入る。

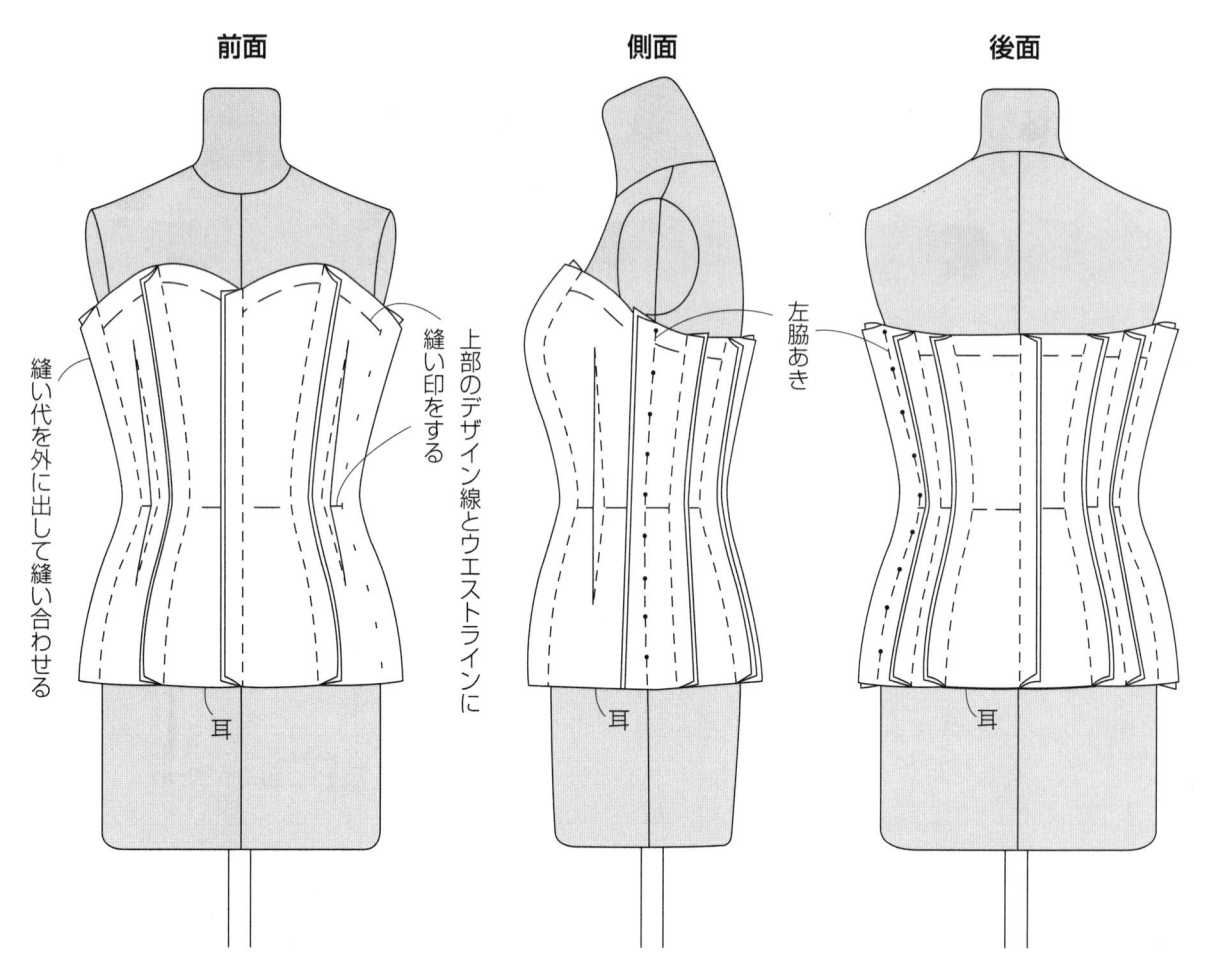

Ⅲ　デザインと作図・縫製

【縫製】

1　左脇を残し、前後を縫い合わせる

①縫い代を表にあたりが出ない方法（ピンキング、ロックミシン、伏縫い等）で始末する。ウエスト部分はカーブが強いので、縫い代幅を細くする。
②ダーツ、前後中心、デザイン線、右脇を縫う。前中心以外の上部は、出来上りより1針先で返し縫いをして縫い代を割る。
③前後デザイン線と後ろ中心の縫い代に、綿の綾テープをのせて両端をミシンで押さえ、中にボーンを通す（Aの方法）。ボーンはボディ上で体に合わせてくせとりをし、テープの中に通す。

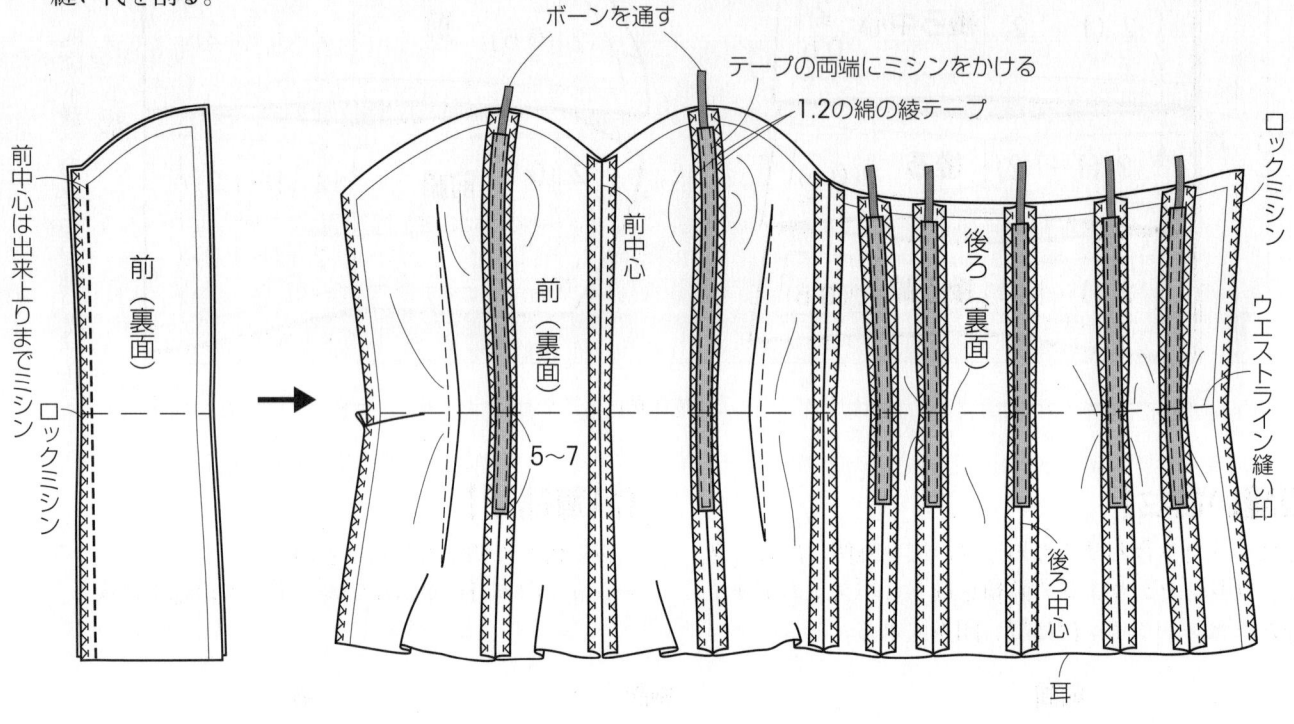

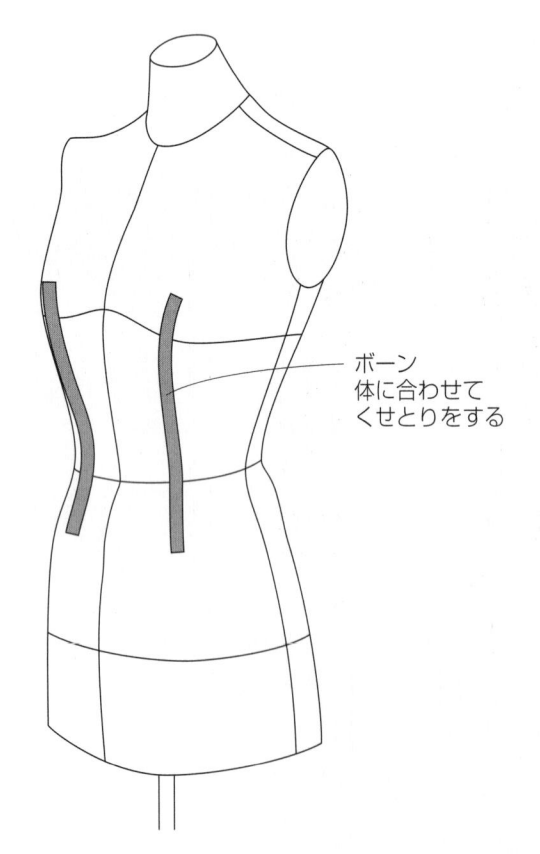

2　左脇にファスナーをつける

ファスナーは着脱がしやすいように長めのものをつけ、ふらせておく。

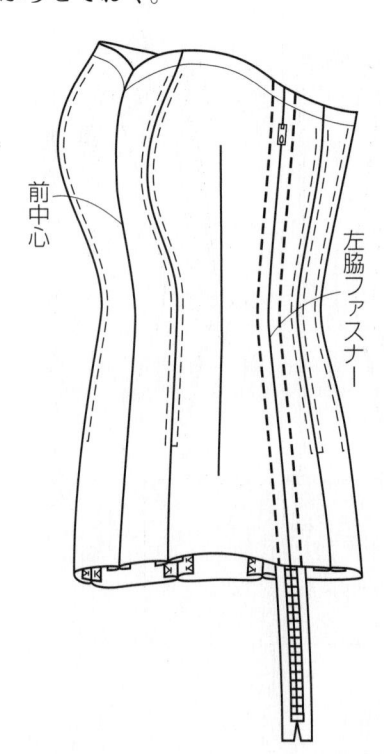

3　上端を始末し、内ベルトをつける

内ベルトはグログランリボンを二重にし、周囲にミシンをかけて作る。

ファスナー上部にスナップ、またはストロングホックをつける。

〈拡大図〉

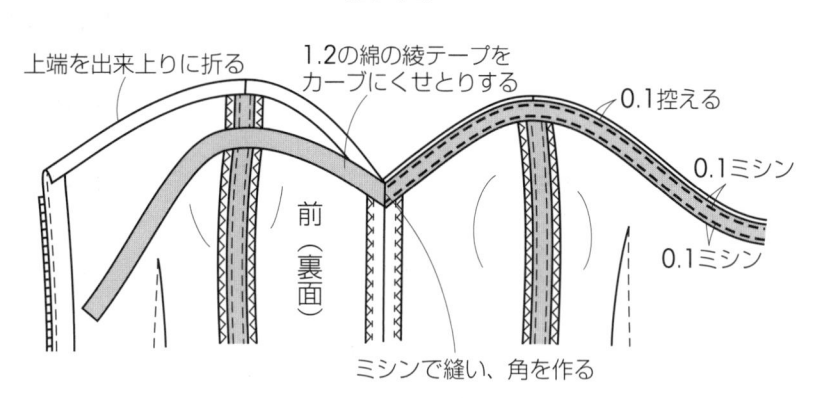

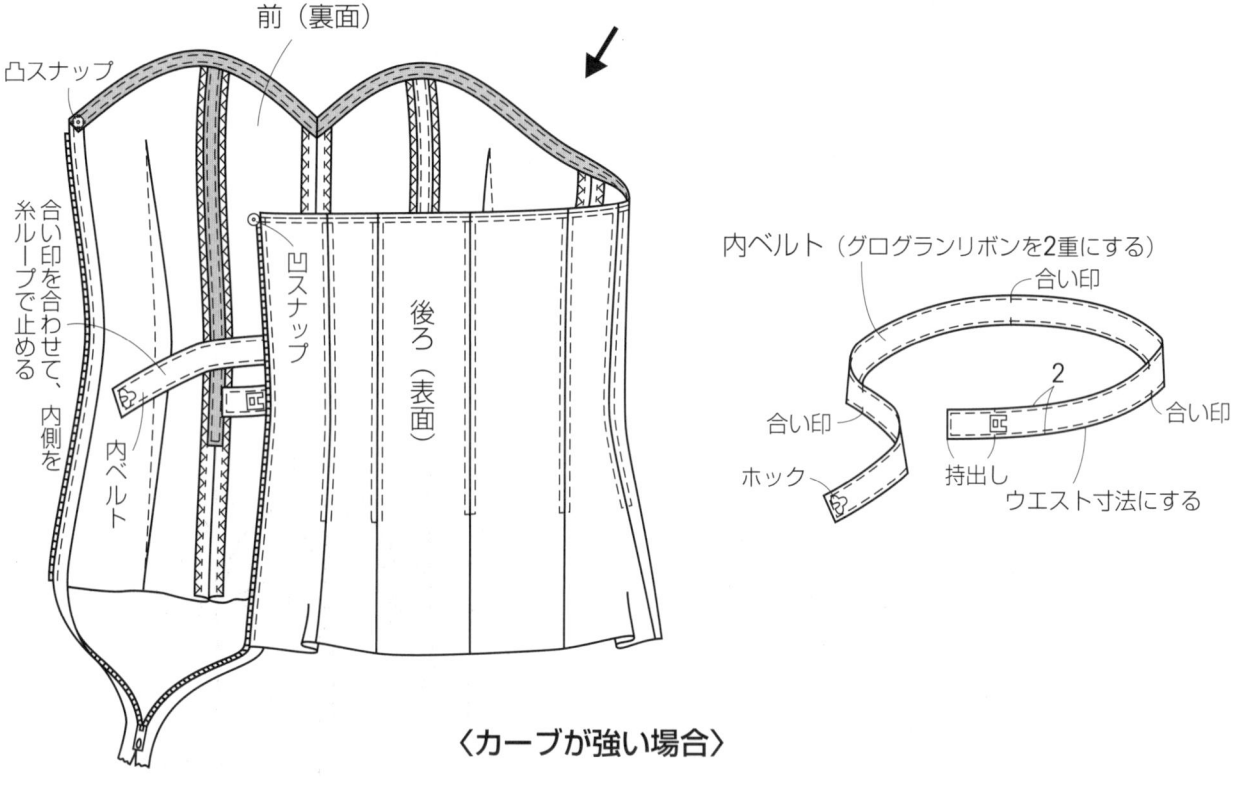

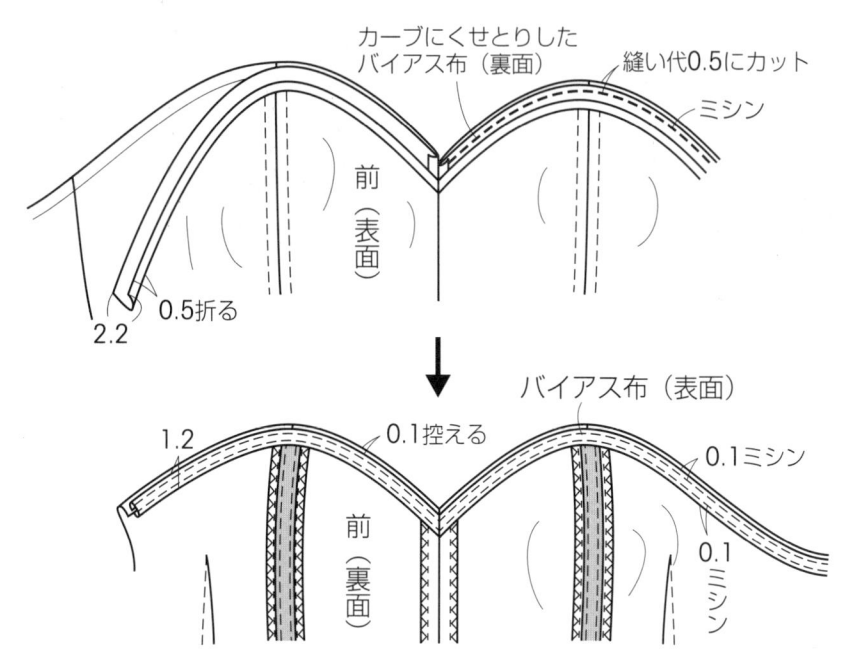

- 上端を出来上りに折る
- 1.2の綿の綾テープをカーブにくせとりする
- 0.1控える
- 0.1ミシン
- 0.1ミシン
- ミシンで縫い、角を作る

前（裏面）

- 凸スナップ
- 合い印を合わせて、糸ループで止める
- 前（裏面）
- 凸スナップ
- 内ベルト
- 後ろ（表面）
- 内側を

内ベルト（グログランリボンを2重にする）
- 合い印
- 合い印
- 合い印
- ホック
- 持出し
- ウエスト寸法にする
- 2

〈カーブが強い場合〉

- カーブにくせとりしたバイアス布（裏面）
- 縫い代0.5にカット
- ミシン
- 前（表面）
- 0.5折る
- 2.2

- バイアス布（表面）
- 1.2
- 0.1控える
- 0.1ミシン
- 0.1ミシン
- 前（裏面）

（2）ファウンデーションB

カップ型切替えで胸部を強調したファウンデーションである。

使用量
表布＝90cm幅80cm

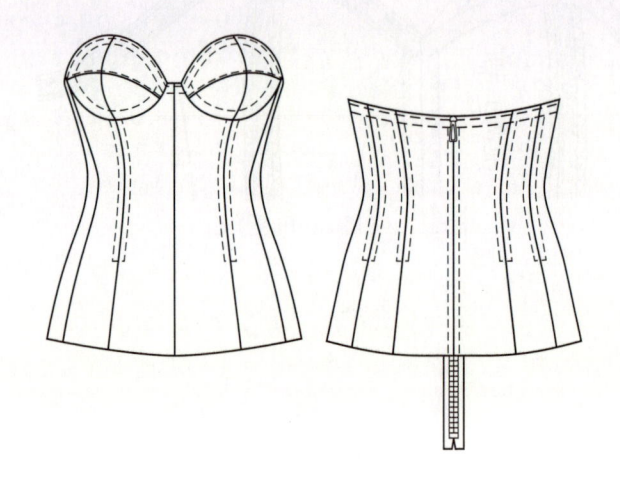

【作図】
作図要点
原型のダーツ操作は62ページ参照。

後ろ身頃
- ファウンデーションAと同様。

前身頃
- ウエストラインからアンダーバスト位置までの高さを採寸し、カップの幅、交差量は乳房の大きさにより加減する。

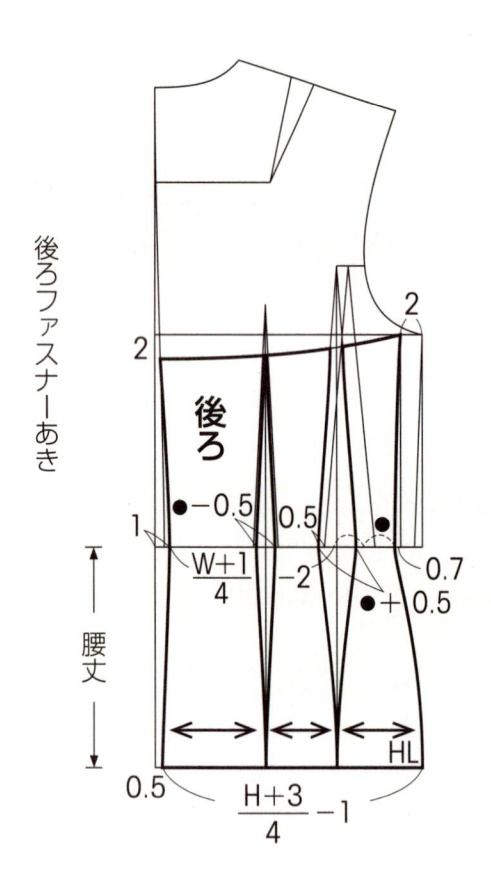

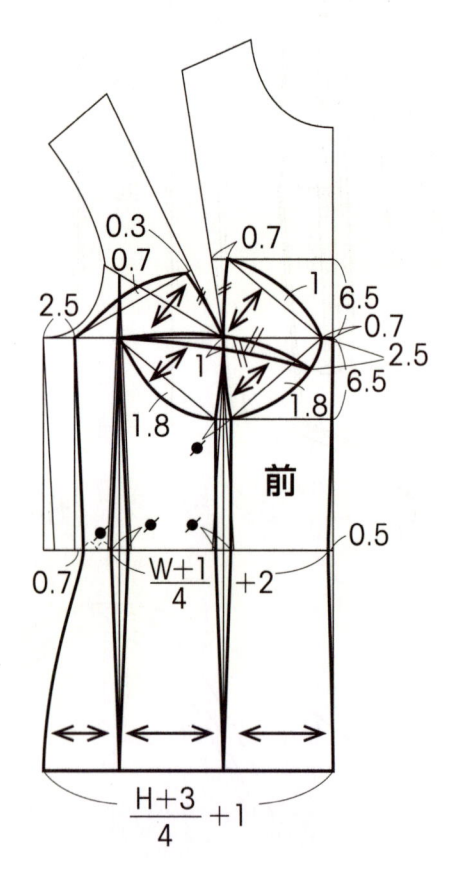

【縫製】

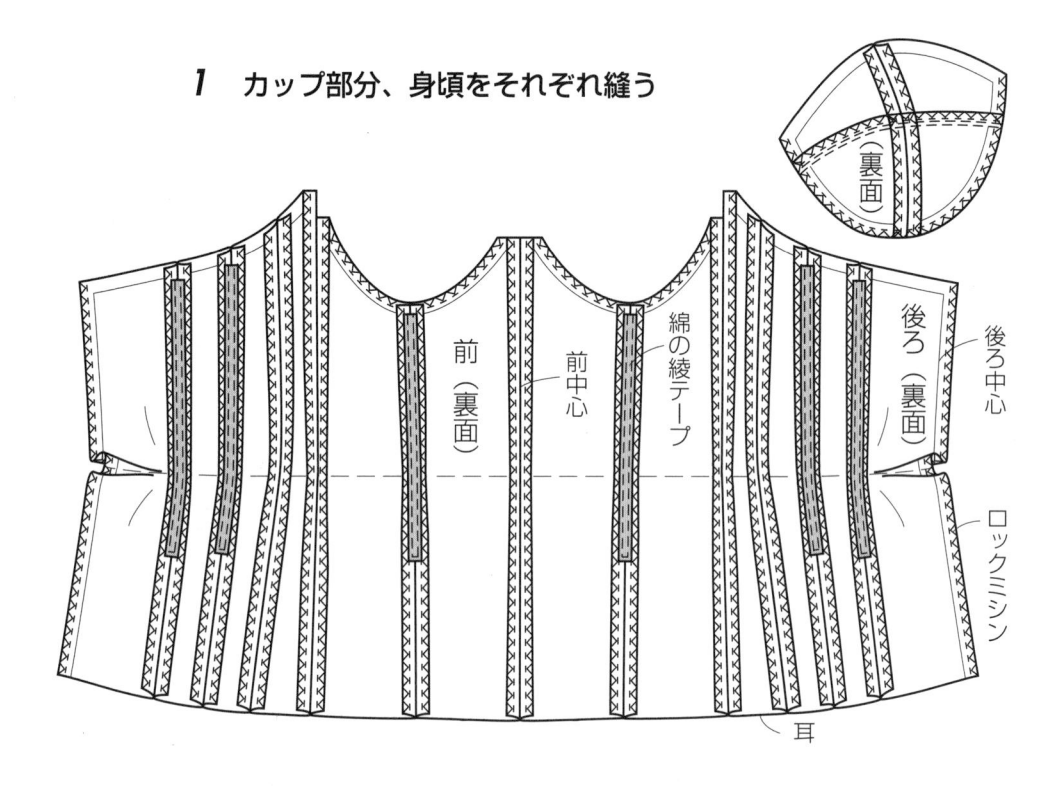

1 カップ部分、身頃をそれぞれ縫う

2 カップ部分と身頃を縫い合わせる

カップ部分のボーン通しミシンをかける前に、中心の縫い代のみ、ボーンが抜けないように止めミシンをかけておく。

3 後ろ中心にファスナーをつけ、上端を始末する

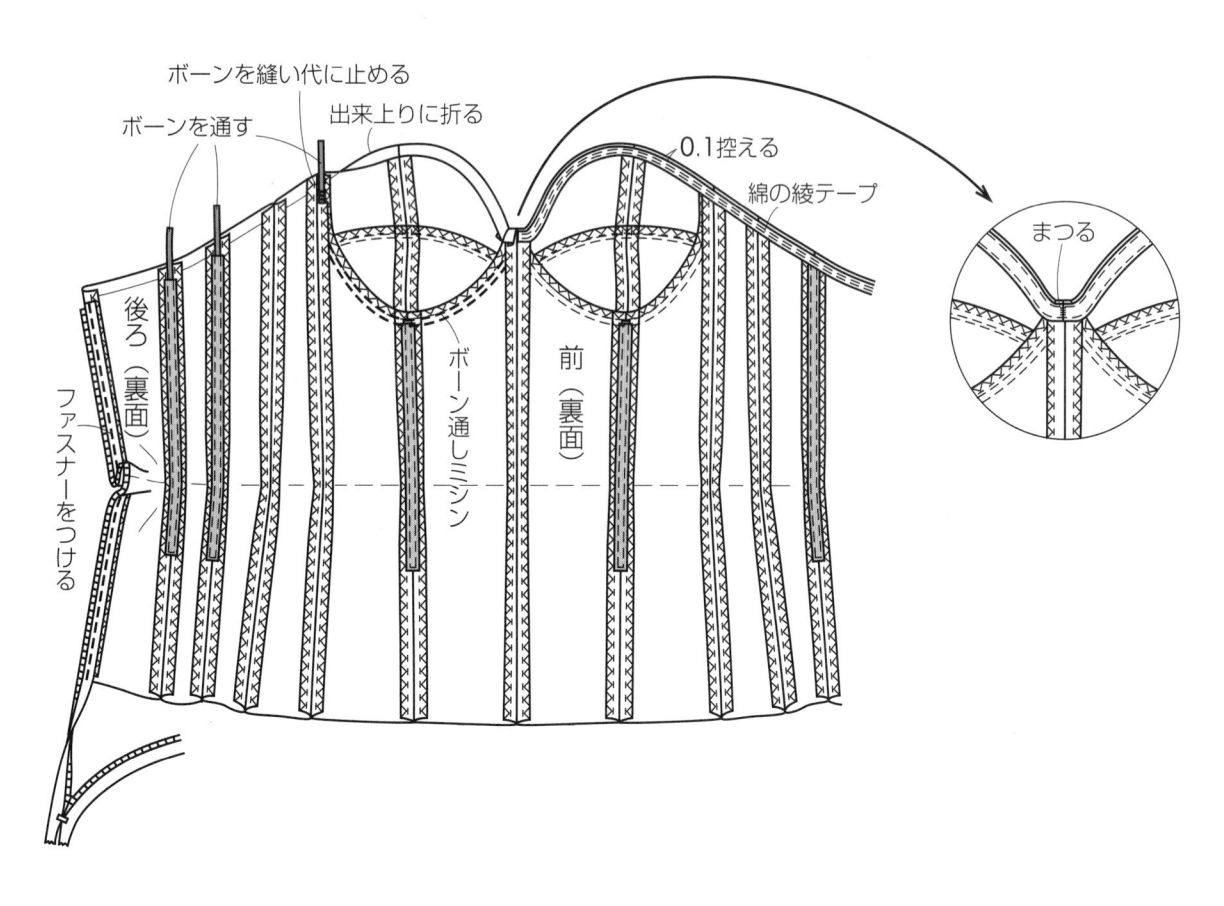

Ⅲ デザインと作図・縫製

(3) パニエA

使用量
表布＝土台スカートはハードツイル122cm幅130cm
　　　オーバースカートはテトロンシャー122cm幅175cm
　　　フリルはソフトチュール188cm幅60cm
　　　30デニールのナイロンチュール115cm幅115cm
　　　50デニールのナイロンチュール115cm幅350cm

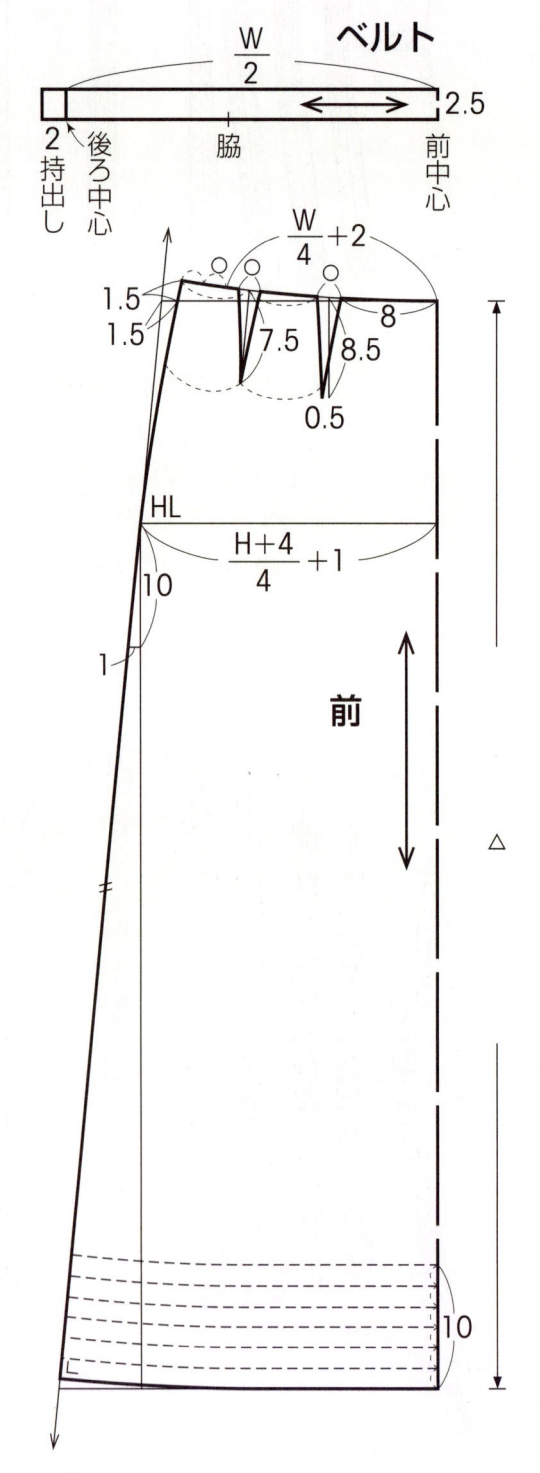

土台スカート

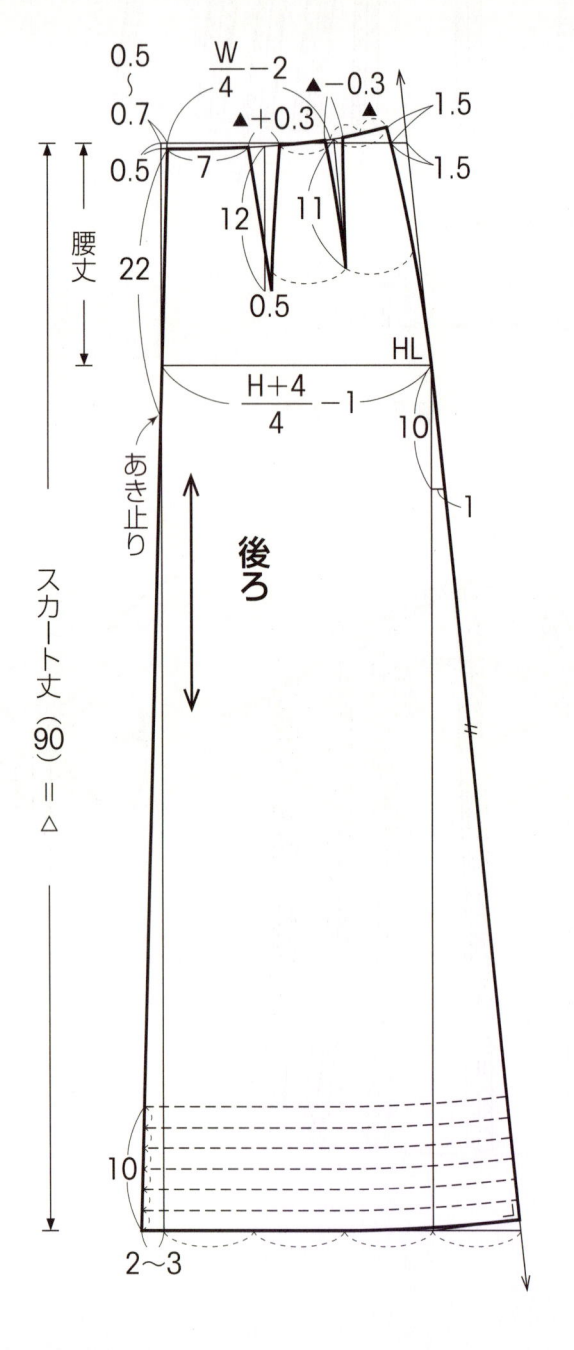

ベルト $\frac{W}{2}$

2　後ろ中心　脇　前中心　2.5
持出し

後ろ

- 0.5〜0.7
- $\frac{W}{4}-2$
- ▲+0.3　▲-0.3
- 1.5　1.5
- 0.5
- 7　12　11
- 0.5
- 22
- 腰丈
- あき止り
- スカート丈 (90) = △
- HL
- $\frac{H+4}{4}-1$
- 10
- 1
- 10
- 2〜3

前

- $\frac{W}{4}+2$
- 1.5　1.5
- 8　7.5　8.5
- 0.5
- HL
- $\frac{H+4}{4}+1$
- 10
- 1
- △
- 10

【作図】
作図要点
- スカート丈はドレス丈より5～10cm短くする。
- シルエットはセミタイトスカートを土台とし、ウエストではドレスに負担がかからないようにゆとりを入れずに作図をする。
- 裾に幅広の見返しをつけ、ステッチをかけて張りを持たせ、ドレスの裾がまとわりつかないようにする。

段	長さ	フリルのギャザー分量 （つけ寸法に対して） 素材
1	同量	ソフトチュール
2	2倍	ナイロンチュール（30デニール）
3	2倍	ナイロンチュール（50デニール）
4	2倍	ナイロンチュール（50デニール）

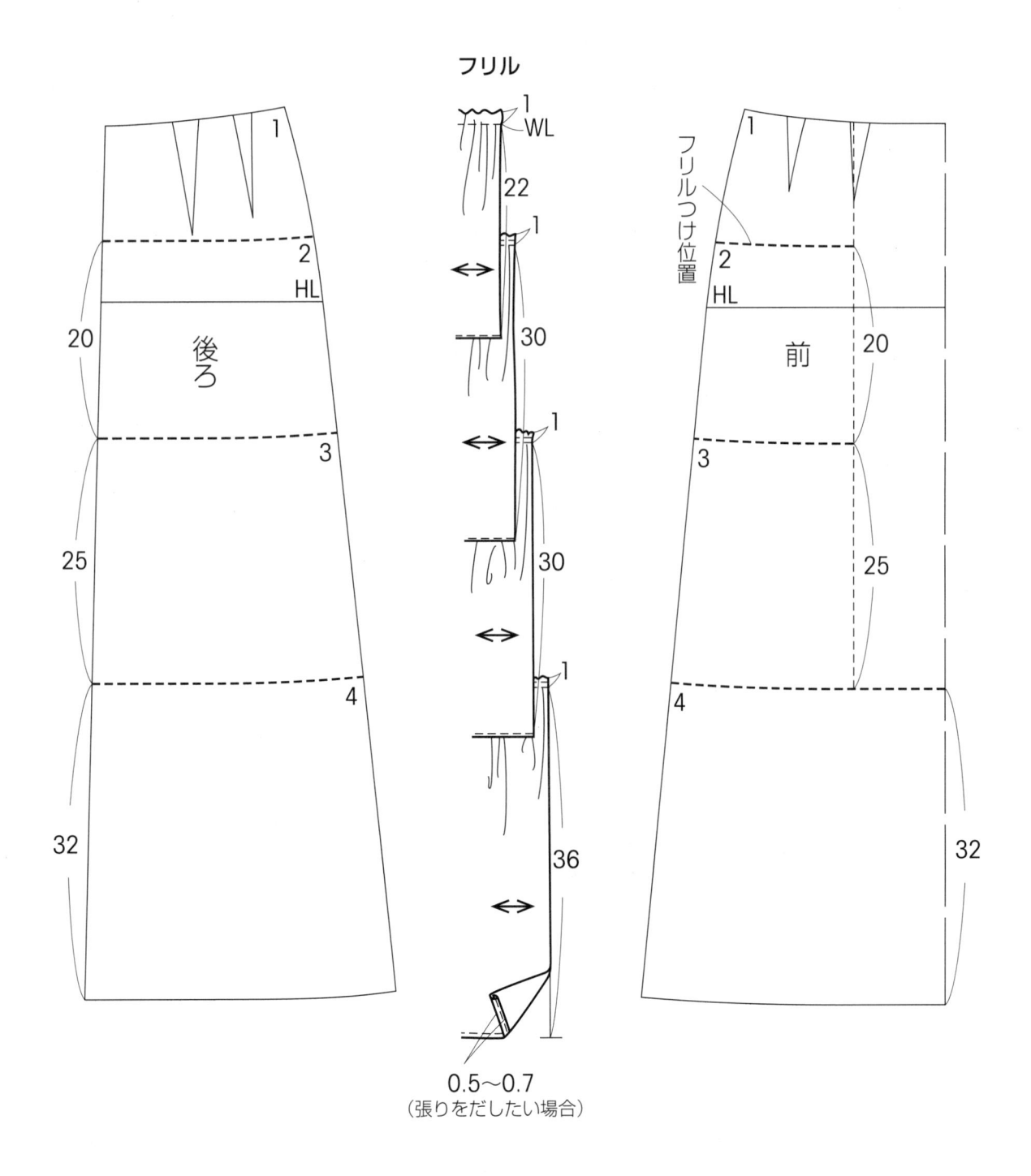

- オーバースカートは、チュールのあたりを防ぐためにつける。
- 土台のセミタイトスカートから展開する。
- ウエストラインと裾線を3等分してフレア分を切り開き、丈を7cm引き伸ばす。
- ダーツ分量はギャザーにする。

オーバースカート

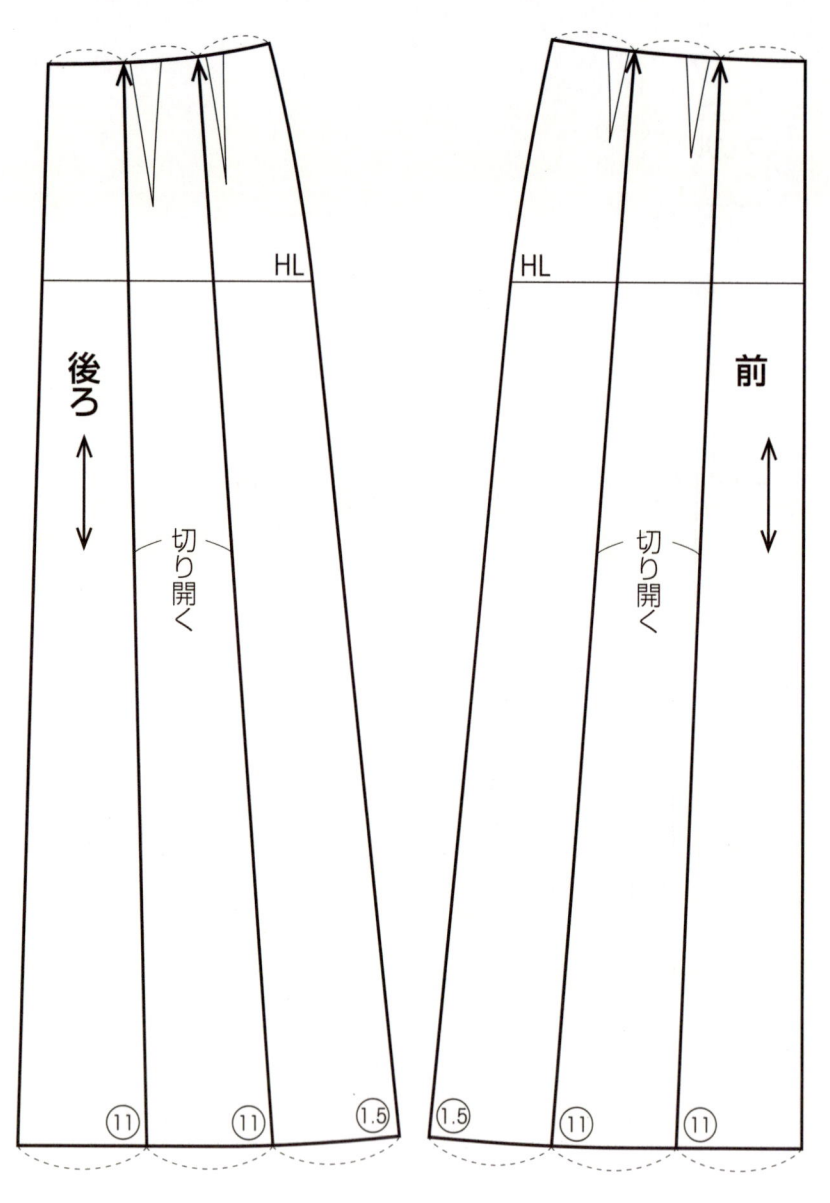

切開き図

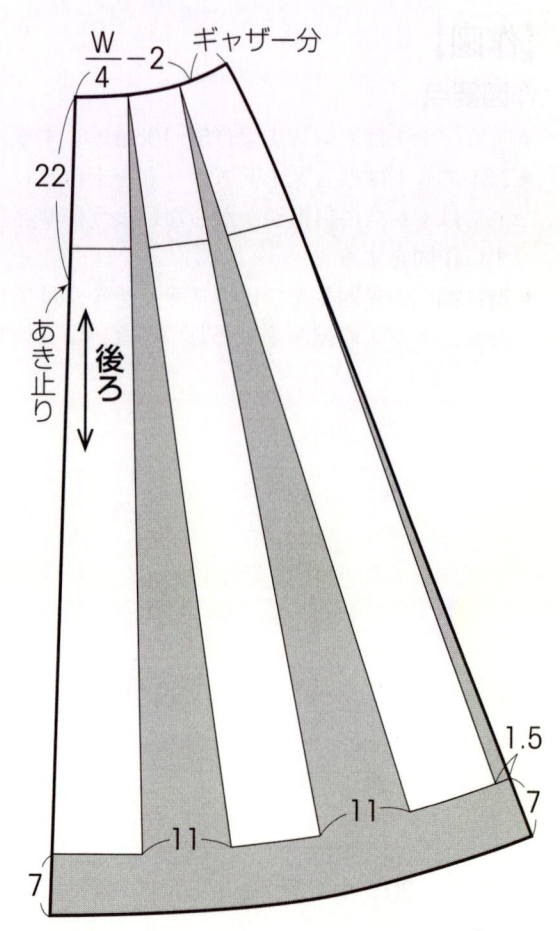

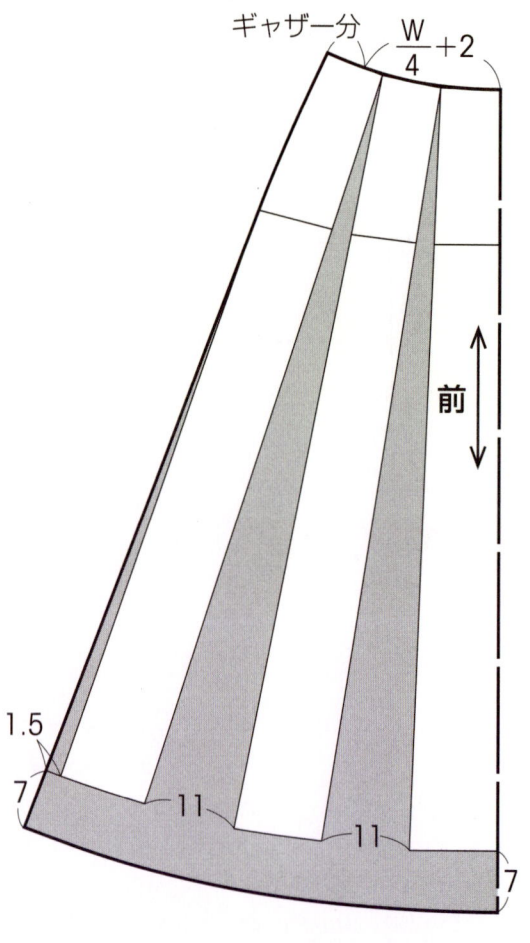

$\frac{W}{4} - 2$　ギャザー分

22

あき止り

後ろ

1.5
7　11　11　7

ギャザー分　$\frac{W}{4} + 2$

前

1.5
7　11　11　7

【裁断】

土台スカートは仮縫い、試着補正するため、脇、裾には縫い代を多めにつけておく。

土台スカートの裁合せ図

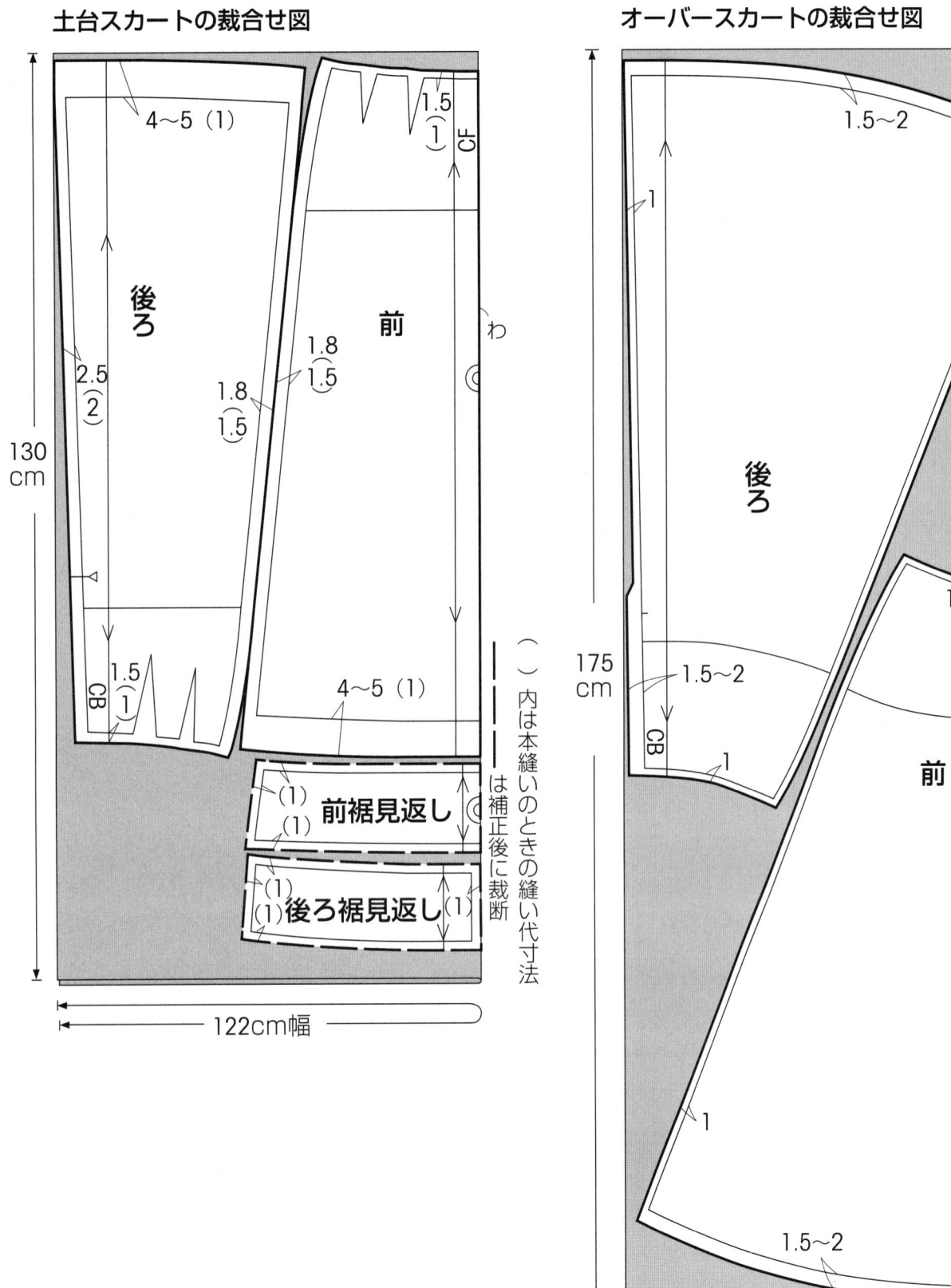

オーバースカートの裁合せ図

（ ）内は本縫いのときの縫い代寸法は補正後に裁断

【仮縫い合せ】

土台スカートの仮縫いをし、フリルをつける。フリルのギャザー分量、長さ等をドレスに合わせて確認する。

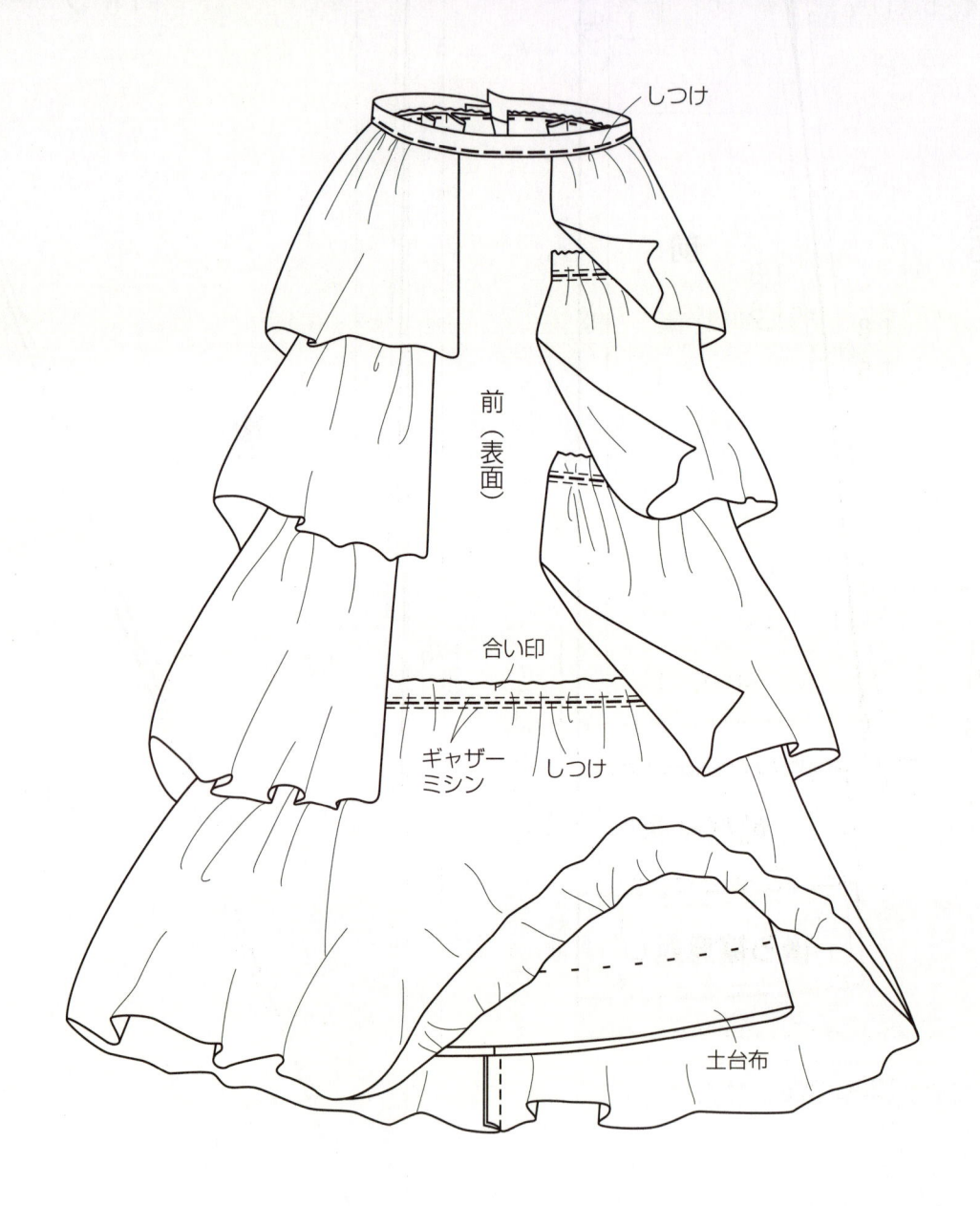

しつけ

前（表面）

合い印

ギャザー
ミシン

しつけ

土台布

【縫製】

1 土台スカートのダーツ、脇を縫い、裾に見返しをつける

土台スカートは直接肌にふれるので、縫い代を落ち着かせるように始末する。

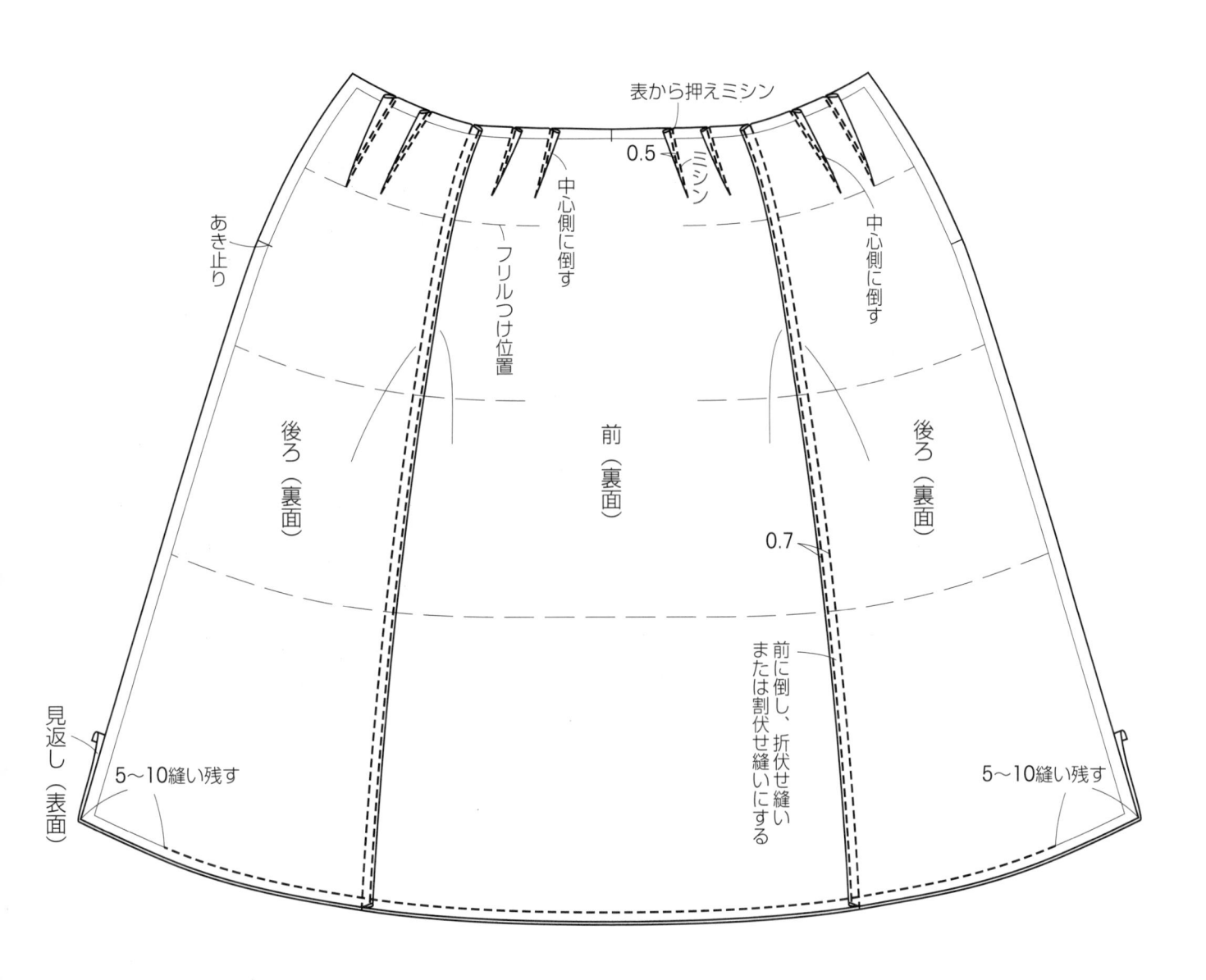

2 フリルをつける

フリルは下の段から順につけるが、いずれも後ろ中心から5〜10cm縫い残しておく。

フリルの裾は裁切りのままつけるが、シルエットにより張りをだしたい場合は、裾を三つ折りミシンで始末する。

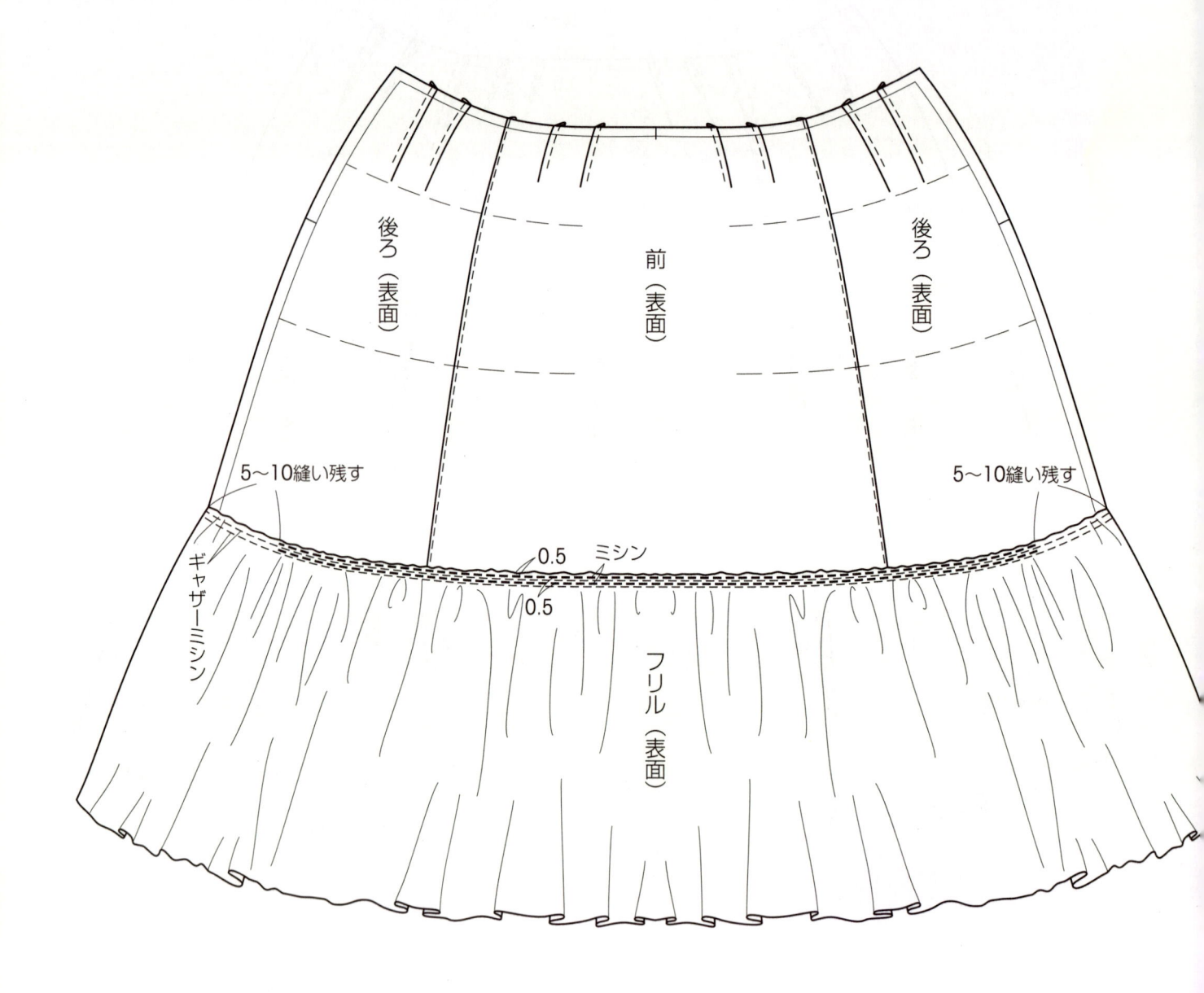

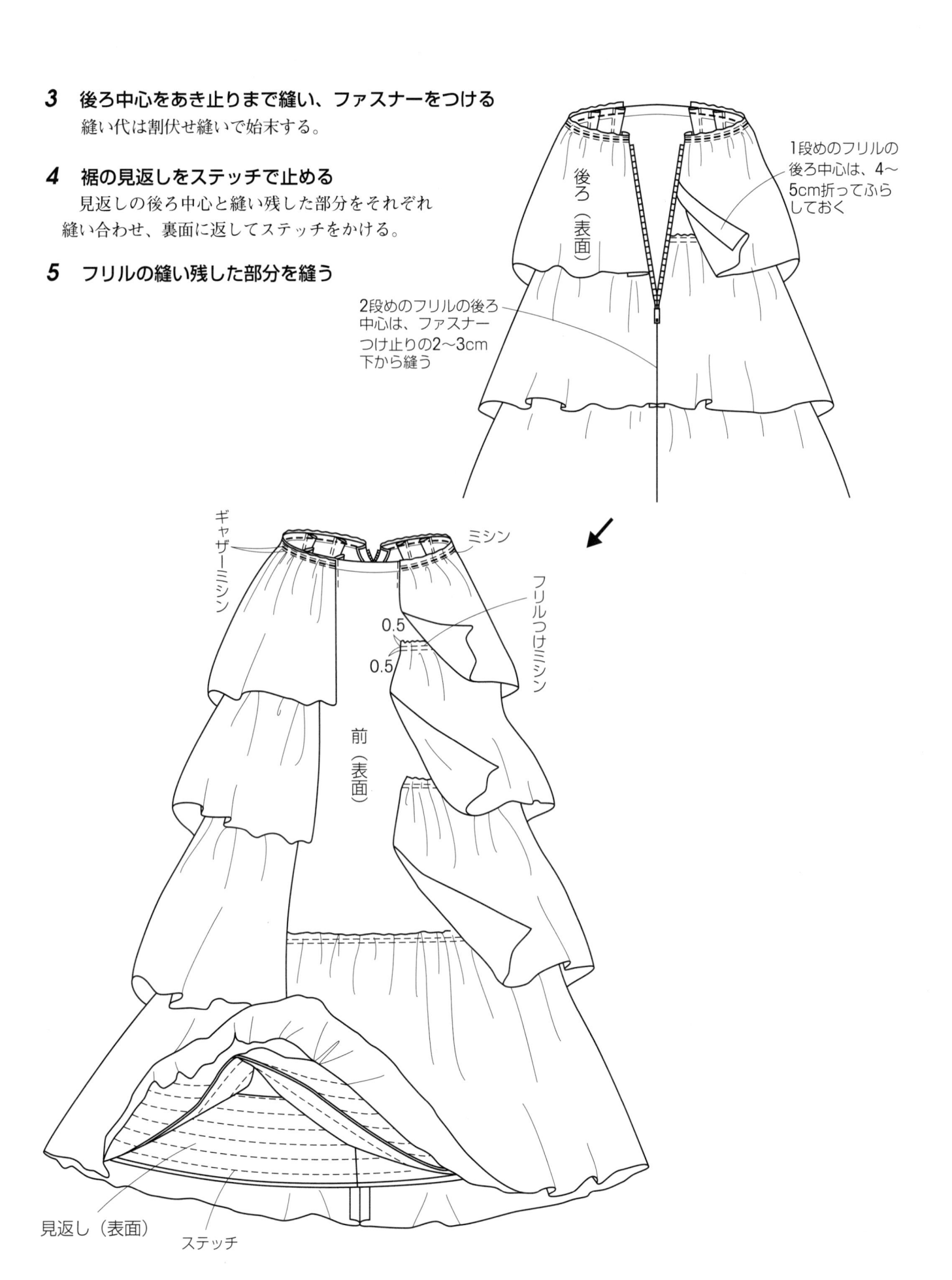

3 後ろ中心をあき止りまで縫い、ファスナーをつける
縫い代は割伏せ縫いで始末する。

4 裾の見返しをステッチで止める
見返しの後ろ中心と縫い残した部分をそれぞれ縫い合わせ、裏面に返してステッチをかける。

5 フリルの縫い残した部分を縫う

1段めのフリルの後ろ中心は、4～5cm折ってふらしておく

2段めのフリルの後ろ中心は、ファスナーつけ止りの2～3cm下から縫う

後ろ（表面）

ギャザーミシン　ミシン　フリルつけミシン

0.5
0.5

前（表面）

見返し（表面）　ステッチ

Ⅲ デザインと作図・縫製　75

6　オーバースカートを作る

7　ウエストベルトをつける
ウエストベルトはインサイドベルト、オビテックス、グログランリボン（2重にする）などを使用する。

土台スカートとオーバースカートのウエストを合わせてロックミシンをかけ、ウエストベルトをつける。

8　ウエストベルトにホックを、オーバースカートのあきにスナップをつける

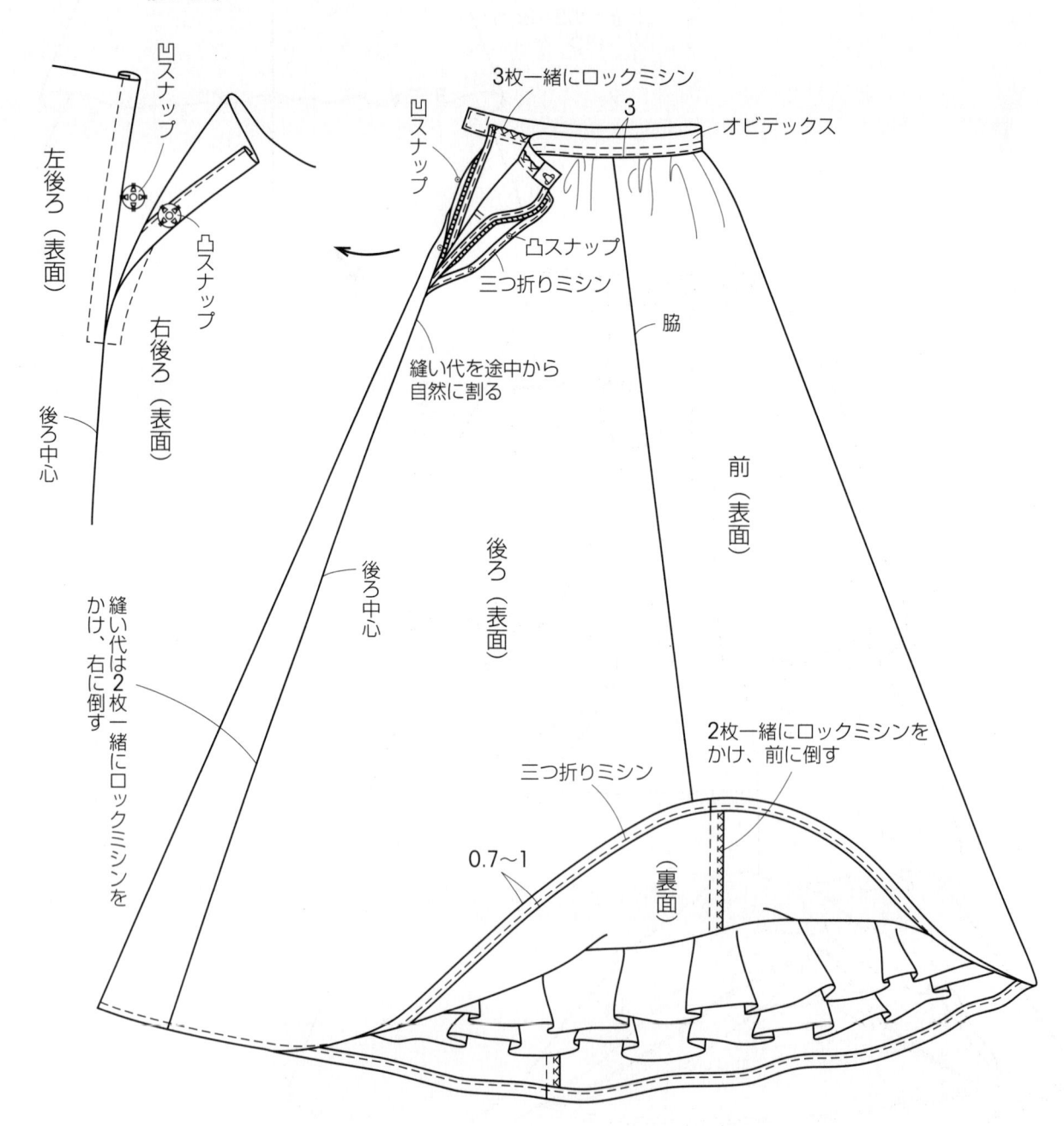

(4) パニエB

シルエットが広がったスカートや重みのあるドレスの場合、裾にボーンを通す。ボーンを通すことにより、布が足にからみにくくなる。張りをだす場合は、フリルをつけたり、ボーンの数を増やす。

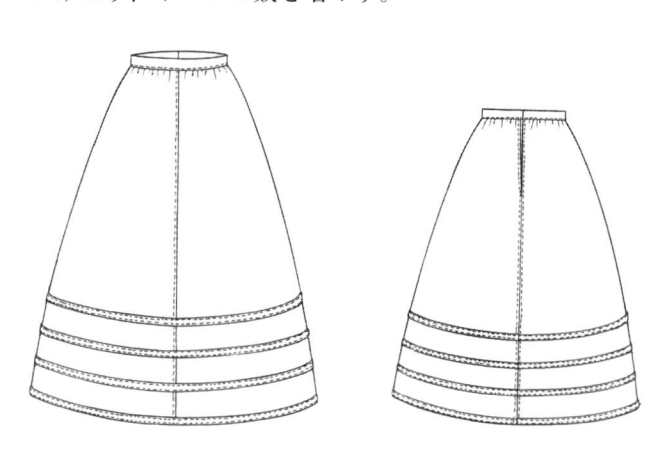

使用量
表布＝ハードツイル122cm幅190cm

【作図】

- パニエAのパターンから展開する。
- 前中心で5cm、後ろ中心で7〜8cm裾幅を広くし、さらにダーツ止りを基点に裾で切り開く。

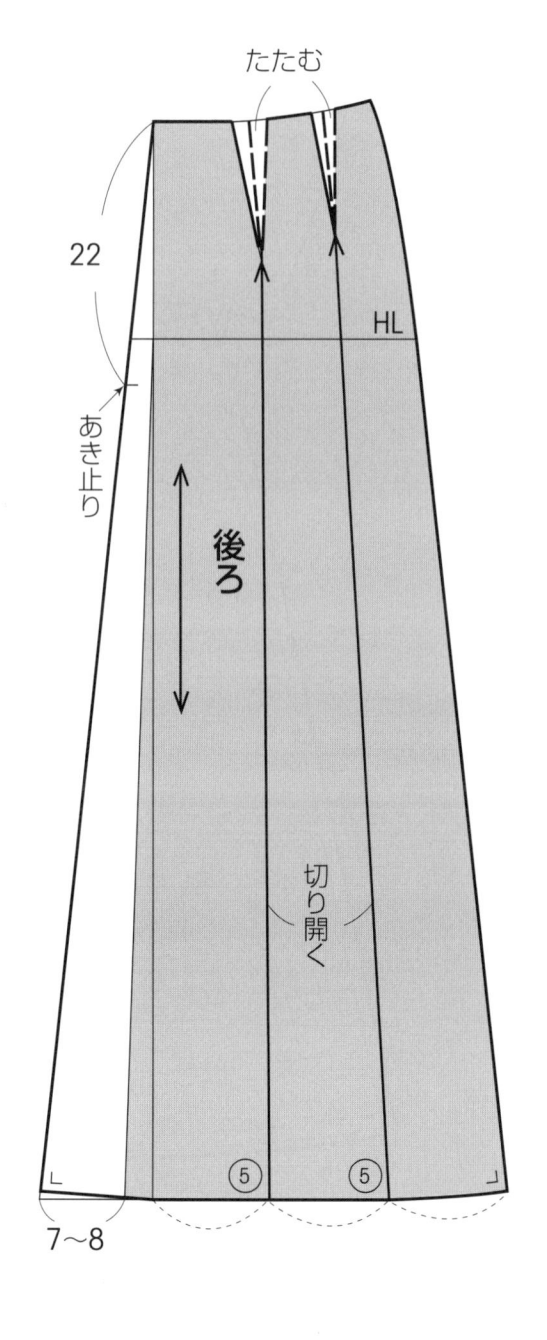

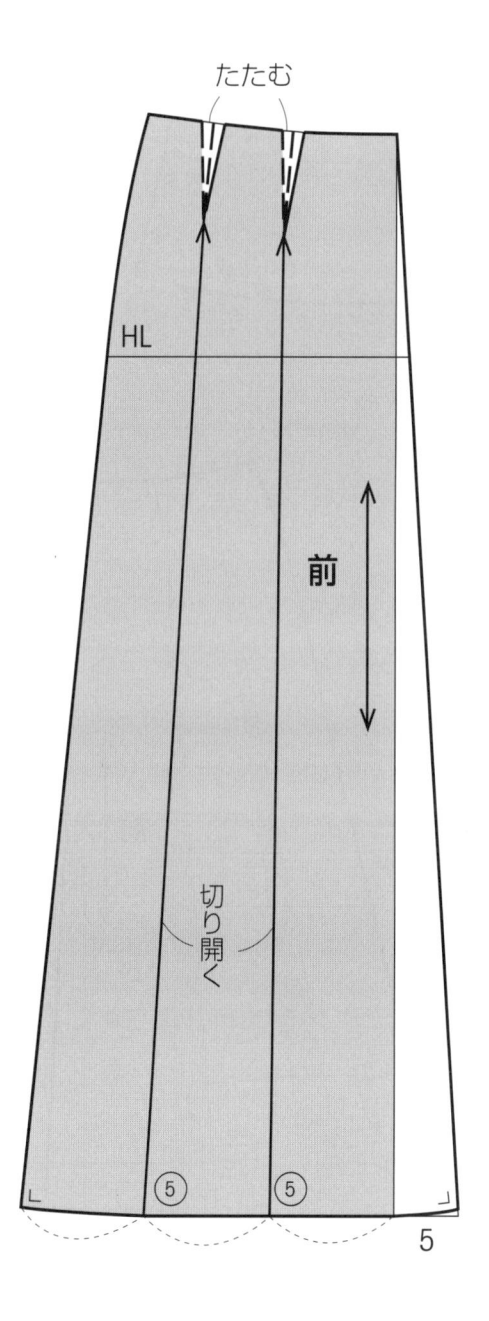

切開き図

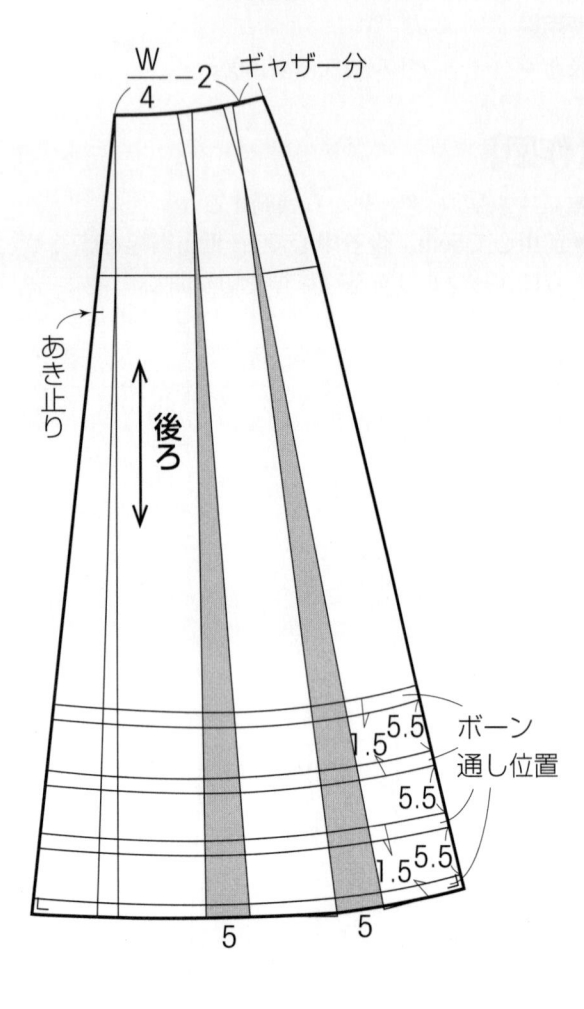

$\frac{W}{4} - 2$　ギャザー分

あき止り

後ろ

ボーン通し位置
5.5 / 1.5 / 5.5 / 1.5 / 5.5
5　5

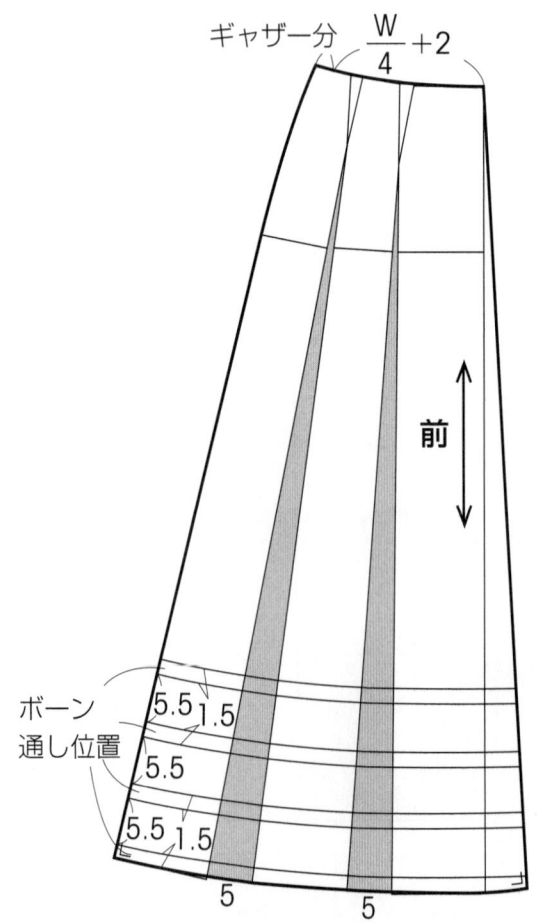

ギャザー分　$\frac{W}{4} + 2$

前

ボーン通し位置
5.5 / 1.5 / 5.5 / 5.5 / 1.5
5　5

【裁断】

裁合せ図

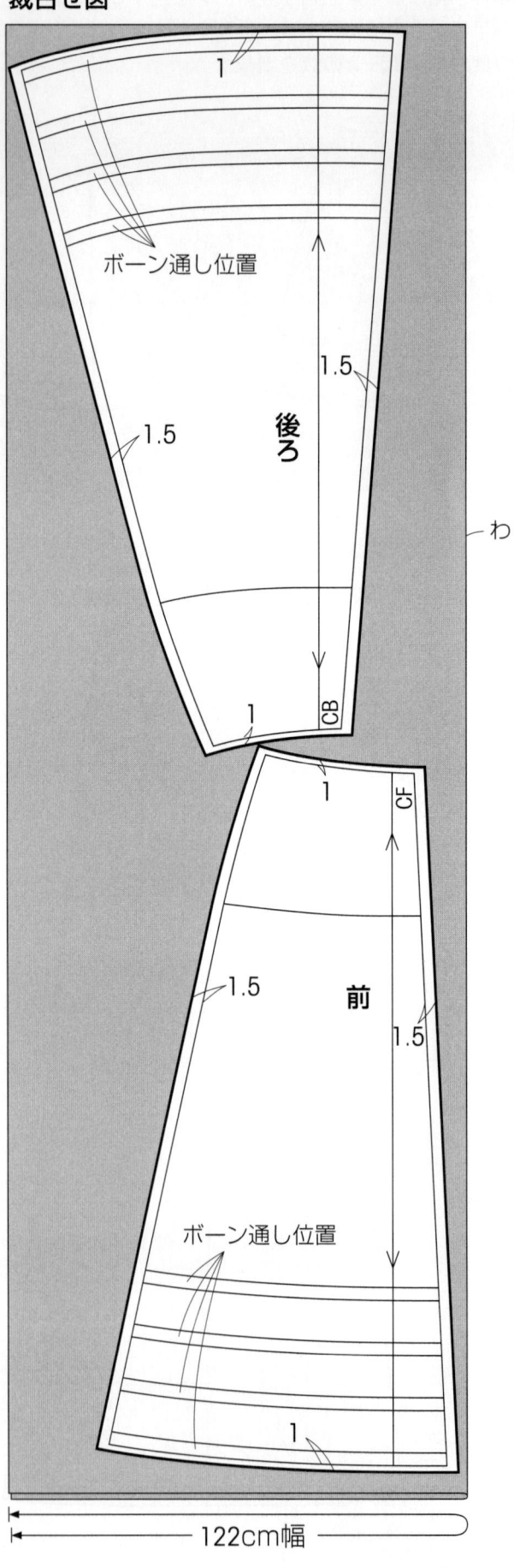

ボーン通し位置

1.5

後ろ

1.5

1

CB

わ

1

CF

1.5

前

1.5

ボーン通し位置

1

190 cm

122cm幅

【縫製】

1　前後中心、脇を縫う
縫い代は折伏せ縫い、または割伏せ縫いで始末する。
後ろ中心のあきの部分は割伏せ縫いにする。

2　ボーン通し位置に綿の綾テープをつける

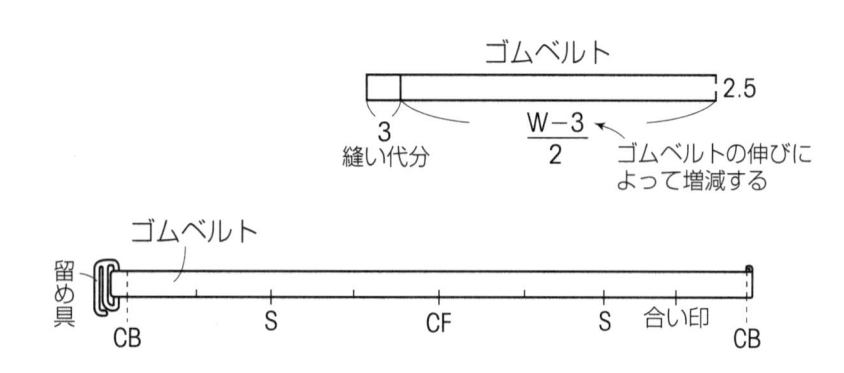

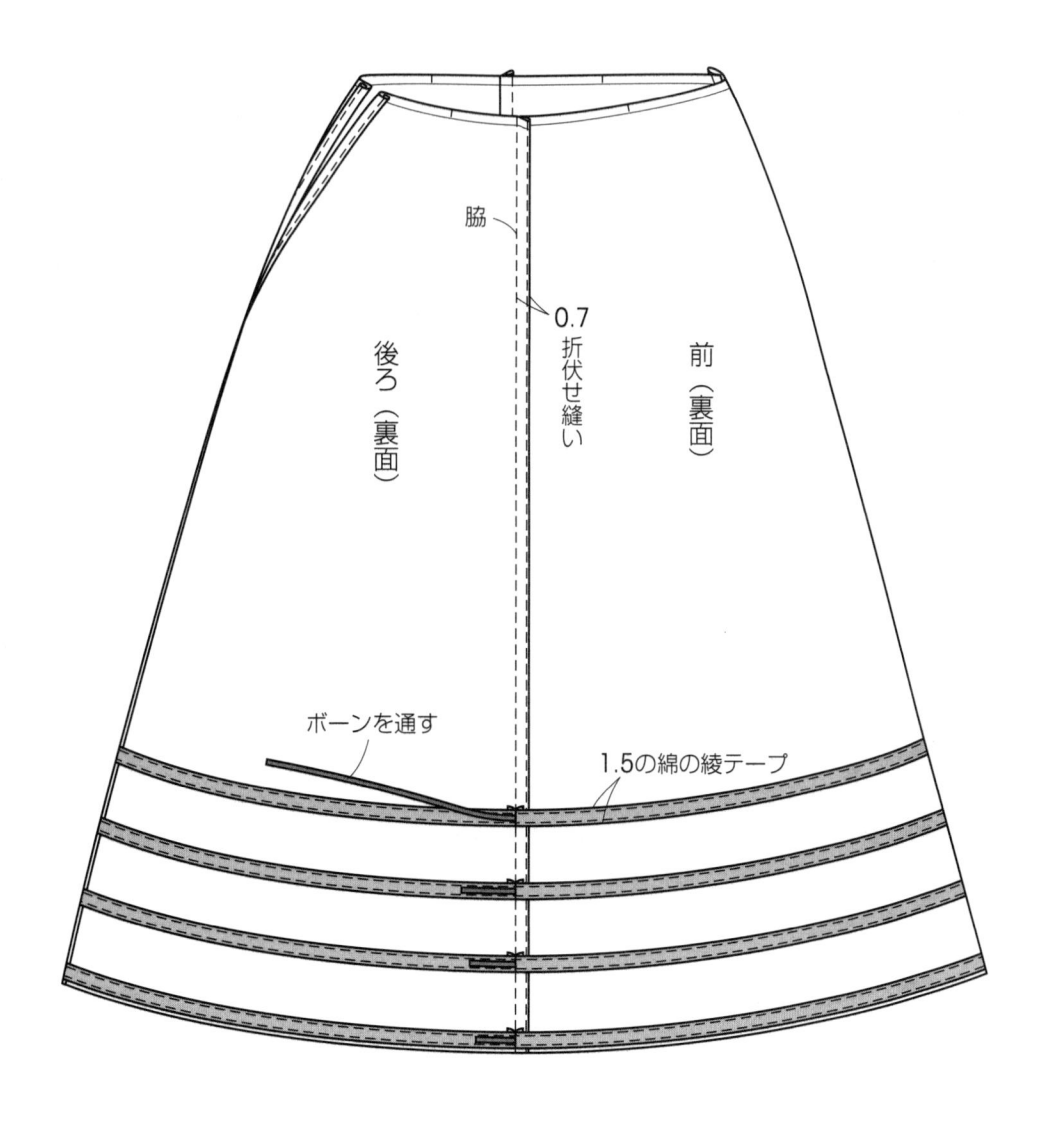

3　ウエストにゴムベルトをつける
合い印を合わせ、ゴムベルトを伸ばしながらつける。

7　エンパイアシルエットのロングドレス

　胸もとにはアシンメトリーなドレープ、前スカートにはタックが入り、たっぷりとした量感をだしている。ドレープの入れ方でいろいろな表情を見せることができる。

使用量
表布＝110cm幅430cm

【作図】
作図要点
　トップはファウンデーションを作り、その上に表身頃を重ねている。

ファウンデーション
- 身幅のゆとりを1cmカットする。
- 肩線は落着きをよくするため、1cm前に移動する。
- ハイウエストのしぼり分量は、原型のダーツ量をそのまま使用し、さらに、バスト位置のしぼり分を0.8cm追加して体にフィットさせる。
- 前衿ぐりの浮き分0.6cmをたたんで、センターダーツに移動する。

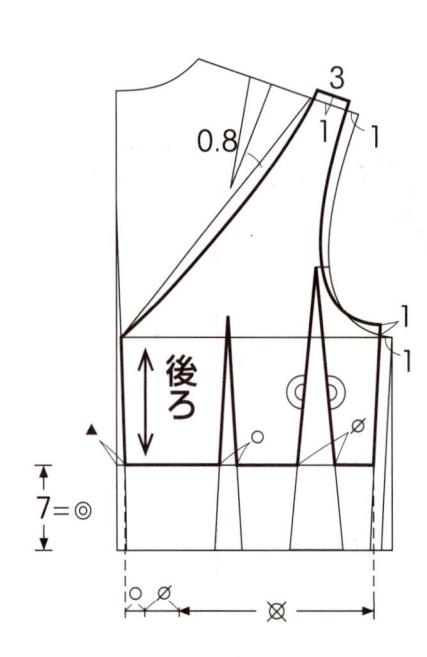

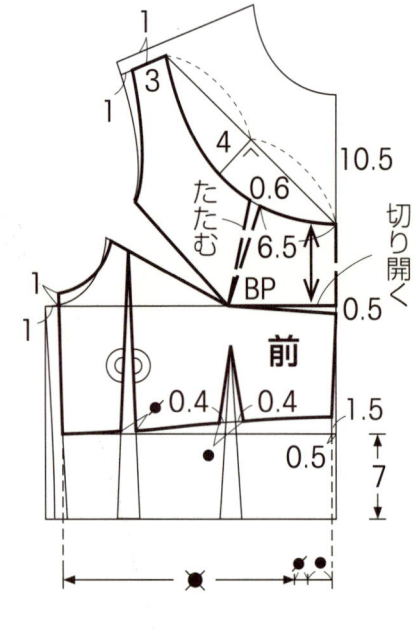

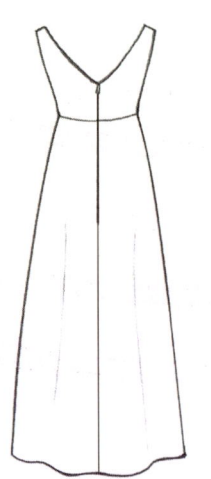

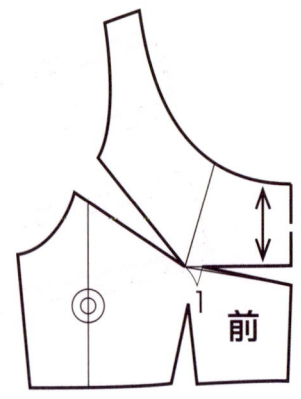

ファウンデーション

切開き図

後ろ身頃

- ファウンデーションの後ろ身頃のパターンをもとに展開する。
- ウエストダーツを閉じ、反動を衿ぐりに展開して、その分量をいせて体にフィットさせる。

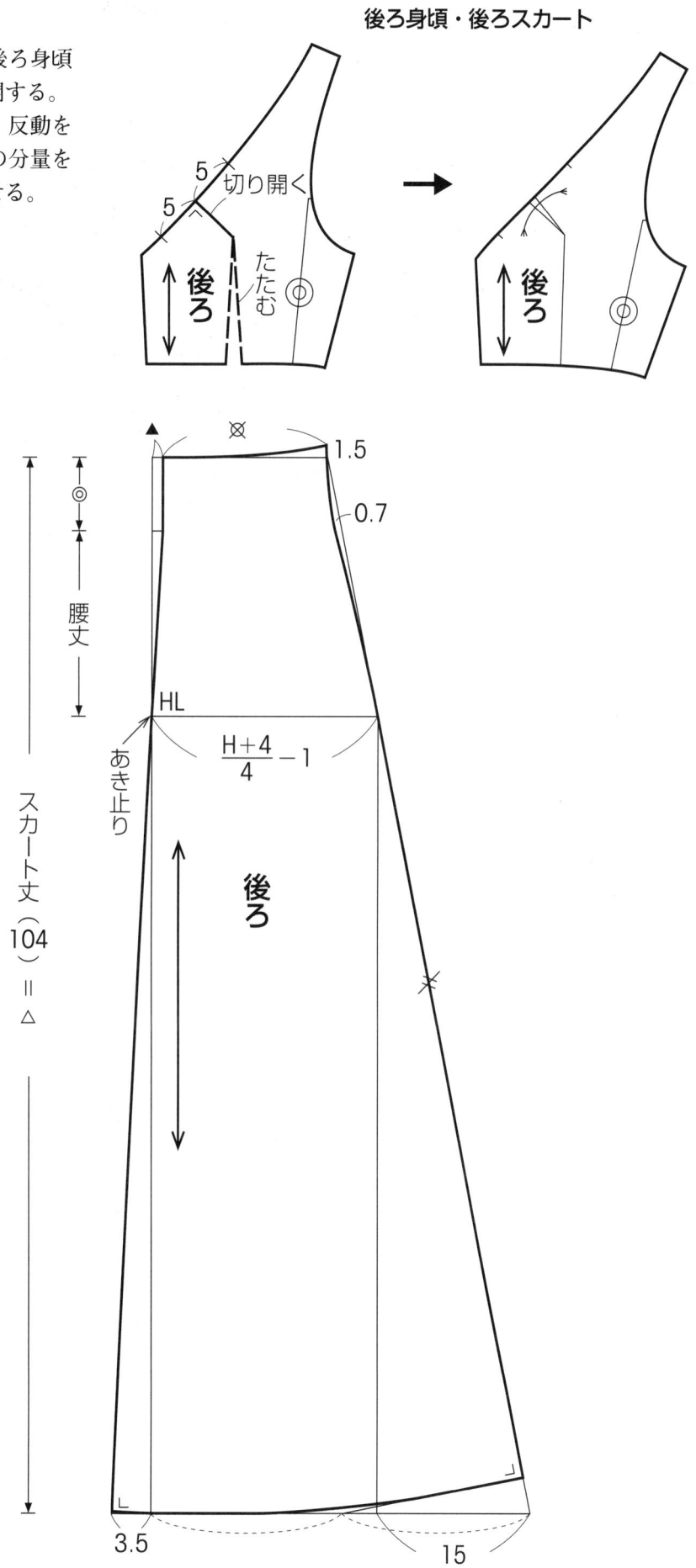

後ろ身頃・後ろスカート

5 / 5 / 5 切り開く / たたむ / 後ろ

1.5 / 0.7

腰丈

HL / あき止り

$\dfrac{H+4}{4} - 1$

スカート丈(104)=△

後ろ

3.5 / 15

Ⅲ デザインと作図・縫製

前身頃

- 立体裁断でパターンを作る。
- ファウンデーションとスカートをそれぞれ本縫いし、ウエストをしつけで縫い合わせてボディに着せつける（写真①、②）。

その上に、実物に似た風合いの布を使用して、立体裁断でドレープを形作る。

左前身頃（写真③）

- 衿ぐりはファウンデーションに合わせる。
- ドレープを右衿ぐりに向けてとる。
- 袖ぐり、脇、ウエストラインは縫い代に切込みを入れながら合わせる。
- 左前身頃は、下前になるので重なり分をつけてファウンデーションに止める。

右前身頃（写真④、⑤）

- 左前身頃と同様に、ドレープを左衿ぐりに向けてとる。
- ドレープで生じたつれは、左前身頃と同様に切込みを入れて調節する。
- ドレープの先端は、折り返して衿ぐりの中に入れるため、充分な縫い代をつけておく。
- 立体裁断でパターンができたら、実物の布で組み立てて調整し、パターンを完成させる。

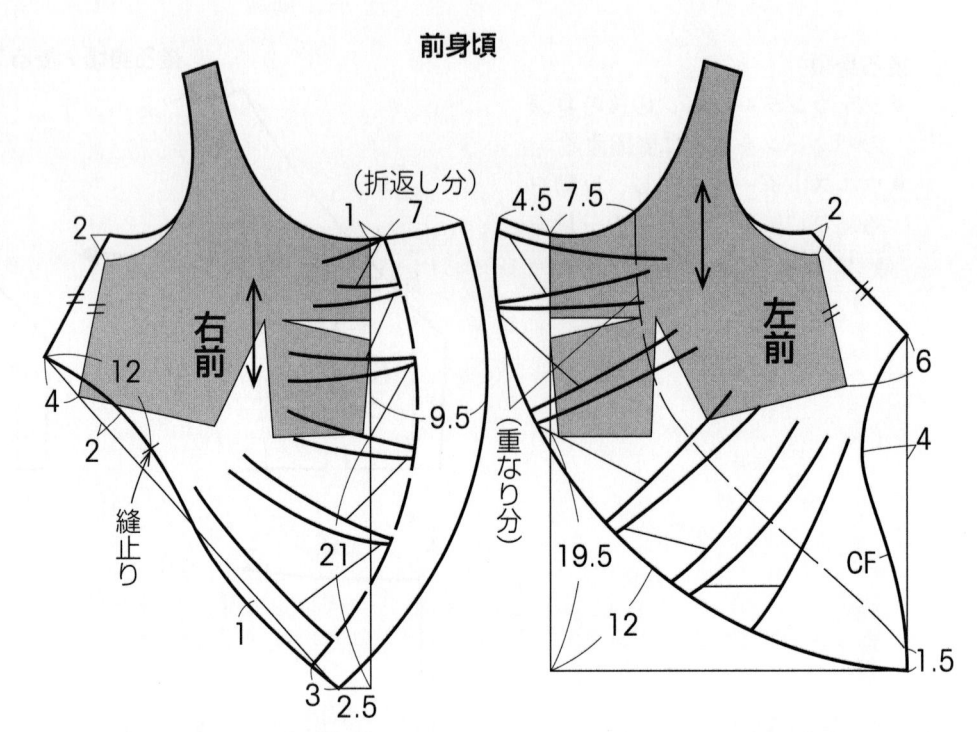

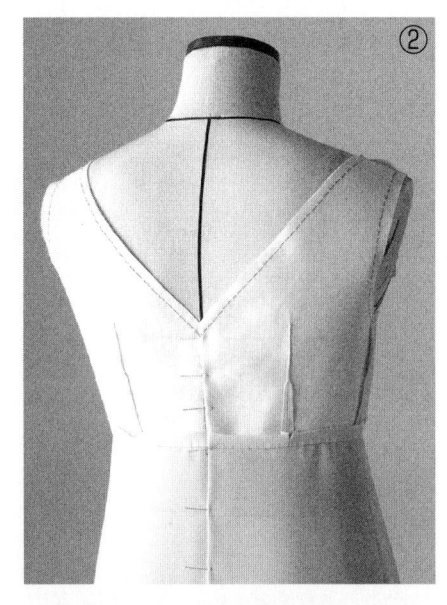

前スカート

- 前スカートのタックは、落着きをよくするため、陰ひだになる部分のタックが重ならない位置に陰タックをとる。
- 布幅で前スカートが入らない場合は、陰ひだ奥にはぎ目を入れる。

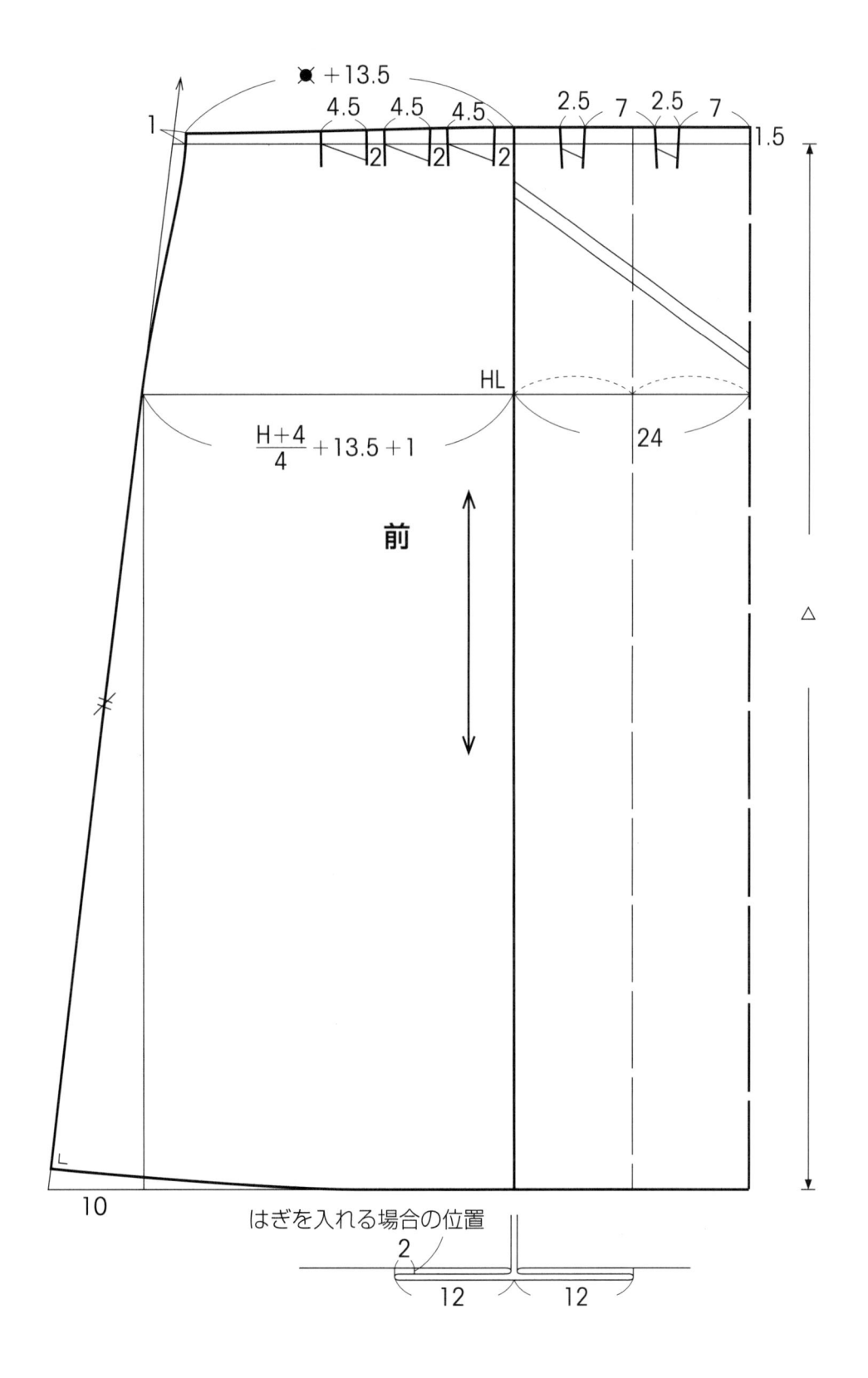

$\frac{H+4}{4}+13.5+1$

前

はぎを入れる場合の位置

【縫製】

1 ファウンデーションのダーツ、肩を縫う

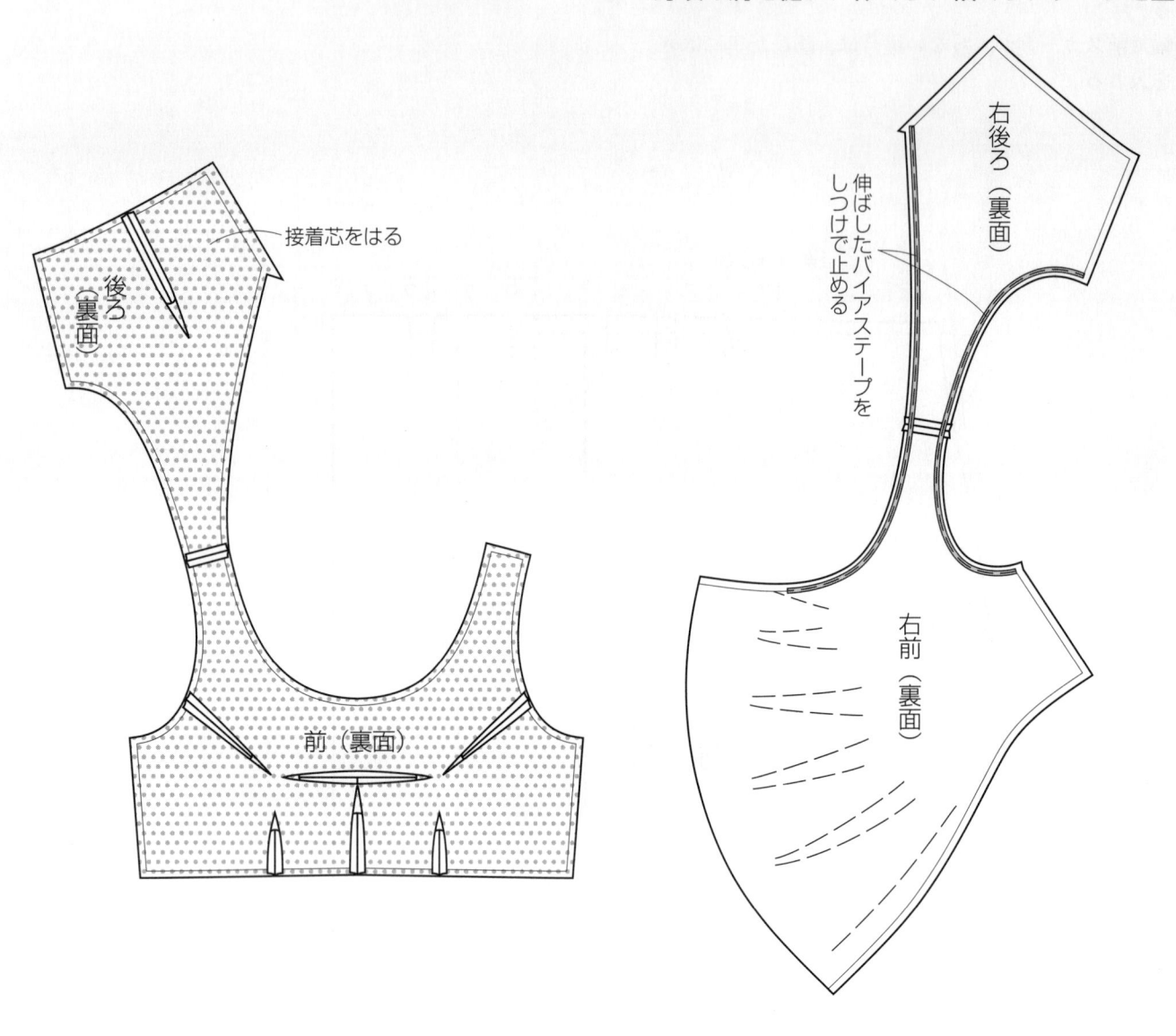

2 身頃の肩を縫い、衿ぐり、袖ぐりにテープを止める

3 スカートのタックをたたんでしつけで止め、脇、後ろ中心を縫う

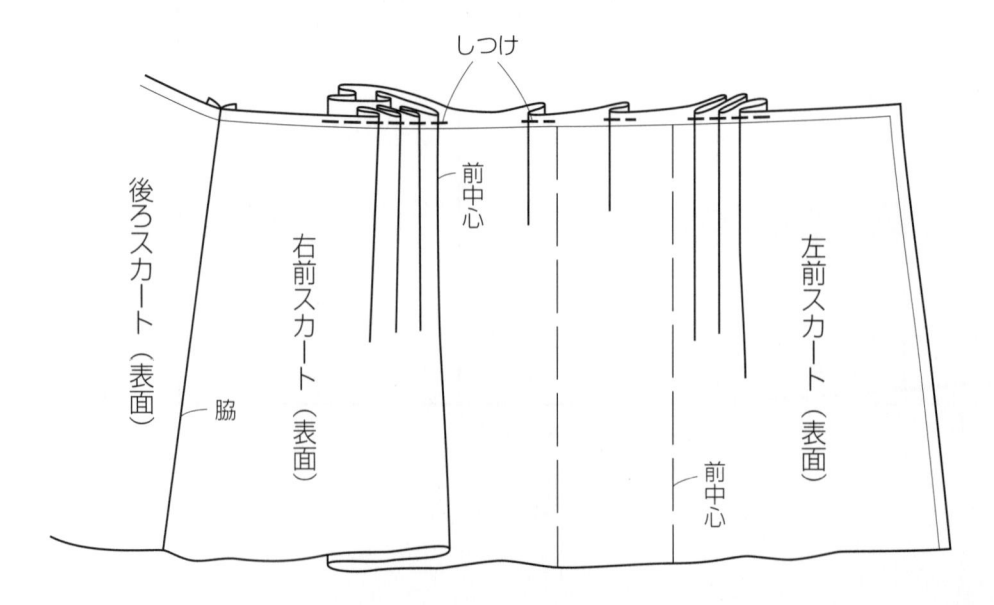

4 身頃とファウンデーションを合わせ、衿ぐり、袖ぐりを縫う

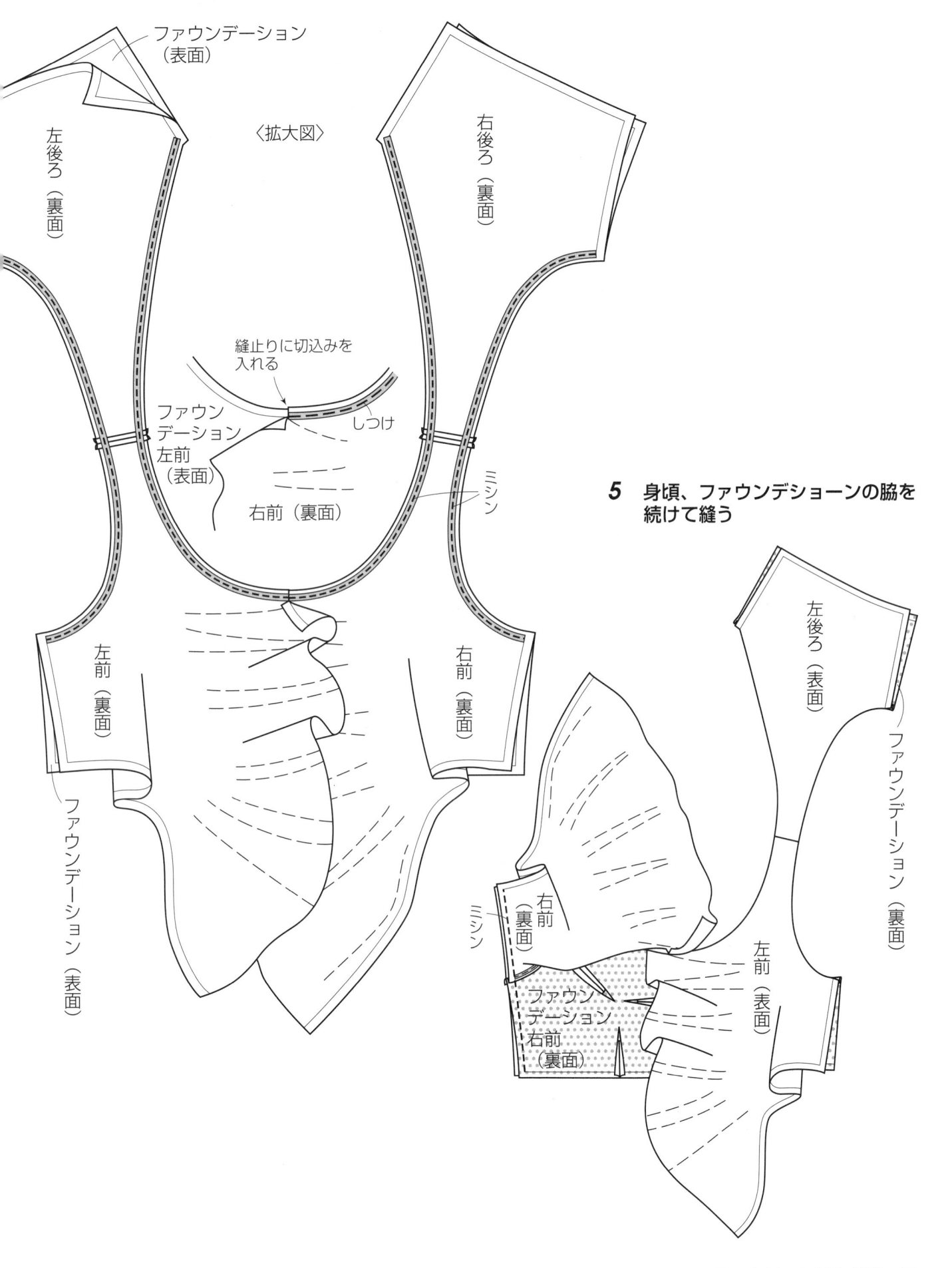

〈拡大図〉

ファウンデーション（表面）

左後ろ（裏面）

右後ろ（裏面）

縫止りに切込みを入れる

ファウンデーション左前（表面）

しつけ

右前（裏面）

ミシン

左前（裏面）

右前（裏面）

ファウンデーション（表面）

ファウンデーション（裏面）

5 身頃、ファウンデーションの脇を続けて縫う

左後ろ（表面）

ファウンデーション（裏面）

右前（裏面）

ミシン

ファウンデーション右前（裏面）

左前（表面）

Ⅲ　デザインと作図・縫製　85

6 身頃とスカートのウエストを縫い合わせる

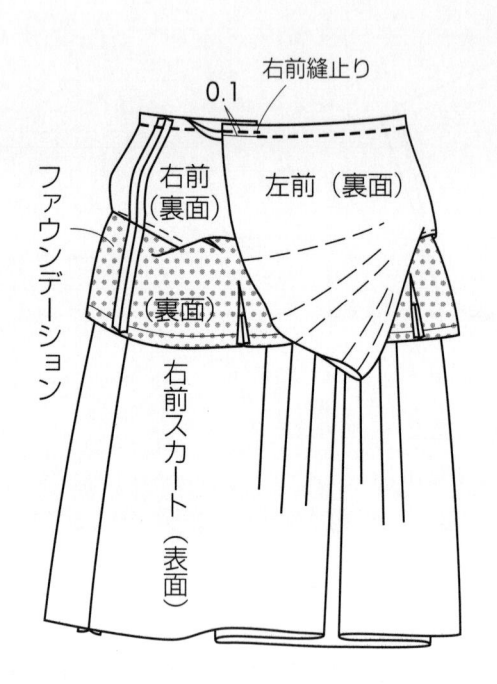

7 後ろあきにファスナーをつける

8 ファウンデーションの後ろ中心とウエストをまつる

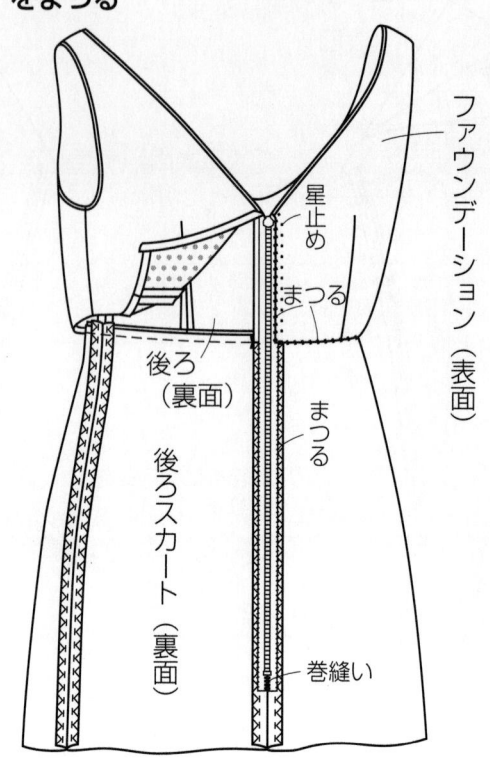

9 左前身頃のドレープをたたみ、ファウンデーションに止める

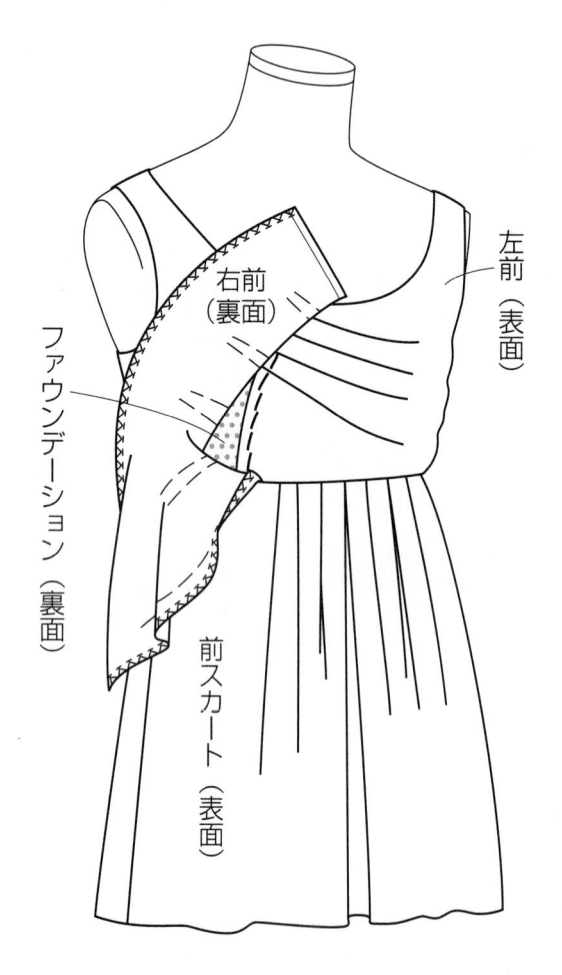

10 右前身頃のドレープをたたみ、ファウンデーションに止める

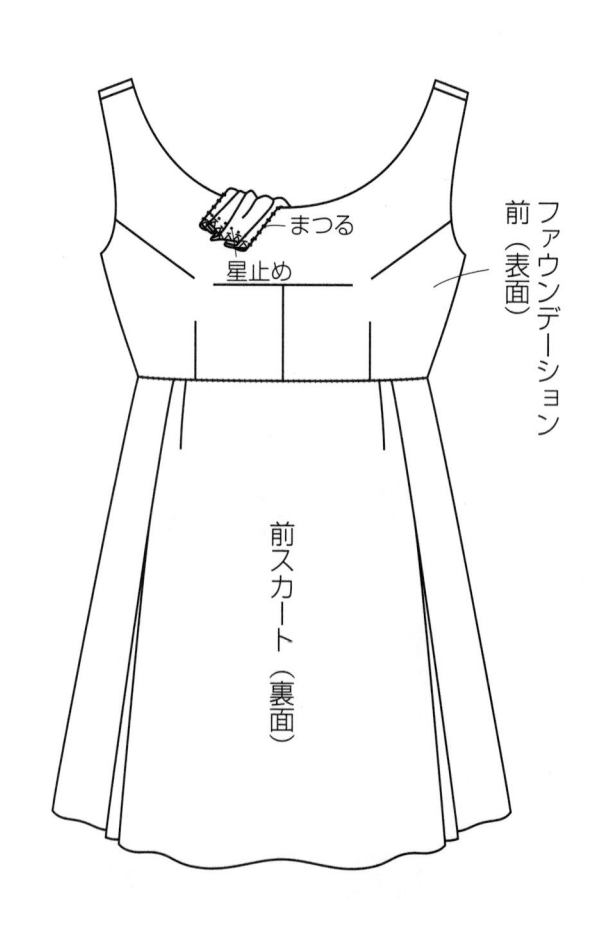

8 ウェディングドレス

後ろ下がりのハイウエスト切替えのドレス。
トップはレースで、スカート部分は土台のスカートに薄くて柔らかい布地を重ねてトレーンをひいたシンプルなデザイン。

使用量
表布＝サテン（身頃、スカートB分）90cm幅420cm
　　　シフォンジョーゼット（スカートA分）110cm幅400cm
　　　コードレース（身頃、袖分）100cm幅160cm

【作図】

原型のダーツ操作

後ろ身頃
肩ダーツ分量の$\frac{1}{3}$程度を袖ぐりのゆとり分とし、残りのダーツ分量は衿ぐりに移動する。

前身頃
胸ぐせ分量の$\frac{1}{4}$程度を袖ぐりのゆとり分とし、残りは肩に移動する。

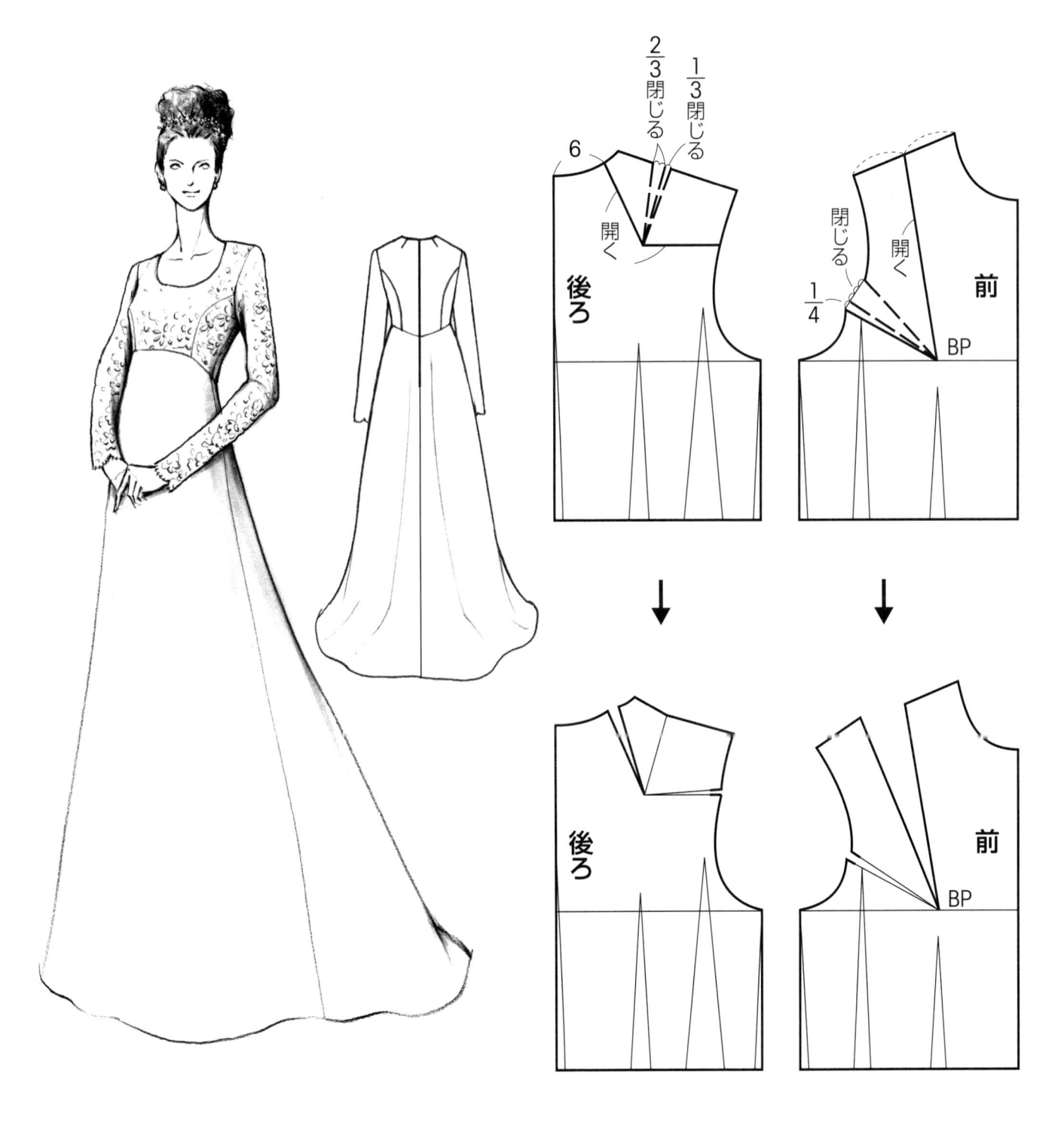

後ろ / 前

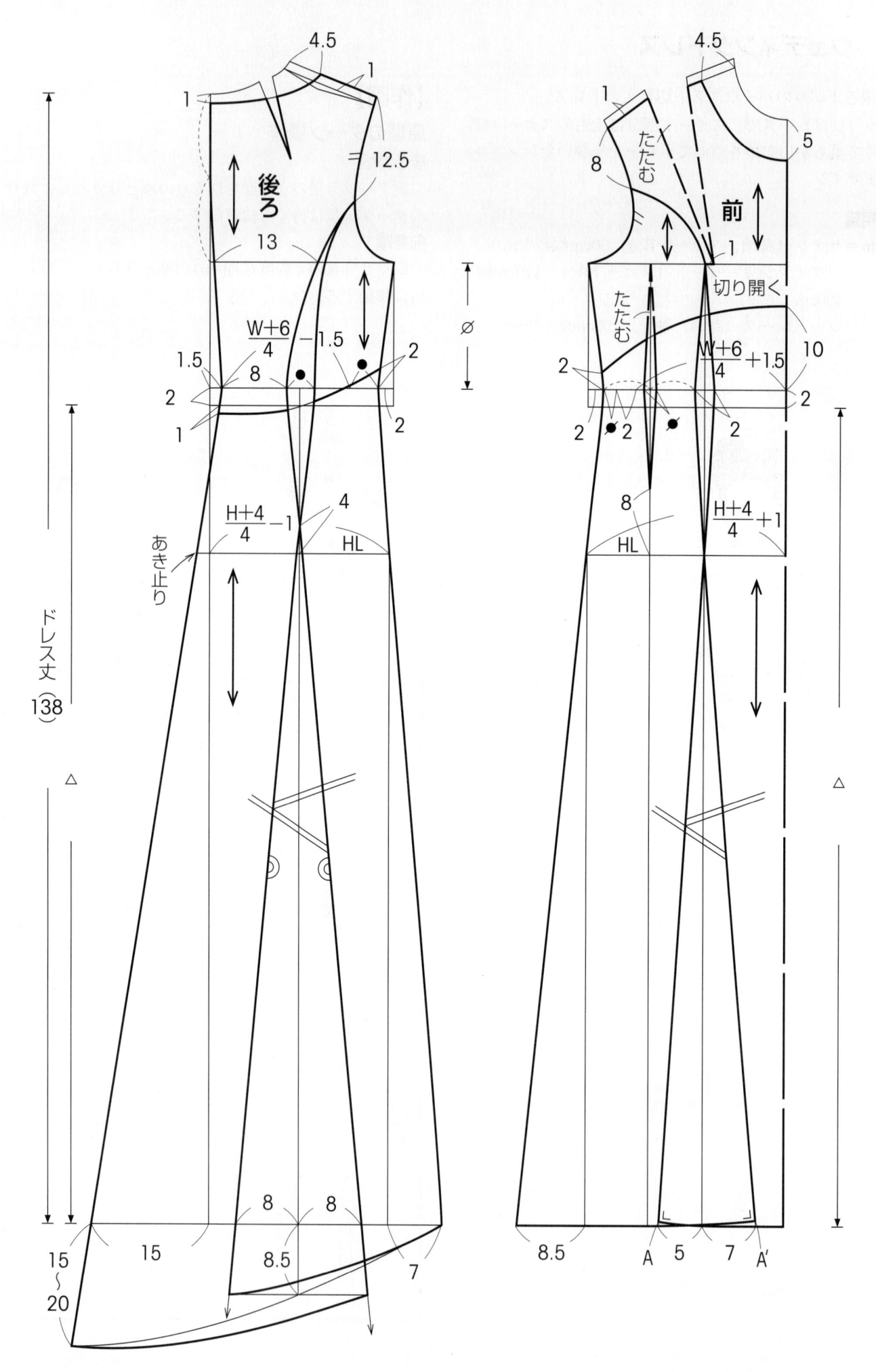

後ろ側:
- 4.5
- 1
- 12.5
- 13
- $\dfrac{W+6}{4}-1.5$
- 8
- 1.5, 2, 1, 2
- $\dfrac{H+4}{4}-1$
- 4
- HL
- あき止り
- ドレス丈 (138)
- 15
- 15〜20
- 8, 8, 8.5, 7

前側:
- 4.5
- 1, 5
- 8
- たたむ
- 1
- 切り開く
- 10
- $\dfrac{W+6}{4}+1.5$
- 2, 2, 2, 2
- たたむ
- 8
- $\dfrac{H+4}{4}+1$
- HL
- 8.5　A　5　7　A′

作図要点

身頃
- 肩線は落着きをよくするために、1cm前に移動する。
- 前身頃のパネルラインは、バストポイントより離れすぎない位置に決める。
- 前身頃はショルダーダーツをパネルラインに移動し、切り開いた分量はいせる。前脇はダーツをたたむ。
- ウエストラインは前でハイウエストにし、後ろ下がりになるようにつなげる。
- スカートは、後ろで少しトレーンをひくようにかく。

袖
- 一枚袖で、腕の方向性を形作る作図である。
- 後ろ袖つけ寸法はいせ分を少なくするため、後ろAH寸法とする。
- エルボーライン（EL）は身頃のハイウエストに合わせ、少し高めに設定する。

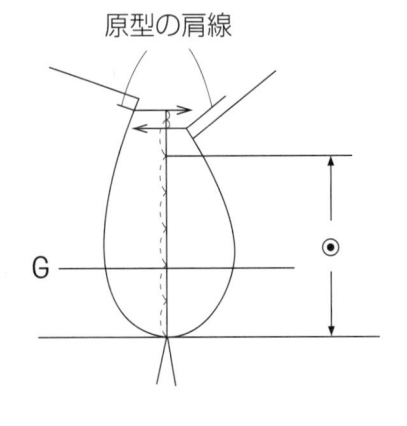

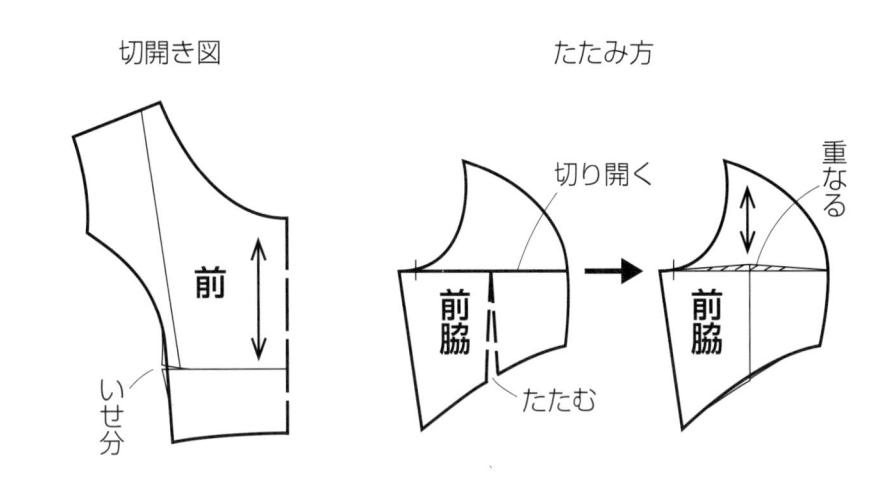

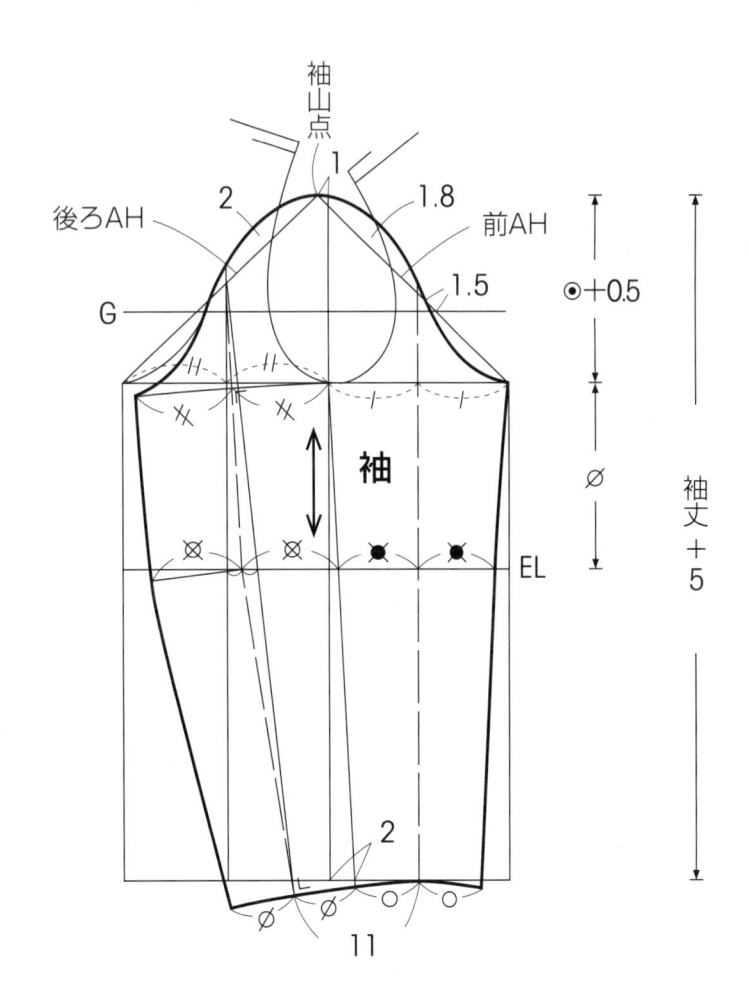

スカートの展開

スカートは作図のパターンをもとに、Bの土台スカートとAのオーバースカートに展開する。

Aのオーバースカートは、ダーツをたたんで裾で開き、脇裾でも上回り分を追加する。

後ろはさらにトレーン分を追加し、前スカートとつながりよく裾線をかく。

スカートB（土台スカート）

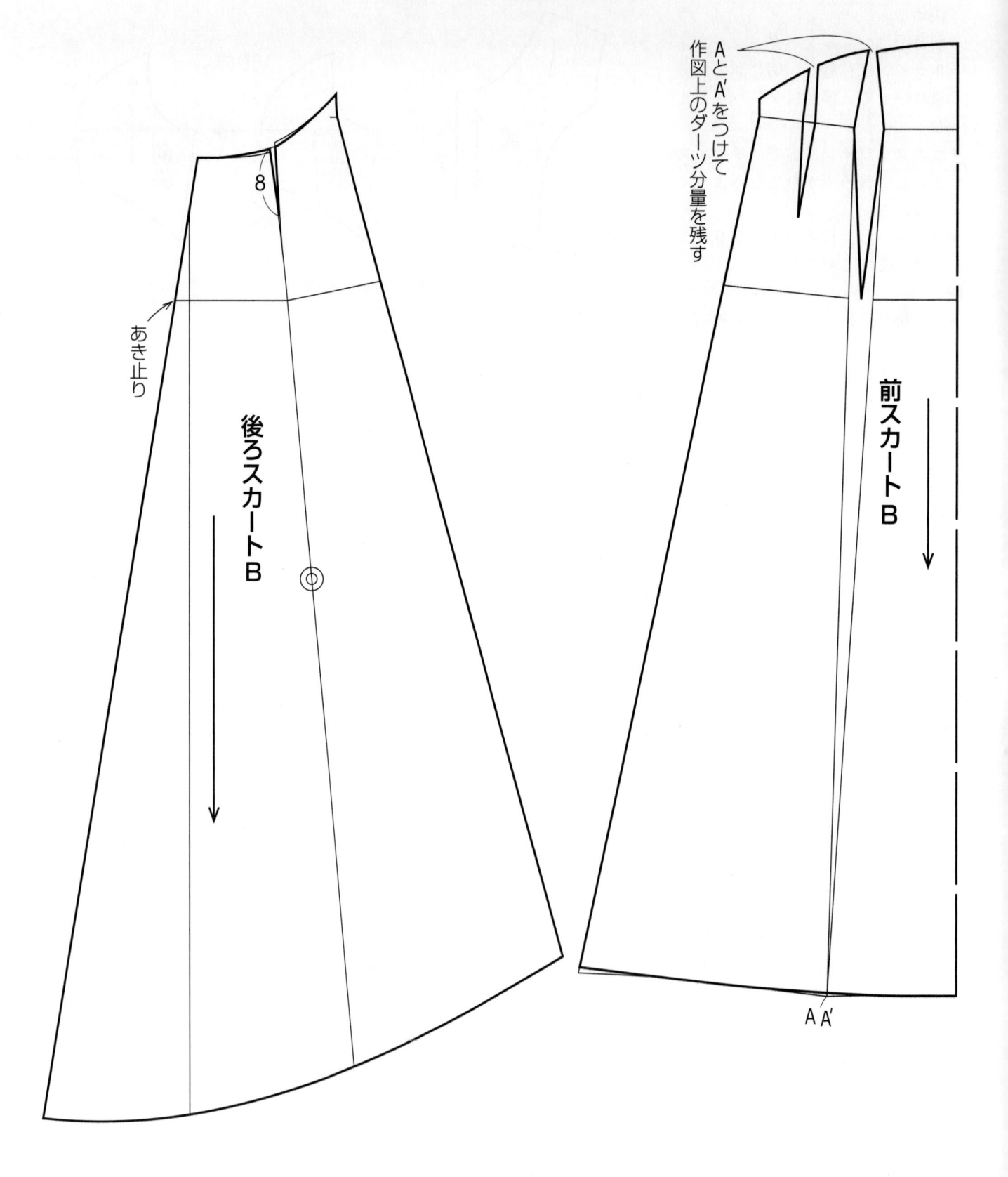

後ろスカートB

あき止り

前スカートB

AとA'をつけて作図上のダーツ分量を残す

A A'

スカートA（オーバースカート）

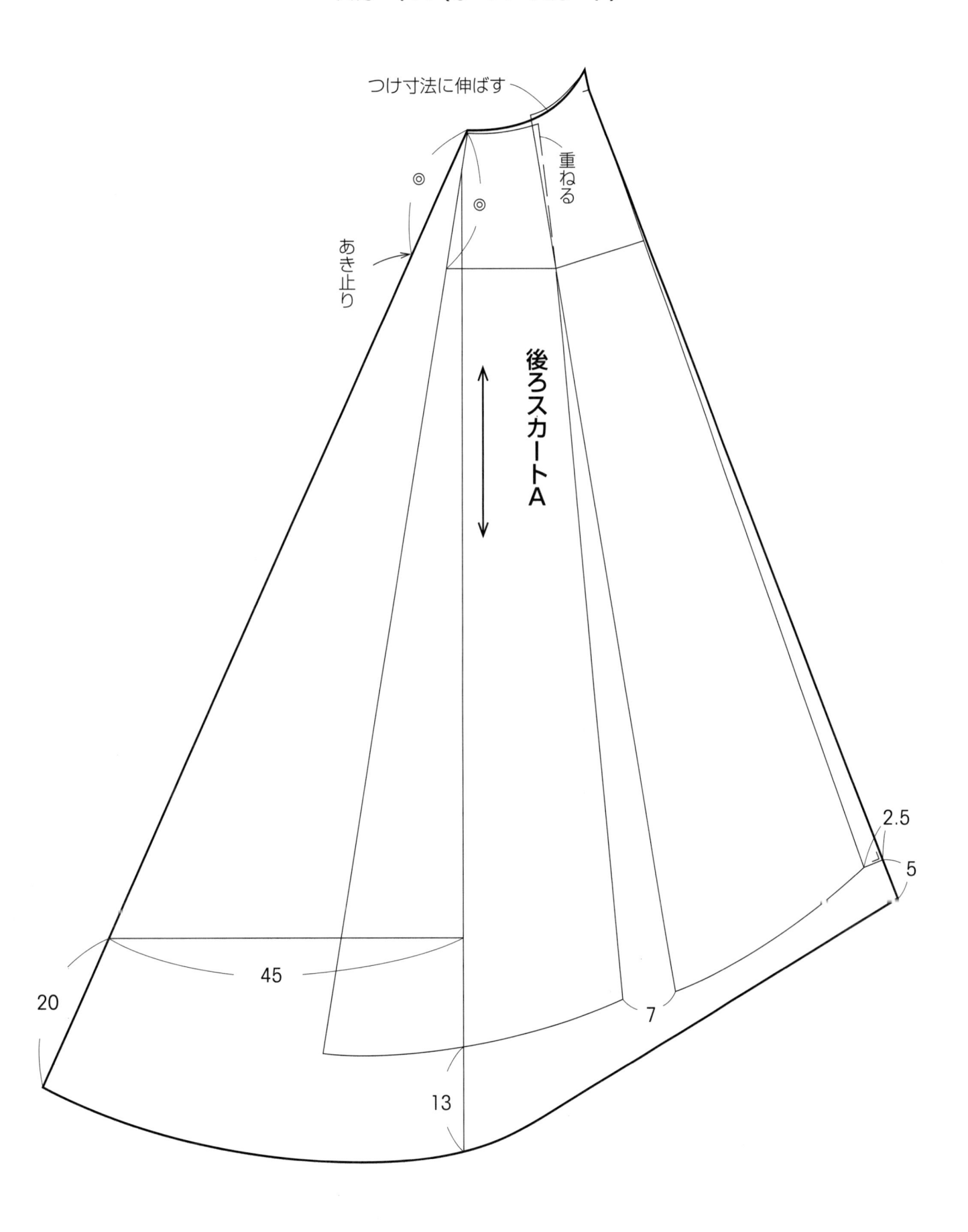

つけ寸法に伸ばす

重ねる

あき止り

後ろスカートA

45

20

13

7

2.5

5

スカートA（オーバースカート）

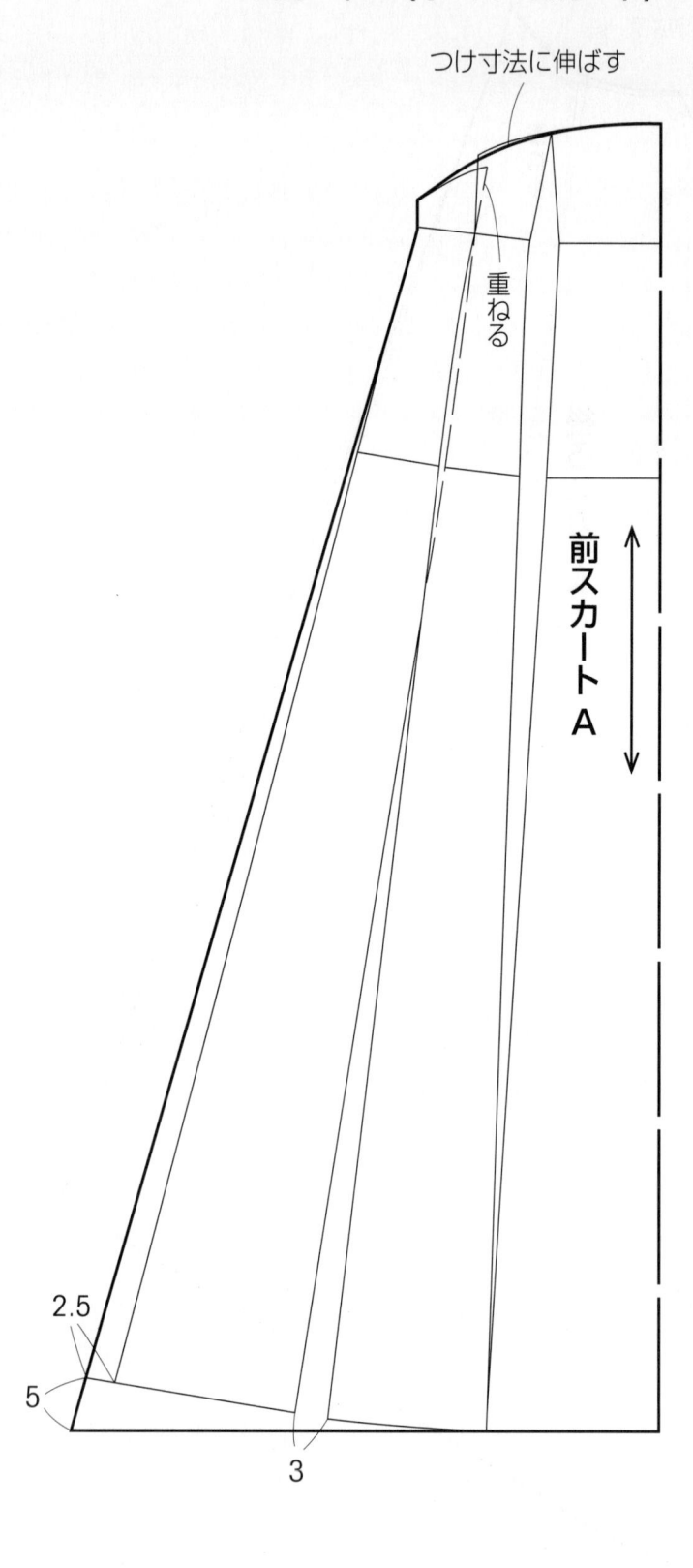

つけ寸法に伸ばす

重ねる

前スカートA

2.5
5
3

アンダードレスにする場合

レースの素材感、透け感をだしたいときは、土台になるドレスをアンダードレスとして別仕立てにするとよい。

ベアトップ型にして上部は肌色に合わせ、チュールやオーガンジーなどで仕立てる。

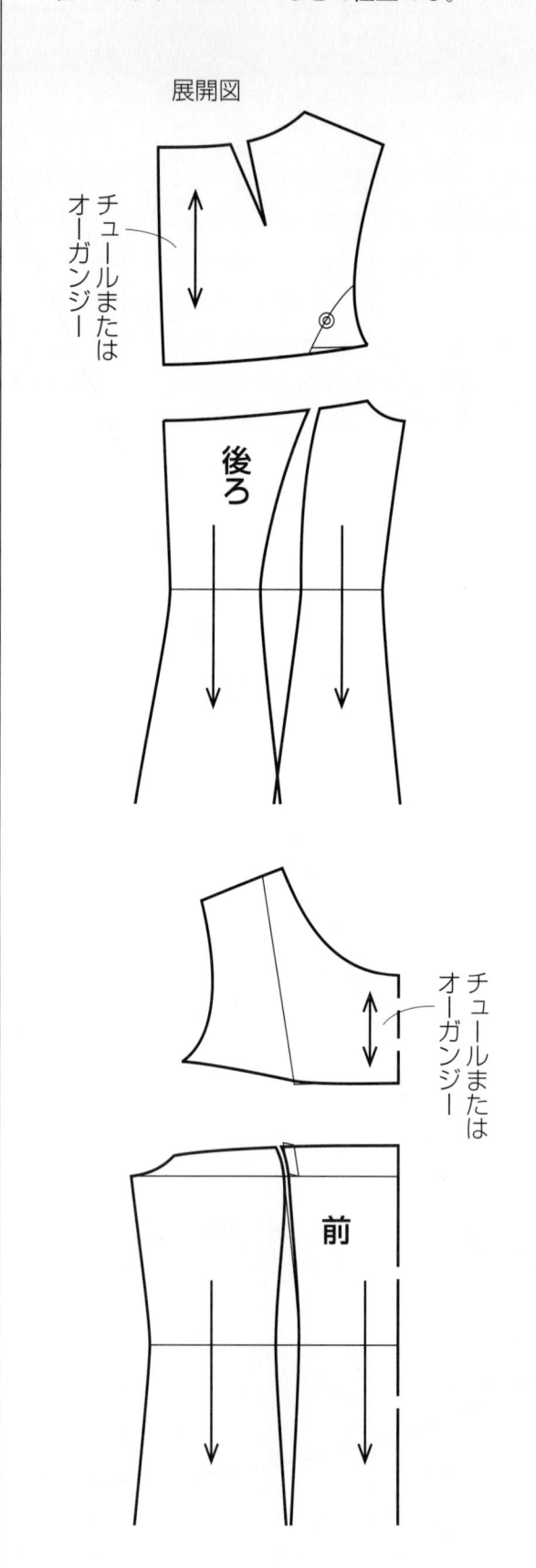

展開図

チュールまたはオーガンジー

後ろ

チュールまたはオーガンジー

前

アンダードレス

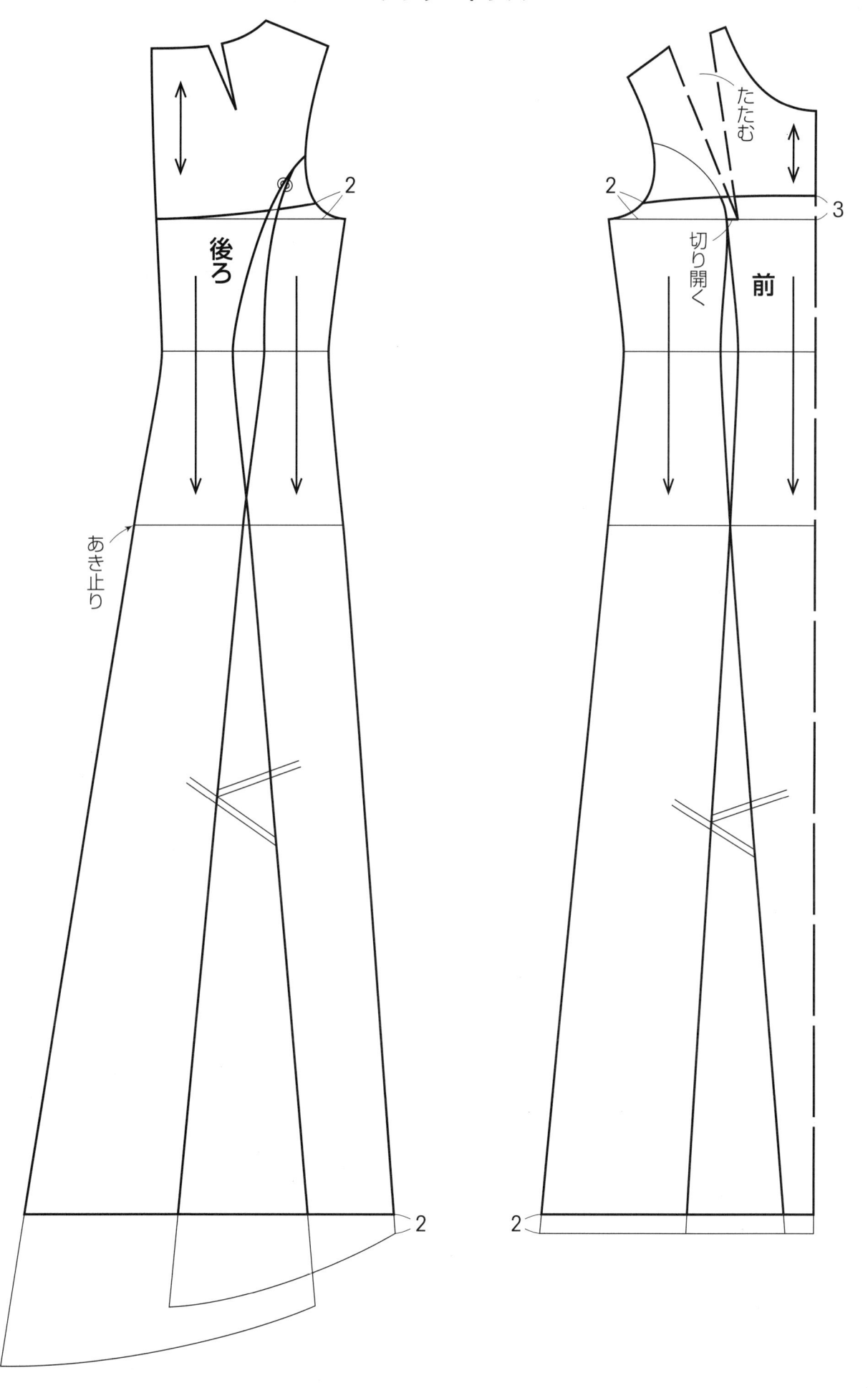

パニエ

パニエは、土台スカート（B）の裾をたたんで展開したパターンをもとに、ウエストにダーツをとり、脇を1cmカットし、フリルがつくため後ろ中心側もせまくする。

フリルは外側に4段、内側に1段つける。

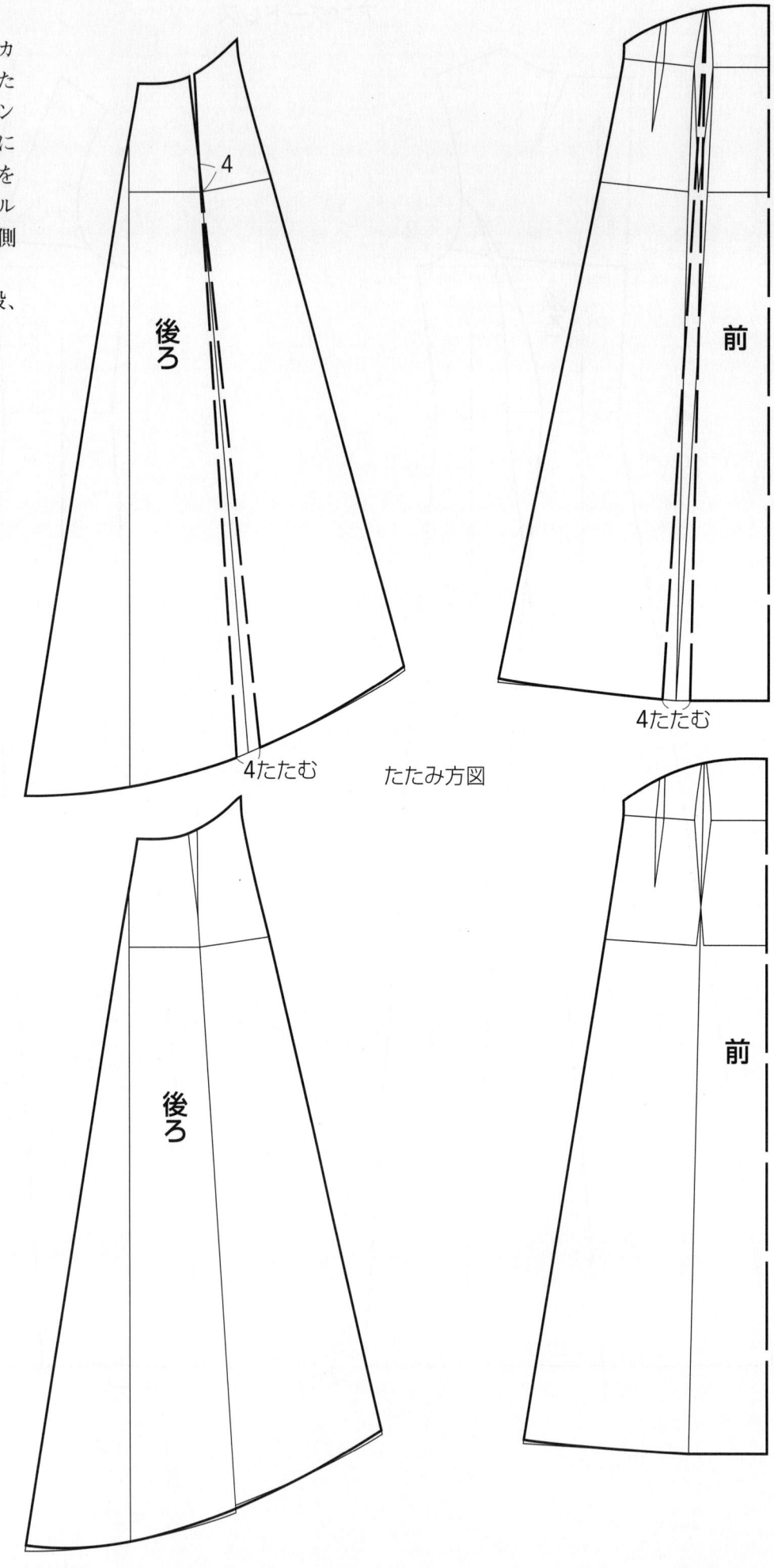

たたみ方図

パニエ

使用量
表布＝ハードツイル122cm幅200cm
　　　30デニールのチュール（フリル分）115cm幅400cm
　　　ナイロンシャー（内フリル分）122cm幅65cm

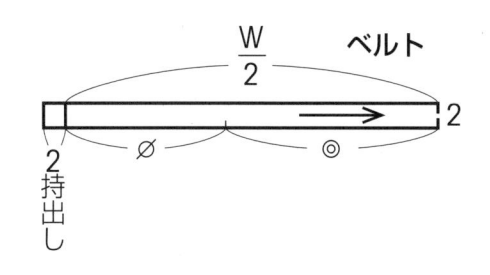

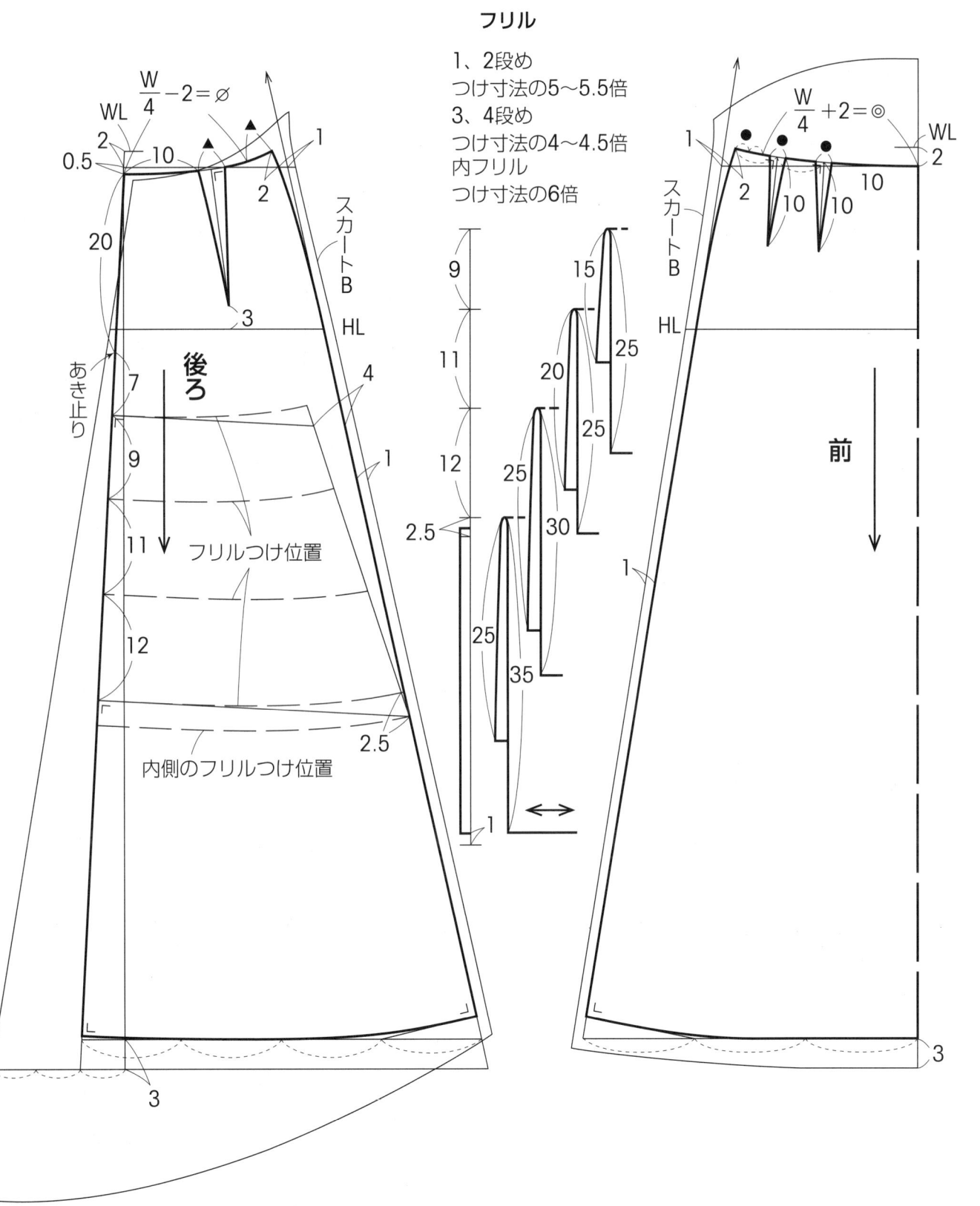

ベルト

$\frac{W}{2}$

フリル

1、2段め
つけ寸法の5〜5.5倍
3、4段め
つけ寸法の4〜4.5倍
内フリル
つけ寸法の6倍

【仮縫い】

ドレスの仮縫いに入る前にパニエの仮縫い合せをする。

ドレスはまずトワルで仮縫い合せをする。特に薄物に関しては布の垂れがシルエットに大きく影響するので実物に近い素材を使用するとよい。

トワルでの仮縫いのあと、補正型紙を用いて実物の仮縫い合せをし、試着補正する。

【裁断】

- シルクジョーゼットの裁断は17ページ参照。この場合、脇線の傾斜が強く、裁断後に布が自重で垂れるので斜め下方に伸ばしてから型紙を置き直すとよい。
- コードレースは、袖口にスカラップを利用するため横地で裁断し、後ろ中心の柄合せをする。

【裏打ち】

身頃はサテンで裏打ちをする。サテンの上にレースをのせ、レースのほうに上回り分のゆとりを加え、出来上りより0.2cm外側にしつけし、1枚の布として扱う。

垂れる素材の場合は立体的になじませ確認する。

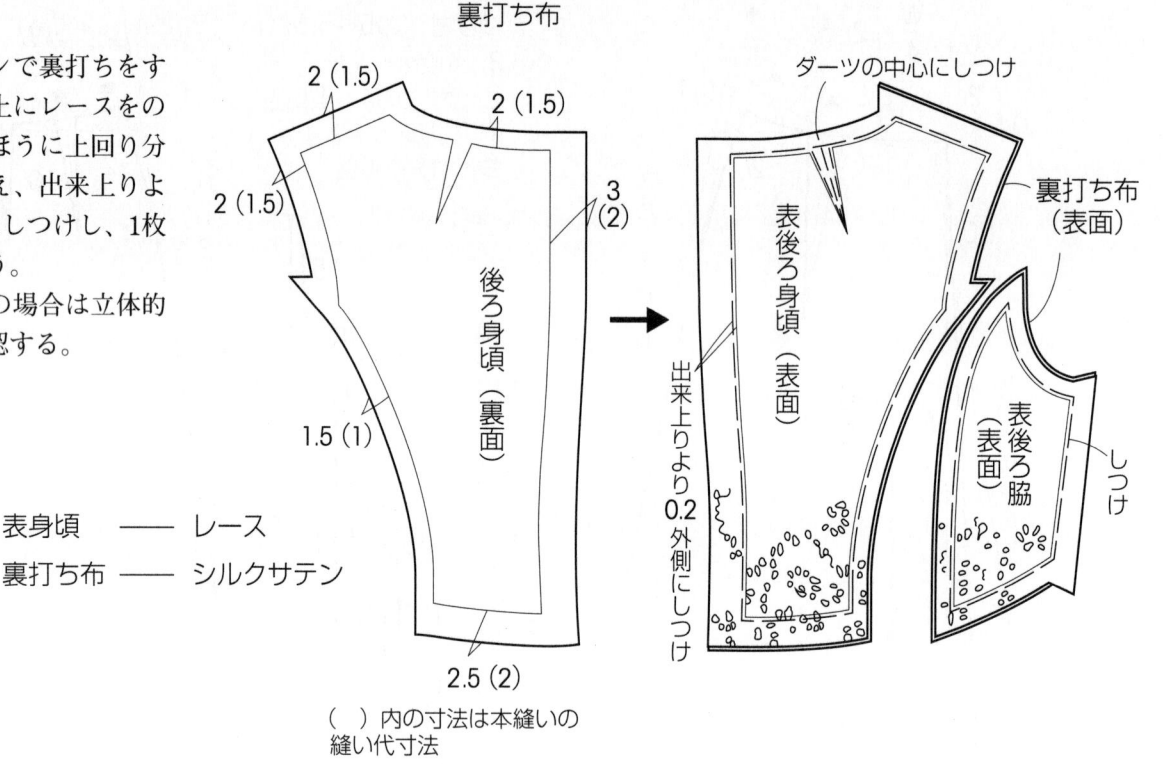

表身頃　——　レース
裏打ち布　——　シルクサテン

（　）内の寸法は本縫いの縫い代寸法

【縫製】

1　肩ダーツ、前後身頃のパネルラインを縫う

後ろ中心と衿ぐりに伸止めテープをつける。ここでは伸止めテープとして、一重仕立てで肌へのあたりをソフトにするためと柔らかい表地に合わせるため、綿オーガンジーのバイアステープを使用。

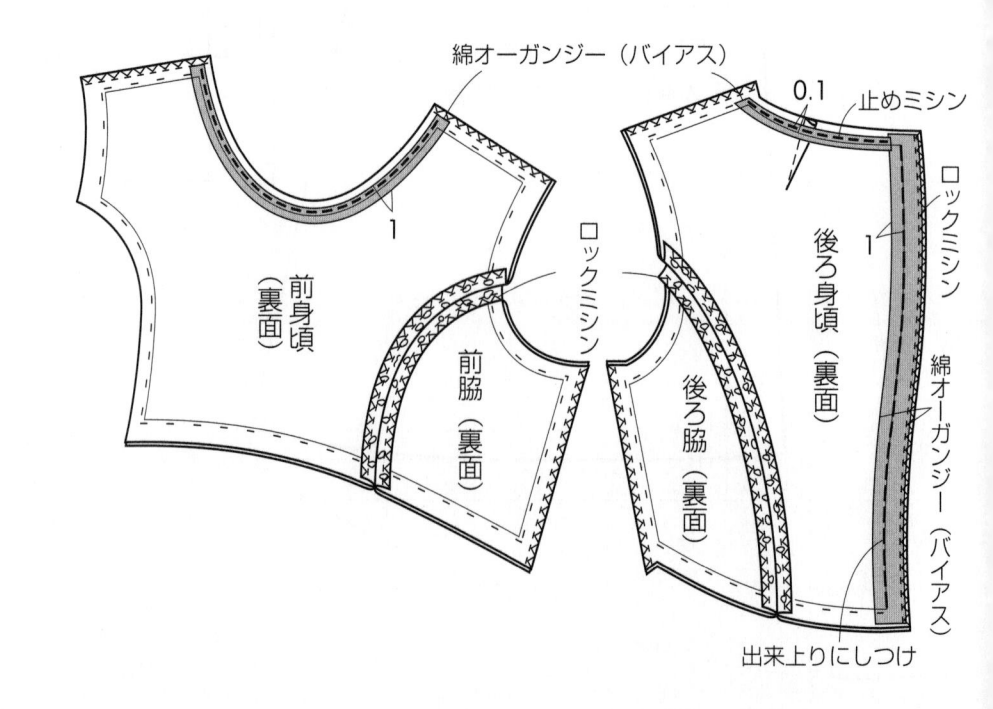

2 肩を縫い、衿ぐり見返しをつける

肩を縫ったあと、袖ぐりに伸止めテープをつける。

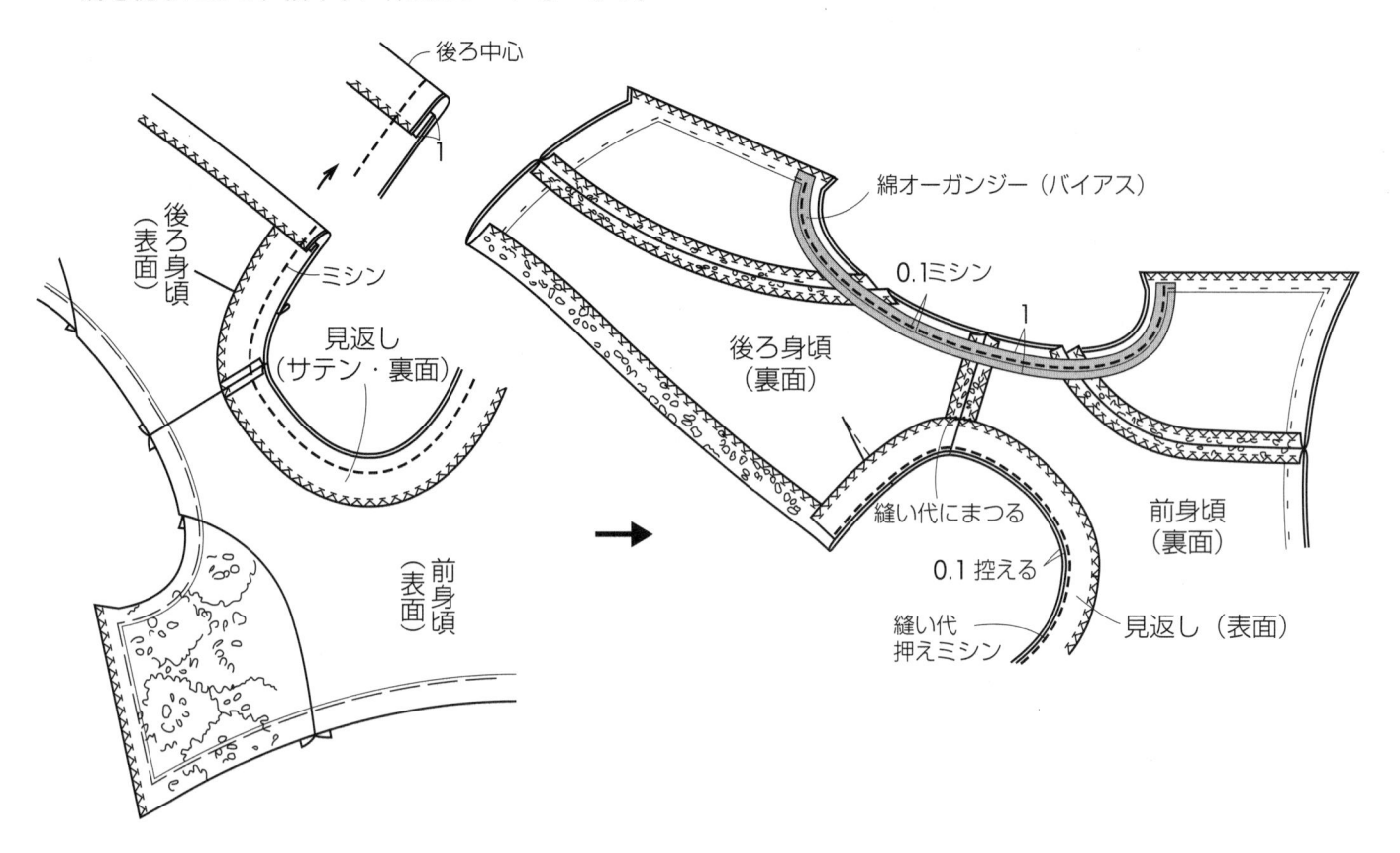

3 スカートA・Bをそれぞれ縫い合わせる

スカートA
- 縫い合わせる前にボディなどで立体的に合わせて再確認し、合い印をつけて縫う。縫い代は袋縫いで始末する。
- 後ろ中心のあきの縫い代は、三つ折りにしてまつり、スラッシュあきとする。

スカートB
- 縫い代はロックミシンで始末する。

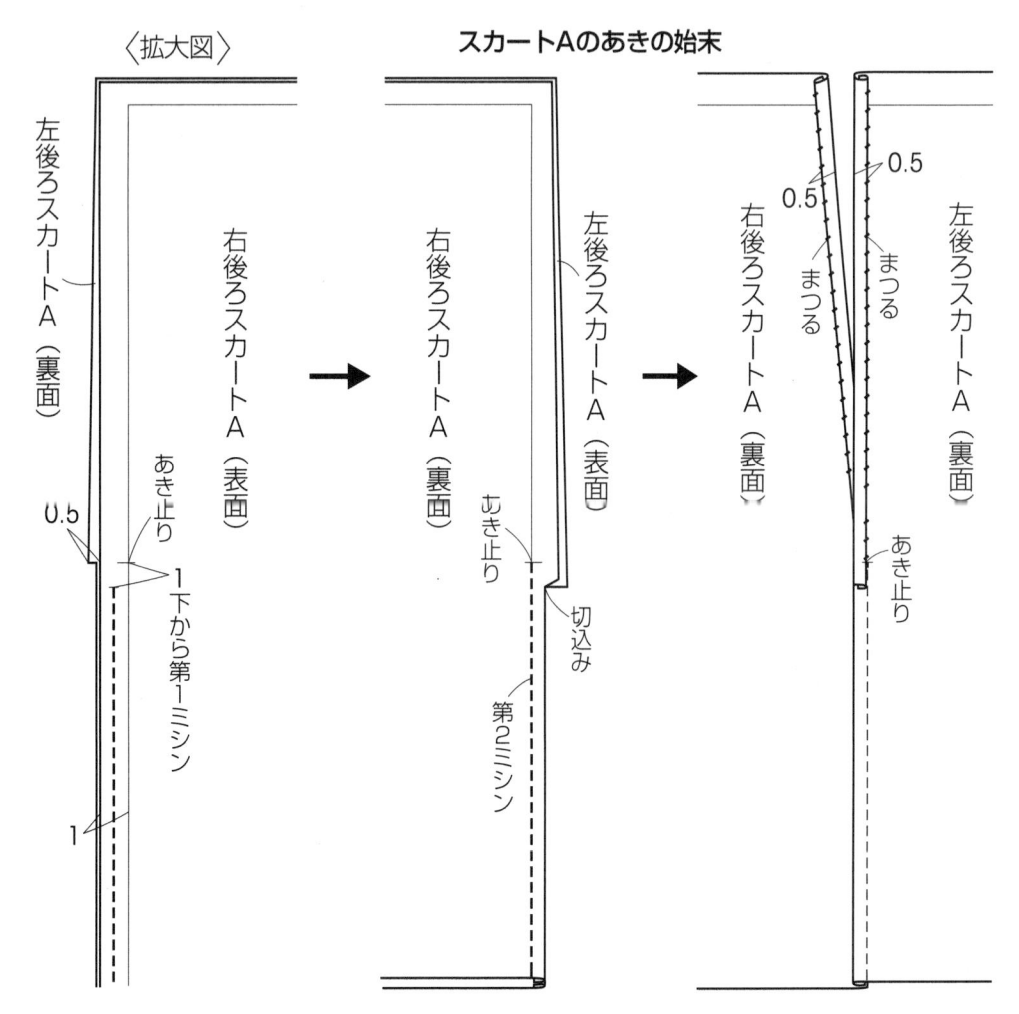

4 ウエストをはぐ

身頃のウエストラインに伸止めテープをつけ、スカートA・Bと中仮縫いし、再確認してから縫い合わせる。

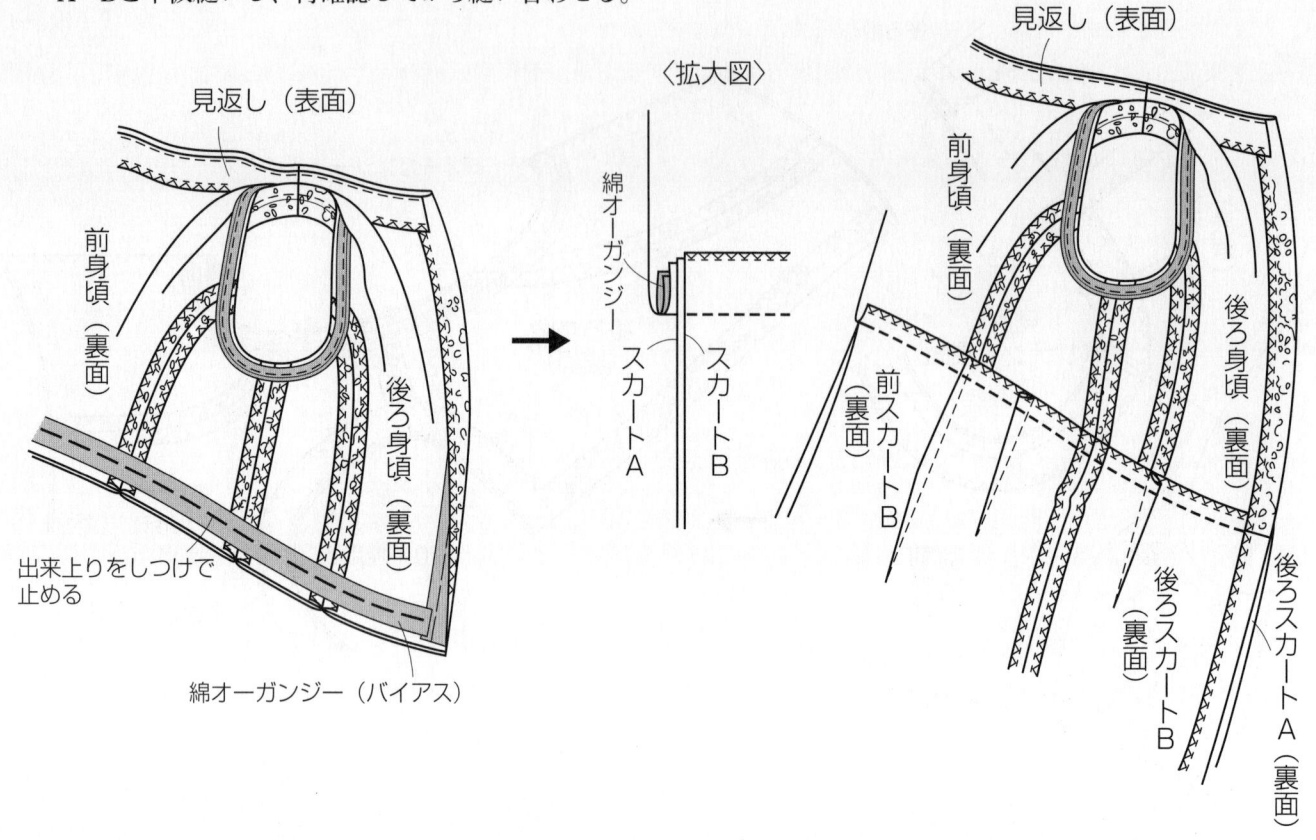

見返し（表面）
前身頃（裏面）
後ろ身頃（裏面）
出来上りをしつけで止める
綿オーガンジー（バイアス）

〈拡大図〉
綿オーガンジー
スカートA
スカートB

見返し（表面）
前身頃（裏面）
後ろ身頃（裏面）
前スカートB（裏面）
後ろスカートB（裏面）
後ろスカートA（裏面）

5 ファスナーをつける

ファスナーは身頃から続けてスカートBにつける。

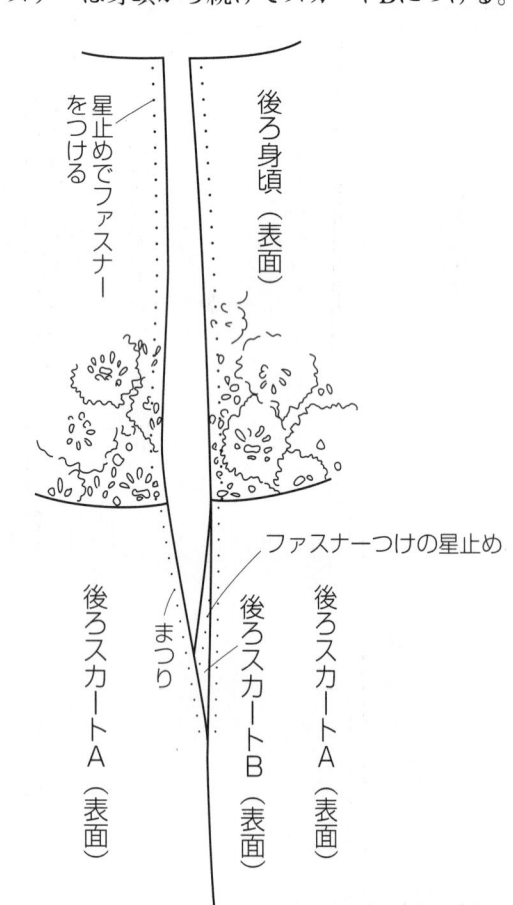

星止めでファスナーをつける
後ろ身頃（表面）
ファスナーつけの星止め
まつり
後ろスカートA（表面）
後ろスカートB（表面）
後ろスカートA（表面）

6 袖を作り、つける

袖はレース1枚で縫い合わせる。

袖つけは中仮縫いし、確認後縫う。縫い代は肩で1.5cm、袖底で1cmにし、ロックミシンで始末する。

7 まとめ

スカートBの裾は折り代を3cmとし、ロックミシンをかけ、奥をゆるくまつる。

スカートAは、スカートBに合わせて出来上り線を決め、三つ折り端ミシンで始末する。

衿ぐりの後ろ中心にスナップをつける。

第 2 章
レース・スパングル エンブロイダリー

ヴァレンティノ　　ジャンルイ・シェレル

〈レース〉

I レースについて

1 種類と特徴

　レースとは、糸を絡める、組む、編むなどして透し模様を作ったものや、基布に刺繍などの細工をして透し模様をほどこした布地をいう。

　優美で繊細な素材なので、古くからフォーマルドレス、パーティドレス、装飾品などに使用されている。

　レースは、大別すると製作方法によって、機械レースと手工芸レースに分けられる。古い歴史をもつ手工芸レースは、主にフランス、イタリア、ベルギー、スペインなど、キリスト教の教会を中心に発達した。その精巧な技術は信仰の対象となり、祭壇の装飾、服装、ベールなどに使われたが、主に王侯貴族のものとされていた。その後、女性の家庭での手仕事として代々その技術が受け継がれ、現在も民族レースとしてその技術が保存されている。

　レース機械が発明（1813年）されてからは、大量生産ができるようになり、安価となって一般にも普及した。最近のカジュアル傾向の流れの中でスポーティなものにも使用されている。

　ここでは、機械レースの中で、フォーマルウェアに用いられる素材を数種選び、解説する。

エンブロイダリーレース	ローン、ジョーゼット、羽二重、麻布などに機械で透し模様の刺繍をほどこしたレースのこと。 　エンブロイダリーレースは刺繍レースの意味で、一般にケミカルレース以外の基布を残したレースをさしている。
オールオーバーレース	布幅全体に模様をつけた糸レース、布レースの総称。 　以前は、麻、ローン、ポプリンが素材のほとんどであったが最近では化合繊もでてきており、色数も豊富である。
ケミカルレース	薬品に溶解する基布にエンブロイダリー（刺繍）で連続模様を作り、のちに基布を除去してエンブロイダリーだけを残して作る重厚感のある機械レース。基布には水溶性のビニロンが使われる。
コードレース	チュールレース、リバーレース、その他の布地上に、コードで刺繍したニードル・ポイント・レースのこと。レース模様の上にさらに模様を重ねる方法と無地のものに新たにコードで模様を作っていく方法とがある。

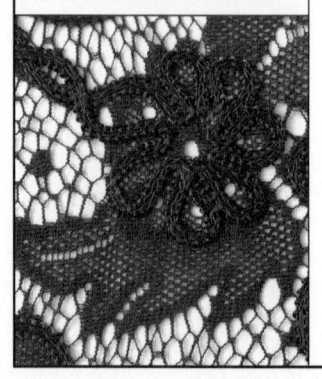

ラッセルレース 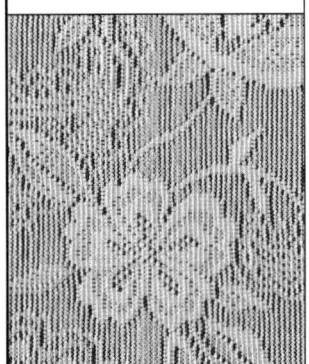	ラッセル編み機によって作られたレース。編みながら柄をだし、大量生産ができるため、価格が比較的安価である。生産性が高いので、衣料用ばかりでなくインテリア用も多く、さまざまな種類のものが作られている。
チュールレース 	以前はボビンレースの技法で作られた網地（チュール）レースだったが、現在はラッセル編み機またはトリコット編み機で作られ量産されている。チュール地に模様をほどこしたものが多い。
トーションレース 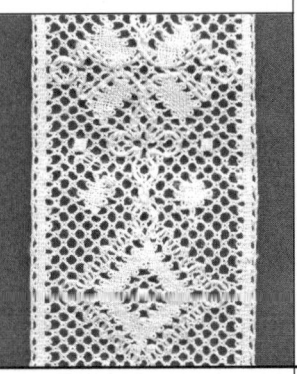	組みひも機を応用して考案されたトーションレース機で、太い麻糸やもめん糸で編まれた粗いが耐久性のあるやや素朴な感じの、比較的幅の狭いボビンレース。イタリアのトーション地方で作られはじめたためにこの名称がついた。
リバーレース 	イギリス人のジョン・リバーによって開発されたリバー機により作られたレースで、極細のたて糸が1本ずつボビンに巻かれ、その動きでレース柄を作り出した繊細で優美なレース。

2 デザイン

　レースの特徴は、糸の絡みによって作り出された柄の美しさや豪華さとともに涼感があるので、デザインはごくシンプルにし、切替えを少なくする。レースの縁に編み込まれたスカラップなどもデザイン上効果的に使用するとよい。

　縫製は、レースの持ち味を生かし、種類と着用条件に合わせてレースの透け感を生かすように一重仕立てにするとよい。

　また、一重仕立ての場合はアンダードレスや中に着用するもので着装方法を考える。アンダードレスはレースの種類に合わせて布地や色を吟味する。

Ⅱ レースの扱い

地直し

綿やウールのエンブロイダリーレースなどのように縮む心配のあるものは地直しをするが、それ以外のものは地直しの必要はない。折りじわがある場合は、裏面よりアイロンをかける。

裁断

- レース柄やスカラップ（エッジ）を生かしてパターンを配置し、裁断する。ケミカルレースのように刺繍の重みで垂れるものは1日ぐらいつるしておき、伸ばしてから裁断する。
- ケミカルレースのように模様を切り離せるレースの場合は、パターン近くの図柄に合わせて粗裁ちするが、その他の場合は布地の場合と同じように裁断する。柄により横地使用もある。
- 見返しはデザインやレースの模様によって続け裁ちのできるものは続けて裁ち、模様がずれる場合はチュールやオーガンジーなど、レースと同色の透ける布地で見返しを別に裁つとよい。裏衿も同様にする。また、前端、裾、袖口にレースの端にあるスカラップを切り取り、まつりつける方法も効果的な技法である。裁断前に縫製仕様を充分に考慮してはさみを入れることが大切である。

印つけ

印つけは、縫いじつけをする。曲線の部分は針目を細かく、直線のところはやや粗めにする。糸はポリエステル糸、カタン糸の80番、または絹ミシン糸、ぞべ糸などを使用する。針はメリケン針の8、9番を使用する。

縫製

レースは、カジュアルなものからフォーマルなドレスまで幅広く用いられており各種使用されている。大別すると糸レース、布レースに分けられるが、布レースはカット部分が多ければ糸レースと同じ扱いをし、薄い布地に刺繍されている布レースは透ける素材と同様の扱いとなる。ケミカルレース、コードレースについては、作例で説明をする。

- #### 縫合

糸はレースと同じ素材で木綿にはカタン糸、化合繊にはポリエステル糸、絹には絹糸を布に合わせた糸番手で使用する。繊細な糸レース、ネットレースはミシンをかけるときに、ハトロン紙やトレーシングペーパーなどを布の下に敷いて縫うと縫縮みが軽減される。

- #### 縫い代の始末

薄い布レースや目の細かい糸レースの場合は、袋縫いやロックミシンで始末し、細糸レースやほつれにくいレースの場合は、ジグザグミシンやミシンを2本かける方法でもよい。

- #### 布端の始末

三つ折り縫い、折ってジグザグミシン、ダブルステッチ、縁とりで始末する方法、レースの端布（スカラップ）を使用して始末する方法があるが、レースの種類、デザインによって始末の方法を選択するとよい。

〈縫い代の始末〉

A　2度ミシンをかける方法
（チュール、リバーレース等、裁ち端がほつれないものに使用）

出来上り線ともう1本ミシンをかけ、縫い代を細くカットする

縫い代を片返しにし、アイロンで整える

B　ジグザグミシン　　C　ロックミシン

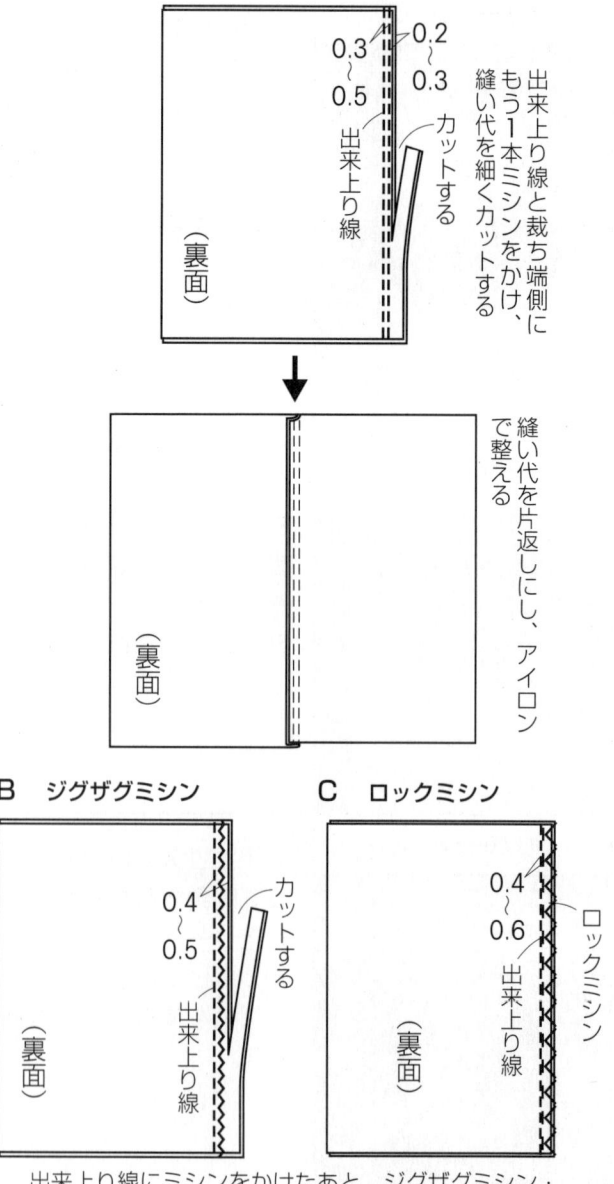

出来上り線にミシンをかけたあと、ジグザグミシン・ロックミシンをかける

Ⅲ デザインと作図・縫製

ケミカルレースのジャケット

小花模様のケミカルレースを使用し、衿ぐりから前端、裾にスカラップを利用したショート丈のジャケット。ウエストダーツが入り、ややシェープしたデザイン。

使用量
表布＝90cm幅250cm（よこ布目の場合）
　　　 90cm幅150cm（たて布目の場合）
肩パッドの厚さ＝0.5cm

【作図】

原型のダーツ操作

後ろ身頃
　肩ダーツ分量の$\frac{1}{3}$程度をゆとり分として袖ぐりに移動する。

前身頃
　胸ぐせダーツ分量の$\frac{1}{4}$程度を袖ぐりのゆとり分とし、残りを胸ぐせダーツとする。

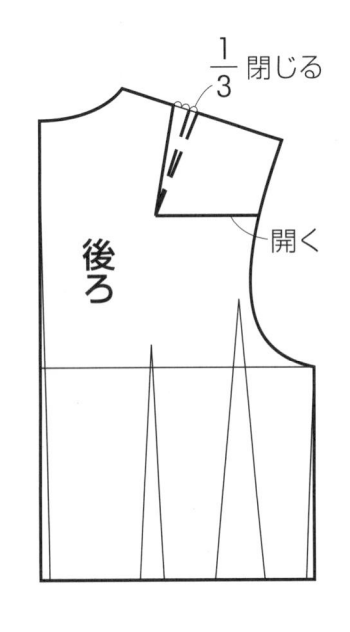

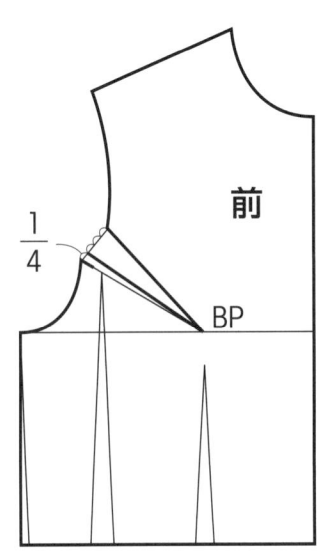

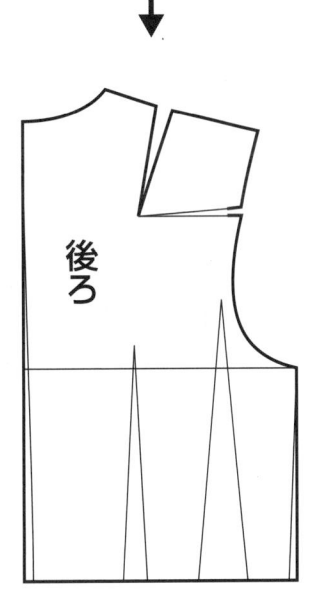

103

作図要点
身頃

- 後ろ脇に2cmゆとり分を加える。
- ハイネックラインの落着きをよくするために、肩線を0.5cm前に移動する。
- ハイネックラインは、後ろ中心で4cm、サイドネックポイントで3.5cm追加し、前のハイネックラインは後ろとつながるようにかく。
- 肩ダーツはネックラインに移動し、ハイネックラインで0.5cmずつダーツ量を減らして、肩から首にそわせる。
- 後ろ脇線は、前脇線と同じ傾斜になるようにヒップラインで決め、余分なゆとりをウエストダーツにする。

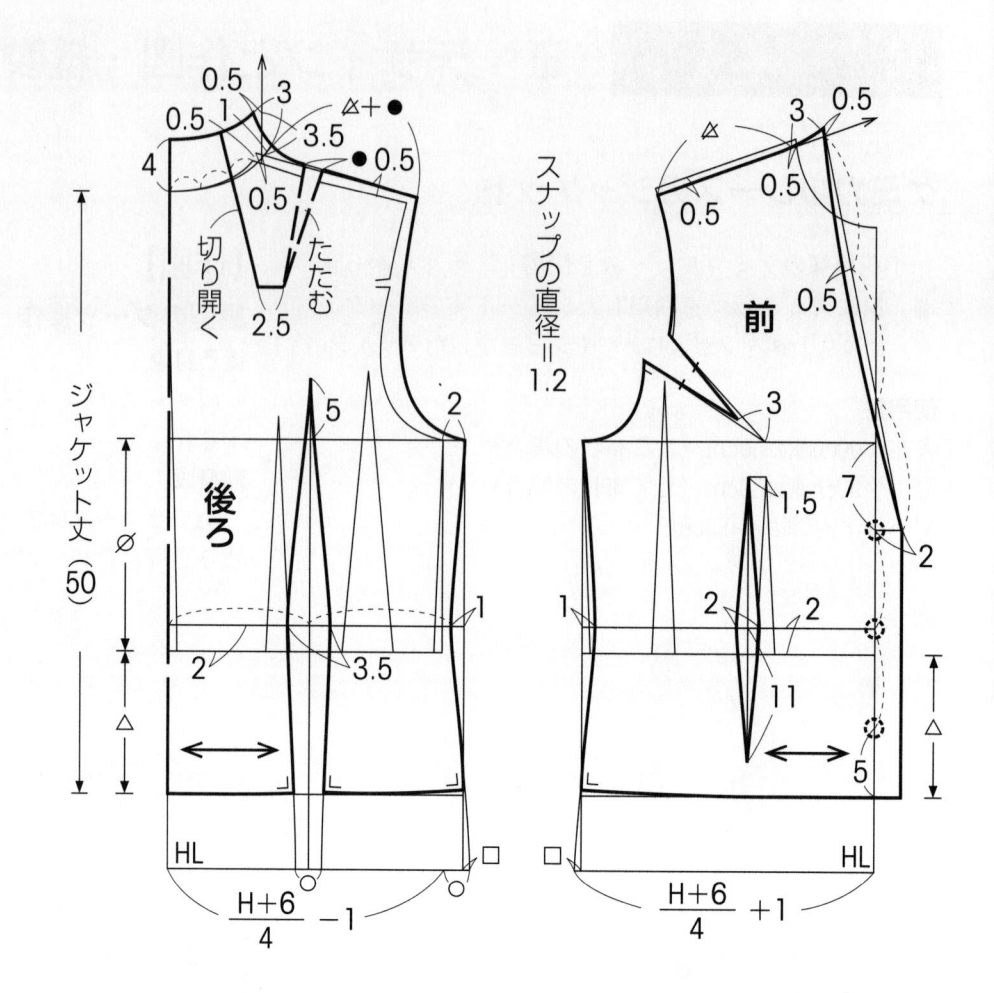

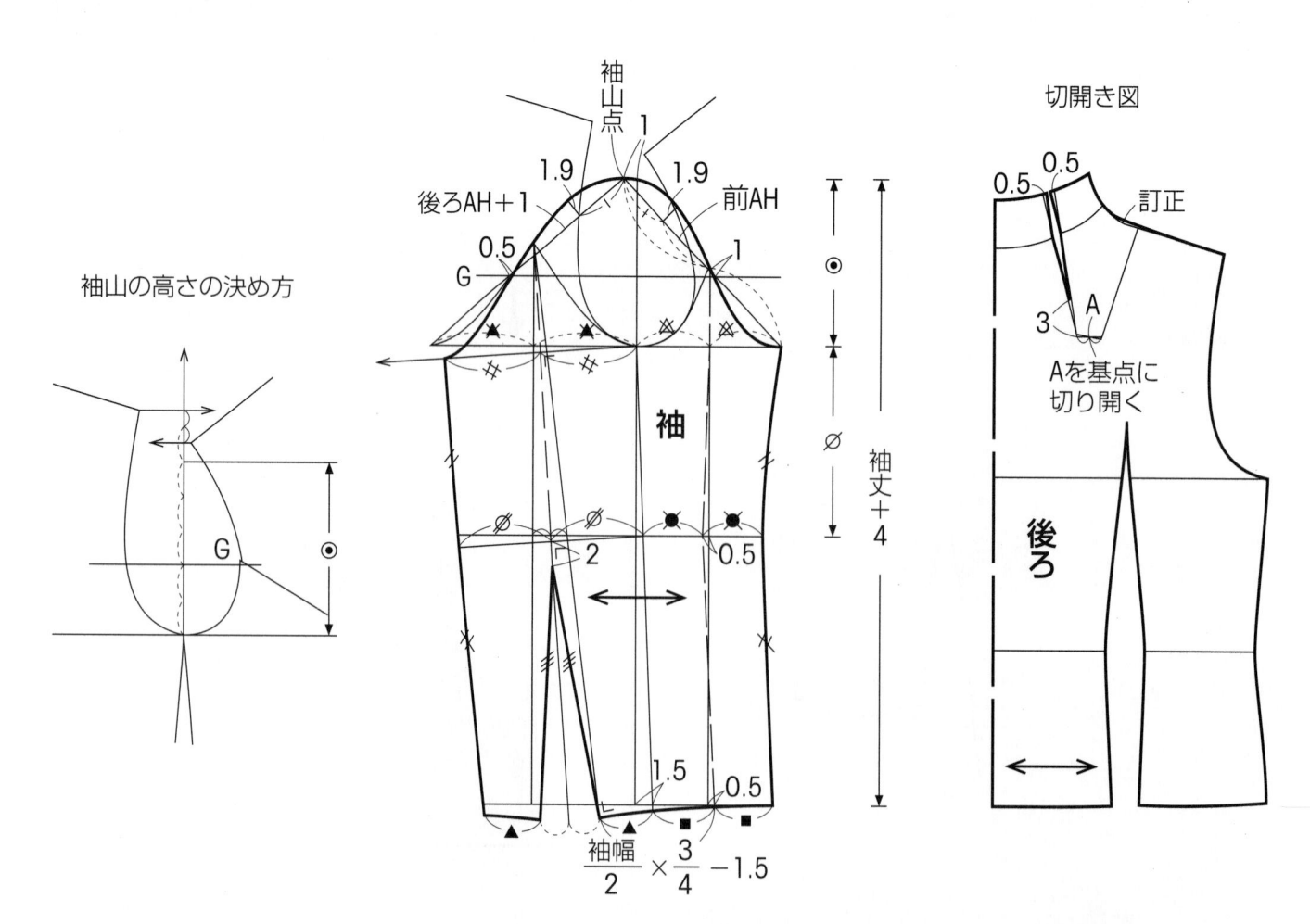

【パターンメーキング】

作図をうつし取り、ハイネックラインのつながりやダーツの訂正、ウエストラインの合い印などを入れる。

1枚裁ちにするのでフルパターンを作る。

布目線は、スカラップを利用する方向に記入する。

【地直し】

地直しは必要ないが、折りじわがある場合は裏面からアイロンをかける。

透しが多く、垂れるレース地は、1日ぐらいつるし、伸ばしてから縫い代幅にゆとりを持って裁断する。

【裁断】

スカラップや柄を生かすようにパターンを配置する。脇などのはぎ目は、スカラップのつながりのよいところに配置する。

ここでは、A・B、2通りの方法を説明する。

A　裾にスカラップがくるように裁断する場合（よこ布目線）

- 前裾のスカラップから続けて、前端、衿ぐりのスカラップも裁断できるように配置する。
- 後ろ身頃の裾のダーツ分量は、スカラップの大きさに合わせるため変えることもある。

A　裁合せ図

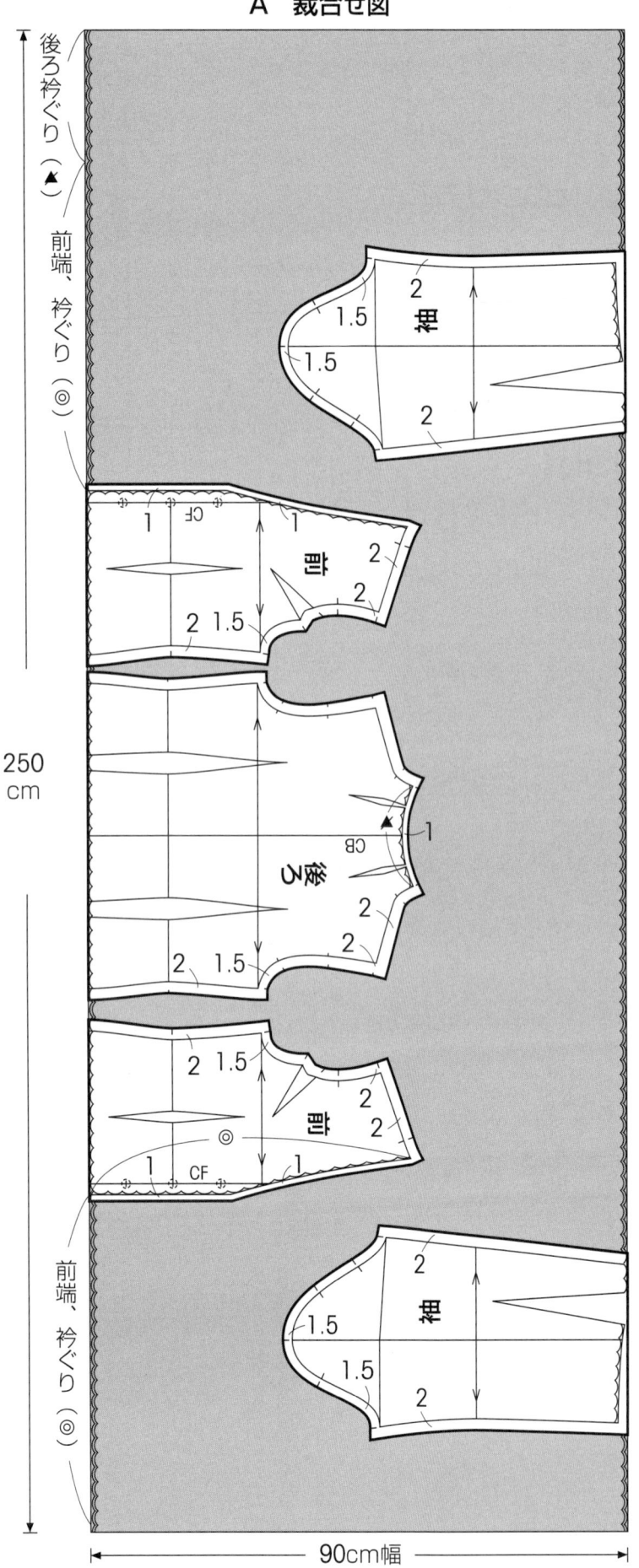

B 前端にスカラップがくるように裁断する場合（たて布目線）

- 前端にスカラップを合わせ、続けて衿ぐりと裾のスカラップも裁断できるように配置する。
- 袖口のスカラップも裁断しておく。

【縫い代のつけ方】

粗裁ちをして、縫い合わせてから余分な部分を裁ち落とすか、またはあらかじめ縫い合わせる状態を考えてレースの形にそってカットしてもよい。

ケミカルレースは柄を切り離すようにして裁断する。

【印つけ】

置きじつけの要領で、ゆるめに縫い印をする。

糸は、ロックミシン用のポリエステル糸、カタン糸80番、絹ミシン糸、ぞべ糸などを使用する。

針は、8番、9番を使用。

〈拡大図〉

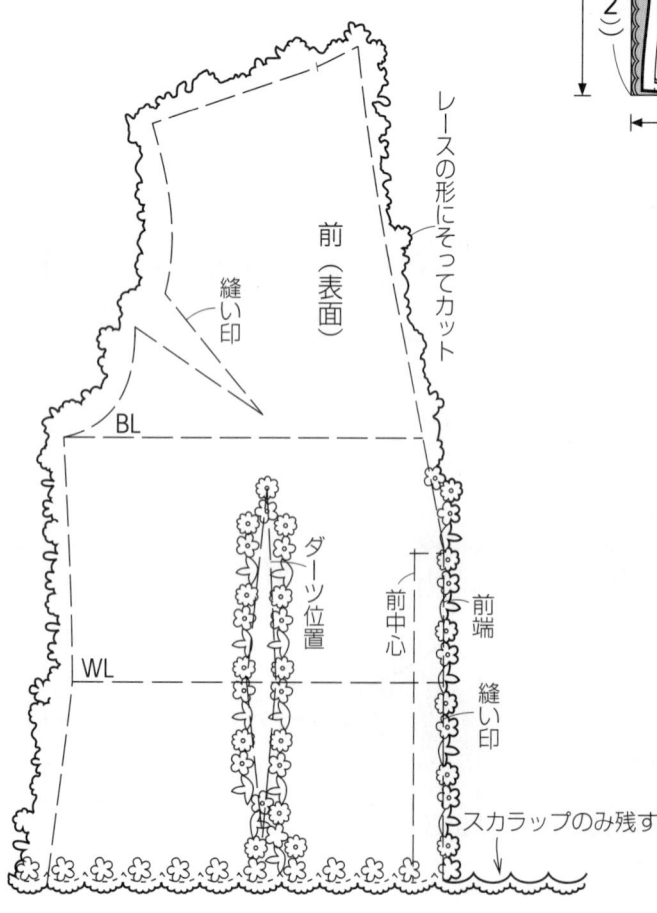

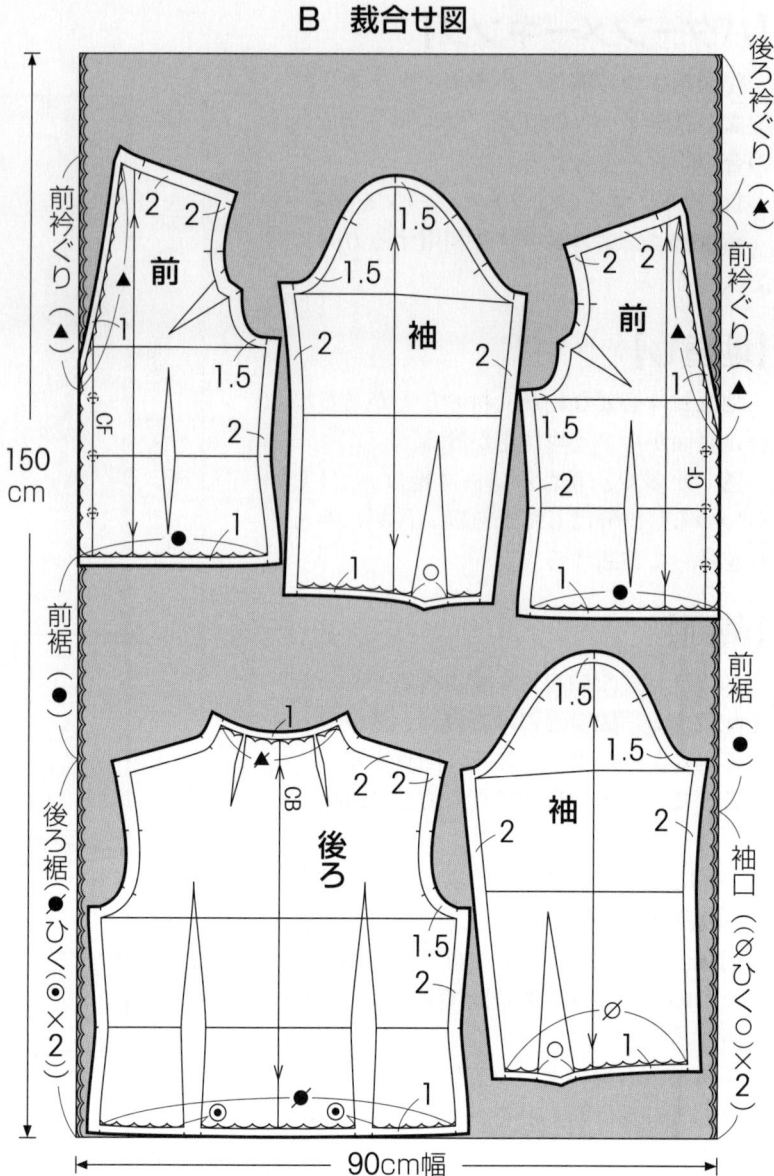

B 裁合せ図

【仮縫い合せ】

- 糸は、印つけと同じ糸を使用する。
- 縫始めと縫終りは返し縫いをし、地糸を引き込まないように注意する。
- ダーツは中縫いし、押えじつけをする。
- 肩、脇等は、縫い代が厚くなるので重ねはぎをする。

【縫製】

- ケミカルレースのような連続した糸レースは、厚く何度も糸をかけているので、縫製にオートクチュール的技法を用いると、縫い代がかさばらずきれいに仕上がる。
- 使用する糸は、レースと同質がよく、木綿にはカタン糸60〜80番、またはポリエステル糸60番、絹には絹ミシン糸50〜100番を用いる。
- 手縫い針は8番、9番、ミシン針は11番、9番、7番を用いる。

1 ダーツ位置にシーチングを当ててしつけをする

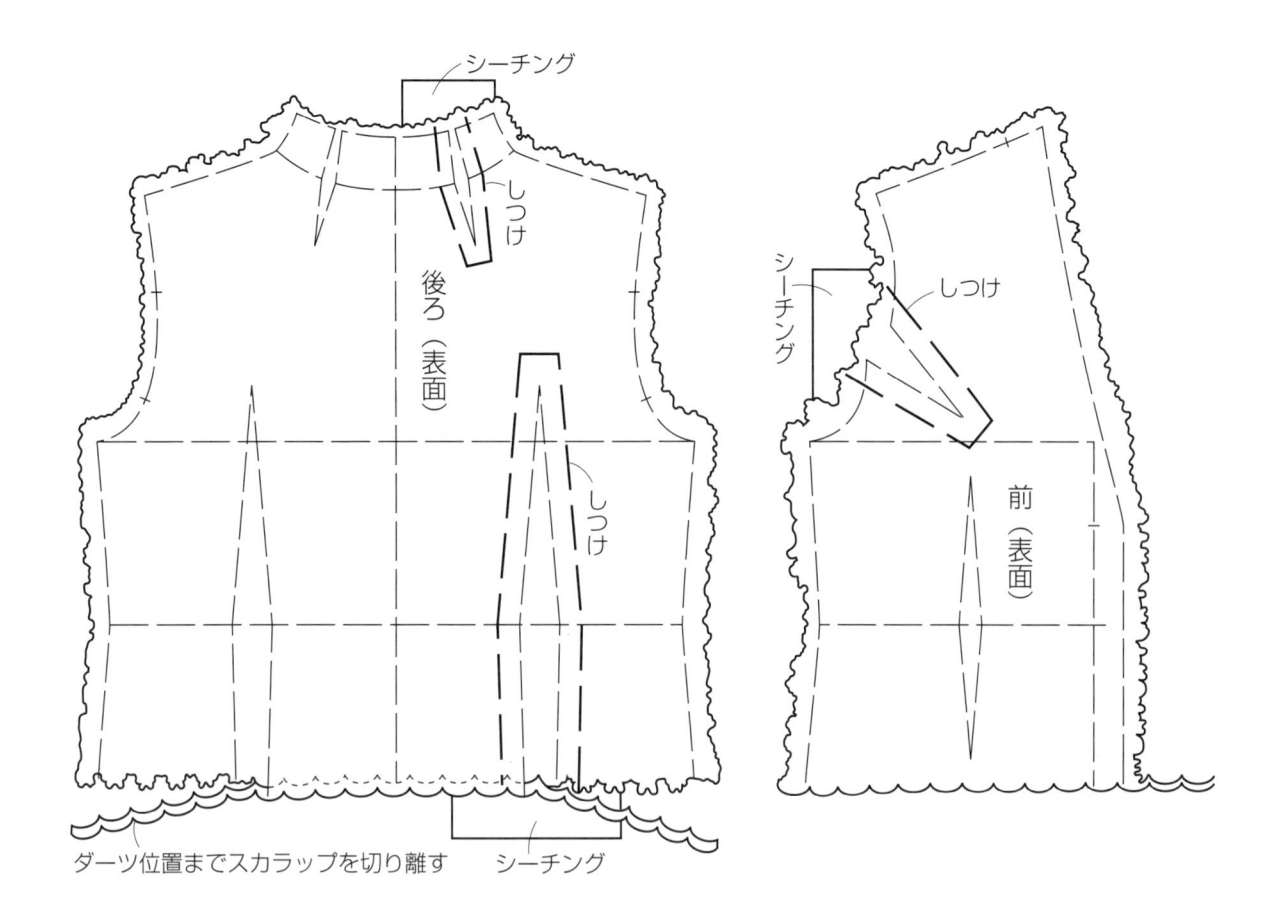

- シーチング
- しつけ
- 後ろ（表面）
- しつけ
- 前（表面）
- シーチング
- ダーツ位置までスカラップを切り離す
- シーチング

2 前身頃のダーツをかがる

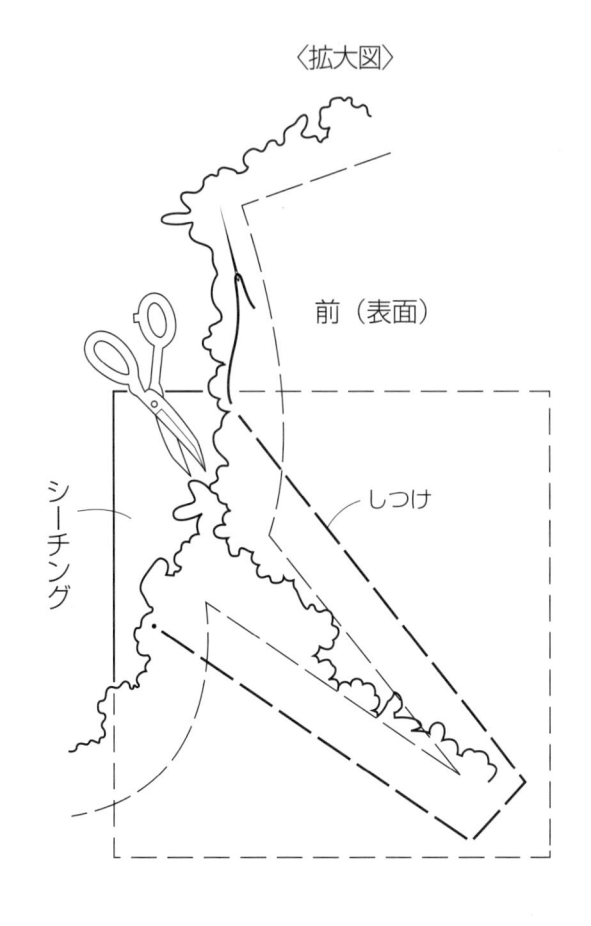

〈拡大図〉

- 前（表面）
- シーチング
- しつけ

① ダーツ位置にシーチングを当て、表面から押えじつけをする

② レースのダーツをつまみ合わせて、柄合いのよい線に切込みを入れる

★108ページに続く

前（表面）

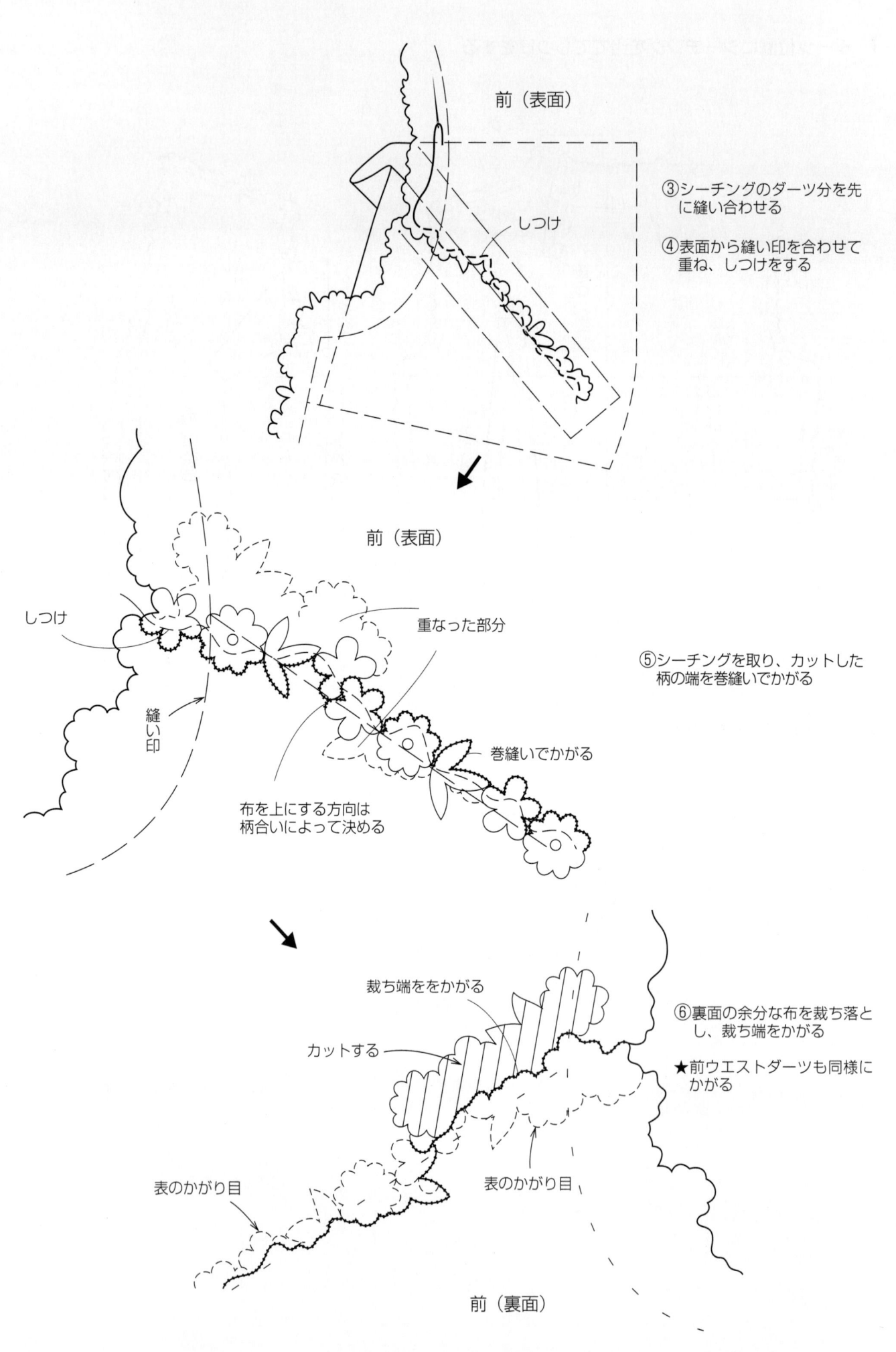

しつけ

③シーチングのダーツ分を先に縫い合わせる

④表面から縫い印を合わせて重ね、しつけをする

前（表面）

しつけ

重なった部分

縫い印

巻縫いでかがる

布を上にする方向は柄合いによって決める

⑤シーチングを取り、カットした柄の端を巻縫いでかがる

裁ち端ををかがる

カットする

⑥裏面の余分な布を裁ち落とし、裁ち端をかがる

★前ウエストダーツも同様にかがる

表のかがり目

表のかがり目

前（裏面）

3 後ろ身頃のダーツと裾のスカラップをかがる

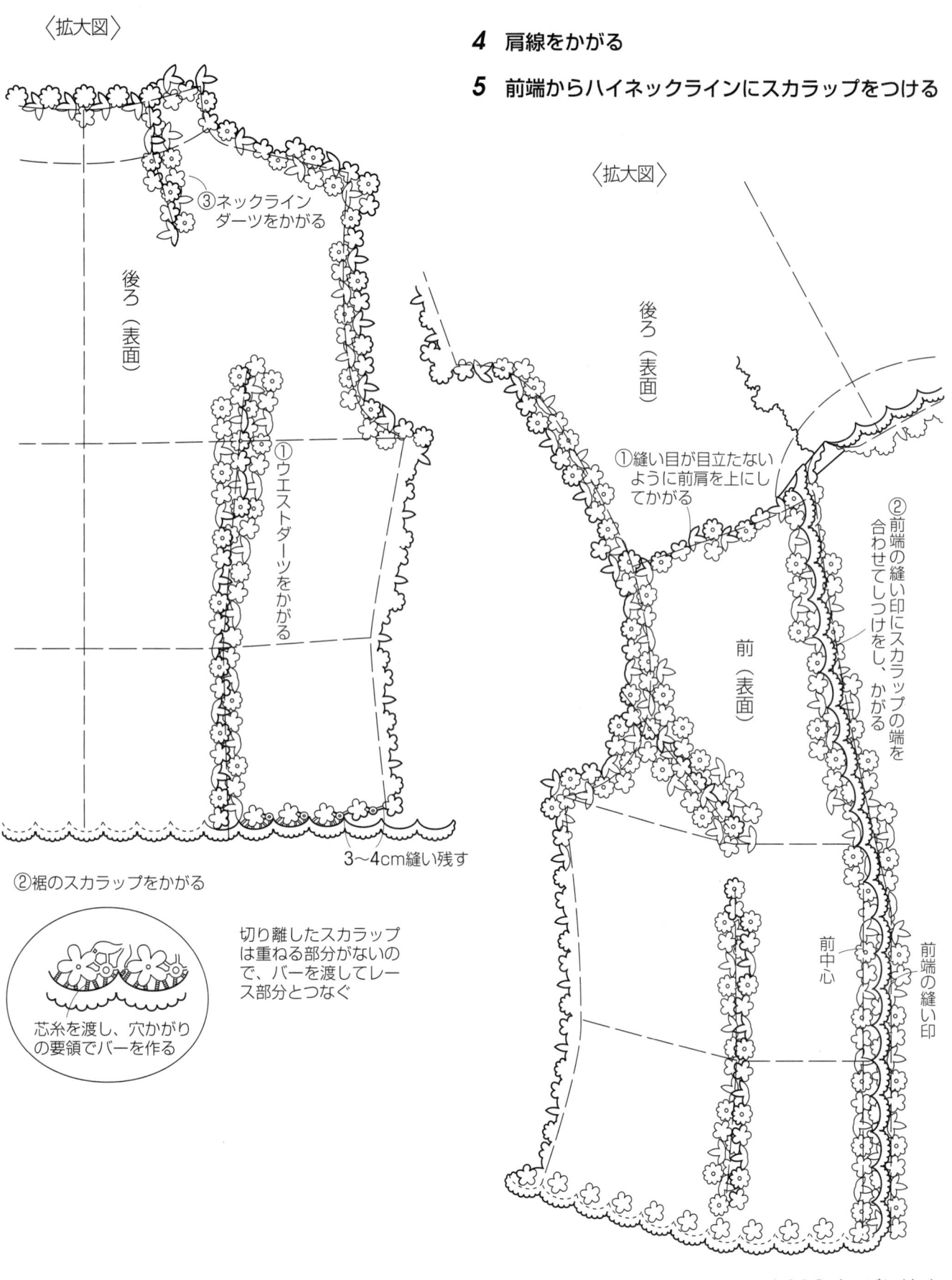

〈拡大図〉

4 肩線をかがる

5 前端からハイネックラインにスカラップをつける

〈拡大図〉

③ネックラインダーツをかがる

後ろ（表面）

①ウエストダーツをかがる

3〜4cm縫い残す

②裾のスカラップをかがる

切り離したスカラップは重ねる部分がないので、バーを渡してレース部分とつなぐ

芯糸を渡し、穴かがりの要領でバーを作る

①縫い目が目立たないように前肩を上にしてかがる

後ろ（表面）

②前端の縫い印にスカラップの端を合わせてしつけをし、かがる

前（表面）

前中心

前端の縫い印

★110ページに続く

Ⅲ デザインと作図・縫製　109

角の始末

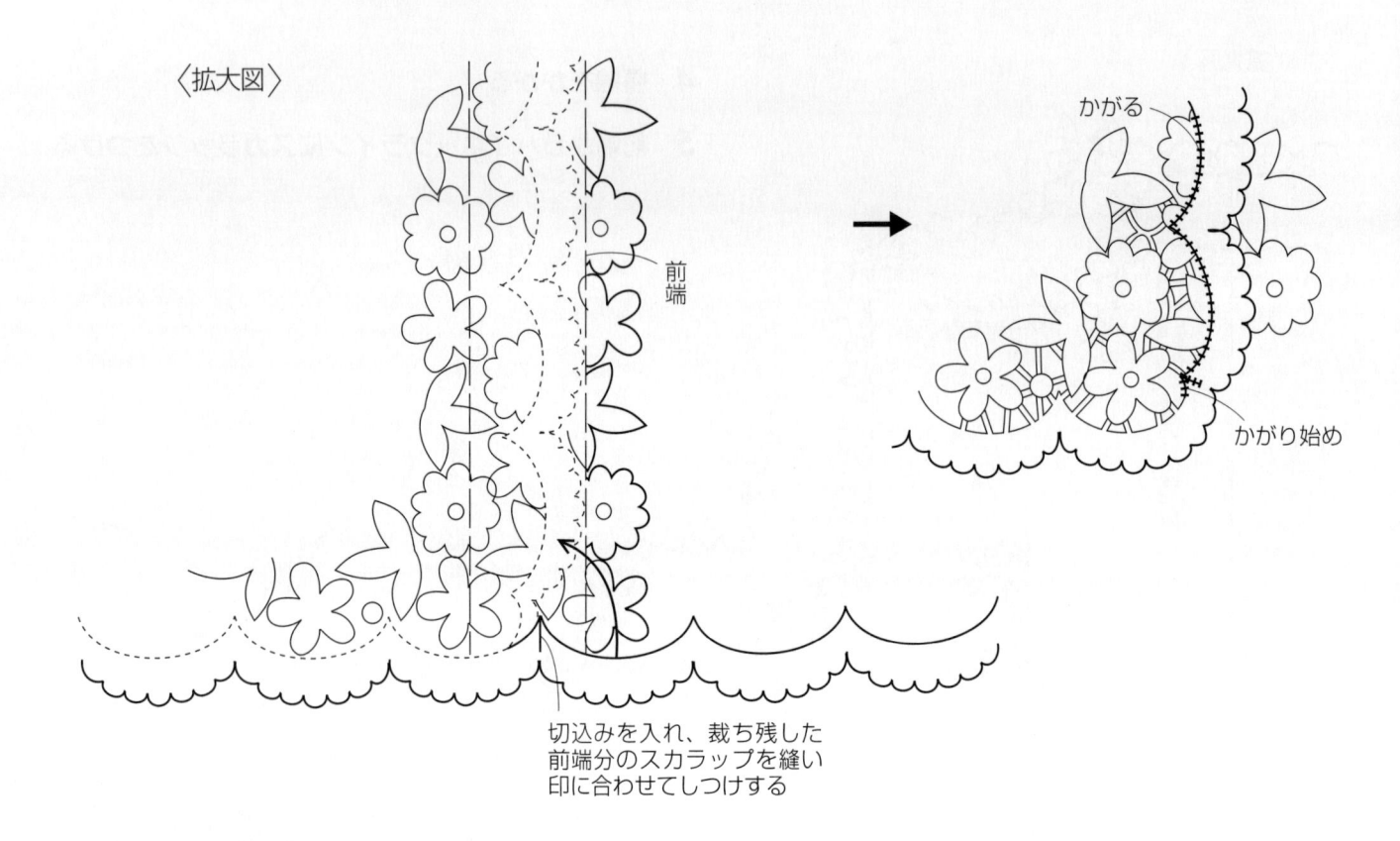

〈拡大図〉

前端

かがる

かがり始め

切込みを入れ、裁ち残した前端分のスカラップを縫い印に合わせてしつけする

6 後ろ衿ぐりと肩線に伸止めテープをつける

伸止めテープには、透けても目立たないオーガンジーを縫い返してバイアステープを作るか、または0.5cm幅の小白綿テープを用いる。

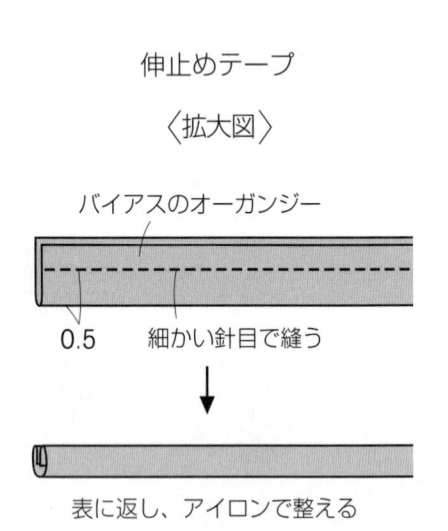

伸止めテープ
〈拡大図〉

バイアスのオーガンジー

0.5　細かい針目で縫う

表に返し、アイロンで整える

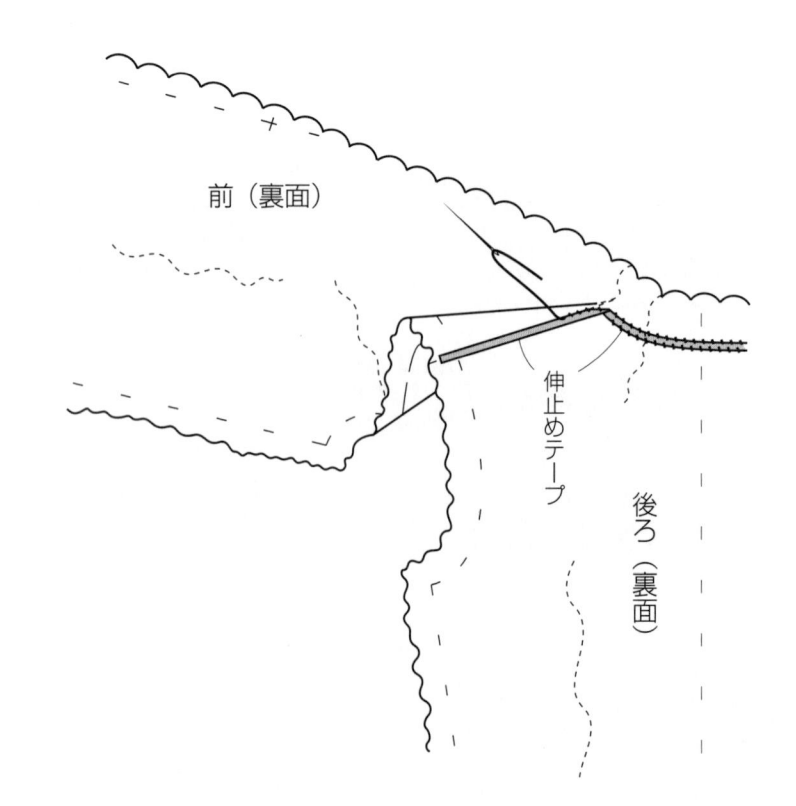

前（裏面）

伸止めテープ

後ろ（裏面）

7 脇をかがる

肩と同様、前脇を上にしてかがる。

8 袖口のダーツをかがり、スカラップをつける

〈拡大図〉

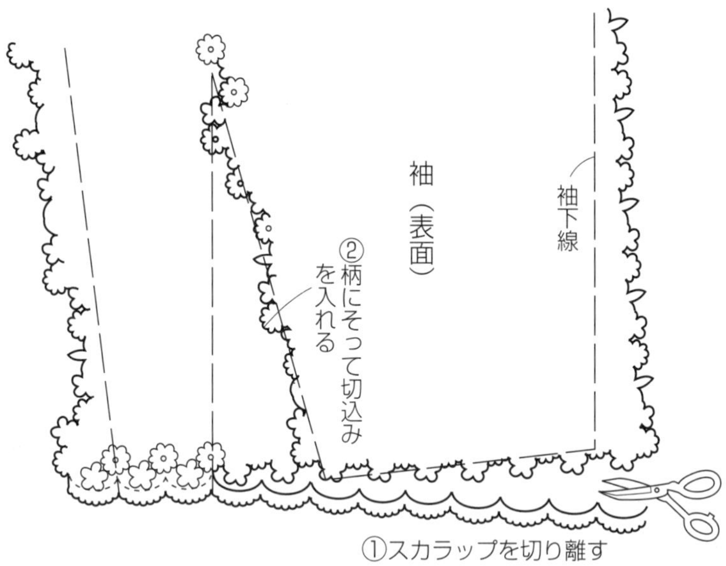

①スカラップを切り離す

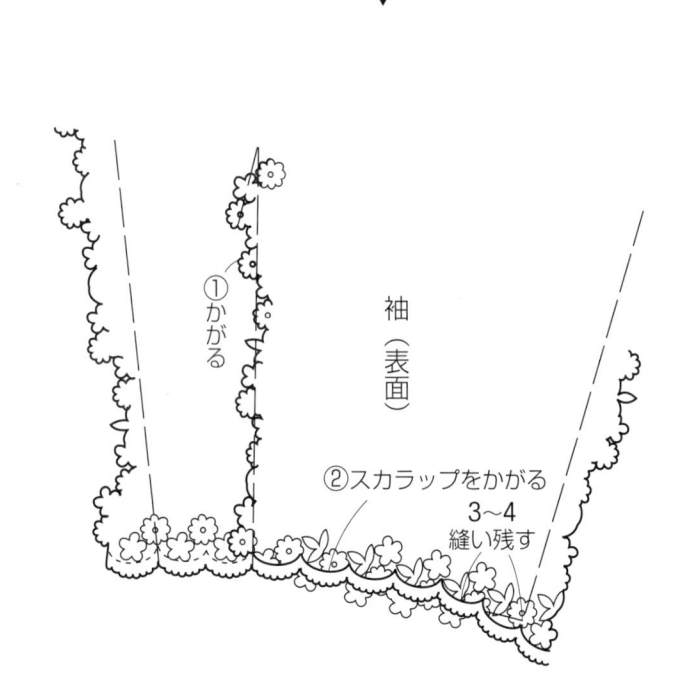

②柄にそって切込みを入れる

袖（表面）

袖下線

↓

①かがる

②スカラップをかがる
3〜4縫い残す

袖（表面）

9 袖下をかがる

〈拡大図〉

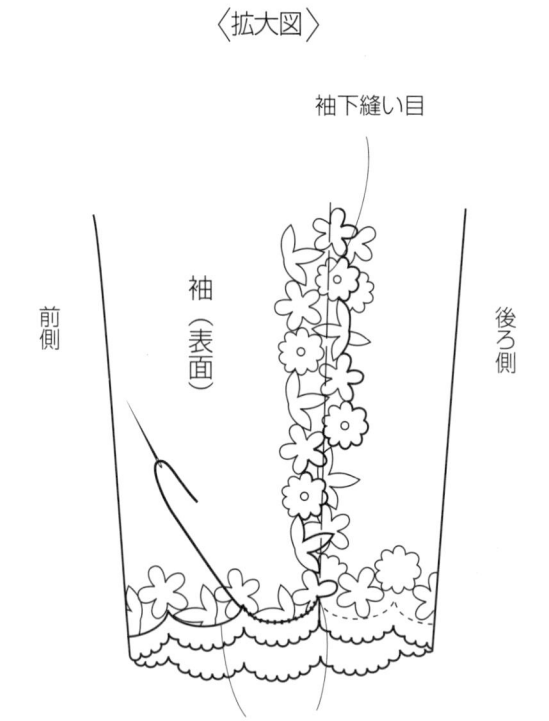

袖下縫い目

前側

袖（表面）

後ろ側

縫い残したスカラップをかがる

Ⅲ　デザインと作図・縫製

10 袖をつける

袖底のみミシンをかけ、残りを手でかがる方法と袖ぐりをすべてミシンで縫う方法がある。

A 袖底のみミシンをかけ、残りを手でかがる方法

袖（裏面）
前（裏面）
後ろ（裏面）
2度ミシン

袖山を表側からしつけをし、レースの縁をかがる

しつけ
袖（表面）
袖側の縫い代に切込みを入れる
前（表面）

表のかがり目
しつけ
袖（裏面）
身頃の袖山部分は余分な布をカットして裁ち端をかがる
1にカット
袖底は2枚一緒に裁ち端をかがる
前（裏面）
後ろ（裏面）

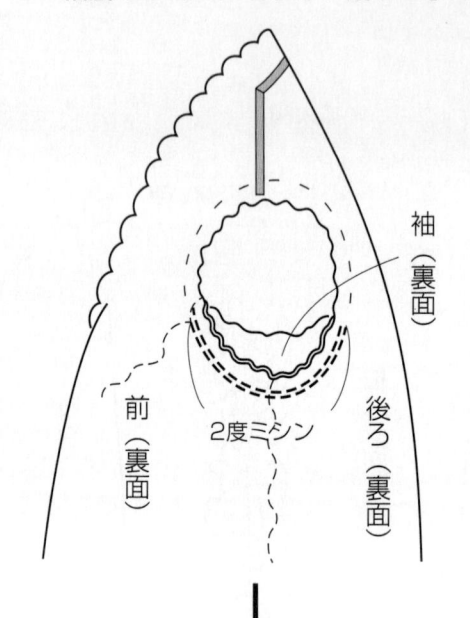

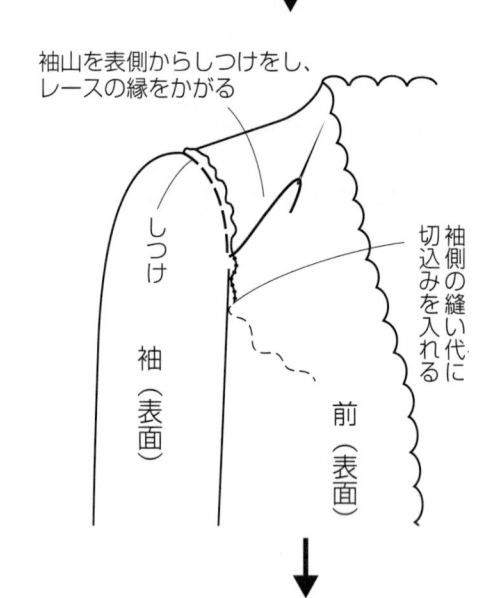

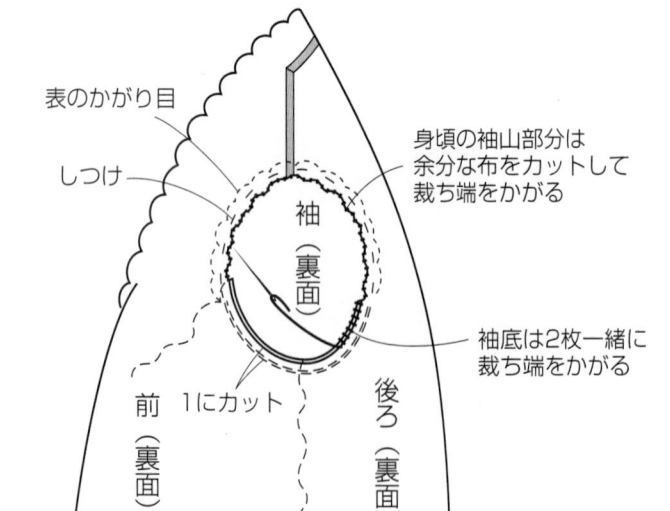

B 袖つけをミシンで縫う方法

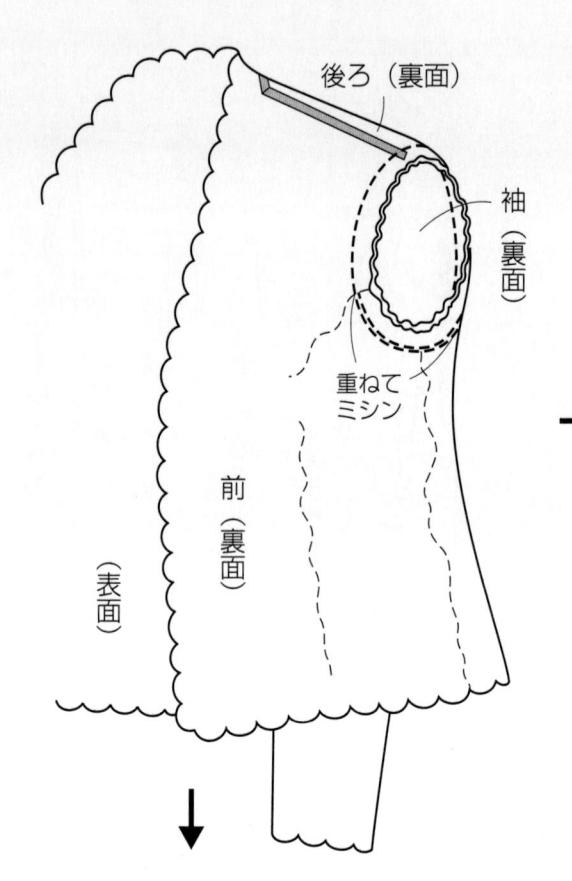

後ろ（裏面）
袖（裏面）
重ねてミシン
前（裏面）
（表面）

〈裁ち端をかがる場合〉

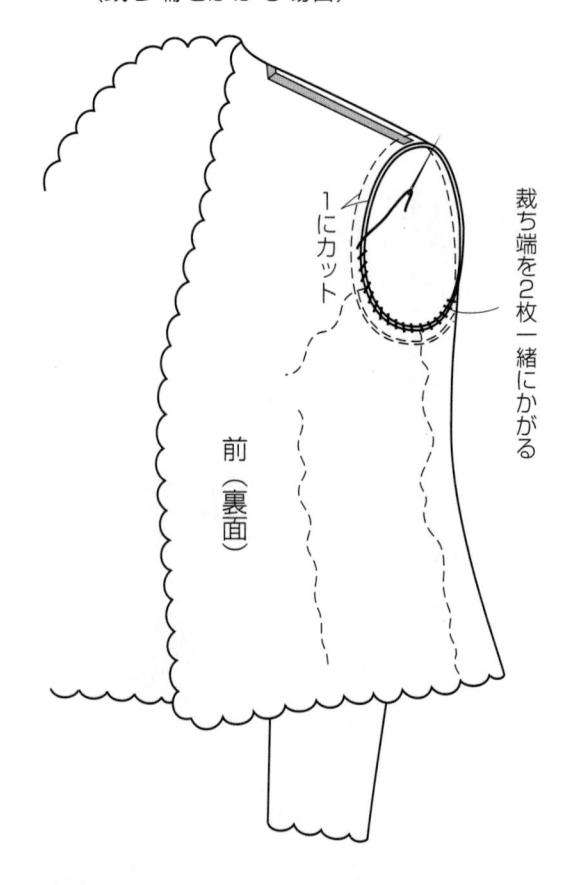

1にカット
裁ち端を2枚一緒にかがる
前（裏面）

11 裏布でくるんだ肩パッドをつける

透けるので裏布は肌に近い色を選ぶが、中に着用するものにより考慮する。

肩パッドのくるみ方とつけ方は、服飾造形講座③『ブラウス・ワンピース』の194ページ参照。

〈裁ち端をバイアステープで始末する場合〉

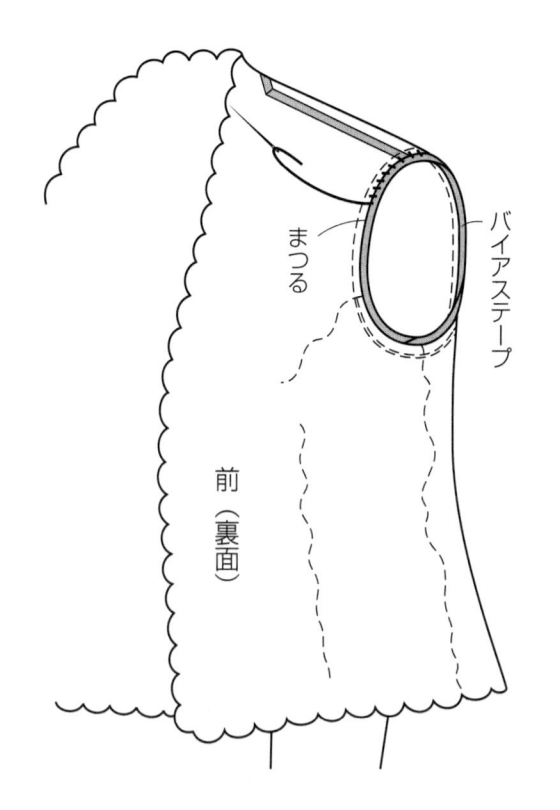

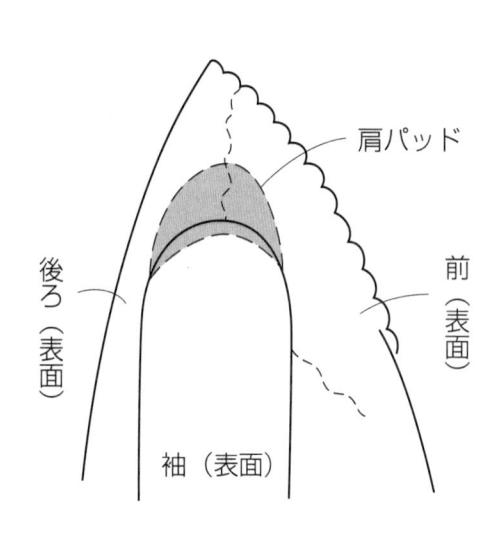

12 前端にスナップをつける

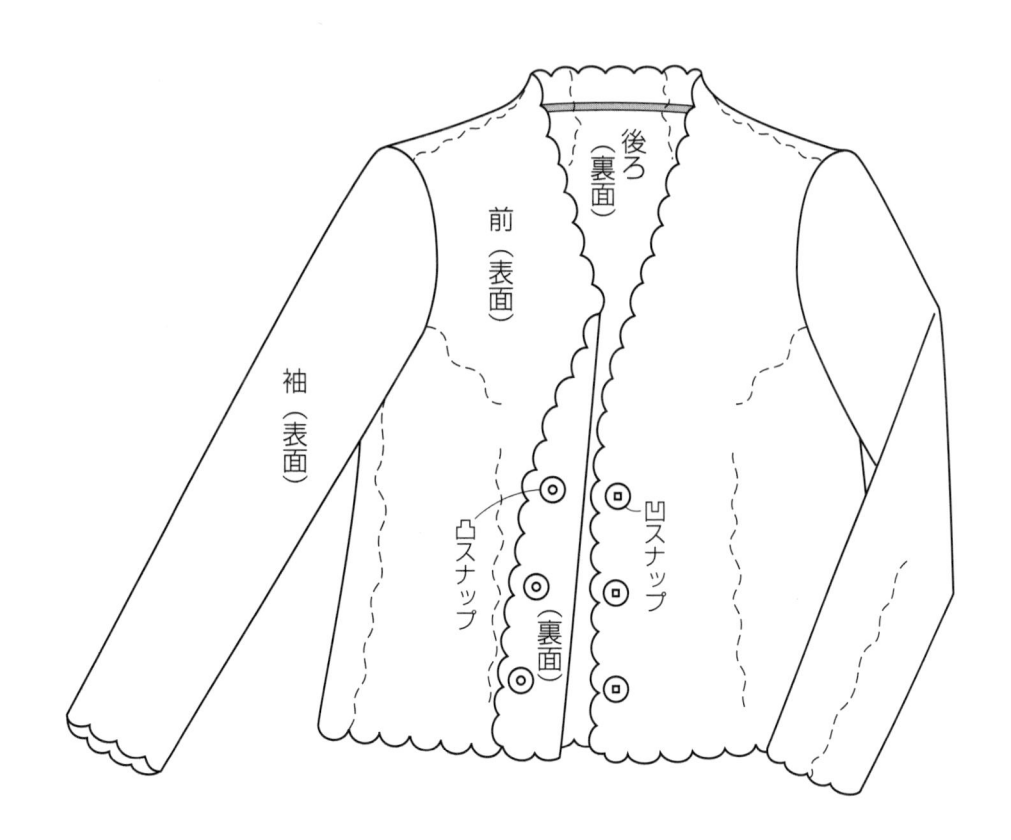

〈スパングルエンブロイダリー〉

I スパングルエンブロイダリーについて

1 種類と特徴

　スパングルは薄い金属やプラスチックなどで作られ、中央の穴に糸を通して、衣服などに縫いつける。多くは円形で花、葉などのさまざまの形をしたものがある。

　基布の上一面に、また部分的に刺繍され、魚の鱗のようにきらきらと輝き、夜の装いだけではなく、広く使われている。基布は、オーガンジーやジョーゼットなど薄い布、編み地などさまざまである。

　スパングルは三つ刺しステッチやチェーンステッチなどでつけられている。プラスチックのものは、はさみで切ることやミシンで縫うこともできる。

スパングル　　チェーンスパングル

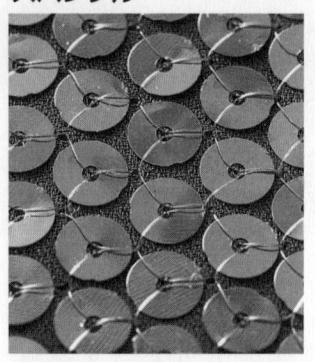

刺繍スパングル

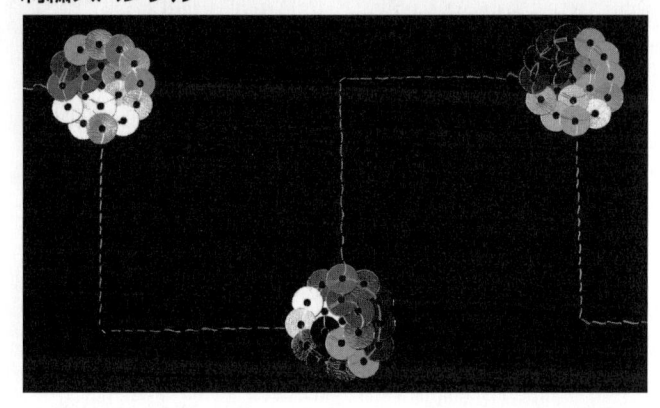

2 デザイン

　全面についているものは、スパングルの持ち味を生かして、シンプルにまとめるとよい。胸ぐせは、なるべく目立たない位置で、スパングルの止めてある糸をできるだけ切らないような位置にする。脇線や切替え線はできるだけ直線にし、傾斜もあまり強くないほうがよい。

II スパングルエンブロイダリーの扱い

地直し

　アイロンの温度に注意し、裏面からドライアイロンをかける。

裁断、印つけ

　スパングルは一方方向に止められているので、一方方向に裁つ。

　布の裏面（基布面）にパターンを置き、チョークで印をつける。パターンをはずし、裏面から縫い印をし、縫い代をつけて裁断する。

縫製

　衿ぐり、袖口、裾など直接肌にふれる箇所をデザイン効果を考えながら始末する。別布で見返しにするとか、縁とりにするとよい。

　縫う前に、縫い目近くのスパングルをはずす。スパングルを止めてある糸を切らないように注意し、スパングルだけに1～2か所はさみを入れて切り落とす。

　基布だけを縫い、アイロンは縫い目のみにかける。縫い目は、裁ち落とした布からはずしたスパングルを表面から止めて埋める。止める糸は、透明糸を使う。

Ⅲ　デザインと作図・縫製

ノーカラー、ノースリーブのブラウス

スパングルの特徴を生かしてシンプルなデザインに。
後ろオープンファスナーあき。

使用量
表布＝95cm幅130cm
裏布＝90cm幅120cm

【作図】
原型のダーツ操作
後ろ身頃
肩ダーツをネックラインダーツに移動する。

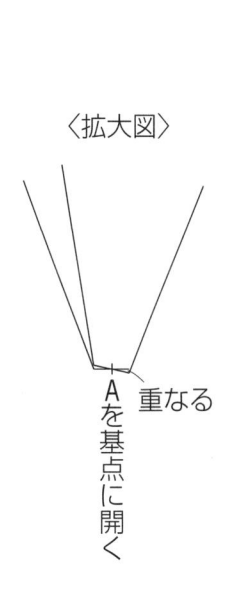

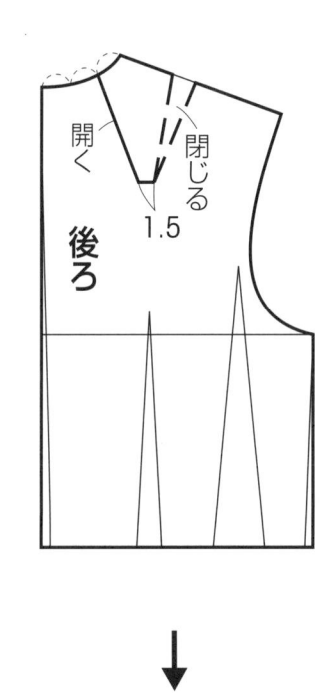

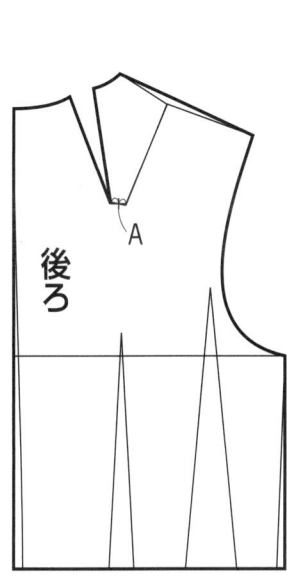

作図要点
- 衿ぐりの落着きをよくするために、肩線を0.5cm前に移動する。
- ノースリーブなので、脇のゆとりを0.5cmカットし、袖ぐり下を1.5cm上げる。
- 裾でヒップ寸法が不足しないか確認する。

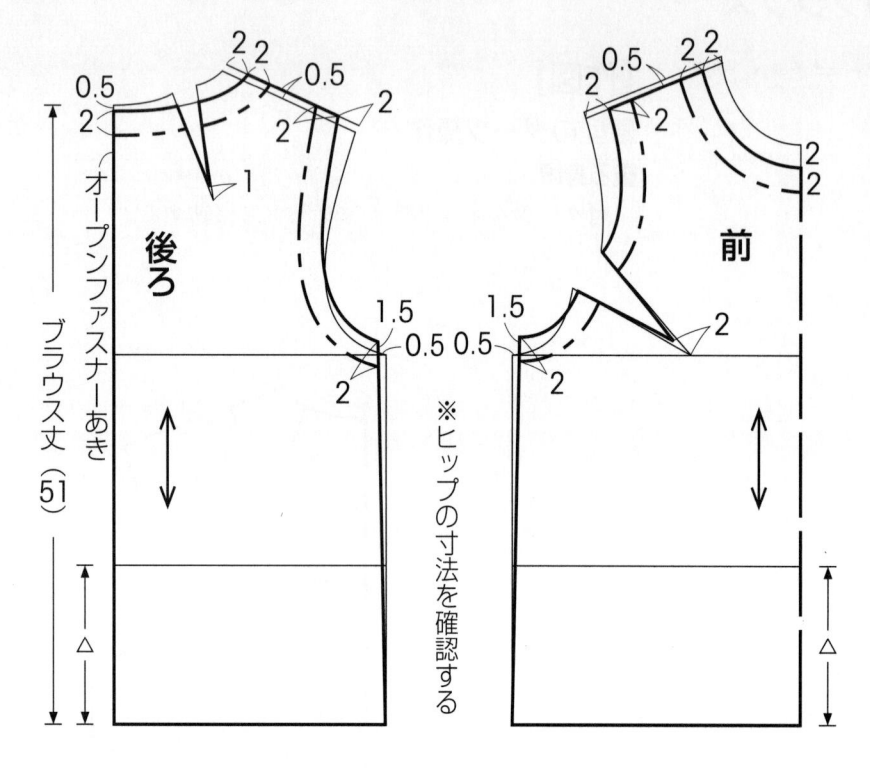

【裁断】

スパングルは布の表面にミシンで縫いつけられているため（図1）、布の裏面（基布面）にパターンを置き、チョークで印をつける。パターンをはずして裏面から縫い印をし（図2）、縫い代をつけて裁断する。

【仮縫い合せ】

シーチングで仮縫い、試着補正をした後、実物の布で仮縫いをする。実物での仮縫い合せは、縫い目近くのスパングルをはずしてから行なう。スパングルに1、2か所切込みを入れてはずすが（図3）、その際、スパングルを止めてある糸を切らないように注意する。

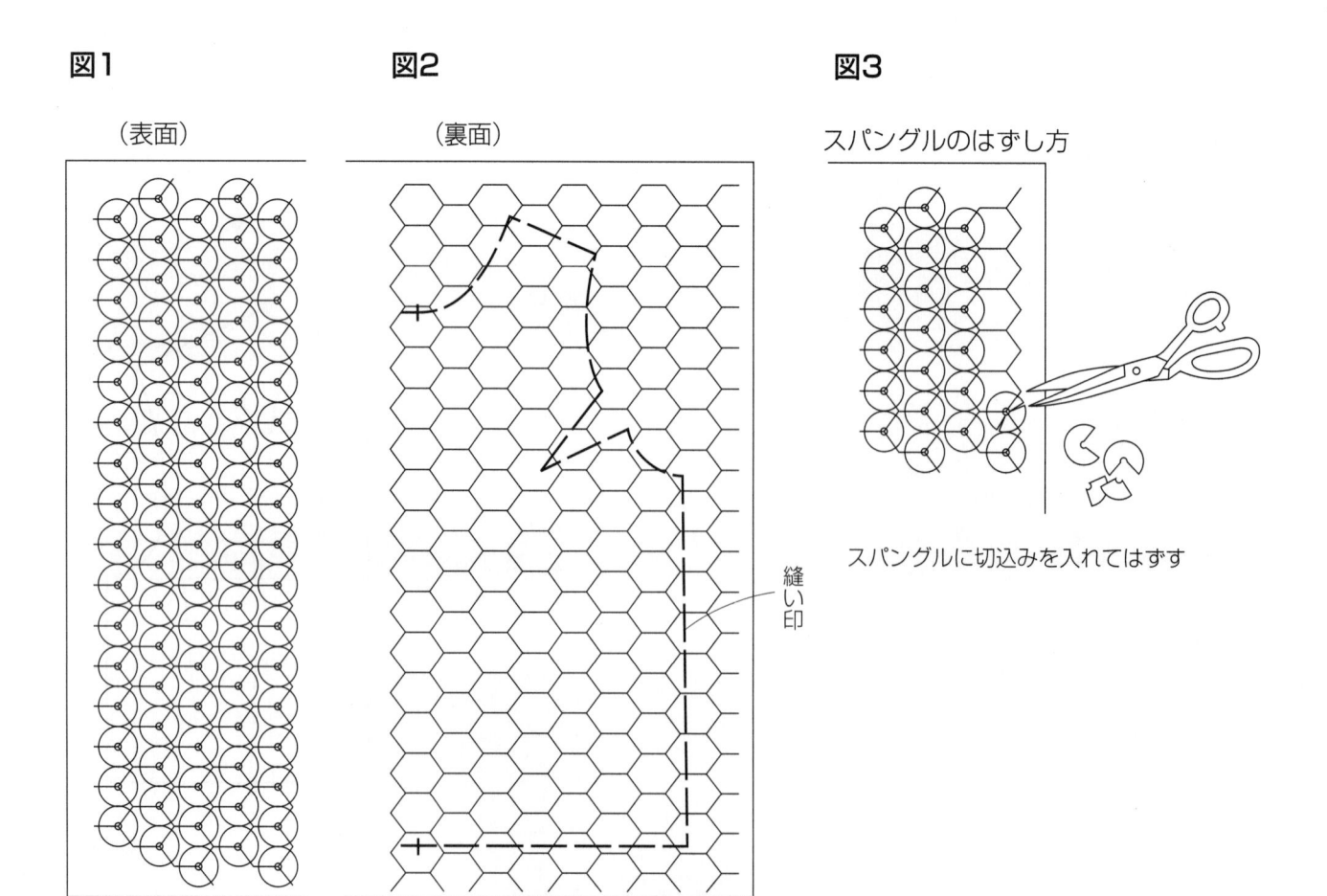

図1　（表面）

図2　（裏面）　縫い印

図3　スパングルのはずし方

スパングルに切込みを入れてはずす

【縫製】

1 前後身頃のダーツを縫う

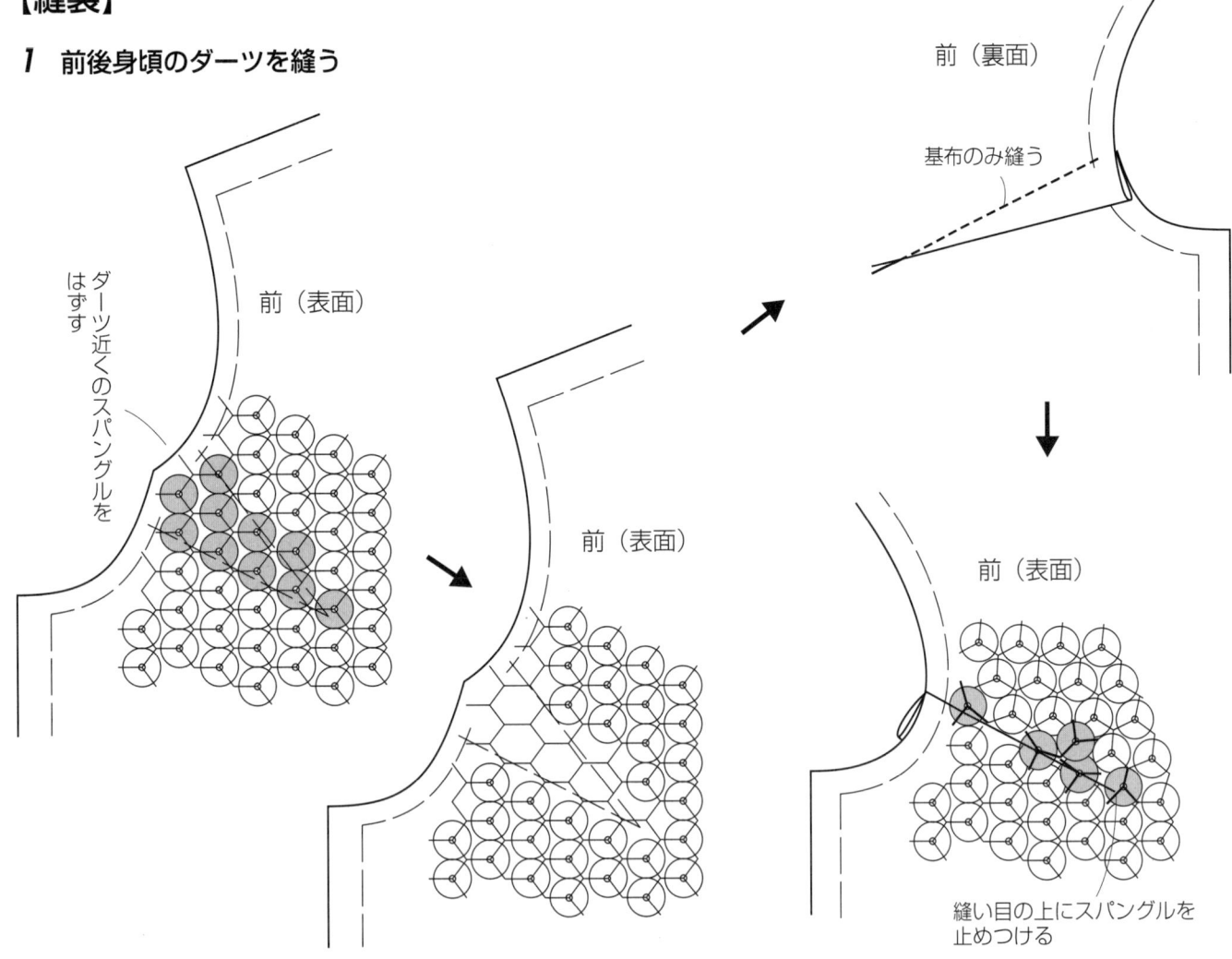

前（表面）

ダーツ近くのスパングルをはずす

前（裏面）

基布のみ縫う

前（表面）

前（表面）

縫い目の上にスパングルを止めつける

2 身頃の肩、衿ぐり見返し、袖ぐり見返しの肩をそれぞれ縫う

3 裏身頃の肩を縫い、衿ぐり見返し、袖ぐり見返しと縫い合わせる

4 表身頃と裏身頃を中表に合わせ、衿ぐり、袖ぐりを縫い返し、整える

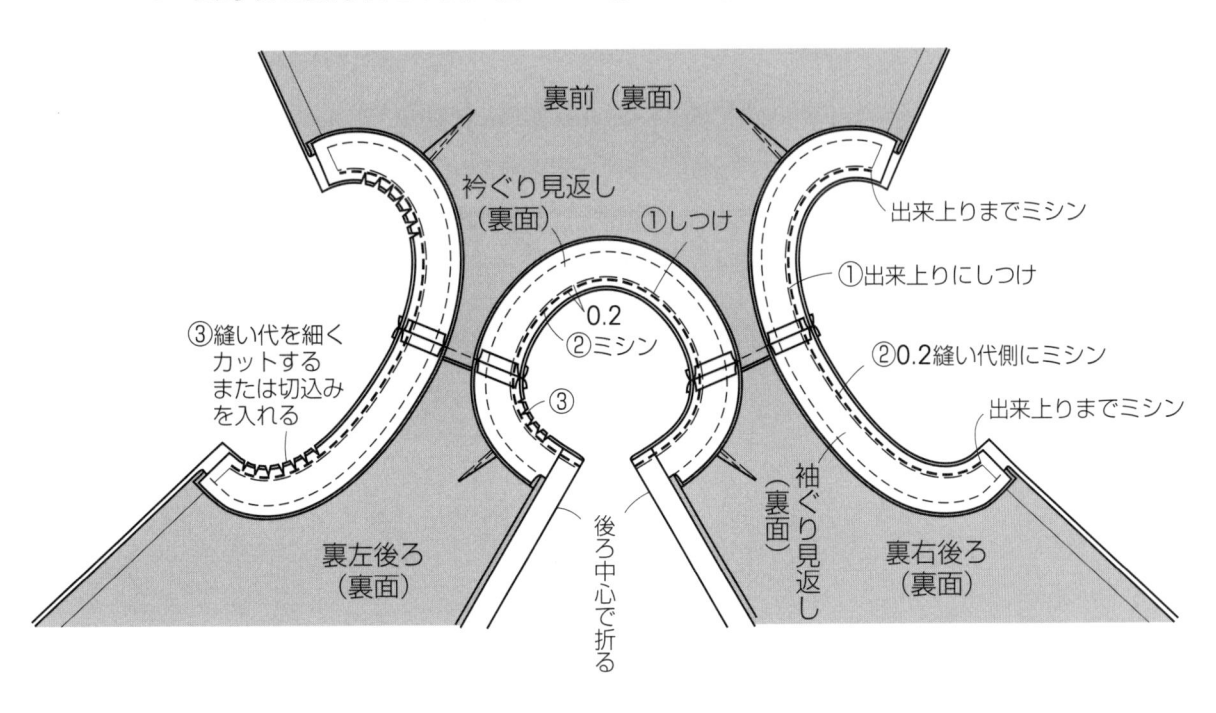

裏前（裏面）

衿ぐり見返し（裏面）

①しつけ

②ミシン

③

出来上りまでミシン

①出来上りにしつけ

②0.2縫い代側にミシン

出来上りまでミシン

③縫い代を細くカットするまたは切込みを入れる

袖ぐり見返し（裏面）

裏左後ろ（裏面）

後ろ中心で折る

裏右後ろ（裏面）

Ⅲ　デザインと作図・縫製

5 後ろ中心にオープンファスナーをつける

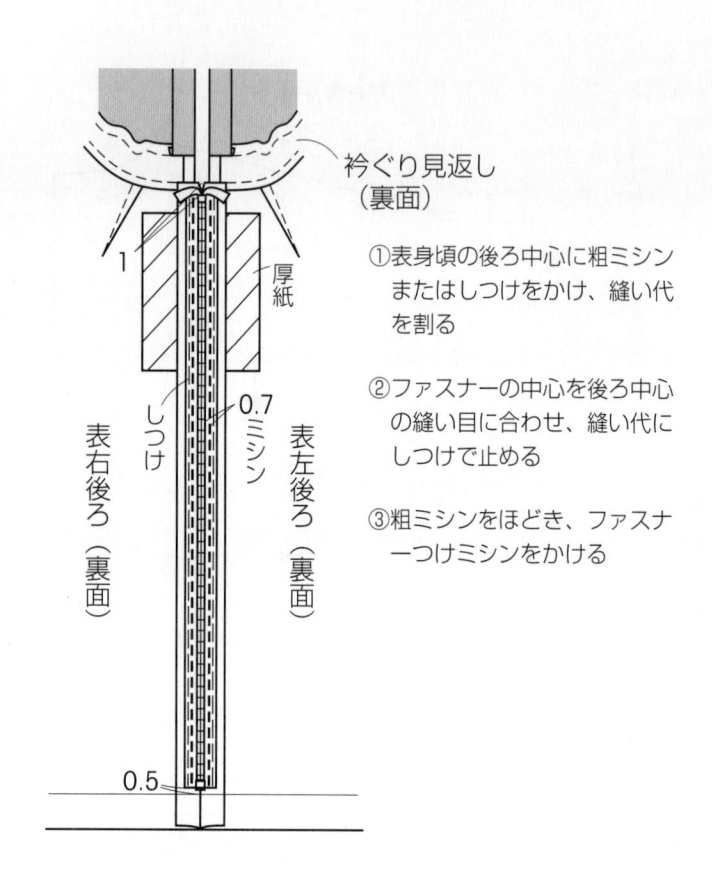

衿ぐり見返し（裏面）

厚紙

表右後ろ（裏面）　しつけ　0.7ミシン　表左後ろ（裏面）

1

0.5

① 表身頃の後ろ中心に粗ミシンまたはしつけをかけ、縫い代を割る

② ファスナーの中心を後ろ中心の縫い目に合わせ、縫い代にしつけで止める

③ 粗ミシンをほどき、ファスナーつけミシンをかける

6 脇を縫う

表身頃の脇を中表に合わせ、袖ぐりの出来上りから裾へミシンをかける。

裏身頃は出来上りにしつけをかけ、0.3cm縫い代側に裾に向かってミシンをかける。縫い代は後ろ側に倒す。

7 表身頃の裾を始末し、脇を中とじする

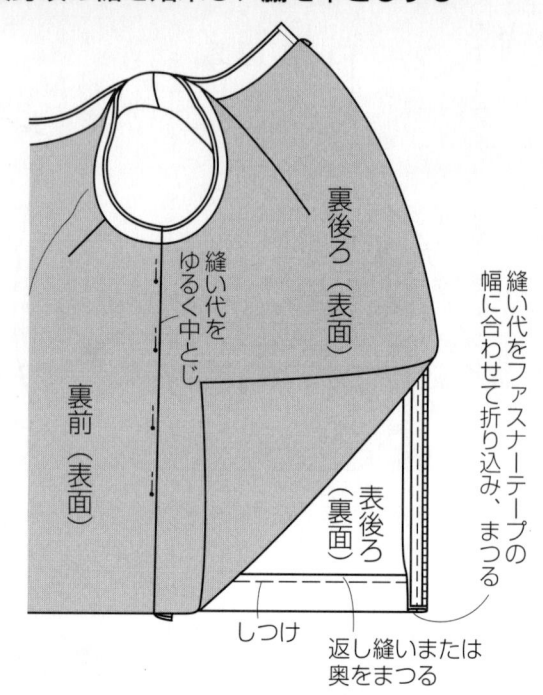

裏後ろ（表面）

縫い代をゆるく中とじ

裏前（表面）

表後ろ（裏面）

しつけ

縫い代をファスナーテープの幅に合わせて折り込み、まつる

返し縫いまたは奥をまつる

8 表身頃の後ろ中心に星止めをし、裏身頃の後ろ中心、裾を始末する

表左後ろ（表面）　表右後ろ（表面）

0.7

スパングルの間に星止め

〈拡大図〉

ホック　糸ループ

ホックまたはスナップをつける

裏右後ろ（表面）　裏左後ろ（表面）

まつる　0.5　星止め

1.5　奥をまつる

第3章
ベルベット

イヴ・サンローラン

I ベルベットについて

1 種類と特徴

ベルベット	わが国では一般にビロードと称している。元来は絹のたてパイル織物をいうが、現在ではレーヨン、ポリエステル、アセテートなどの素材が用いられている。 製法は、パイルを作るために針金を挿入して製織したあとこれを引き抜き、パイルをカットして作る方法と、二重織りにして、この2枚の布の間に始めからたてパイル糸を織り込み、それを2枚に切り開いて作る方法とがある。 けばの毛足が短くて、毛立ちが密に織られているので、深みのある優雅な光沢があり、フォーマルウェアに多く用いられている。 また、ベルベットに似た添毛織物に別珍、ベロア、シールなどがある。
フロッキーベルベット	布の表面に接着剤を模様状に塗布し、フロックと呼ばれる繊維の微粉を固定させて作られる布地。模様に立体感がある。
ネイカーベルベット	地糸とパイル糸を異色の糸を使って織り、玉虫効果をだしたもの。
エンボスベルベット	布面のけばに熱ローラーで型押しをして凹凸をだしたもの。型押しベルベットともいう。
刺繍ベルベット	金糸や銀糸、その他の糸で刺繍をほどこしたベルベット。

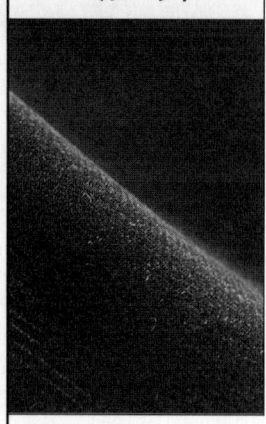

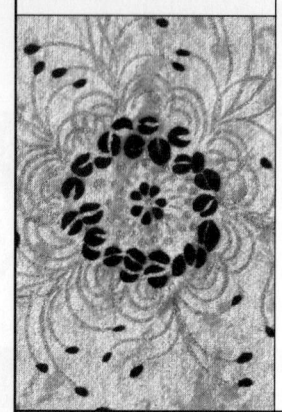

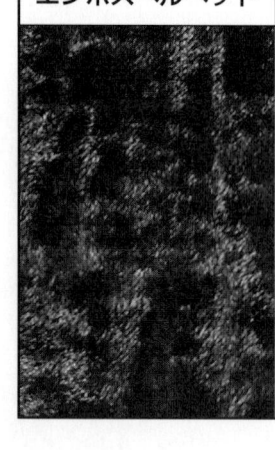

2 デザイン

- 布のもつ光沢による陰影が美しいので、ドレープやギャザー、タックなどが効果的に表現できる。
- 縦地、横地どうしの縫合は難しいが、バイアス方向に切り替えると縫いやすい。
- アイロン操作による形出しはできないので、多量のいせや伸ばしが必要なデザインは避けたい。
- 毛並みがあるので、逆毛に使うと色が濃く深みを増すので効果的である。
- プリーツなど折り目をつけるデザインは避けたほうがよい。

II ベルベットの扱い

地直し

折りじわをつけないことが大切。購入した布は、片側の耳を使ってつるしておくとよい。しわがなければ地直しは不要。しわがある場合はベルマットやピンボードを使用して裏からスチームアイロンをかける。アイロンをかけすぎてけばがつぶれたり、ピンボードの針の跡がついたりする場合があるので注意してかける。

裁断、印つけ

- 一般には逆毛に裁つ。毛並みの方向がわかりにくい場合は、布を掛けて見て、色が濃く、深みのあるほうが逆毛である。確認したら布の裏面にチョークなどで上下の印をつけるとよい。
- 毛足があり、2枚合わせて裁断はできないので1枚ずつ裁つ。布の裏面を上にして準備するが、けばにより布が動くので、下にシーチングやハトロン紙を敷くとよい。
- 印つけは、しつけ糸またはぞべ糸で基布のみをすくい、縫い印をする。
- 縫いずれを防ぐため、合い印は5～6cm間隔で入れるほうがよい。

仮縫い合せ

- 中表にし、一目落しで縫い合わせるが、押えじつけは布を傷めやすいのでしない。重ねはぎでもよい。

芯

- ベルベット用の接着芯または非接着芯などを使う。

縫製

毛足があり基布の布目が動かないため、縫いずれやパッカリングが非常におきやすい。このことからベルベットの縫製は難しいため、下記のようにいろいろの方法が考えられているが、いずれにしても試し縫いをして最善の方法を確認してから縫製するほうがよい。

- ミシンの押えの圧力を極く弱くする。
- 送り歯の高さを調節できるミシンの場合は低くする。またベルベット用に調節できるミシンはベルベット用にする。
- 押え金をすべりのよいテフロン押えにする。
- 糸調子を弱くする。
- ミシンをかける際は、途中で止めると縫い目がゆがんだり、パッカリングができやすいので、布を張ってなるべく一気にかける。
- 裏布などの異素材と縫合する場合は、縫いずれを防ぐため、ラップフィルムなどを間にはさんで縫うとよい。また専用のアタッチメントもある。
- 本縫いのためのしつけは、縫い合わせる2枚の布を中表にし、毛足をかみ合わせるようにして重ね、縫い目に直角にピンを打ち、出来上り線の際にする。しつけのみではずれやすいので、このピンもなるべくつけた状態でミシンをかける。
- トレーシングペーパーやハトロン紙を敷いて縫うと、縫いずれやパッカリングが軽減される。

アイロン

- アイロンをかける際は、縫い目はかるくけばをもみ出して、きせがかからないようにピンボードなどに、毛足をかみ合わせるようにセットして、スチームアイロンをかける。
- ピンボードの跡やけばのつぶれに注意する。多少のつぶれは、表からスチームを当てることにより直る場合もあるが試してみるほうがよい。またピンボードに表布を1枚重ねて使用する方法もある。
- 仕上げアイロンはほとんど必要ないが、ふろの湯気を利用して、ハンガーにかけてつるしておくときれいになる。

アイロンかけの補助用具

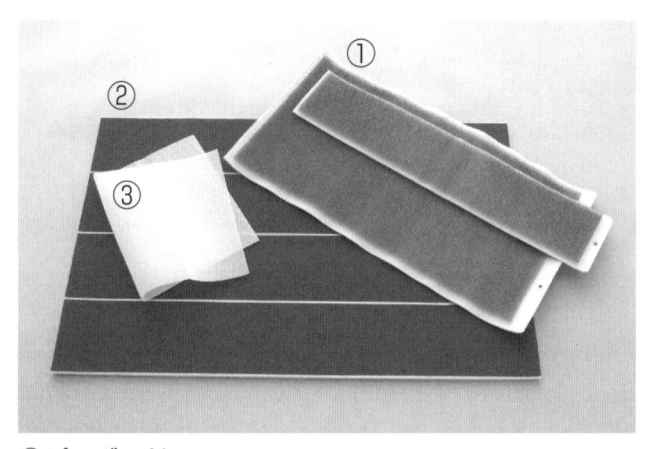

①ピンボード

0.5cmの長さの細い針金が0.1～0.2cmの間隔に植えられている。毛足のある素材の毛をこの針にかみ合わせて使う。

②ベルマット

フェルト地をベースに、ピンボードの針と同じ役目をするソフトな針状の素材がはられている。袖などの筒状でのアイロンかけには丸めて使用できる。

③ベルベットクロス

メッシュ編みで表面に0.2cmの針状の突起がある。スチームの通りがよく、特に当て布に適している。熱に強いナイロン製。

III　デザインと作図・縫製

カウルネックのロングドレス

　胸もとの斜めの切替え線で体にフィットさせたスリムなシルエットのドレスに、フレアを入れたレースの飾りをマーメード風に裾にあしらい、美しい動きをもたせたデザイン。

使用量

表布＝シフォンベルベット112cm幅200cm
　　　　コードレース88cm幅230cm
　　　　シルクサテン（見返し分）92cm幅20cm
裏布＝92cm幅350cm
裾芯＝綿オーガンジー85cm幅50cm
伸止めテープ＝シルクオーガンジー105cm幅70cm

【作図】

原型のダーツ操作

前身頃

　胸ぐせダーツをネックラインダーツに移動する。

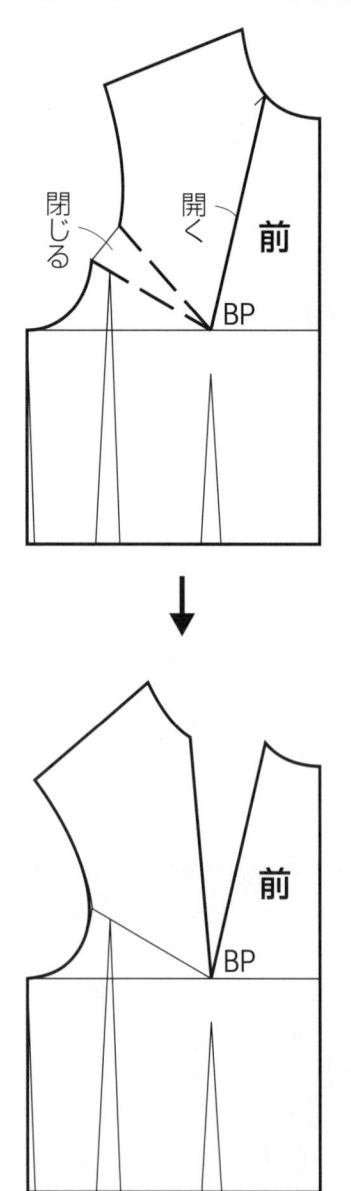

作図要点

- ウエストラインは5cmハイウエストにする。
- 体にフィットさせるため身幅のゆとりを2cmカットし、斜めの切替え線を入れ、ダーツをとる。
- 前衿ぐりは、ネックラインダーツをドレープとしたカウルネックにする。

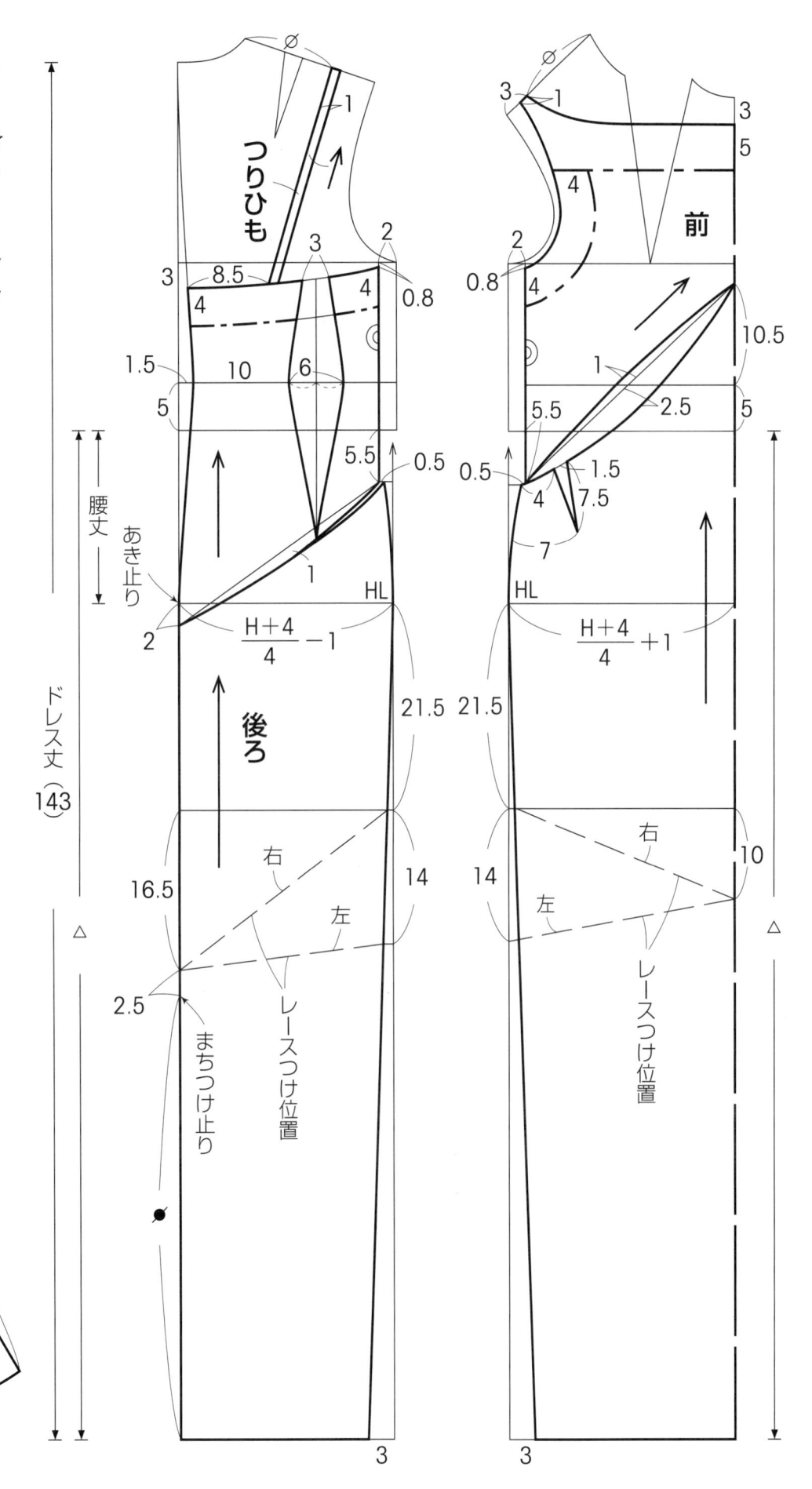

切替え線の移動

後ろ脇の切替え線位置を、WLより上はひもつけ位置に移動し（A）、WLより下は、ボディにフィットさせるため、前スカートのダーツ位置に合わせて同量のダーツをとり、その位置に移動する（B）。

後ろ下部の切替え線は、ダーツをとった分短くなるので、伸ばして処理する。

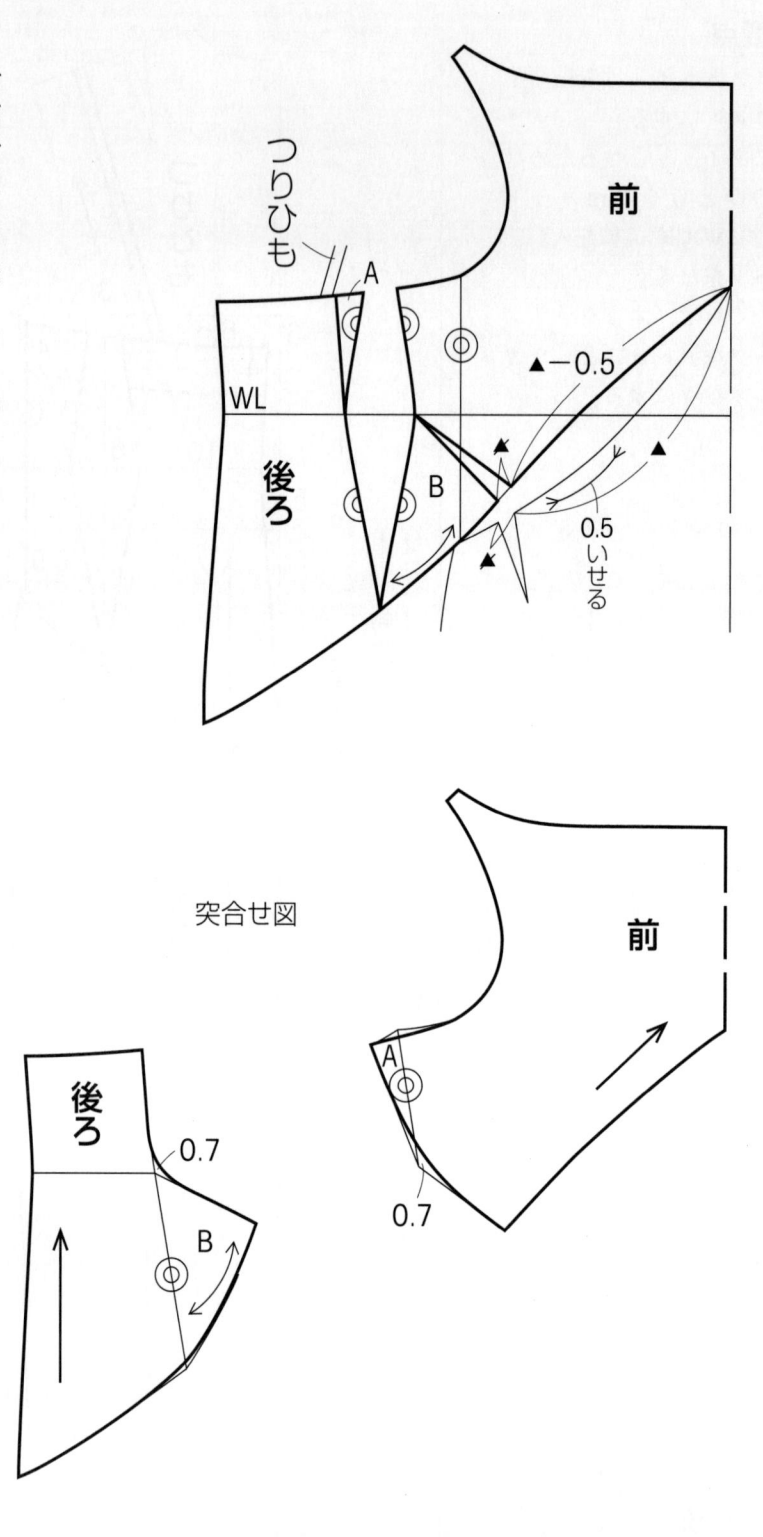

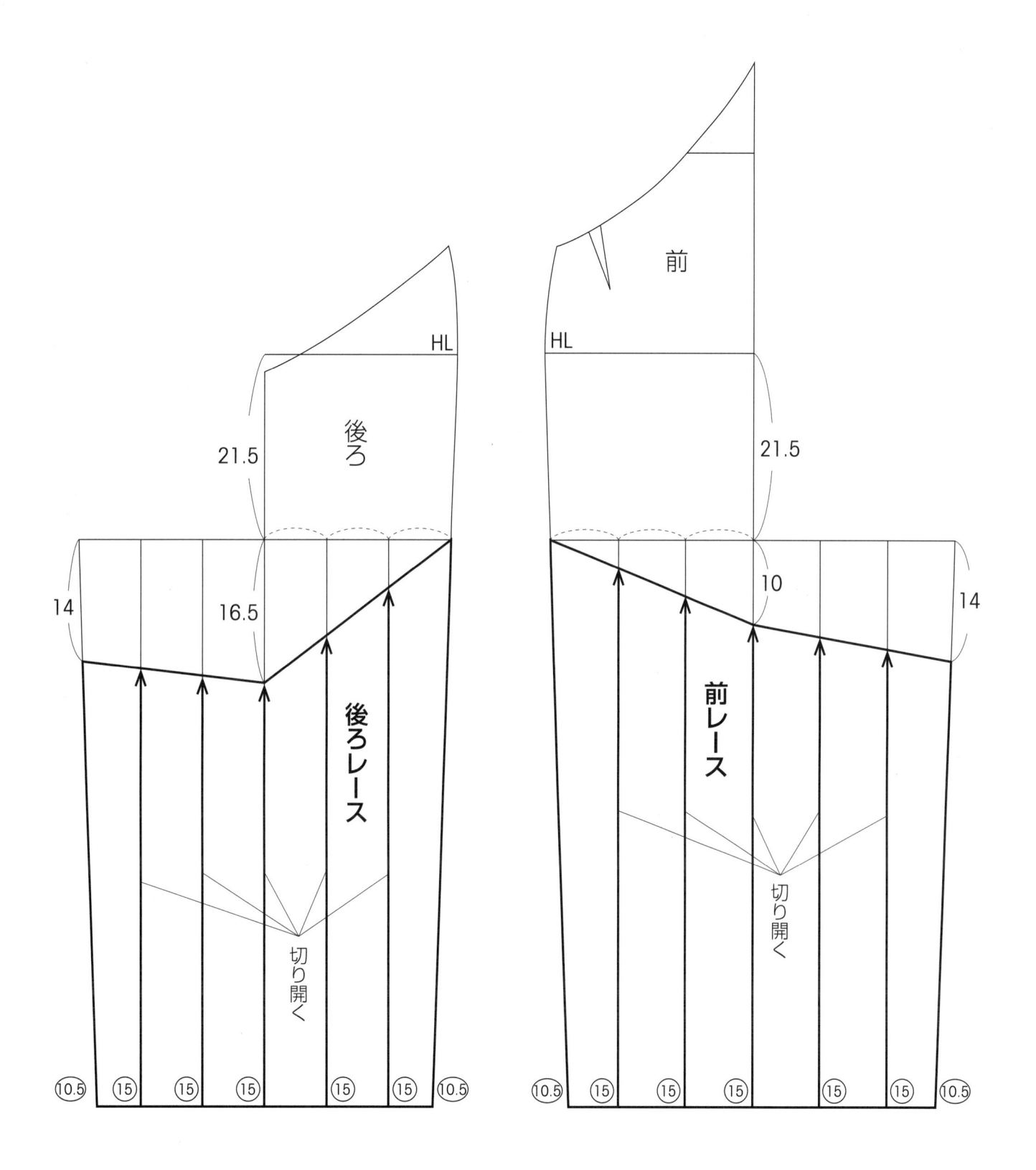

後ろ 21.5
前 21.5
14 16.5 10 14
後ろレース 前レース
切り開く 切り開く
⑩.5 ⑮ ⑮ ⑮ ⑮ ⑮ ⑩.5
⑩.5 ⑮ ⑮ ⑮ ⑮ ⑮ ⑩.5

Ⅲ デザインと作図・縫製

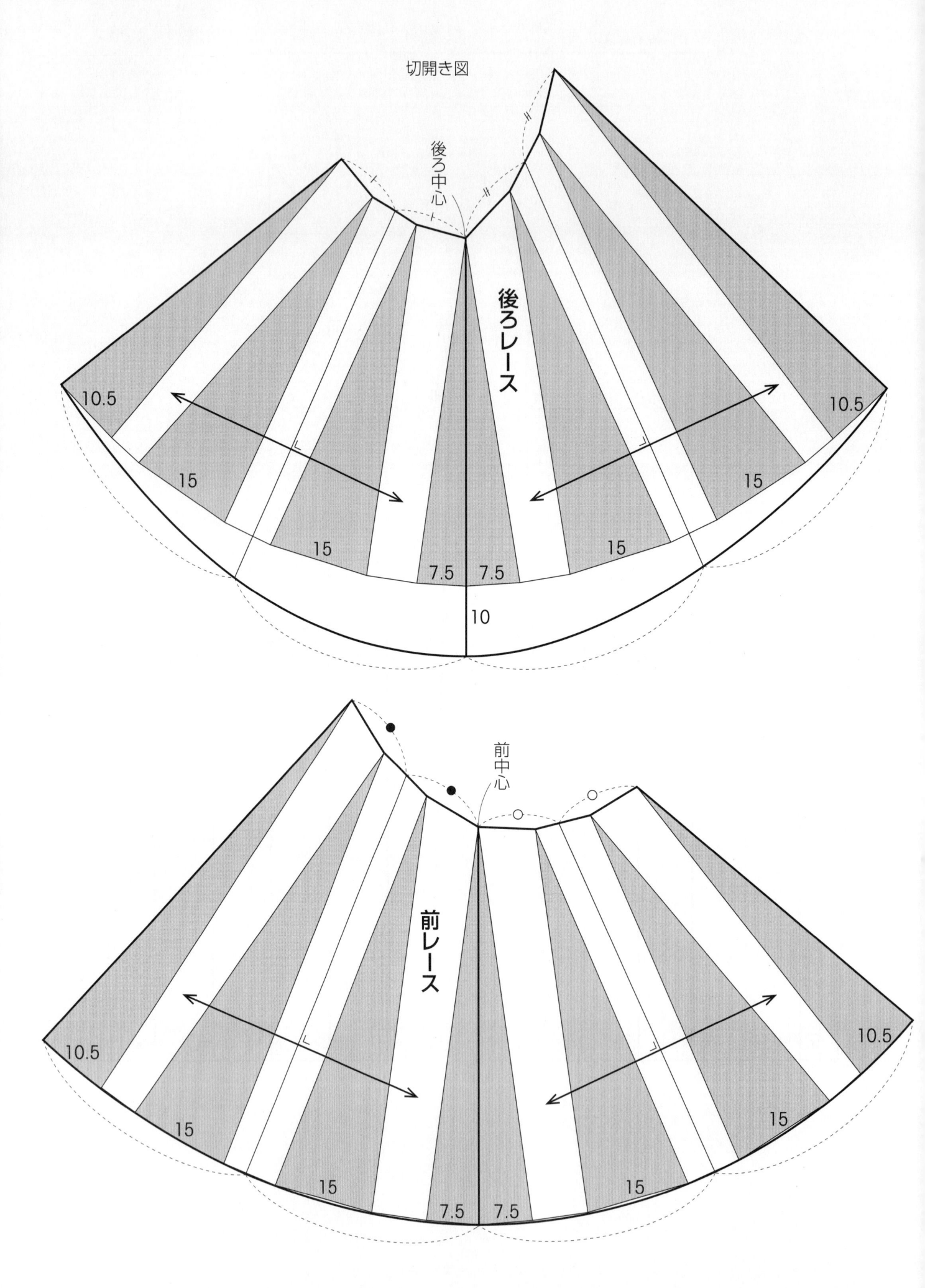

切開き図

後ろ中心

後ろレース

10.5　15　15　7.5　7.5　15　15　10.5

10

前中心

前レース

10.5　15　15　7.5　7.5　15　15　10.5

【裁断】
コードレースの裁ち方

裾線をスカラップに合わせてパターンを配置し、中心と脇は縫い代分として、出来上りより大きく柄にそって切り離す。スカラップも長く残しておく。つけ側は、出来上り線位置の柄にそって切り離す。

コードレースを切り離すときは、コードを長く残して切り、はぎ合わせるときにコードを裏側に折り込んでかがる。

中心、脇のはぎ合せ、裾のスカラップの始末は、ケミカルレースのジャケットの107～109ページ参照。

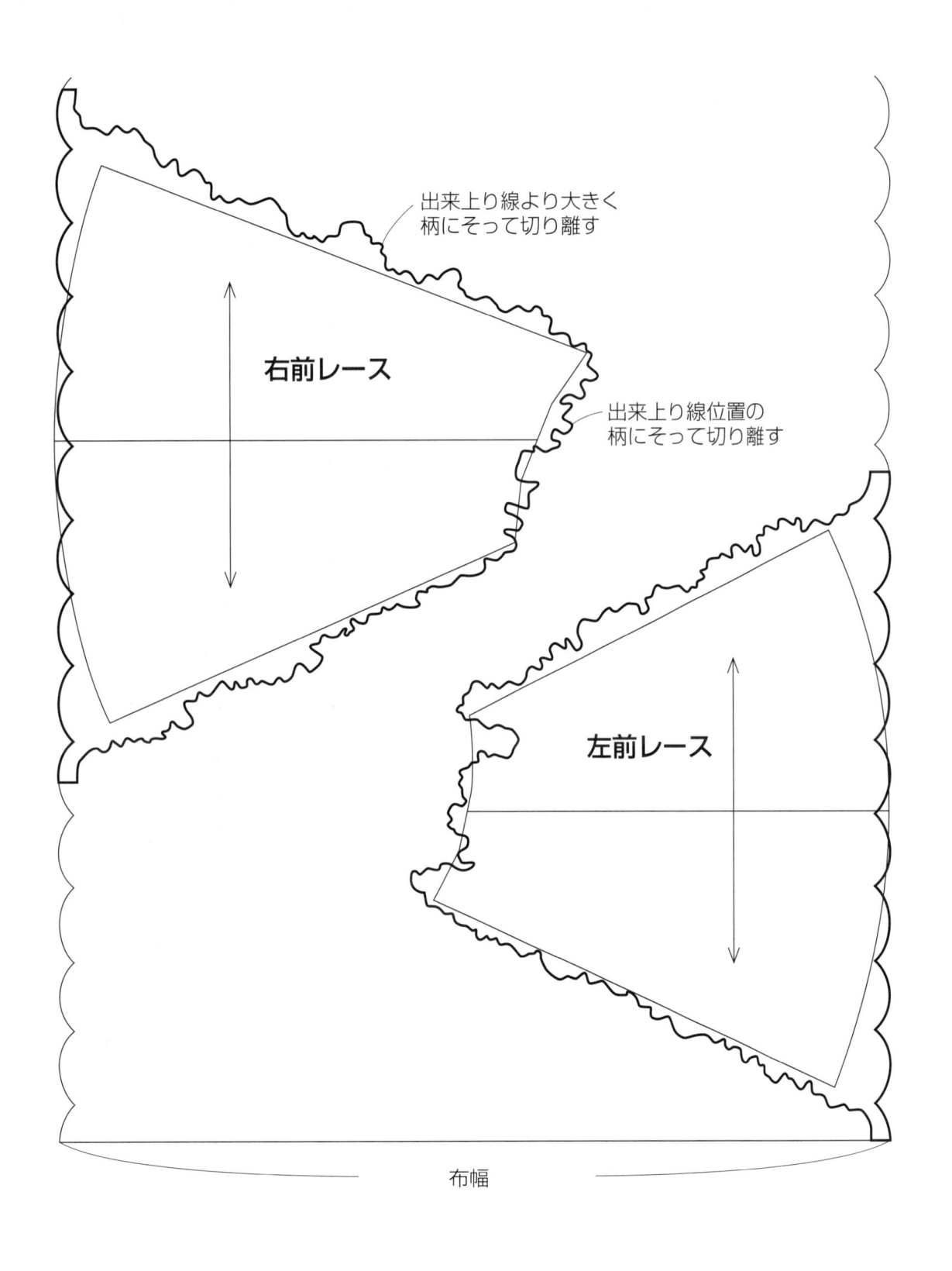

出来上り線より大きく柄にそって切り離す

右前レース

出来上り線位置の柄にそって切り離す

左前レース

布幅

Ⅲ　デザインと作図・縫製

【縫製】

1 後ろあきと袖ぐりに伸止めテープを止めつけ、前身頃の角の部分に接着芯をはる

伸止めテープは、シルクオーガンジーのバイアステープを使用。

2 後ろあきにコンシールファスナーをつける

3 前衿ぐりに見返しをつけ、前後身頃の切替え線を縫う

衿ぐり見返しは、直線部分は身頃から裁ち出し、袖ぐり側のカーブ部分を別裁ちにする。

4 裏身頃の切替え線を縫い、表身頃と合わせる

表身頃と裏身頃を外表に合わせ、衿ぐり、袖ぐりをしつけで止める。

衿ぐりの裁出し見返しの部分は、裏布を星止めで止める。

5 袖ぐり見返しを中表に合わせ、つりひもをはさんで肩、袖ぐり、後ろ上端を続けて縫う

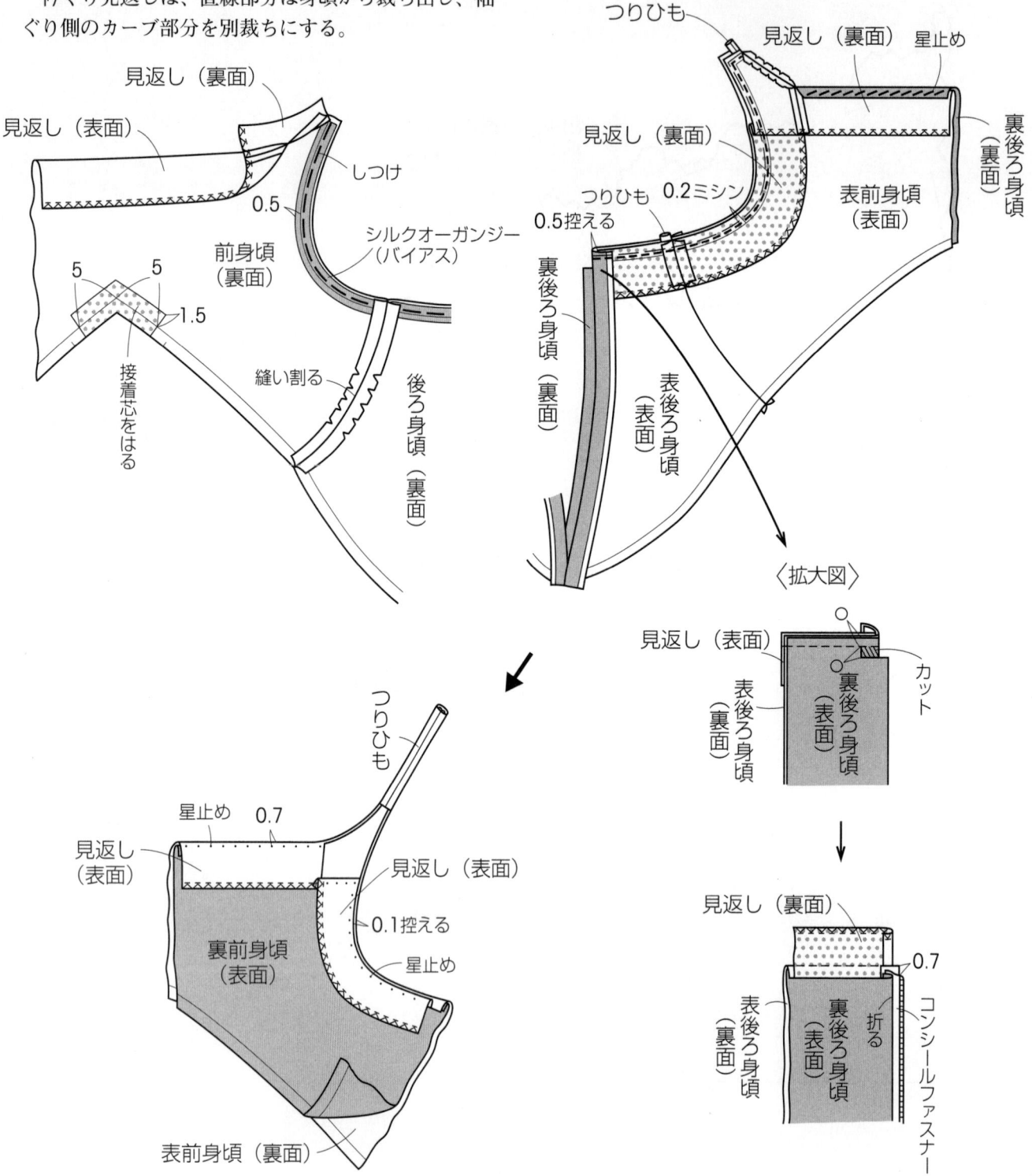

6 前スカートのダーツを縫う

前スカートの角の部分に接着芯をはる。
ダーツはバイアスのシルクオーガンジーを当てて一緒に縫い、縫い代を割る。

7 後ろスカートにまちをつけ、脇を縫い、裾を始末する

まちの裾は見返しをつけ、裾の折り代とはぎ合わせ、奥をまつって始末する。

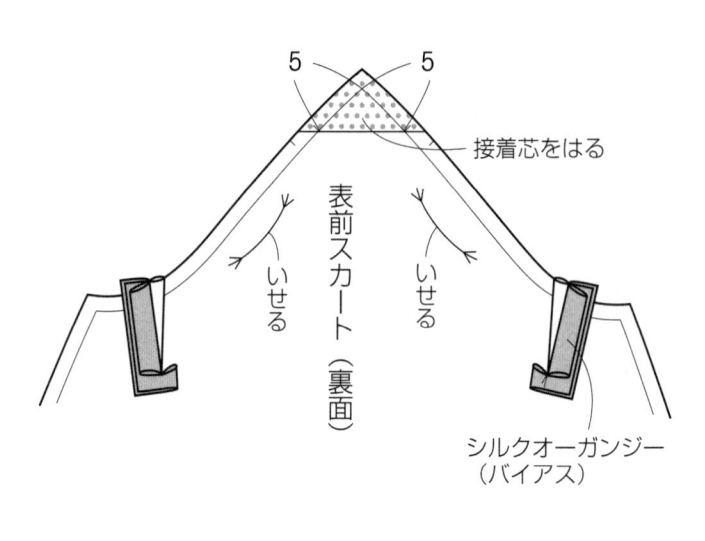

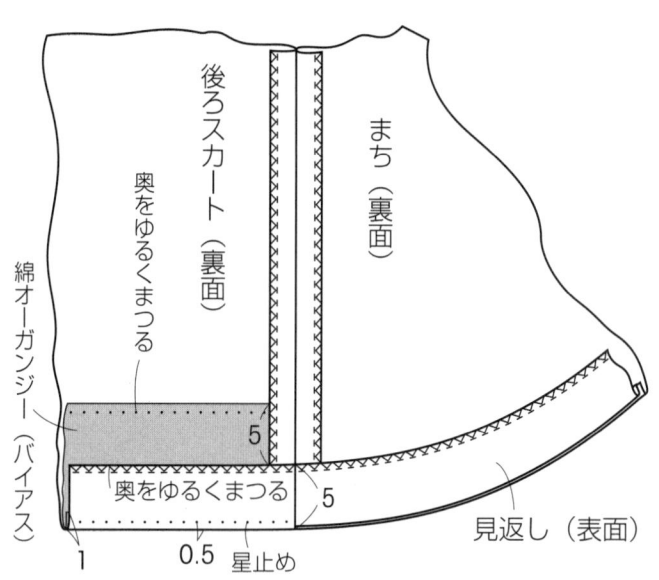

8 身頃とスカートの切替え線を縫う

合い印を合わせて角まで縫い、身頃の角に切込みを入れて残りを縫う。

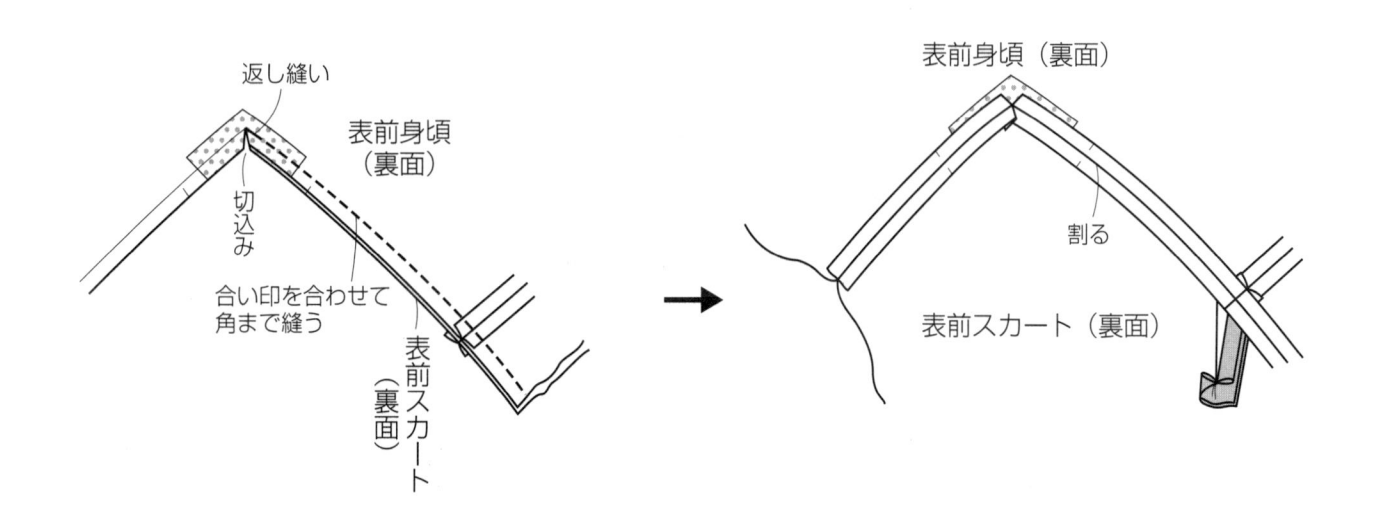

9 裏布のスカートを作り、裏身頃とはぎ合わせる

Ⅲ デザインと作図・縫製

10 レースをつける

ボディに着せつけてレースつけ位置を確認し、柄の端をかがりつける。

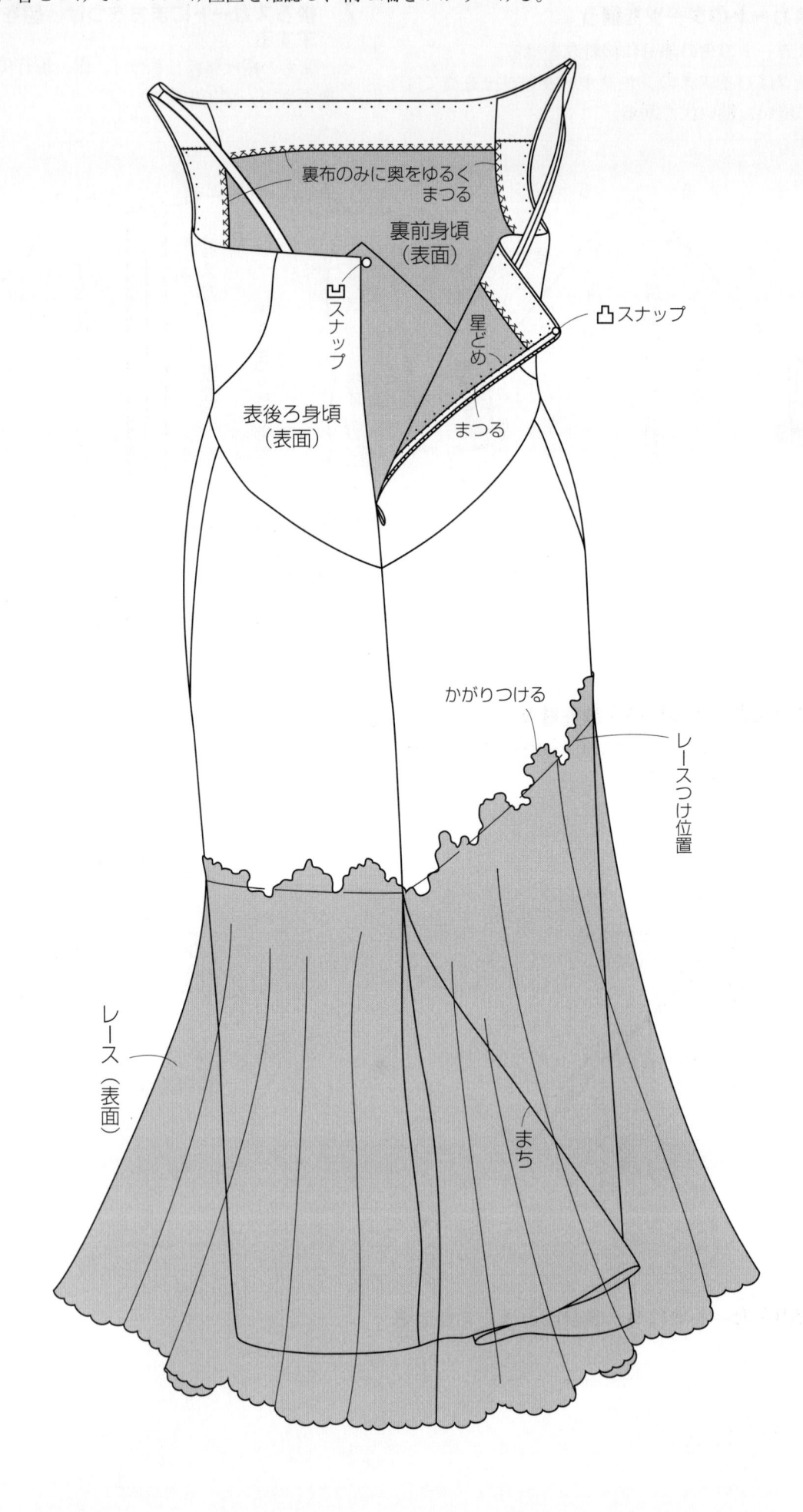

- 裏布のみに奥をゆるくまつる
- 裏前身頃（表面）
- 凹スナップ
- 凸スナップ
- 星どめ
- まつる
- 表後ろ身頃（表面）
- かがりつける
- レースつけ位置
- レース（表面）
- まち

第 4 章
高級ウール

ハナヱ・モリ

〈リバーシブル〉

I リバーシブルについて

種類と特徴

　両表の織物。
　別々に製織した2枚の布地を合わせて接結糸でつづりつけ、1枚の布のように見せた布。
　布地は、両面とも同じものや色違いの無地、格子や柄物と無地、織り組織の違うどうしの組合せなど、種類も多い。
　接結糸をカットまたは抜き、2枚に分けられることによりこの布独特の一重仕立てができる。

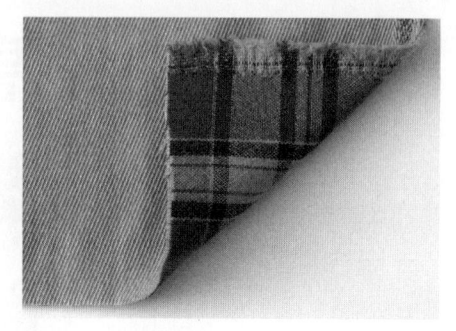

両面同じ　　　　　色違い　　　　　柄違い（無地とチェック）

II リバーシブルの扱い

　この布地は、縫い代を内包する仕立てができるため、見返しや芯はりの必要がなく、一重で両面を表にして着用できる仕立てが可能である。部分的に裏布をつけて外衣としての着やすさを加え、一見、一重仕立てのようであるが片面だけを表とする仕立て方も多く見られる。ジャケット、スーツ、コート類まで幅広く用いられる。

裁断

●**縫い代幅**

　縫い代を内包することにより縫い合わせた部分がふくらむ。このふくらみを細く仕上げるため、縫い代幅は0.5cmを基準とする。

●**ディバイドとガイドミシン**

　接結糸でつなげられている1枚の布を、糸を切ったり抜くことにより、2枚の布に分けることをディバイディングまたはディバイドという。
　ディバイドするために案内としてガイドミシン（捨てミシン）をかける。ガイドミシンはあとで取りやすいように粗い針目でかける。針跡が消えにくい素材もあるので注意する。接結糸は小ばさみで切るが布を伸ばさないように注意する。またはディバイド専用のディバイディングマシーンを使用する（写真①～④）。

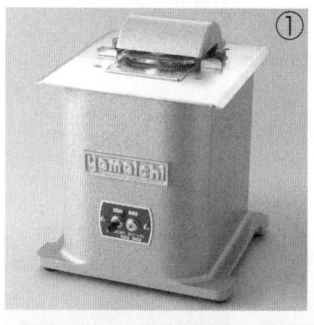

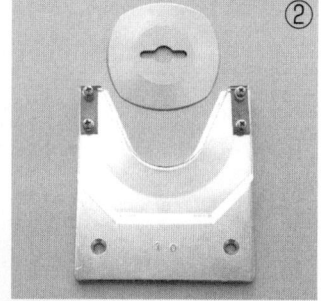

縫製

主な縫い目と縫い代、エッジの始末の方法を解説する。

〈縫い代の始末〉

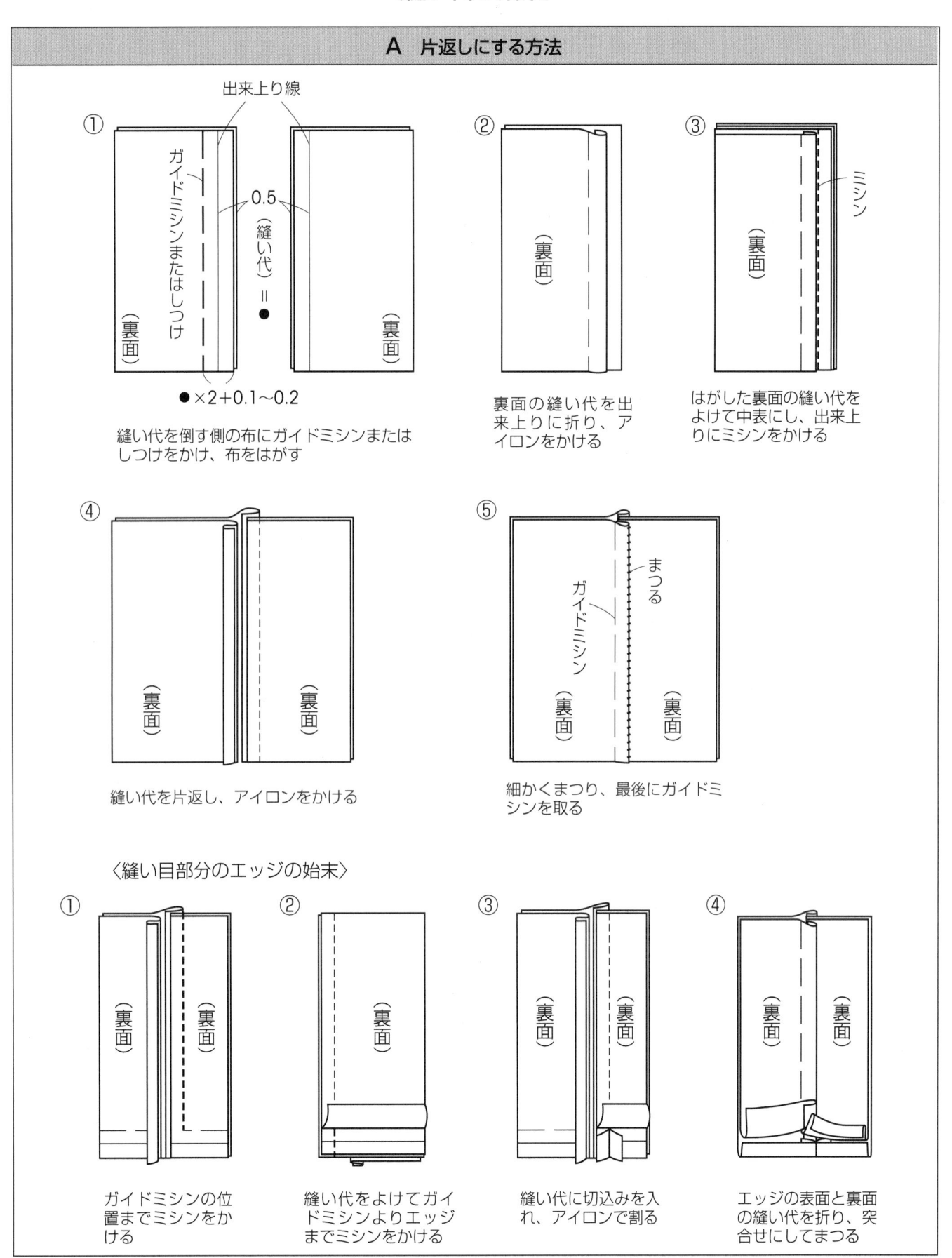

A 片返しにする方法

① 出来上り線／ガイドミシンまたはしつけ／0.5／(縫い代)＝●／(裏面)／●×2＋0.1〜0.2

縫い代を倒す側の布にガイドミシンまたはしつけをかけ、布をはがす

② (裏面)

裏面の縫い代を出来上りに折り、アイロンをかける

③ ミシン／(裏面)

はがした裏面の縫い代をよけて中表にし、出来上りにミシンをかける

④ (裏面)(裏面)

縫い代を片返し、アイロンをかける

⑤ ガイドミシン／まつる／(裏面)(裏面)

細かくまつり、最後にガイドミシンを取る

〈縫い目部分のエッジの始末〉

① (裏面)(裏面)

ガイドミシンの位置までミシンをかける

② (裏面)

縫い代をよけてガイドミシンよりエッジまでミシンをかける

③ (裏面)(裏面)

縫い代に切込みを入れ、アイロンで割る

④ (裏面)(裏面)

エッジの表面と裏面の縫い代を折り、突合せにしてまつる

B　割る方法

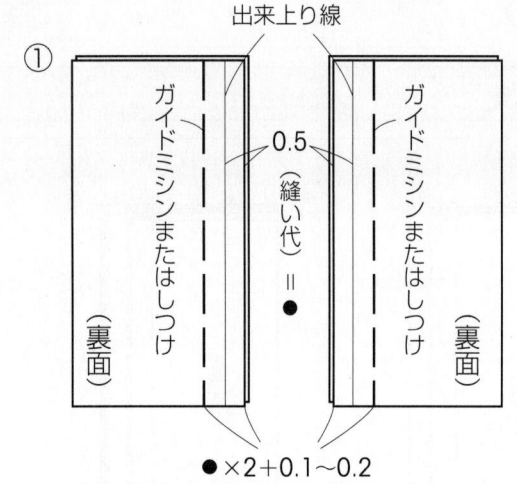

① 出来上り線／ガイドミシンまたはしつけ／0.5（縫い代）＝●／（裏面）

●×2＋0.1〜0.2
ガイドミシンまたはしつけをかけ、布をはがす

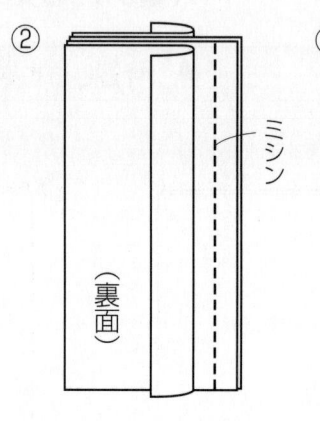

② ミシン／（裏面）

裏面の縫い代をよけて中表にし、出来上りにミシンをかける

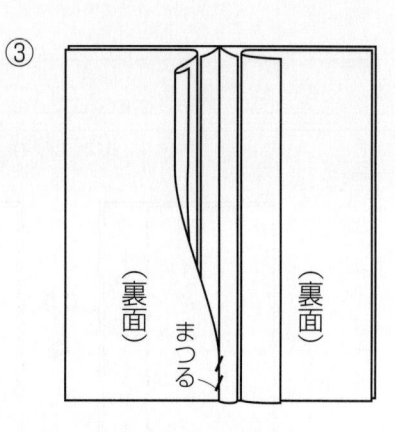

③ （裏面）／まつる／（裏面）

縫い代をアイロンで割り、一方の裏面の縫い代を折ってまつる

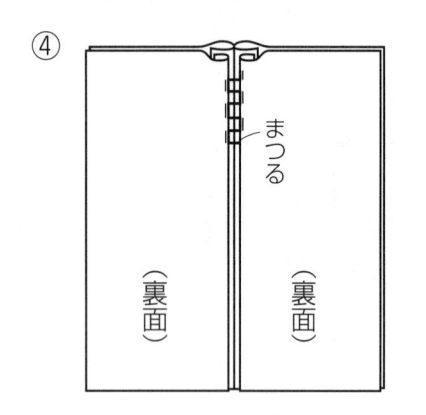

④ まつる／（裏面）（裏面）

もう一方の縫い代を突合せにしてまつる

〈縫い目部分のエッジの始末〉

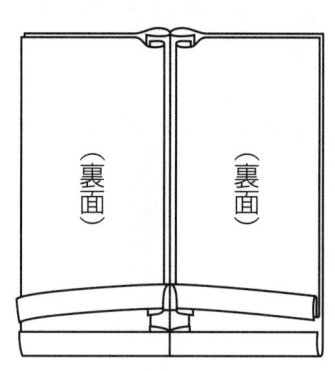

（裏面）（裏面）

表面と裏面の縫い代を折り、突合せにしてまつる

C　表面を割り、裏面を片返しにする方法

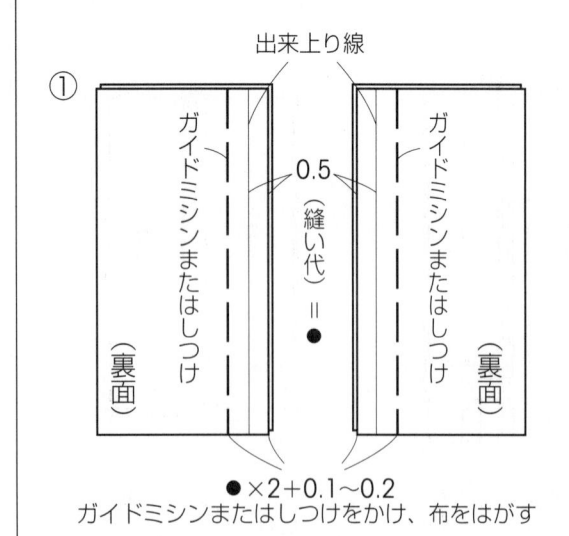

① 出来上り線／ガイドミシンまたはしつけ／0.5（縫い代）＝●／（裏面）

●×2＋0.1〜0.2
ガイドミシンまたはしつけをかけ、布をはがす

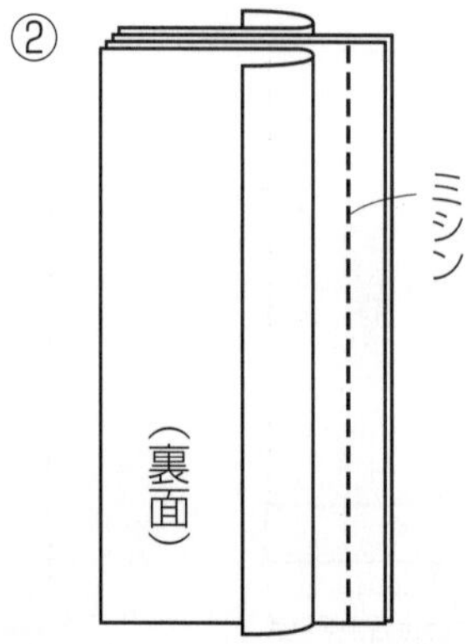

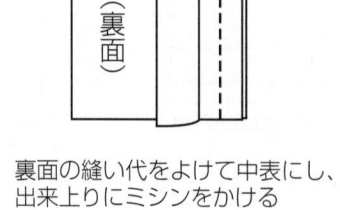

② ミシン／（裏面）

裏面の縫い代をよけて中表にし、出来上りにミシンをかける

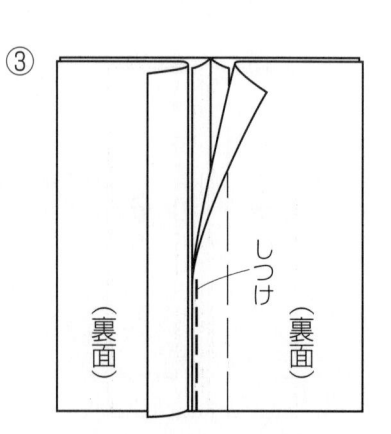

③ しつけ／（裏面）（裏面）

縫い代をアイロンで割り、一方の裏面の縫い代をしつけで止める

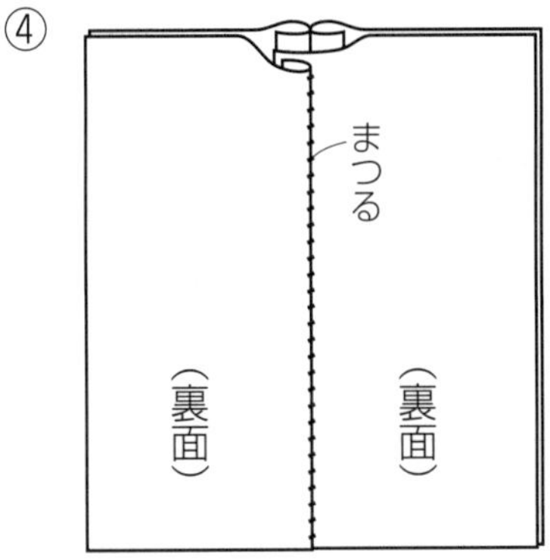

④ もう一方の縫い代を折り、まつる

〈縫い目部分のエッジの始末〉

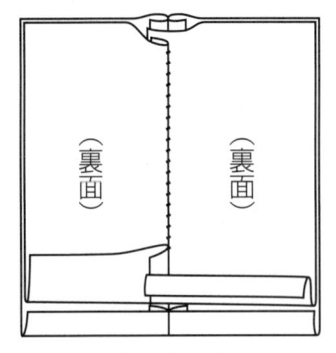

表面と裏面の縫い代を折り、突合せにしてまつる

D 折伏せ縫いにする方法

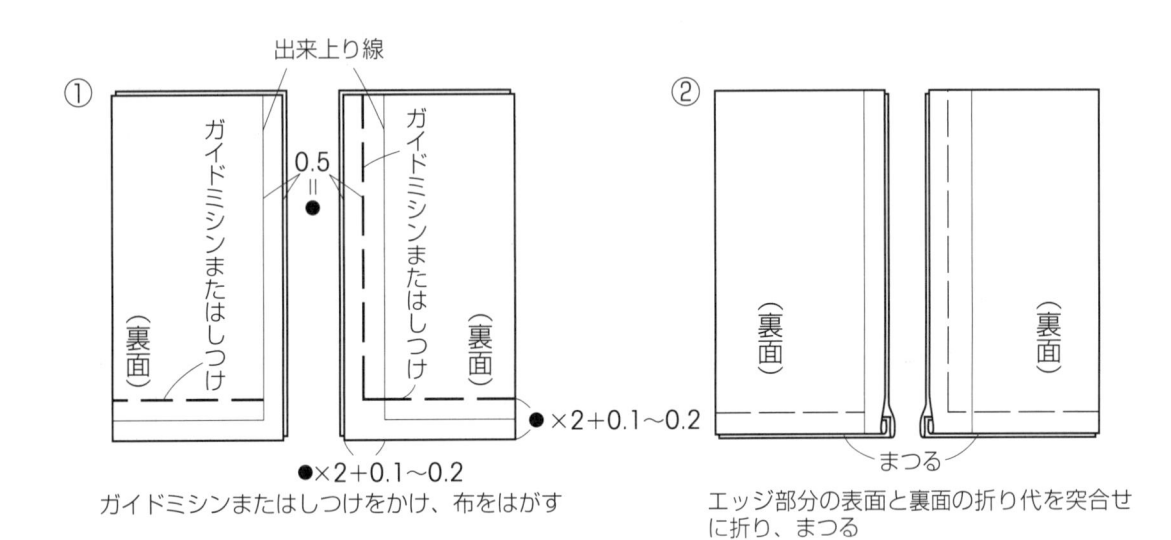

① 出来上り線　0.5　●×2+0.1〜0.2　●×2+0.1〜0.2
ガイドミシンまたはしつけをかけ、布をはがす

② エッジ部分の表面と裏面の折り代を突合せに折り、まつる

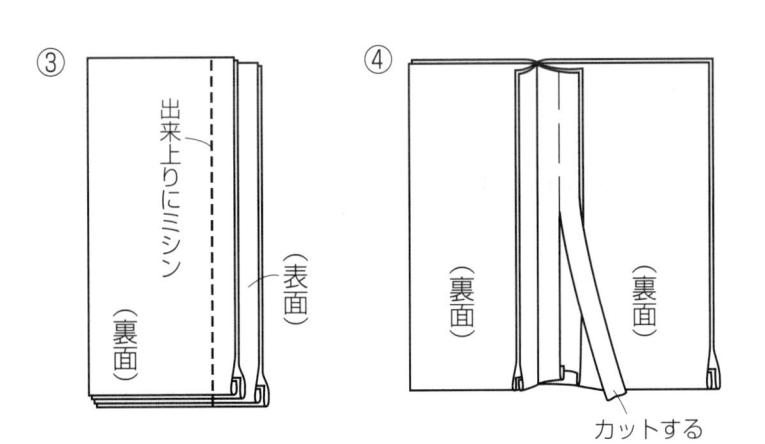

③ ガイドミシンまで表面の縫い代のみカットする

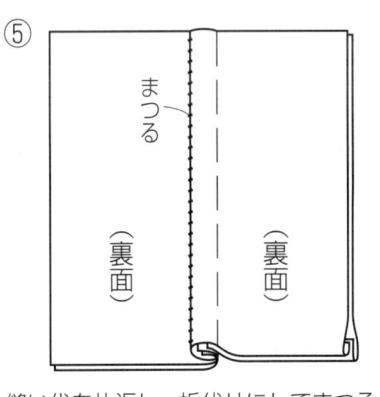

④ カットする

⑤ 縫い代を片返し、折伏せにしてまつる

〈エッジの始末〉

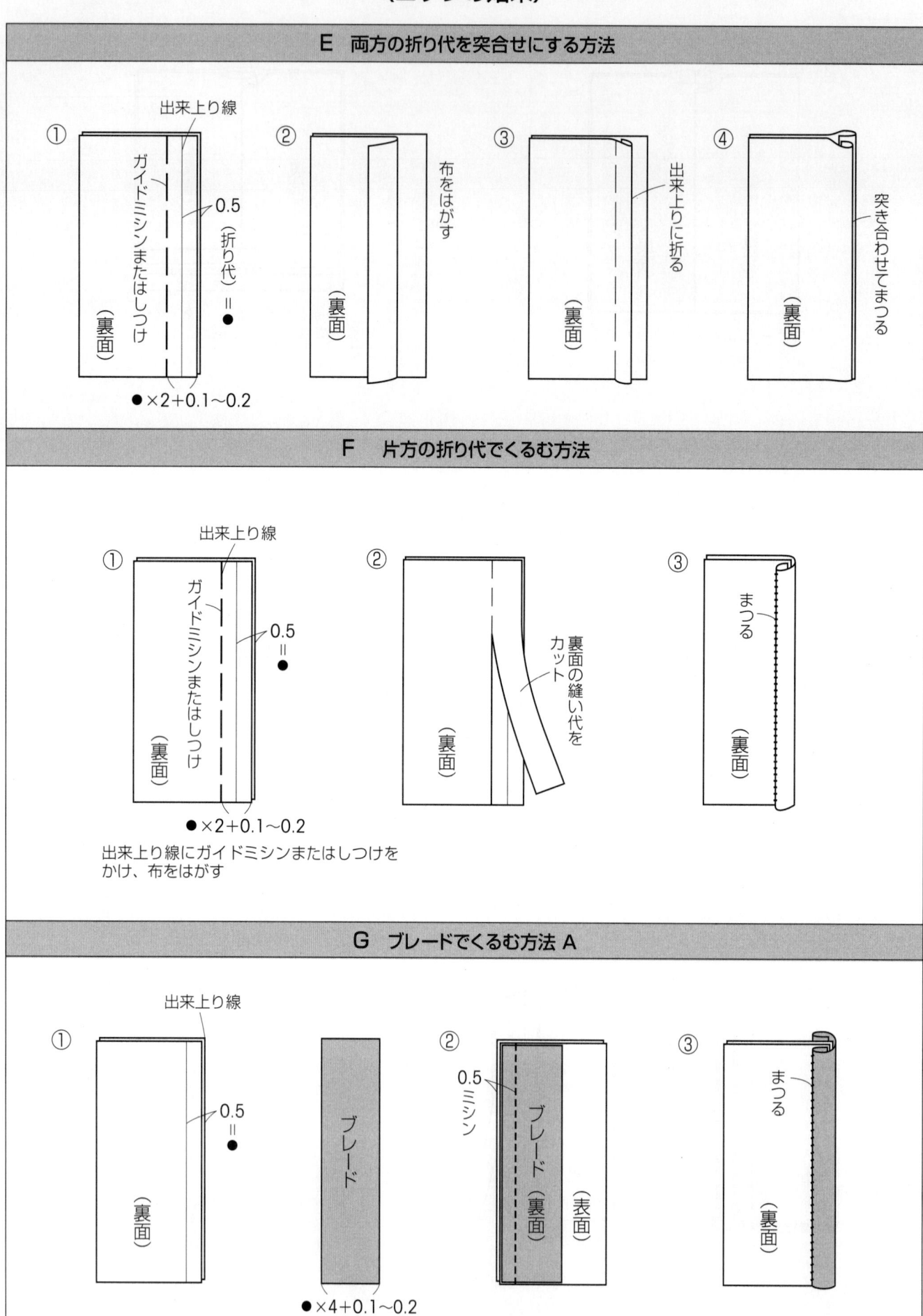

E　両方の折り代を突合せにする方法

① 出来上り線／ガイドミシンまたはしつけ／0.5＝（折り代）●／（裏面）
●×2＋0.1〜0.2

② 布をはがす／（裏面）

③ 出来上りに折る／（裏面）

④ 突き合わせてまつる／（裏面）

F　片方の折り代でくるむ方法

① 出来上り線／ガイドミシンまたはしつけ／0.5＝●／（裏面）
●×2＋0.1〜0.2
出来上り線にガイドミシンまたはしつけをかけ、布をはがす

② 裏面の縫い代をカット／（裏面）

③ まつる／（裏面）

G　ブレードでくるむ方法 A

① 出来上り線／0.5＝●／（裏面）

ブレード
●×4＋0.1〜0.2

② 0.5／ミシン／ブレード（裏面）／（表面）

③ まつる／（裏面）

H　ブレードでくるむ方法 B

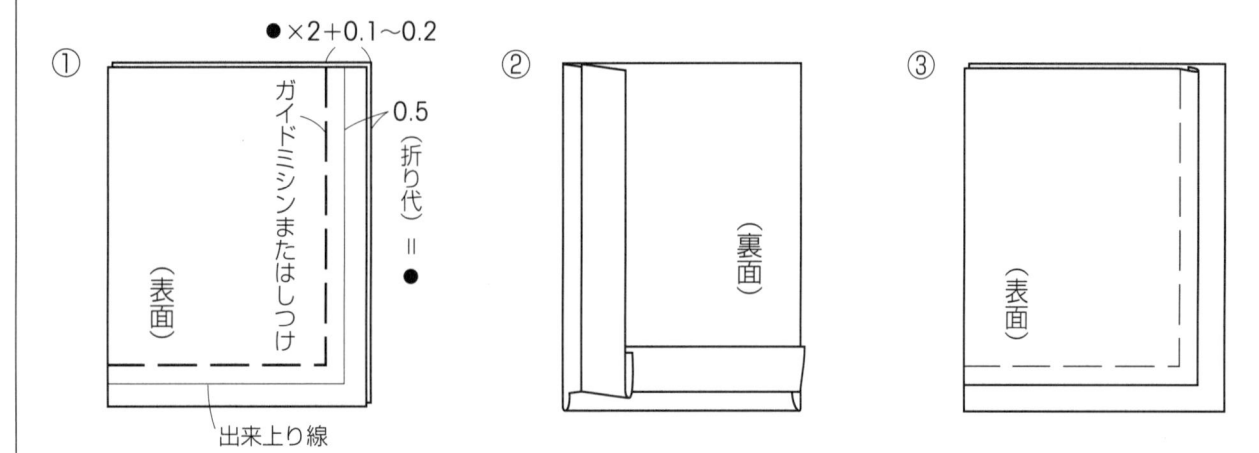

① 出来上り線　0.5＝●　（裏面）

ブレード → ブレードを折る

●×2＋0.1〜0.2

② 表からミシン　（裏面）

I　角の始末

① ●×2＋0.1〜0.2　0.5　（折り代）＝●　ガイドミシンまたはしつけ　（表面）　出来上り線

ガイドミシンまたはしつけをかけ、布をはがす

② （裏面）

裏面の折り代をガイドミシンから折り、表面の折り代端が折り山と突合せになるように折ってアイロンをかける

③ （表面）

裏面の折り代を戻し、アイロンをかける

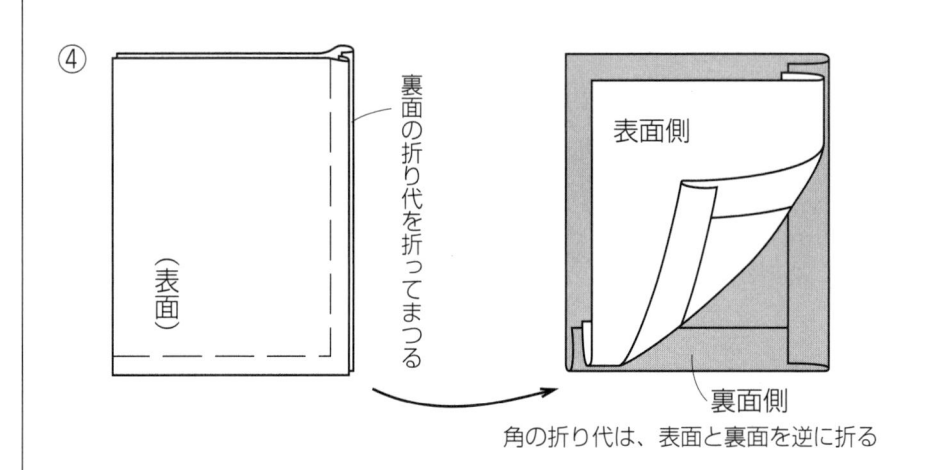

④ （表面）　裏面の折り代を折ってまつる

表面側　裏面側

角の折り代は、表面と裏面を逆に折る

III　デザインと作図・縫製

プリンセスラインのコート

　大きめのアウトポケットをつけ、プリンセスラインでウエストをしぼった細身のコート。両面ともに表として着用できる仕立てにしたが、部分的に裏布をつけ、片面のみを表にして仕立てることもできる。

使用量
表布＝150cm幅200cm

【作図】

原型のダーツ操作

後ろ身頃
　肩ダーツ分量の$\frac{2}{3}$程度をゆとり分として袖ぐりに移動する。

前身頃
　胸ぐせダーツ分量の$\frac{1}{3}$～$\frac{1}{4}$程度を袖ぐりのゆとり分とし、残りを衿ぐりのゆとり分と肩ダーツに分散する。

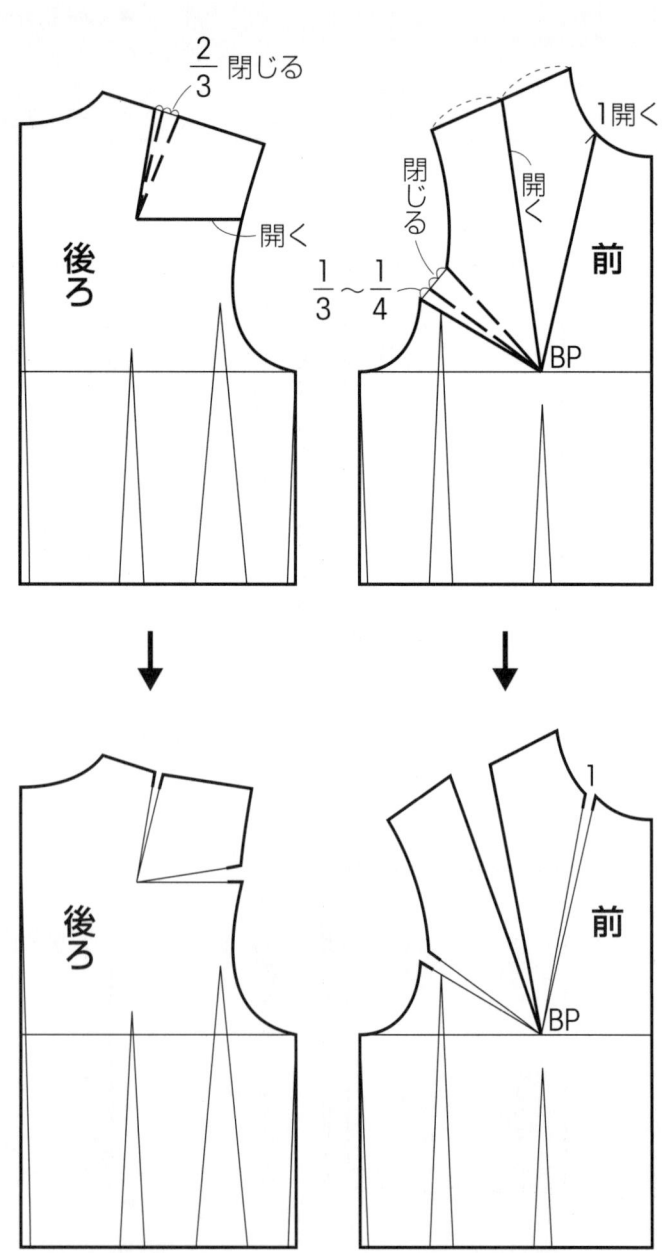

作図要点
身頃

ウエストラインを2cmハイウエストにし、ほどよく体にフィットさせ、体の曲面に合わせてシルエットを形作りながらかく。

ヒップラインでは、10cmくらいのゆとりが入っているか確認する。

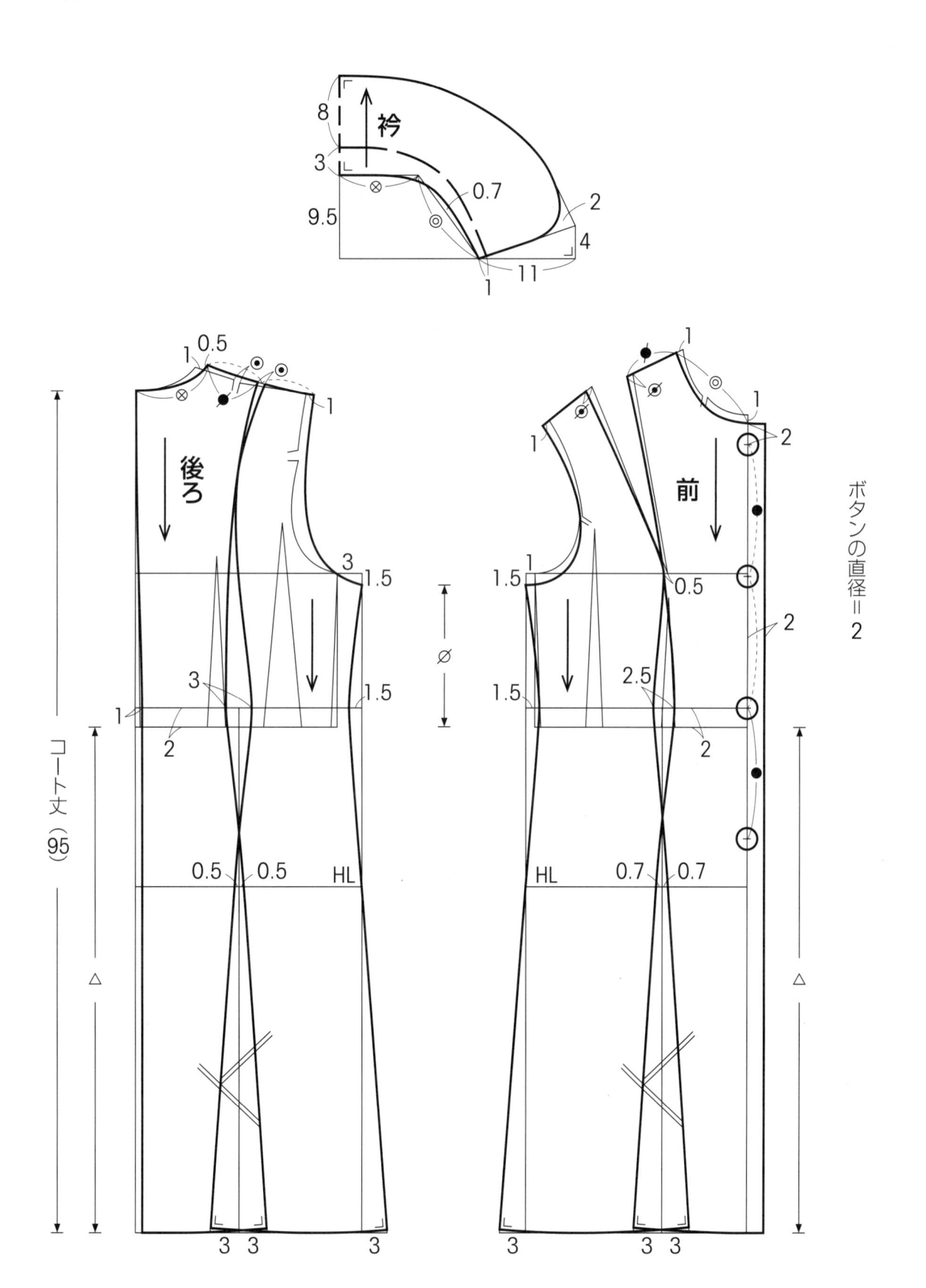

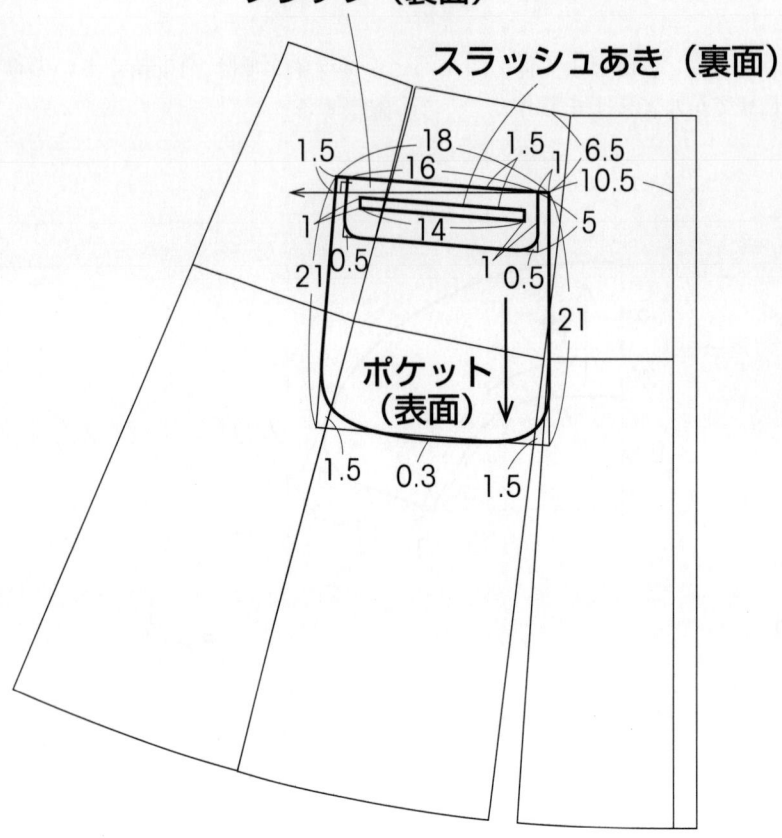

袖

両面着用するため、いせ分量を少なめにする。

袖山の高さの決め方

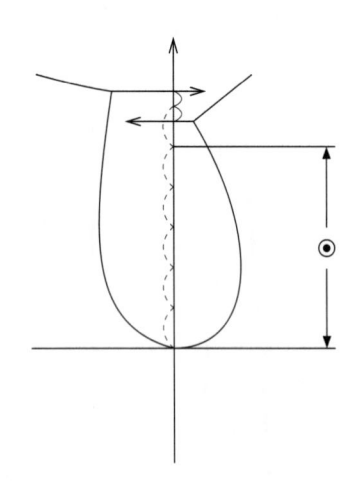

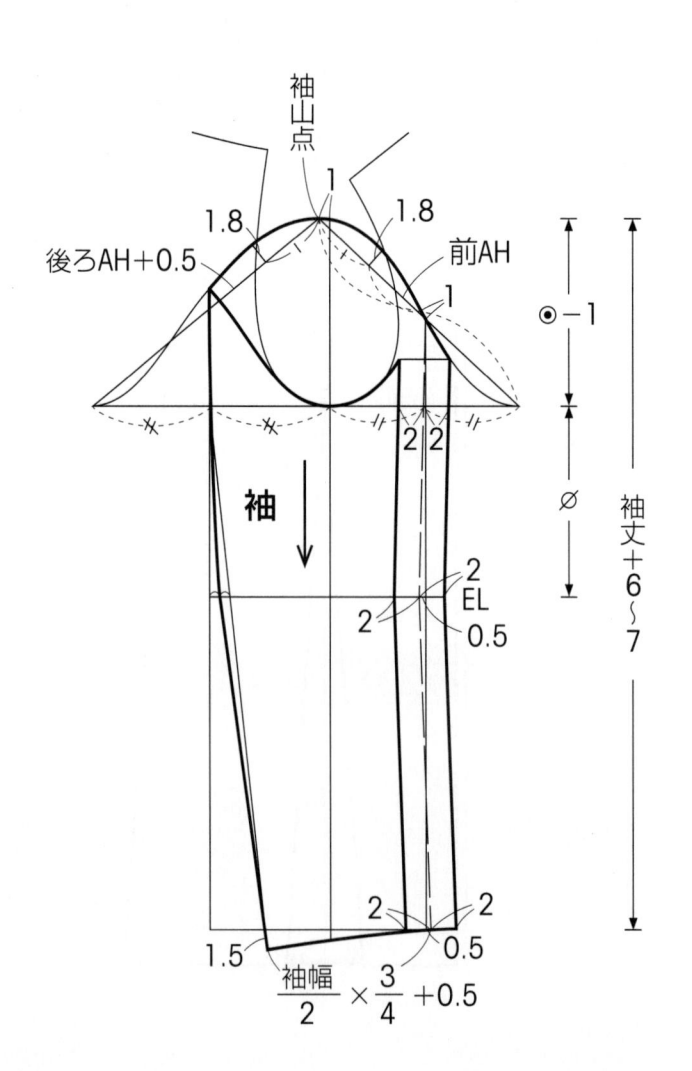

【裁断】

地直し、裁断、仮縫い合せ、試着補正方法については、ウール地のコートの扱い方と同様である。

試着補正後、縫い代幅を0.5cmに正確にそろえる。

▨ ディバイド位置

---- ガイドミシン（0.5cm幅）

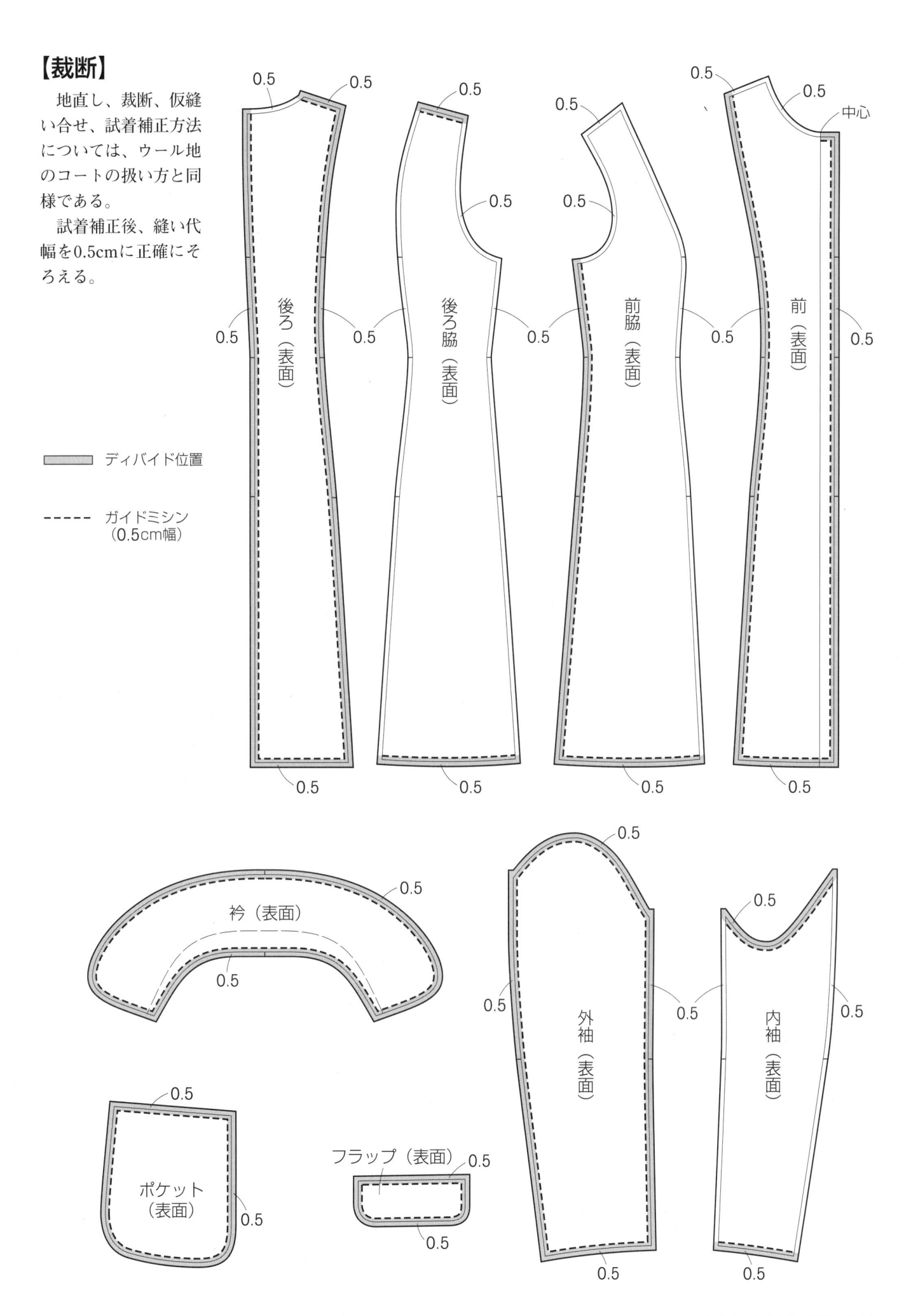

後ろ（表面）

後ろ脇（表面）

前脇（表面）

前（表面）　中心

衿（表面）

外袖（表面）

内袖（表面）

ポケット（表面）

フラップ（表面）

Ⅲ デザインと作図・縫製

【縫製】

1. 前身頃のプリンセスライン、脇を縫い合わせ、ポケットを作る
2. 後ろ中心を縫い、後ろ身頃のプリンセスラインを縫い合わせる
3. 肩を縫う
4. 前端、裾を始末する

- 接着テープ
- 前（裏面）
- 前（表面）
- 後ろ（裏面）
- ポケット（144ページ参照）
- ポケット（144ページ参照）
- エッジの始末（136ページE参照）
- 縫い代の始末（133ページA参照）
- エッジ角の始末（137ページI参照）

5. 衿を作り、つける

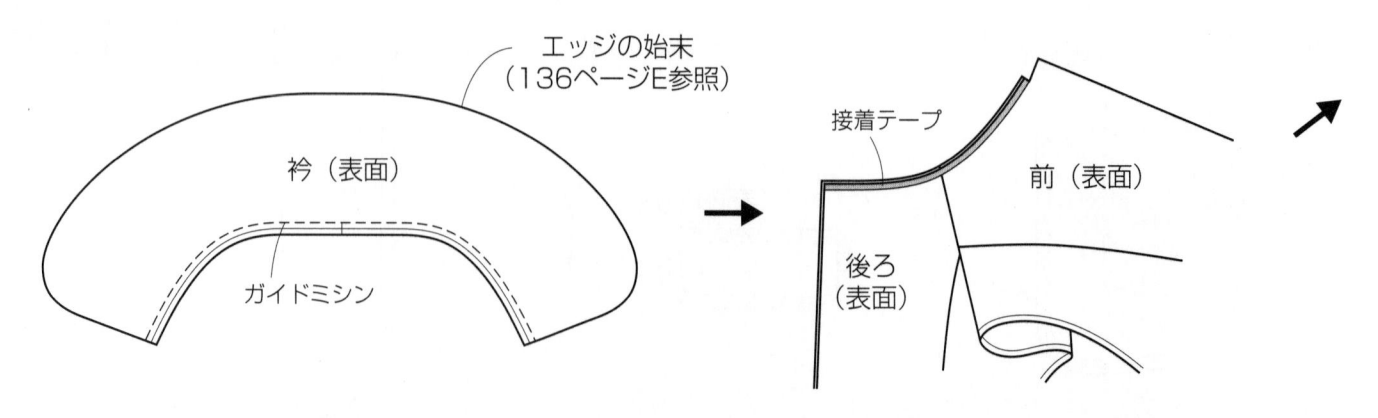

- エッジの始末（136ページE参照）
- 衿（表面）
- ガイドミシン
- 接着テープ
- 前（表面）
- 後ろ（表面）

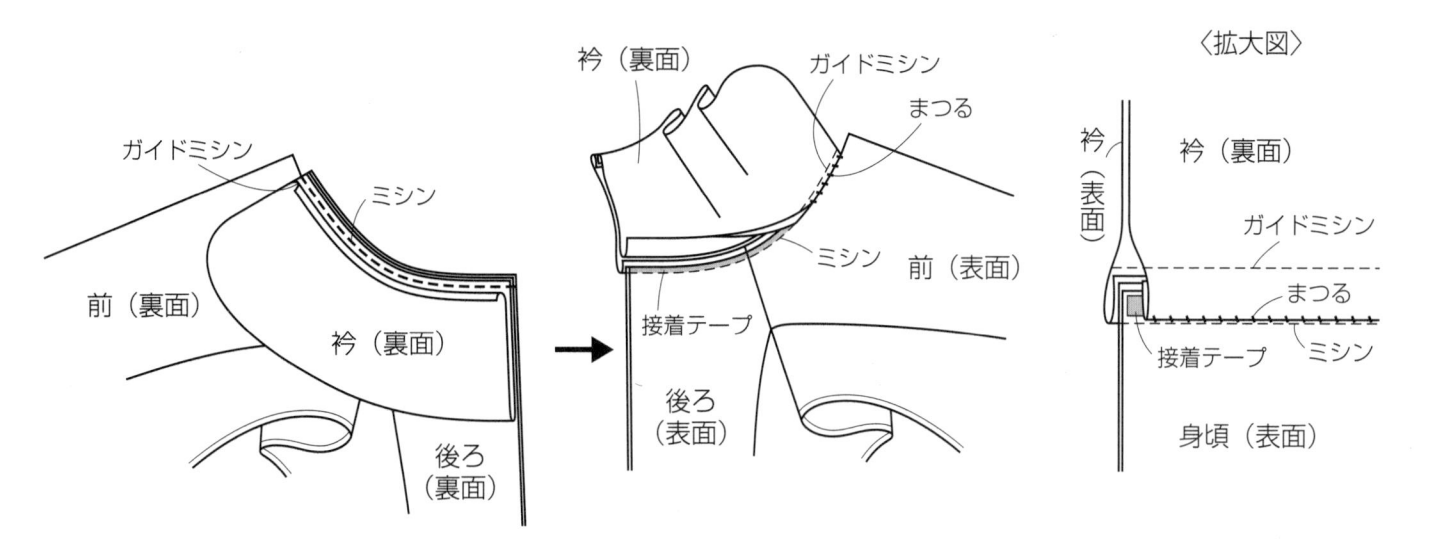

6 袖を作り、つける

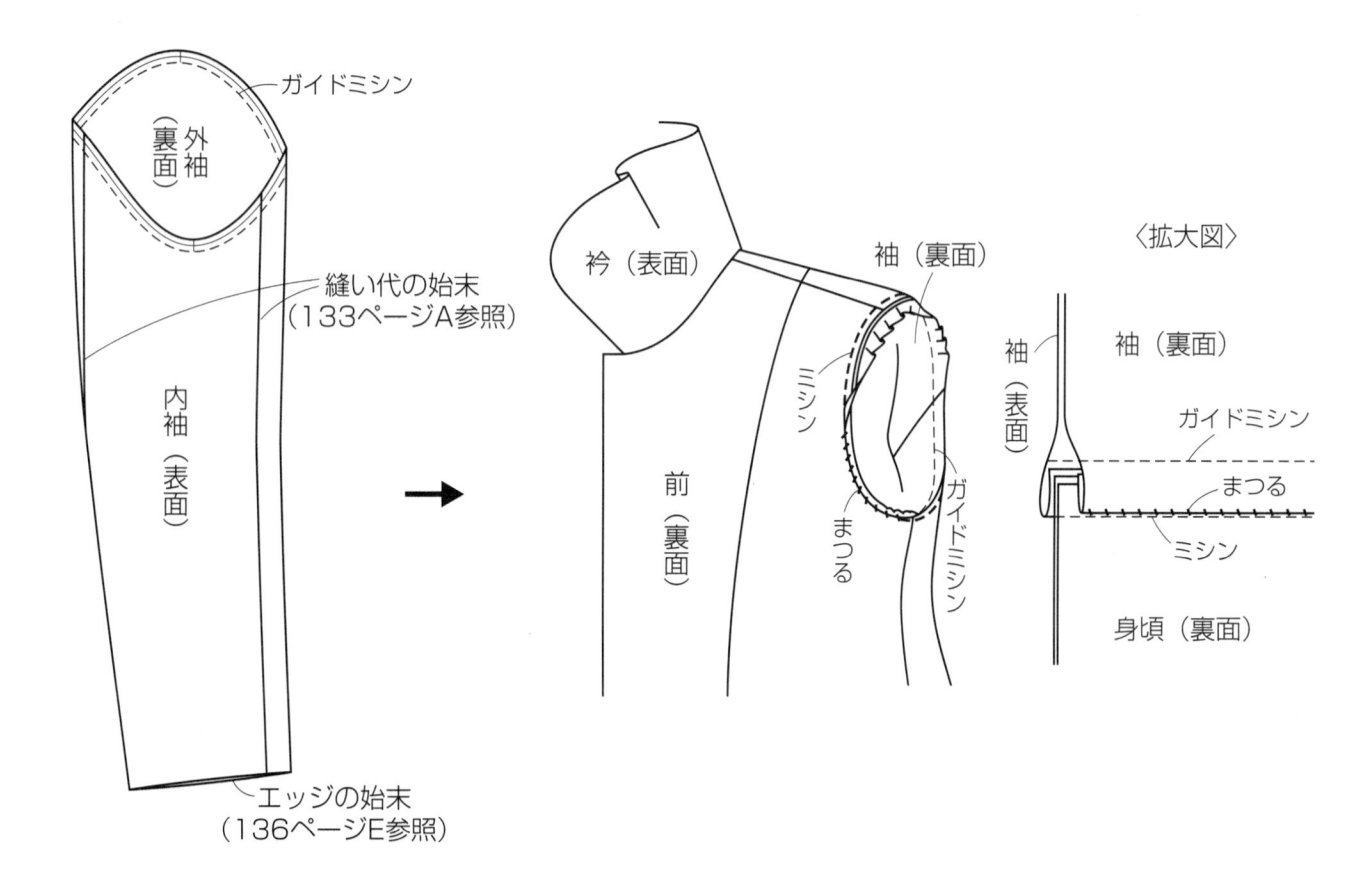

7 穴かがりをし、ボタンをつける

　穴かがりは、表側よりかがり、裏側は表側に糸が出ないように注意してかがる（写真①）。
　伸びやすい素材は、ボタン穴寸法を通常より小さくする。

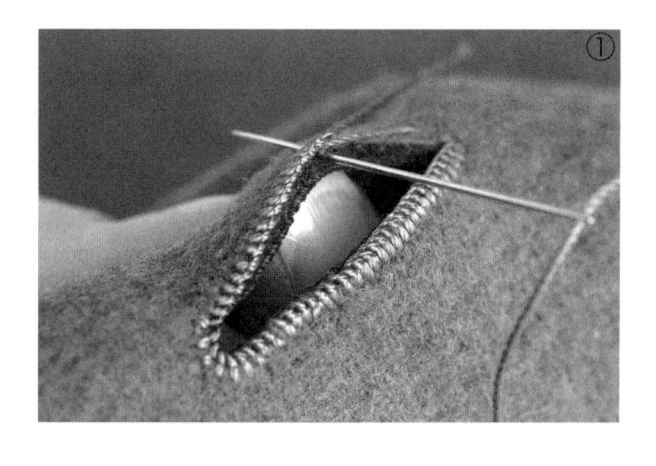

##〈ポケットの作り方〉

1 周囲にガイドミシンまたはしつけをかけ、布をはがす

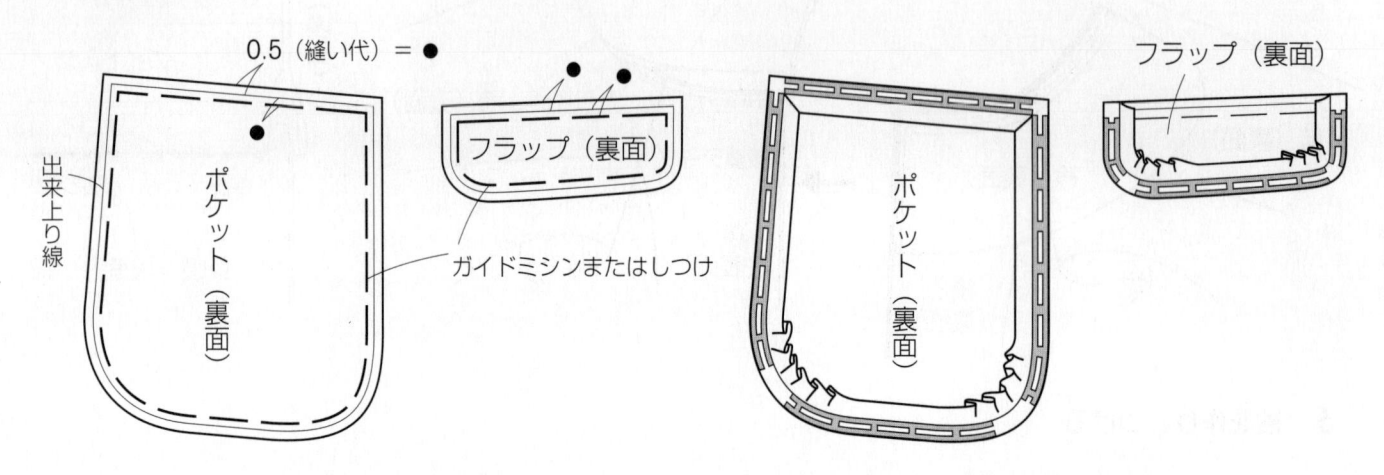

0.5（縫い代）＝●

出来上り線
ポケット（裏面）
ガイドミシンまたはしつけ
フラップ（裏面）

2 表面の縫い代にテープをはる

ポケット（裏面）
フラップ（裏面）

3 ポケット口とフラップの周囲を出来上りに折って折り山をまつり、ガイドミシンを取る

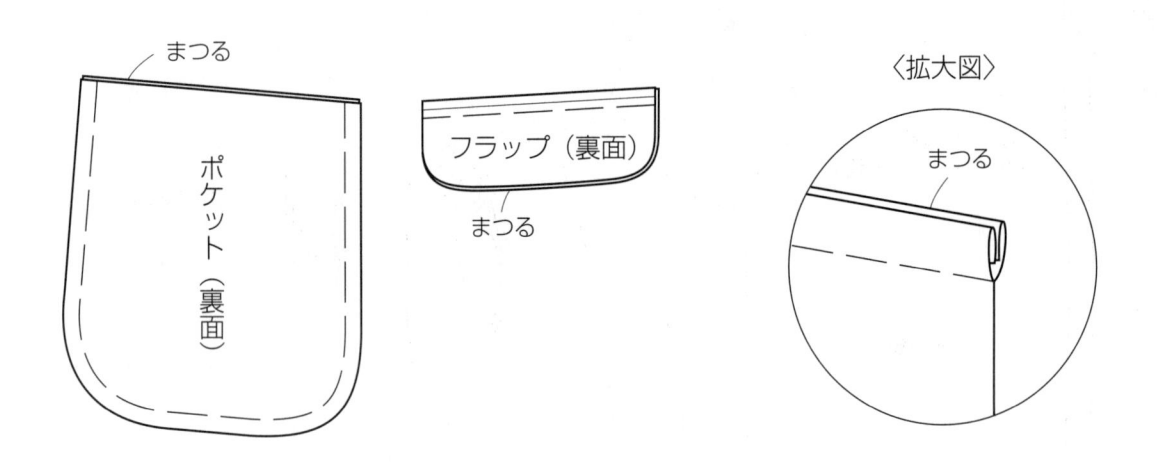

まつる
ポケット（裏面）
フラップ（裏面）
まつる

〈拡大図〉
まつる

4 スラッシュあき位置にガイドミシンまたはしつけをかける

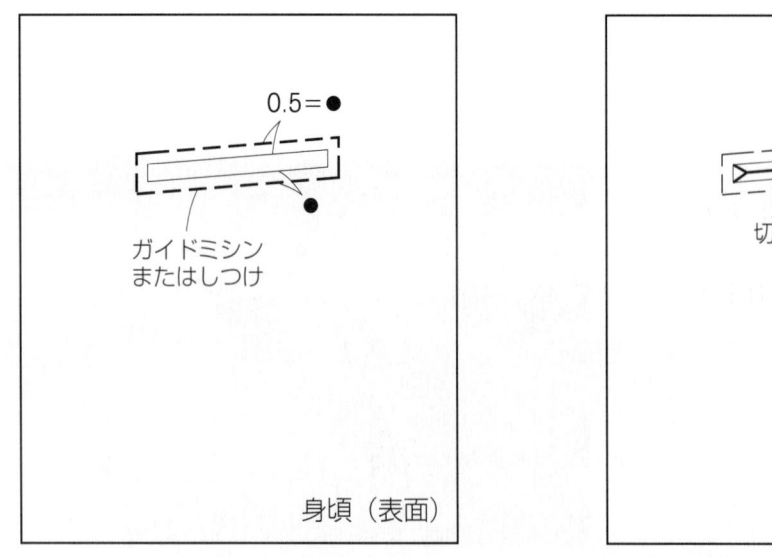

0.5＝●
ガイドミシンまたはしつけ
身頃（表面）

5 切込みを入れ、布をはがし、表面縫い代の内側にテープをはる

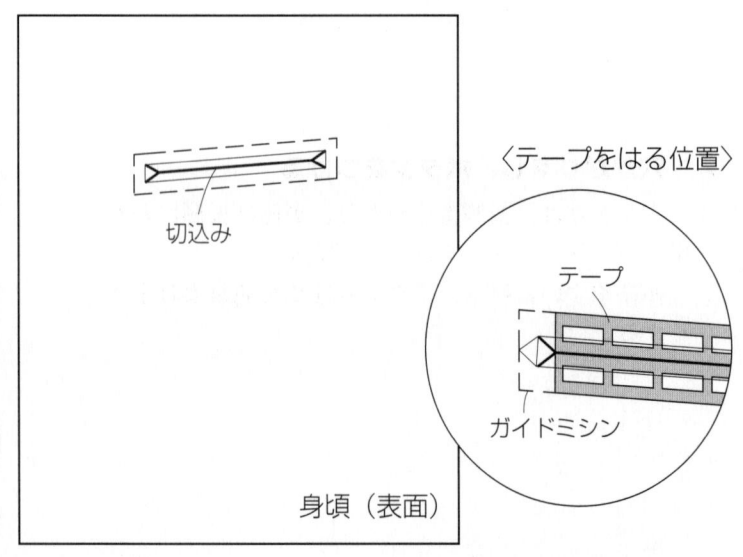

切込み
身頃（表面）

〈テープをはる位置〉
テープ
ガイドミシン

6 切込みを入れた縫い代を突合せにしてまつる
縫い代に両面接着テープをはっておくとまつりやすい。

〈拡大図〉
まつる
身頃（表面）

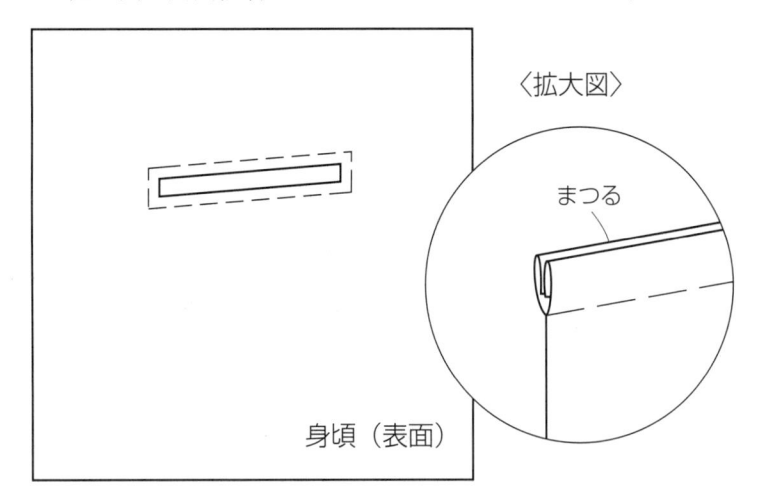

7 フラップつけミシンをかける

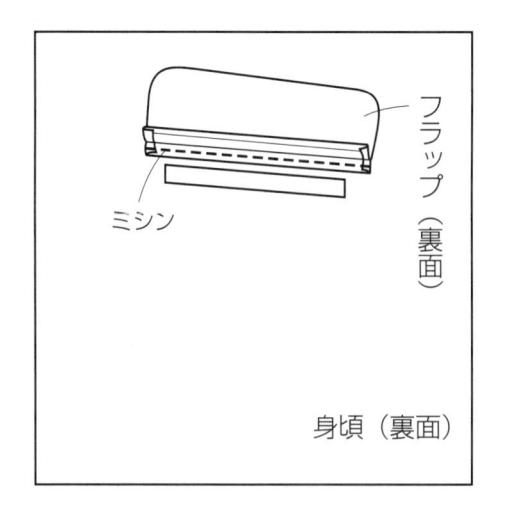

ミシン
フラップ（裏面）
身頃（裏面）

8 フラップつけ縫い代を突合せに折ってまつる
縫い代に両面接着テープをはっておくとまつりやすい。

フラップ（裏面）
まつる
〈拡大図〉
まつる
身頃（裏面）

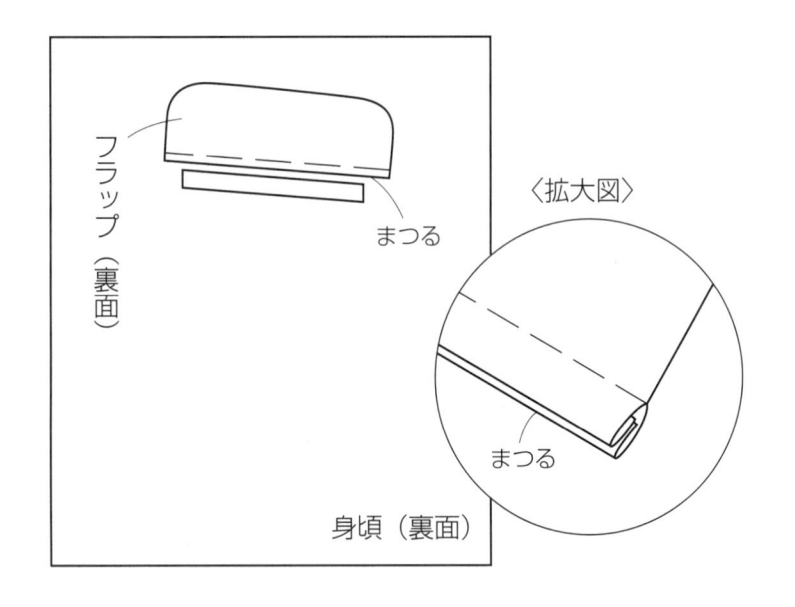

9 ポケットの周囲にミシンをかけ、裏面の縫い代を出来上り線よりカットする

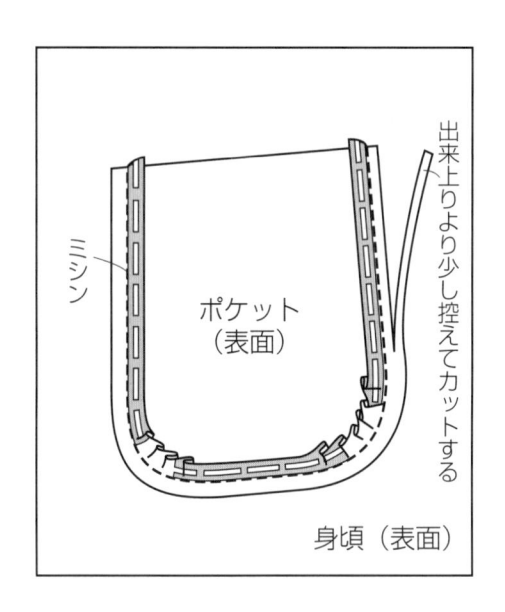

ミシン
ポケット（表面）
出来上りより少し控えてカットする
身頃（表面）

10 表面の縫い代を折って身頃にまつり、ガイドミシンを取る
まつり目が表に出ないように少し奥をまつる。

11 ポケット口の両端にかんぬき止めをする

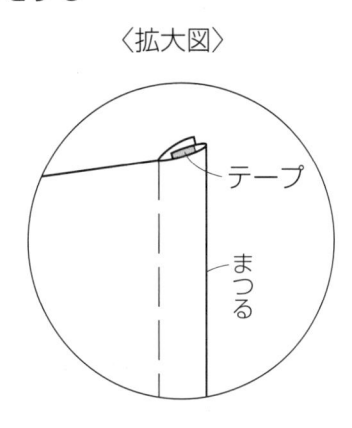

〈拡大図〉
テープ
まつる

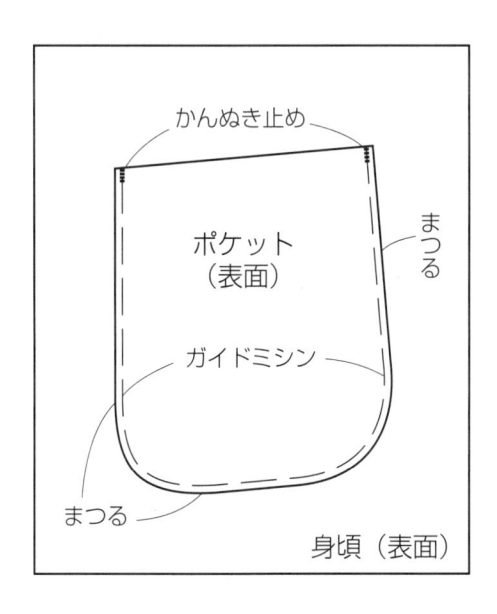

かんぬき止め
ポケット（表面）
まつる
ガイドミシン
まつる
身頃（表面）

Ⅲ デザインと作図・縫製

〈片面のみを表として着用する場合の箱ポケットの作り方〉

口布は全面をはがして1枚を使用し、表口布に接着芯をはる。口布の周囲をディバイドし、1枚で使用してもよい。

袋布は、外側になるほうに表布を使用し、縫い代をつけずに裁つ。

1 口布を作る
裁ち方

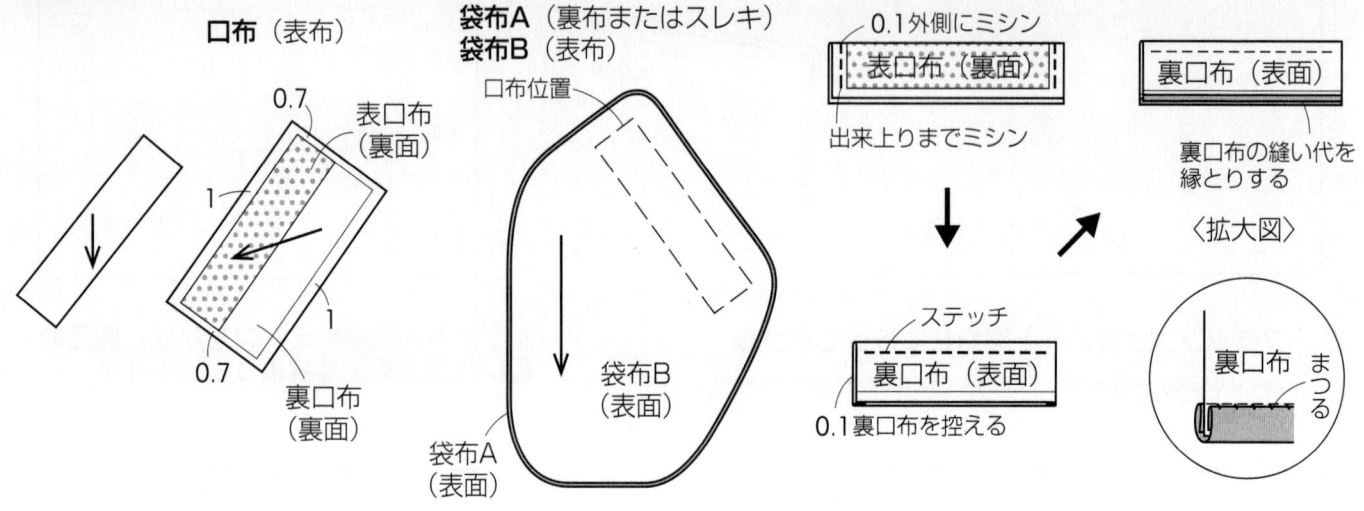

口布（表布）
- 0.7
- 1
- 表口布（裏面）
- 裏口布（裏面）

袋布A（裏布またはスレキ）
袋布B（表布）
- 口布位置
- 袋布A（表面）
- 袋布B（表面）

0.1外側にミシン
表口布（裏面）
出来上りまでミシン

裏口布（表面）
裏口布の縫い代を縁とりする
〈拡大図〉

ステッチ
裏口布（表面）
0.1裏口布を控える

裏口布　まつる

2 袋布Aを裏面にセットし、口布をつける
- 表口布
- 表口布のみミシン
- 裏口布
- 袋布A
- 身頃（表面）

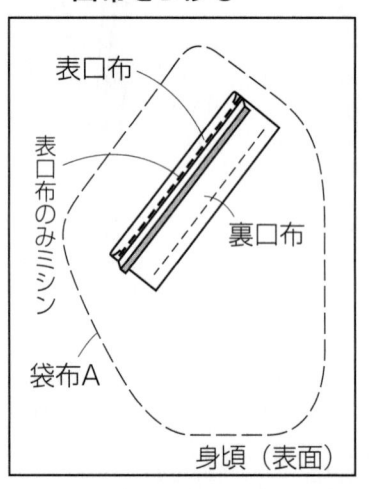

3 ポケット口に切込みを入れる
- 1.4
- 切込み
- 裏口布
- 身頃（表面）

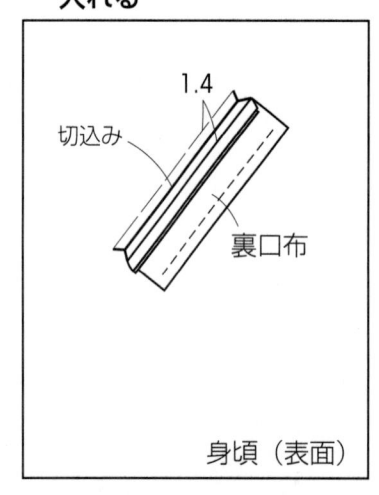

4 切り口を裏布のバイアステープでくるむ
- 裏布バイアステープでくるむ
- 裏口布
- 身頃（表面）

〈拡大図〉
袋布A
身頃

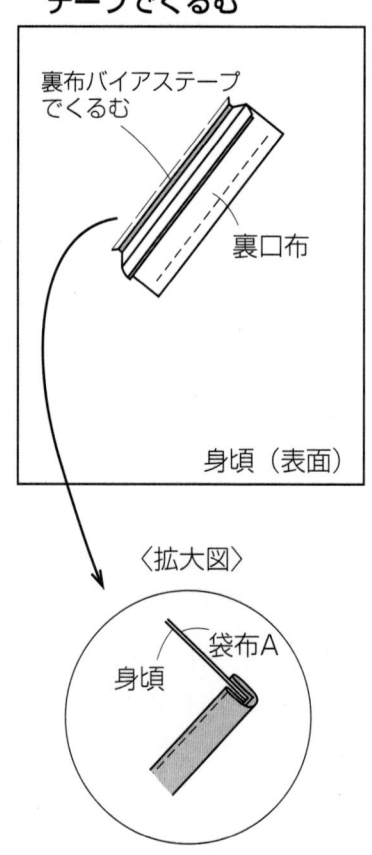

5 表口布を整えてつけ位置に落しミシンをかけ、裏口布を止める
- 表口布
- 落しミシン
- 身頃（表面）

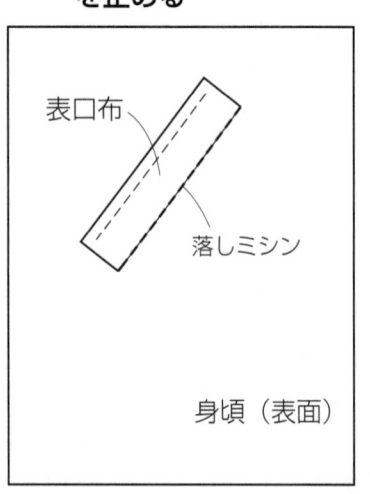

6 袋布Aに袋布Bを合わせ、縁とり幅より内側に仮止めミシンをかける
- 仮止めミシン
- 袋布A
- 袋布B（表面）
- 身頃（裏面）

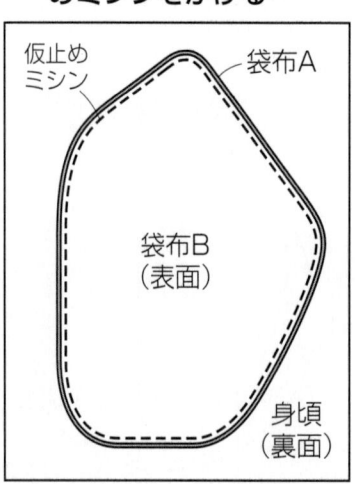

7 袋布の周囲を裏布のバイアステープで縁とりをする

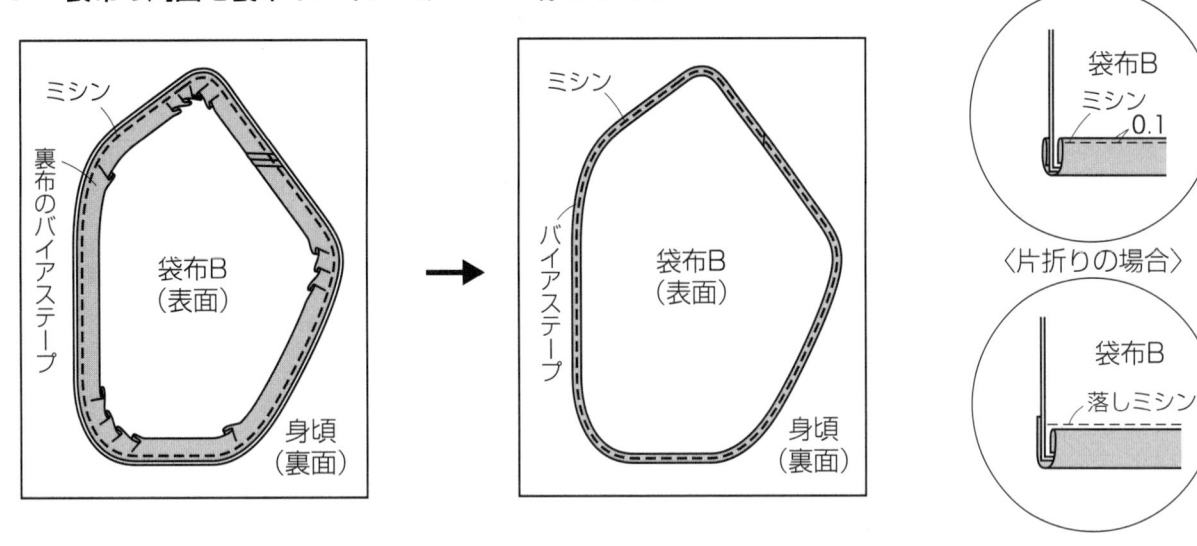

〈両折りの場合〉

〈片折りの場合〉

8 縁とりのきわに、袋布Bまで通して止めミシンをかける

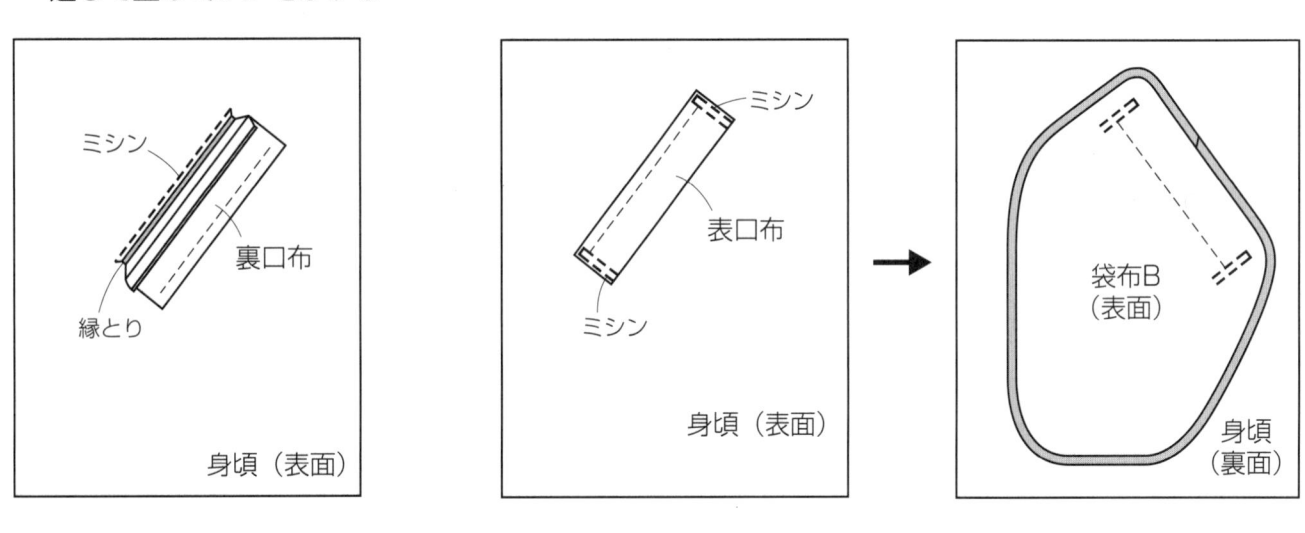

9 表口布の両端に、袋布Bまで通してステッチをかける

〈部分的な裏布のつけ方〉

リバーシブルの場合、本来は裏なしの仕立てにするが、着用時のすべりをよくするため、部分的に裏布をつけることもある。

ここでは、基本的は裏布のつけ方を説明する。

A 袖裏つき

袖裏をまつりつける方法。

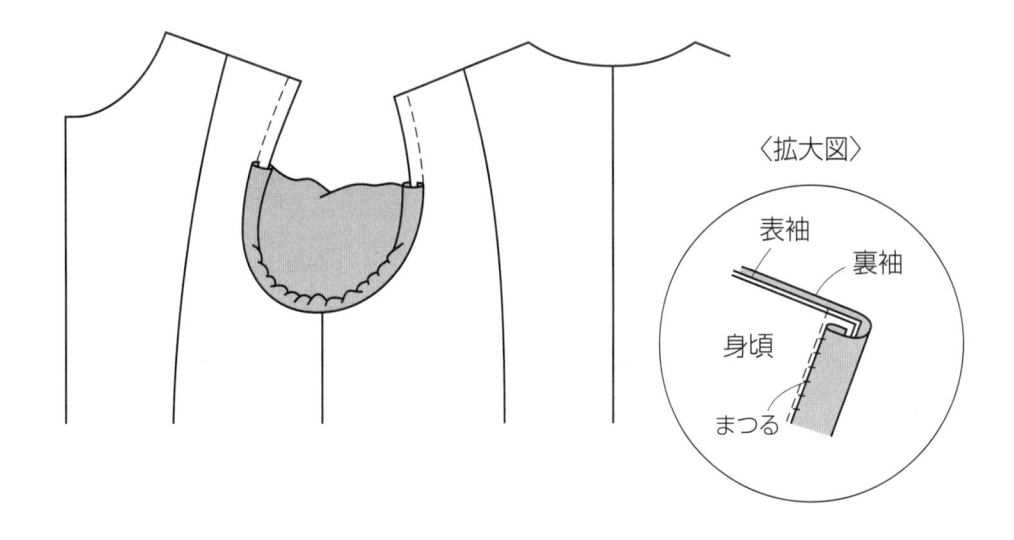

〈拡大図〉

Ⅲ デザインと作図・縫製

B 袖裏つき
　表袖と裏袖を一緒に裏布バイアステープでまつりつける方法。

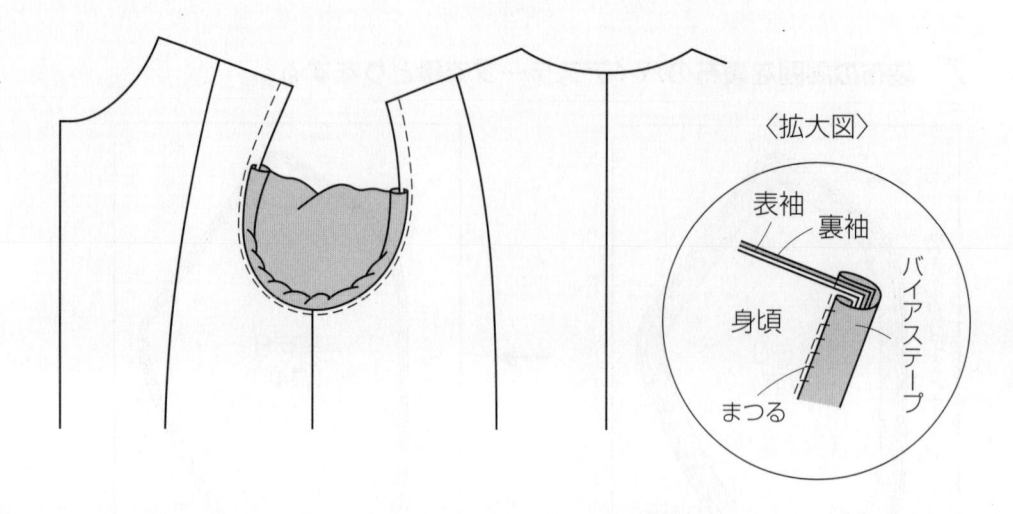

〈拡大図〉
表袖
裏袖
身頃
バイアステープ
まつる

C 背裏つき
　背裏のみで、袖つけは表袖と裏袖を一緒に裏布バイアステープでまつりつける。

まつる

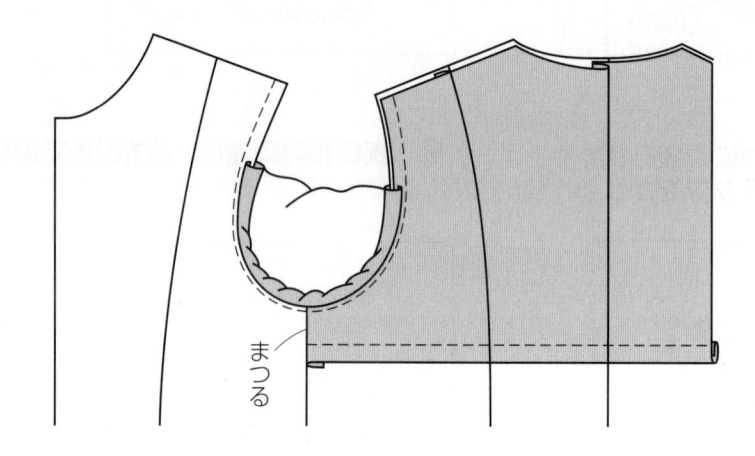

D 背裏、袖裏つき
　袖つけは袖裏をまつりつける。

まつる

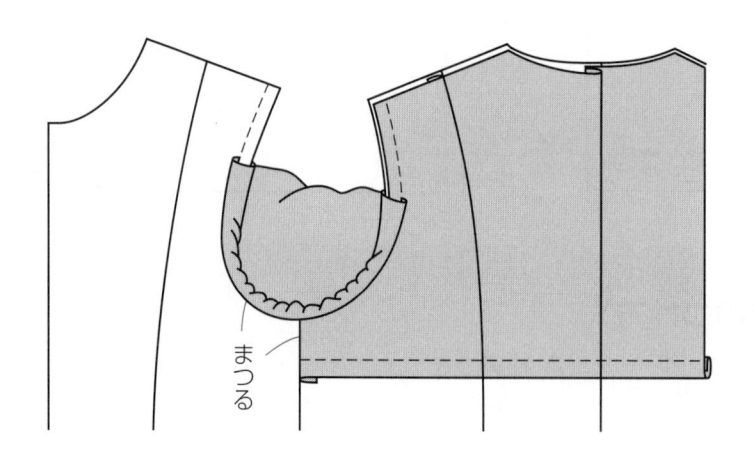

E 半裏、袖裏つき
　身頃上部に裏布をつけ、袖つけは、袖裏をまつりつける。

まつる

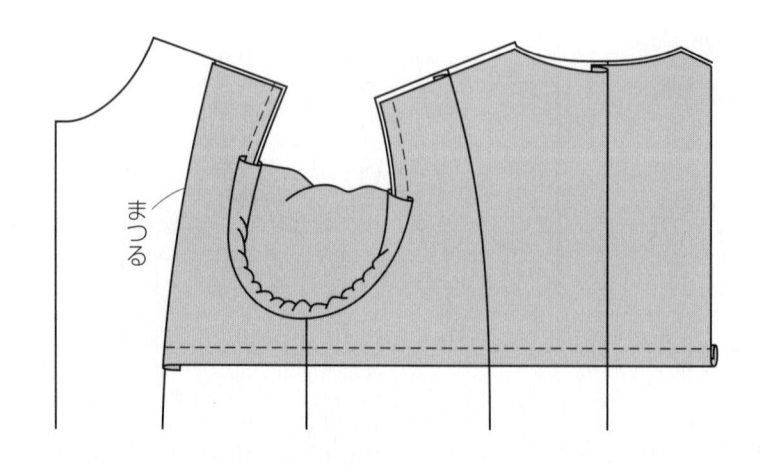

〈高級ウール〉

I 高級ウールについて

ここではフォーマルウェアに多く用いられるウール地を高級ウールとして取り上げる。これらの布地はそれぞれの織り組織と良質の糸で密に織られているため、適度なこしと張りや光沢がある。

1 種類と特徴

種類	特徴
ドスキン	雄鹿の皮のような外観や風合いがあるのでこの名がついた。最高級の細い紡毛糸を用いた5枚朱子組織の織物で、起毛した後、けばを一定方向にそろえて仕上げてある。
ベネシャン	梳毛糸または紡毛糸で織られた経朱子組織の織物。良質の細い経糸を密に配列し、5枚の経朱子に織る。手ざわりが柔らかく、張りとこしがあり、フォーマルウェアにも用いられる。
ギャバジン	斜文線が63度前後の急斜文織りの織物。ウールや綿のほかレーヨン、アセテート、ポリエステルなどの化合繊もある。
カシミア	本来はカシミア山羊の毛を原料として手織りで作った織物をいうが、原料が高価なため、現在では良質の羊毛で、柔軟で光沢がある本物の風合いに似せた高級毛織物を総称してカシミアという。一般的には斜文織りで起毛し、毛並みを一方向に伏せた仕上げをする。
タキシードクロス	けばの少ないドスキンの俗称で、本来のドスキンより軽く、ほこりがつきにくいことからフォーマルウェアに多く用いられている。

2 デザイン

細い糸で密に織られているため、アイロン操作による形出しは難しいので、強いカーブやいせ、伸ばし量の多いデザイン線は避けたほうがよい。

Ⅱ カシミア・ドスキン類の扱い

地直し
スチームアイロンをかけると水じみができる場合があるので、専門店に依頼するとよい。

縫製
- 縫い目のパッカリングや縫いずれがおきやすいので、ミシンの糸調子や押えの圧力を弱くする。また縦地・横地に近い布目どうしの縫合は、布をよく張ってミシンをかけるとよい。
- 縫い代にアイロンをかける際は、あたりがでやすいので、縫い代の下に厚紙などをはさんでかけるとよい。

芯
作例のジャケットは表布に使用したカシミアの風合いを生かすため毛芯を使用。

接着芯を使用する場合は、接着条件に合わせて均一にはらないと部分剥離する場合があるので注意を要する。

毛芯

毛芯とは、毛の紡績糸を用いた織物芯地の総称で、成形性と保形性にすぐれている。横方向に太めの繊維を入れて張りをだし、縦方向に比較的細い糸を使用して、なじみやすくドレープ性があるのが特徴である。また横方向の張りをだすために、アルパカウール、キャメルヘア、馬の尻尾などの獣毛をよこ糸に混ぜて織ったもの、たて糸に綿やレーヨンなどを用いているものもある。

毛芯のほかによく用いられる非接着芯には次のようなものがある。

パンピース

パーム・ビーチの別名で縦、横ともに梳毛糸を使用した平織物。

麻芯

亜麻や苧麻の麻繊維で織られた芯地。麻100％のものや、レーヨンを混紡したものがある。

綿芯

綿、または綿と他の繊維との混紡、交織した芯地。和服の帯芯のように芯地として織られたものもあるが、一般には、ハイモ、キャラコ、スレキ、オーガンジーなども綿芯として扱われる。

非接着芯の主な種類
毛芯
パンピース
麻芯
ハイモ
スレキ

Ⅲ　デザインと作図・縫製

フォーマルジャケット

ラペルにシルクサテンをあしらった、メンズ感覚のジャケット。

使用量
表布＝カシミア140cm幅150cm
別布（見返し分）＝シルクサテン90cm幅80cm
裏布＝90cm幅190cm
毛芯＝75cm幅　前身頃丈＋5～10cm
肩パッドの厚さ＝0.8～1cm

【作図】

原型のダーツ操作

後ろ身頃
肩ダーツ分量の$\frac{2}{3}$程度をゆとり分として袖ぐりに移動する。残りをいせ分とする。

前身頃
胸ぐせダーツ分量を1～1.5cm衿ぐりに移動し、$\frac{1}{3}$程度を袖ぐりのゆとり分とし、残りを肩ダーツに移動する。

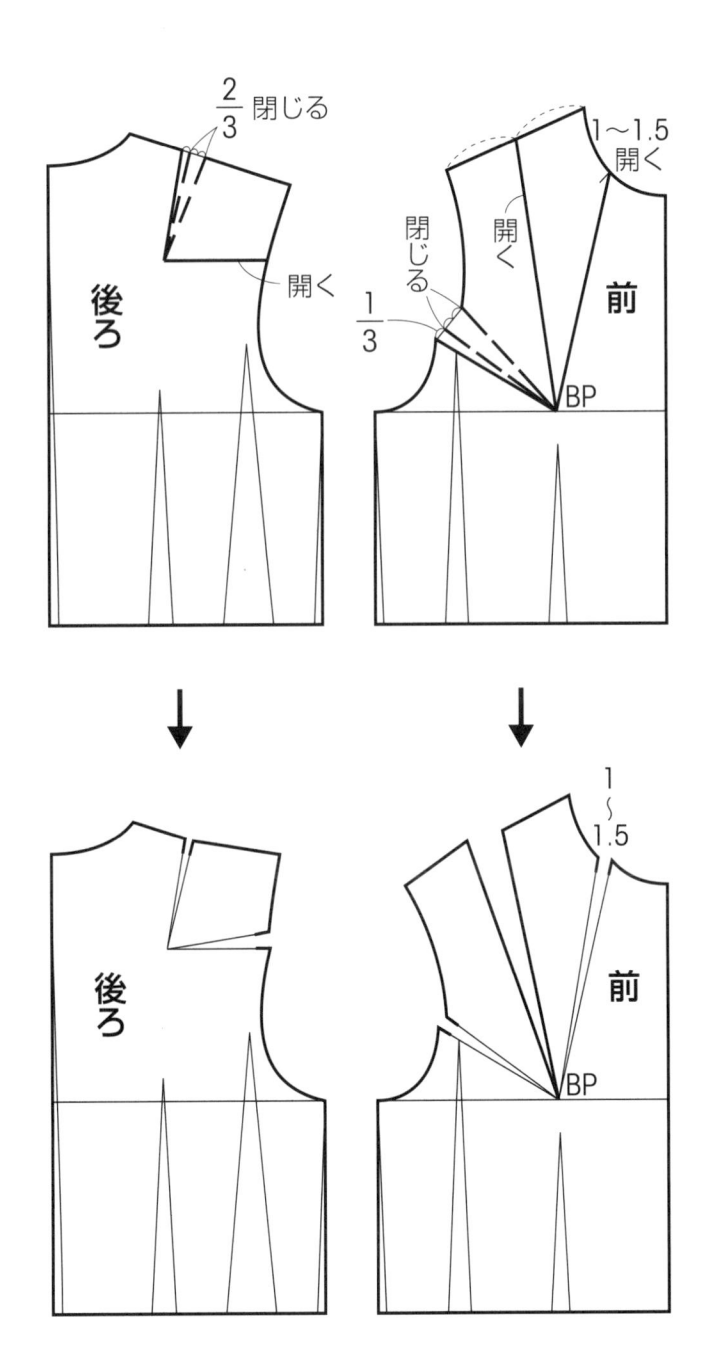

作図要点
身頃
　肩に移動した胸ぐせ分量は、ネックラインダーツとポケットの切込み位置を利用し、ウエストダーツに移動する。

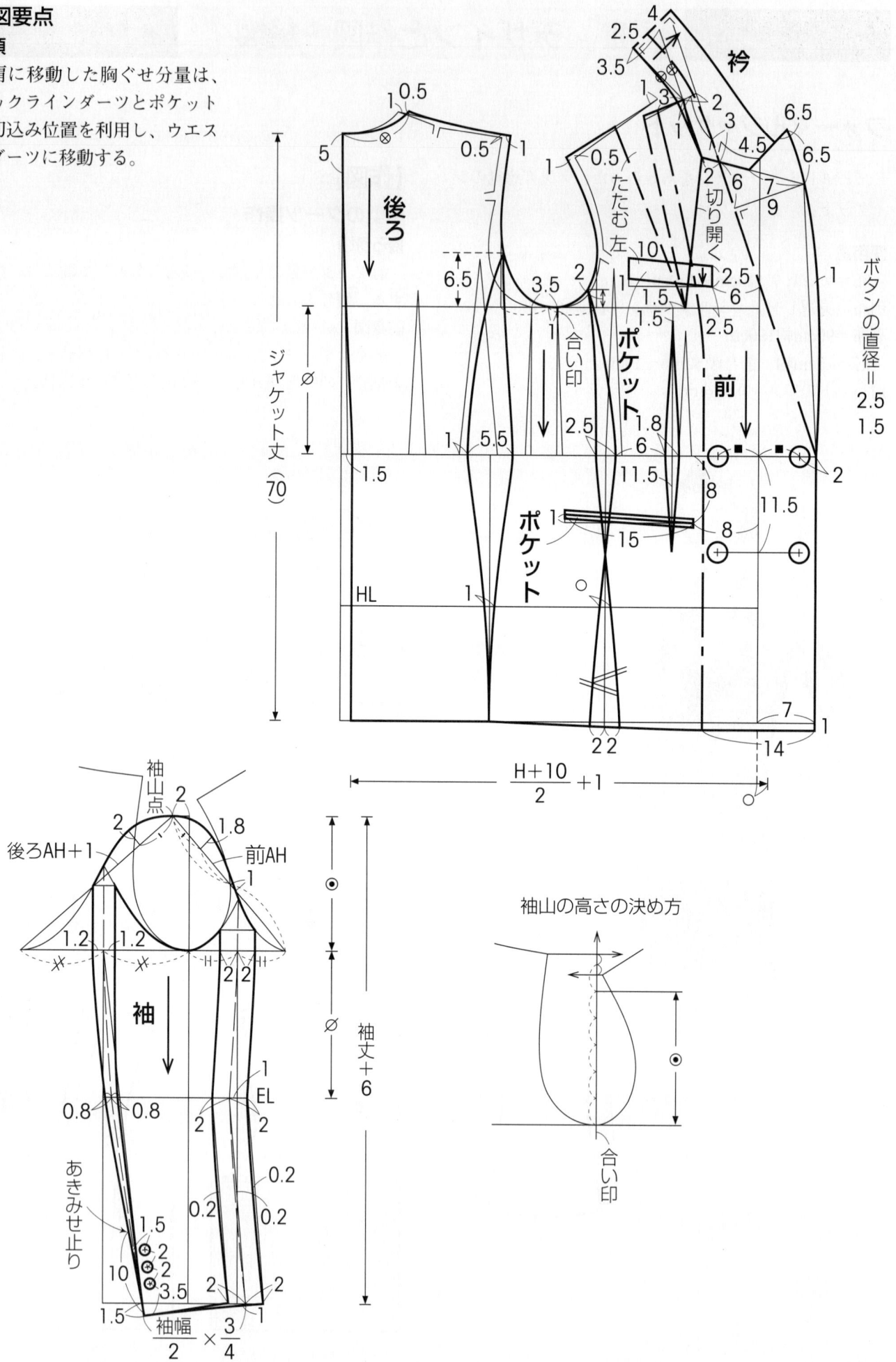

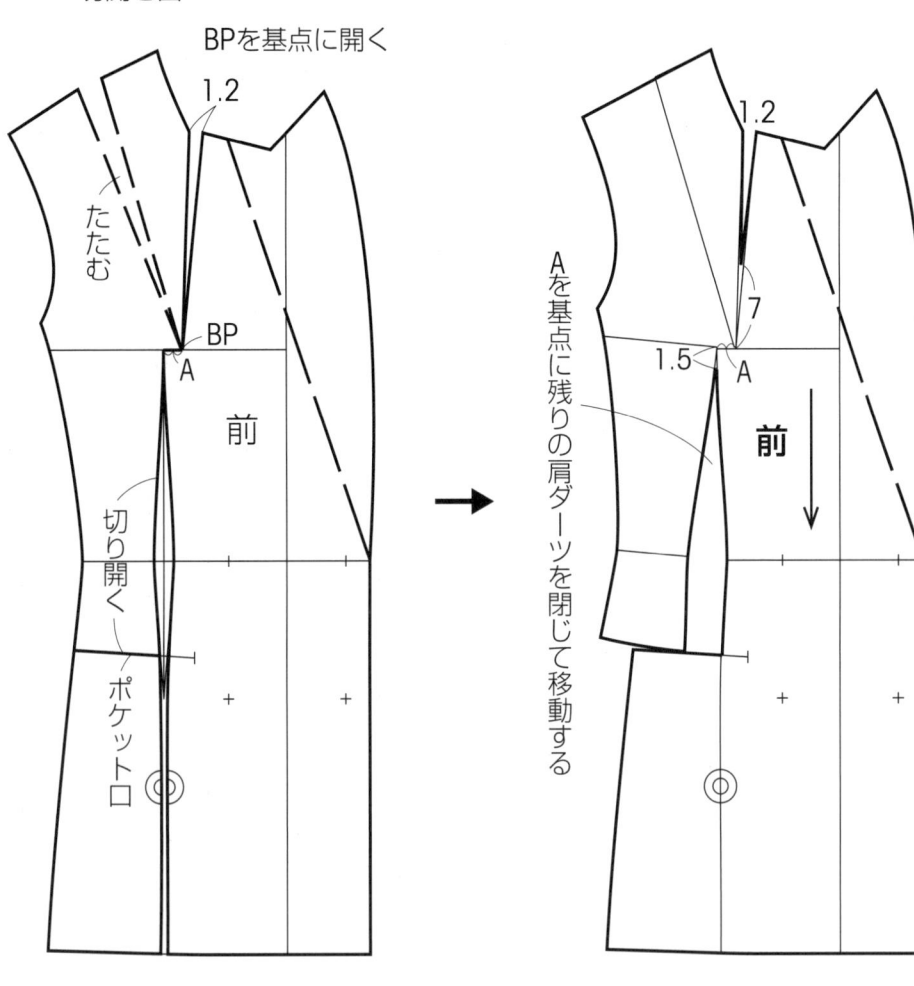

切開き図
BPを基点に開く
1.2
たたむ
BP
A
前
切り開く
ポケット口

1.2
7
Aを基点に残りの肩ダーツを閉じて移動する
1.5
A
前

〈拡大図〉
BP
A点

【仮縫いの準備】
前身頃のパターン展開
- 前身頃は補正によるポケット位置の移動を考慮し、仮縫い用に展開したパターンを用いる。

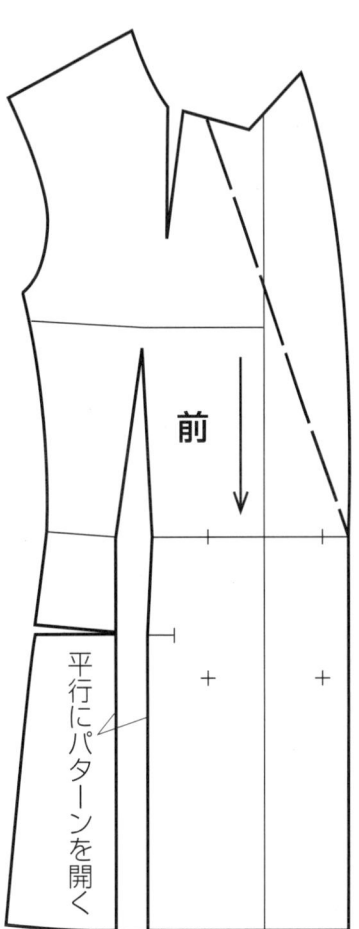

前

平行にパターンを開く

Ⅲ デザインと作図・縫製　153

前芯と衿芯を裁断する

- 毛芯はあらかじめ水通しをしておく。
- 前芯のパターンは前身頃のパターンを利用して作る。
  衿ぐりのダーツ分量を肩に移動し、肩ぐせをだすために肩線の位置で1cm少なくする。
  ウエストダーツは、ダーツの長さを短くするためと、縫い目の位置をずらし、薄く仕上げるために移動する。
- 芯の両耳は裁ち落として裁断する。
  衿芯の布目は裏衿と同じくバイアスに裁つ。
- 前芯は前中心線、返り線、バストライン、バストポイント、サイドネックポイントを鉛筆またはチョークで薄くしるす。
  衿芯は出来上り線と返り線、サイドネックポイントに印をつける。

芯の裁合せ図

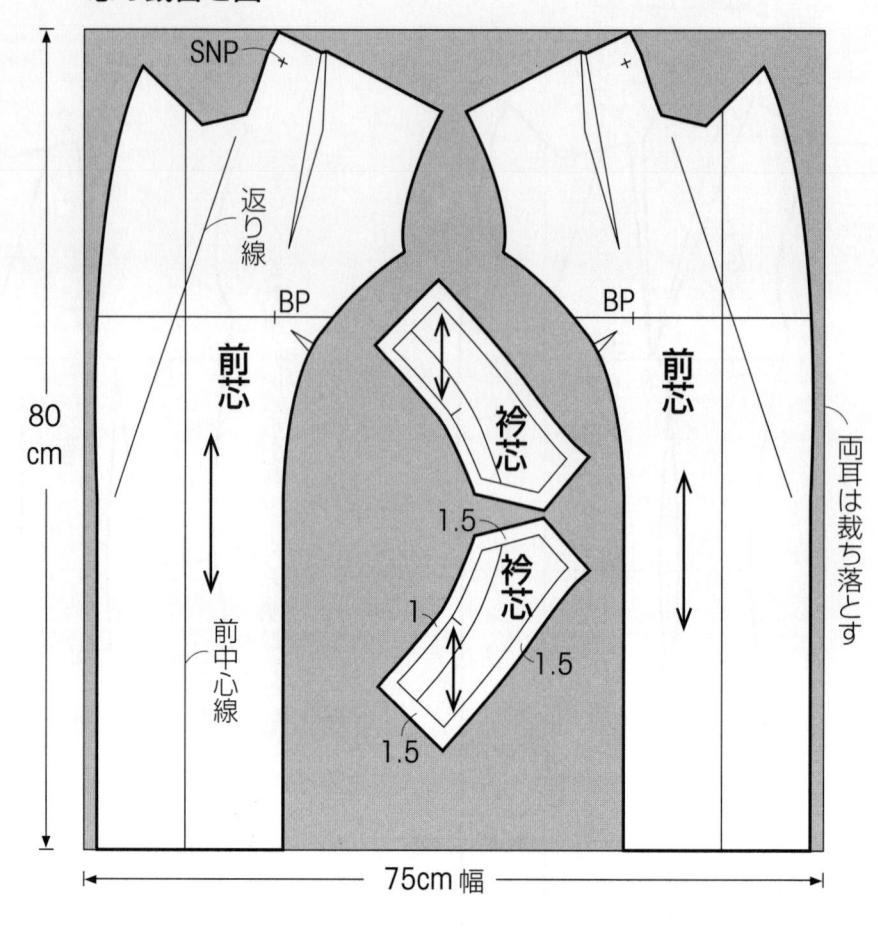

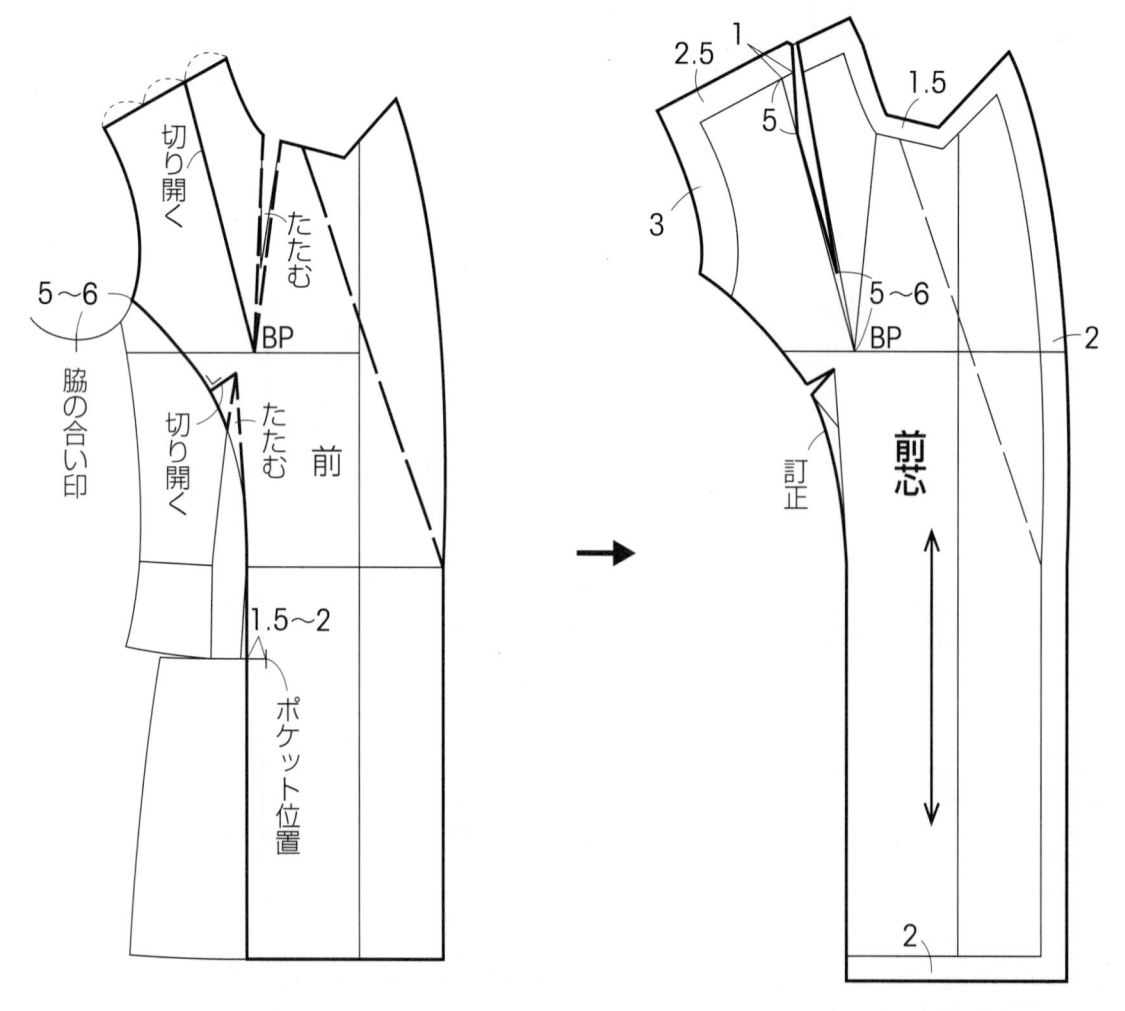

【仮縫い合せ】

実物仮縫いにし、仮縫い合せは、芯すえを主とした身頃の縫合せを説明し、袖に関しては省略してある。

試着補正方法とパターン修正は、服飾造形講座④『スーツ・ベスト』に準ずる。

1 前芯のダーツを縫う

ダーツをしつけ糸で縫い合わせ、片返しにする。

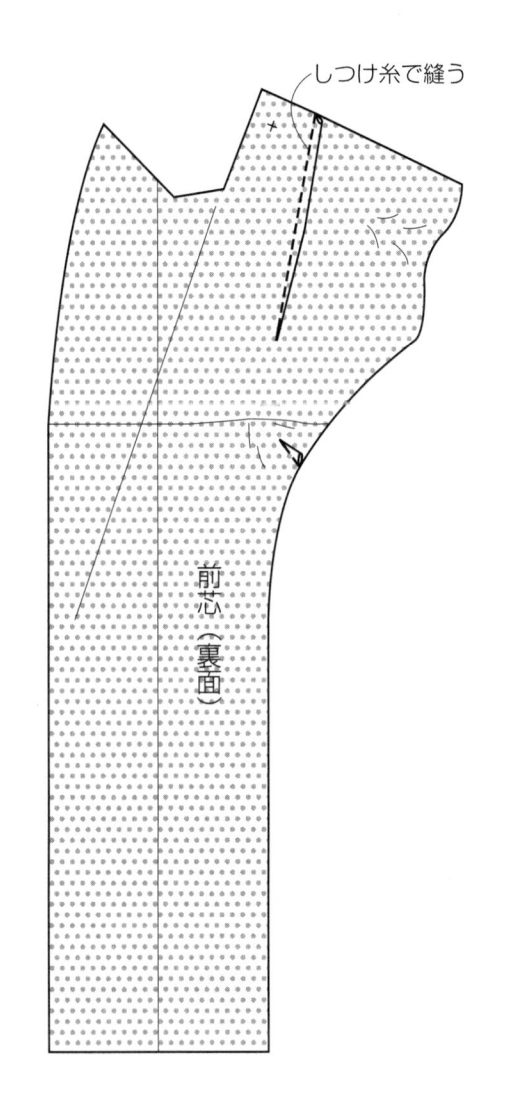

2 芯すえをする

仮縫い用に展開した前身頃のダーツ、ポケット位置を縫い合わせ、芯すえをする。

芯すえとは、芯と表布をよくなじませてしつけをかけることをいう。

芯すえの注意ポイント

- 前身頃と前芯の布目を正しく合わせ、前中心、バストライン、バストポイント、サイドネックポイントを合わせ、芯をつらせないように注意する。
- 胸のふくらみはつぶさないようにプレスボールの上でする。
- しつけ糸はゆるめにし、締めすぎないように注意する。
- 肩はくせをにがさないように、表布と芯をよくなじませる。
- 芯すえが終わったら、前身頃をボディに当てるか肩部分を持って下げ、表布と芯がきれいになじみ、落ち着いているか確認する。

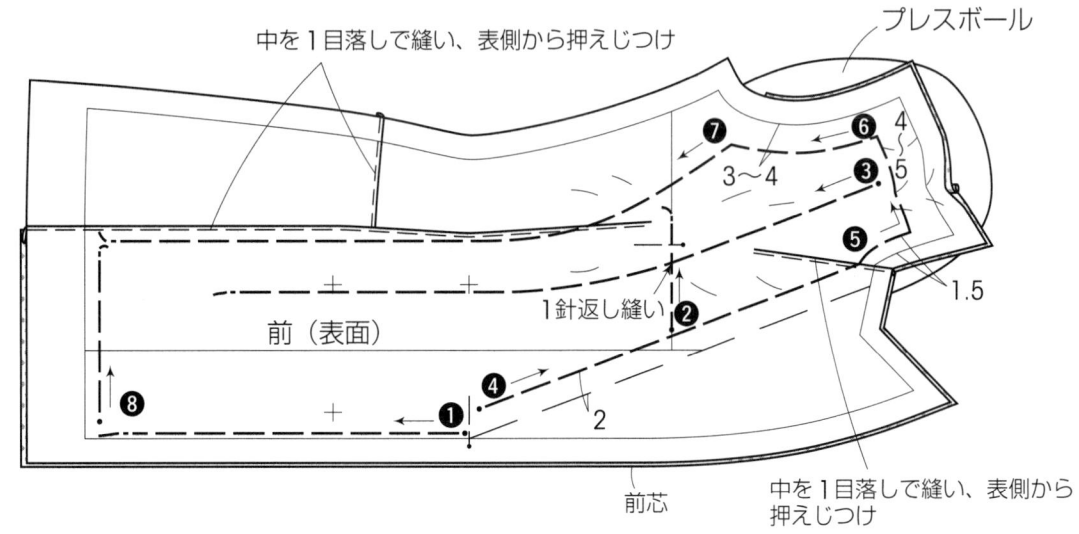

III デザインと作図・縫製

3　ラペルの部分をハ刺しで止める

折返りのゆとりを保ち、しつけ糸で粗くハ刺しをする。

斜めじつけの要領で表布側の針目が目立たないようにすくい、往復繰り返し止めていく。針目がハの字に見えることからハ刺しという。

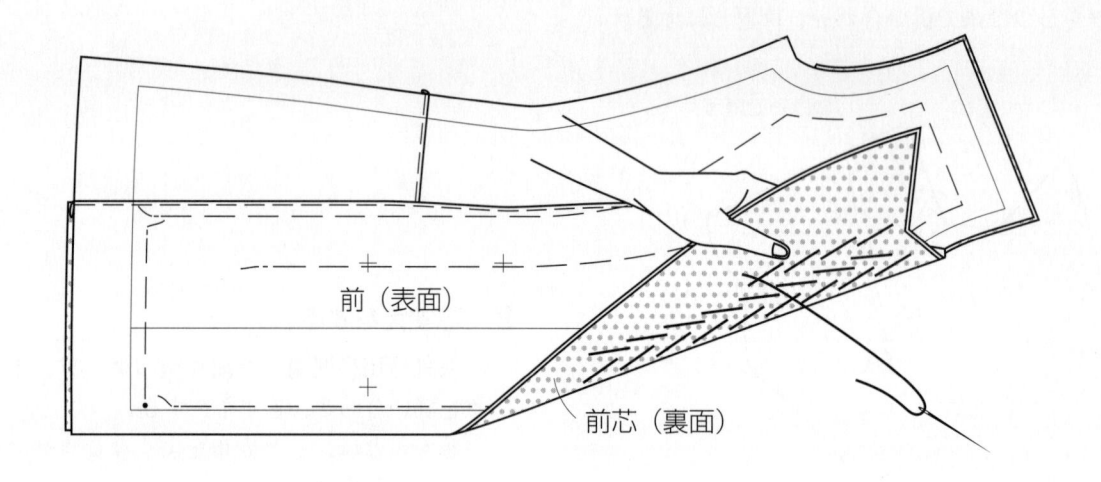

前（表面）

前芯（裏面）

4　前後身頃と脇身頃を縫い合わせる

表側から押えじつけ

前芯（裏面）

前（裏面）

脇（裏面）

後ろ（裏面）

5　肩を縫い合わせ、裾を上げる

肩は前芯をよけていせ分を入れながら並縫いをする。

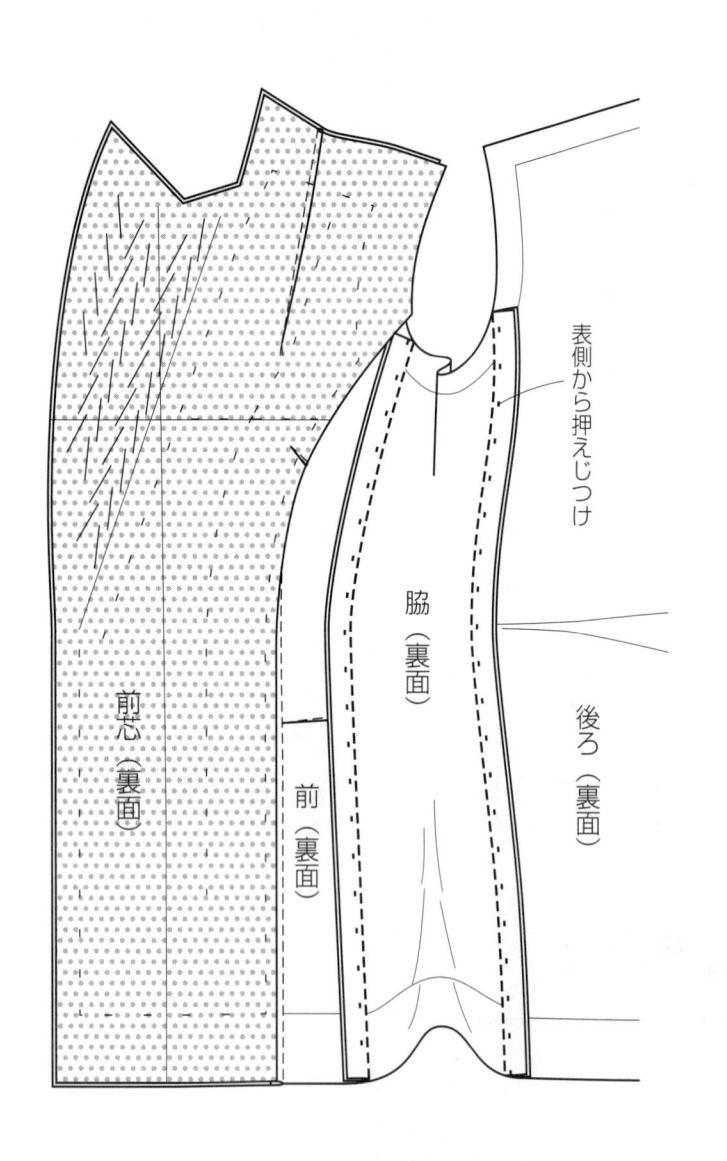

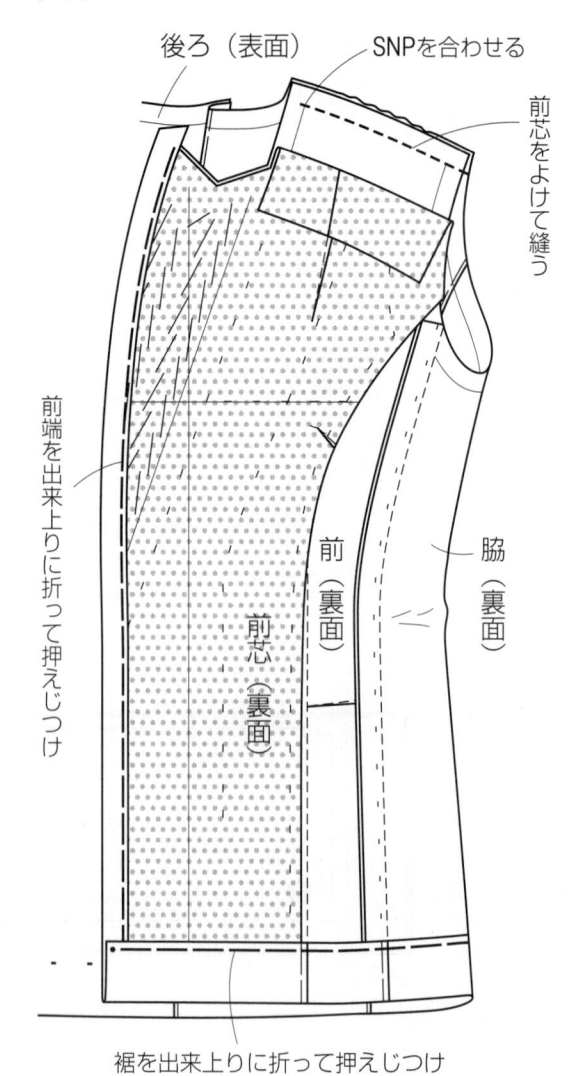

後ろ（表面）　SNPを合わせる

前芯をよけて縫う

前端を出来上りに折って押えじつけ

前芯（裏面）

前（裏面）

脇（裏面）

裾を出来上りに折って押えじつけ

6 衿芯を出来上りに形作り、つける

衿つけはプレスボールの上でする。身頃の衿ぐりを伸ばさないように注意し、後ろ中心、サイドネックポイント、返り線、衿つけ止りの合い印を合わせ、細かく押えじつけをする。

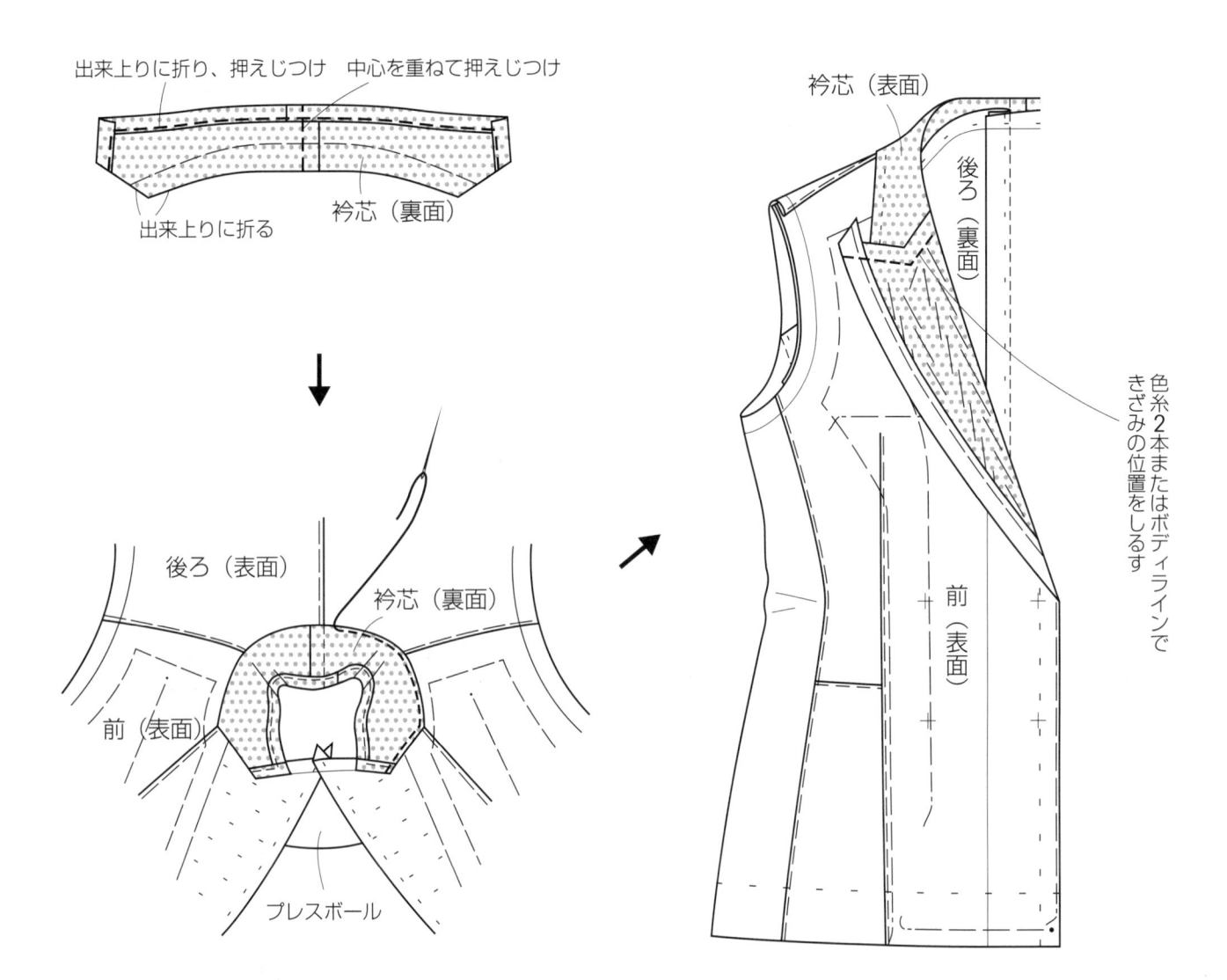

出来上りに折り、押えじつけ　中心を重ねて押えじつけ
出来上りに折る
衿芯（裏面）

後ろ（表面）
衿芯（裏面）
前（表面）
プレスボール

衿芯（表面）
後ろ（裏面）
前（表面）

色糸2本またはボディラインできざみの位置をしるす

【本縫いのためのパターンメーキング】

表布の身頃と袖は、仮縫い合せをとき、アイロンをかけ、補正箇所を修正したあと、縫い代を整理する方法でもよい。

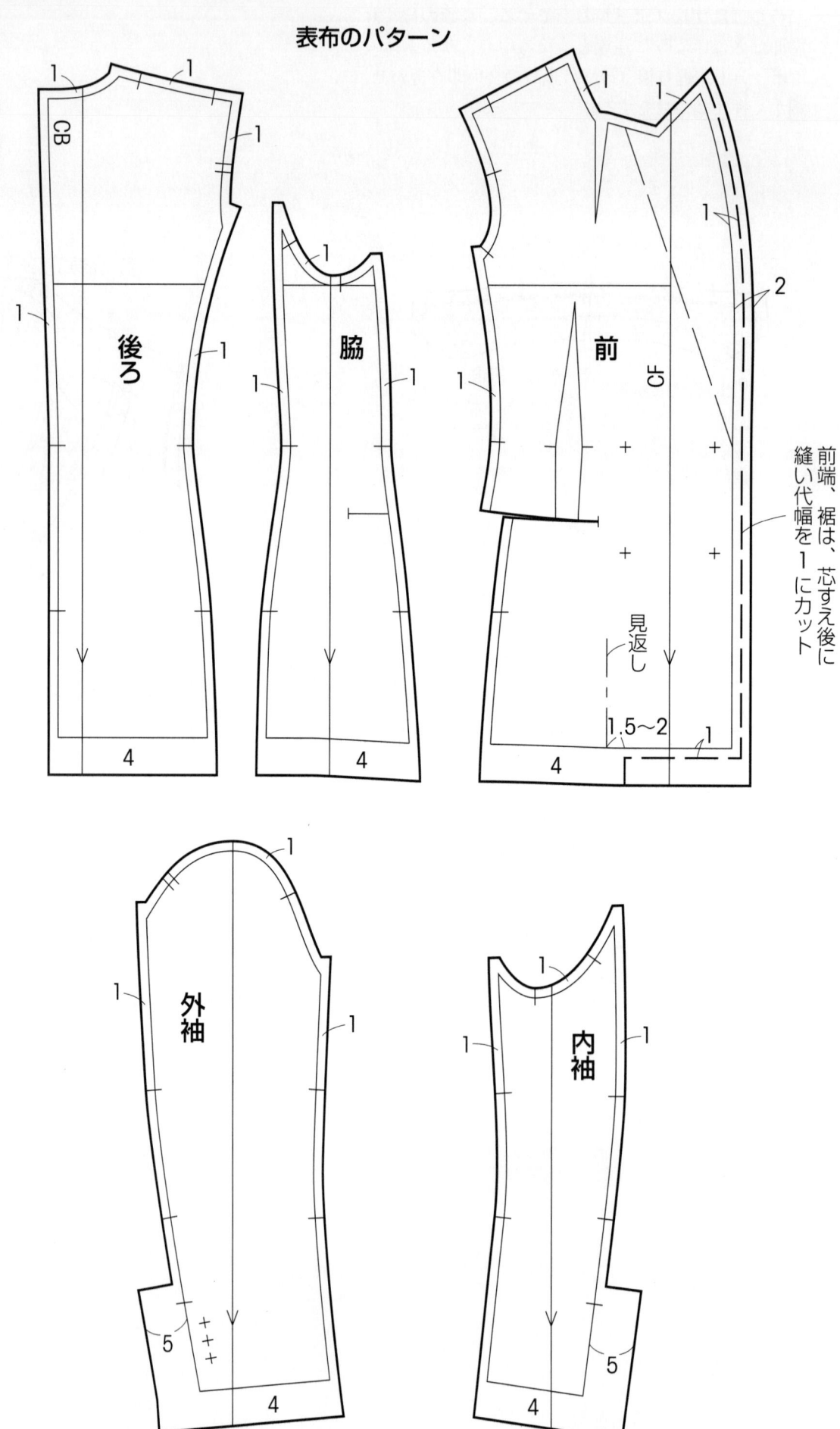

表布のパターン

後ろ / 脇 / 前

見返し 1.5〜2

前端、裾は、芯すえ後に縫い代幅を1にカット

外袖 / 内袖

表衿

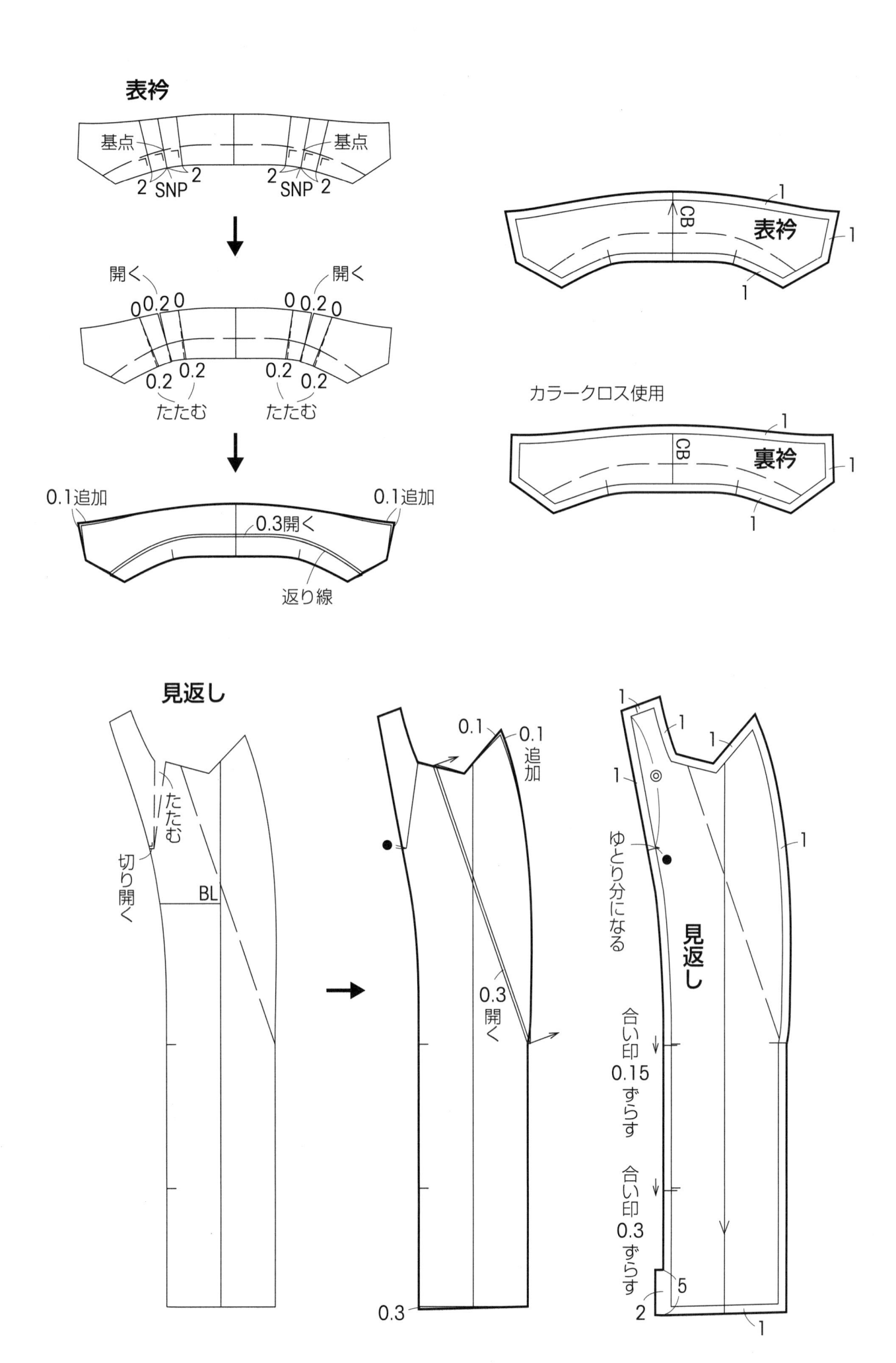

基点 — 2 SNP 2 — 2 SNP 2 — 基点

開く 0 0.2 0　　0 0.2 0 開く
0.2 0.2　　0.2 0.2
たたむ　　たたむ

0.1追加　　0.3開く　　0.1追加
返り線

表衿　CB　1　1　1

カラークロス使用

裏衿　CB　1　1　1

見返し

たたむ
切り開く
BL

0.1　0.1追加
0.3開く
0.3

1　1　1
ゆとり分になる
見返し
合い印
0.15
ずらす
合い印
0.3
ずらす
5
2　1

Ⅲ　デザインと作図・縫製

前裏布の展開方法

ウエストダーツを切り開く前のパターンから展開する。
ここではBの方法にする。

（A）胸ぐせをショルダーダーツ
にそのまま残す

4～5
1.5
前
ダーツ下の分量を脇でカット

（B）胸ぐせをショルダーダーツ
からサイドダーツへ展開

3
前

（C）胸ぐせをショルダーダーツ
から中心側に展開し、開い
た分量をいせる

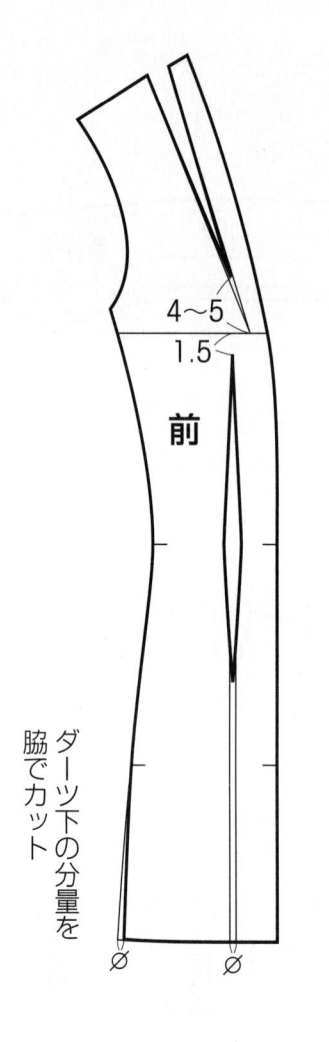

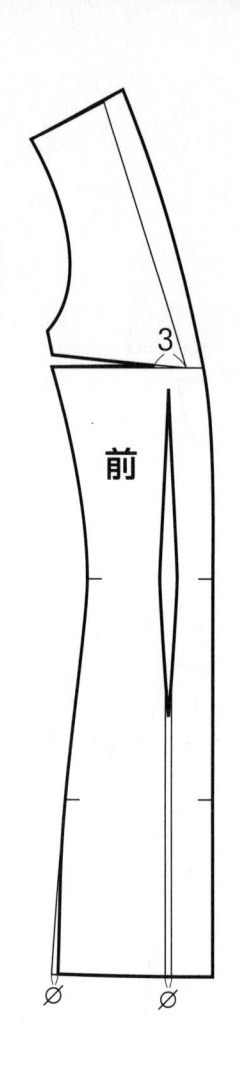

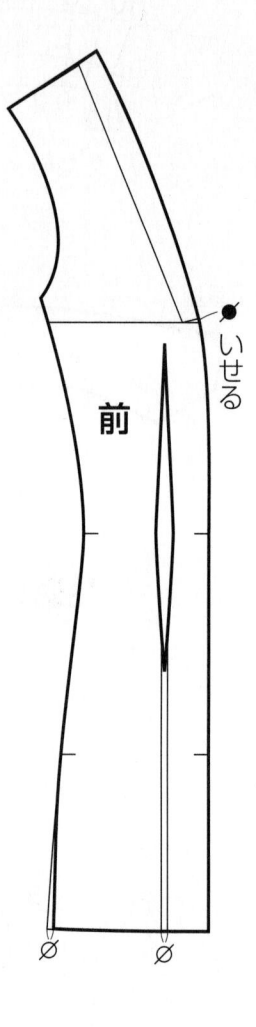

前
いせる

裏布のパターン

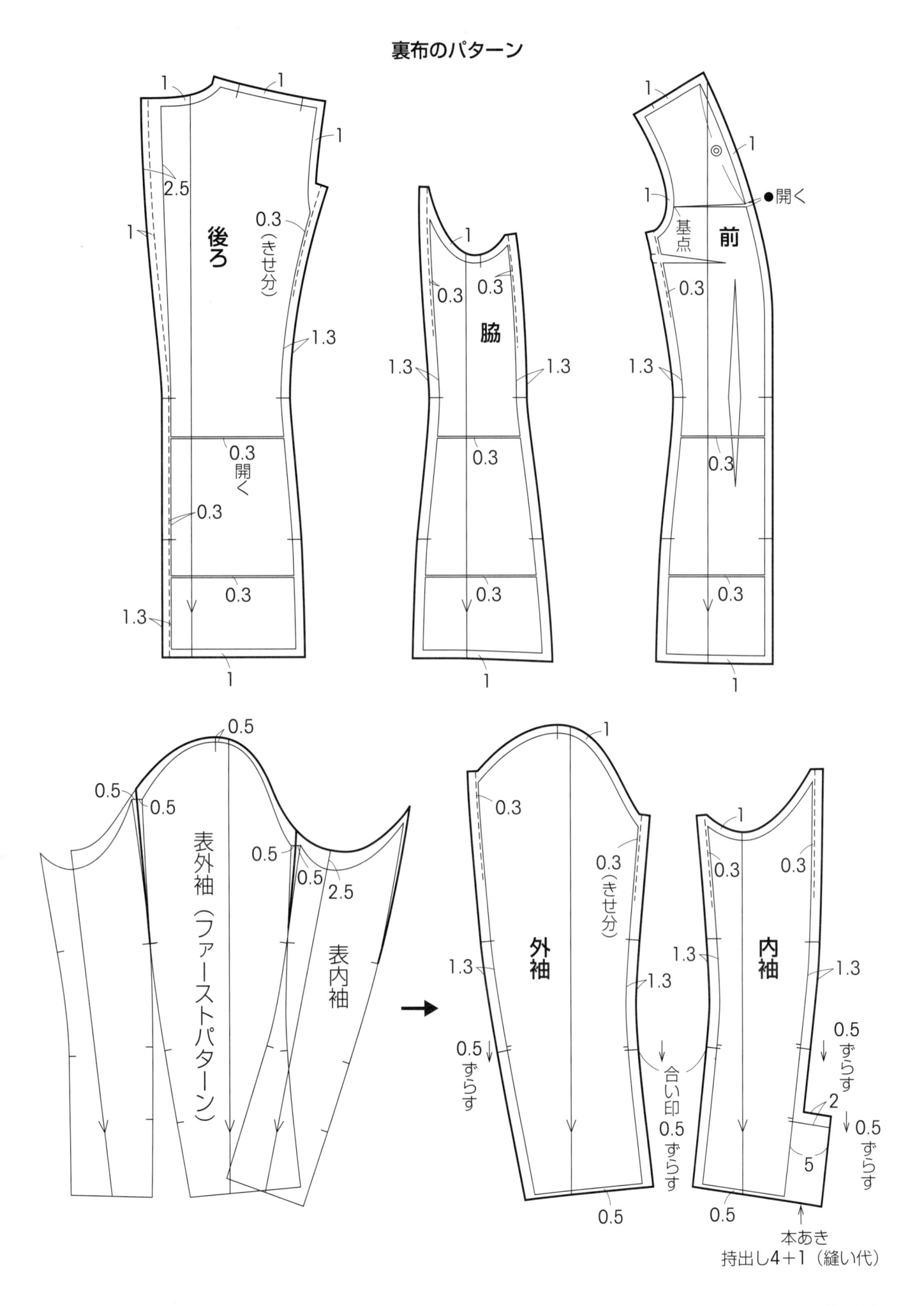

【縫製】

1　ポケット位置に切込みを入れる

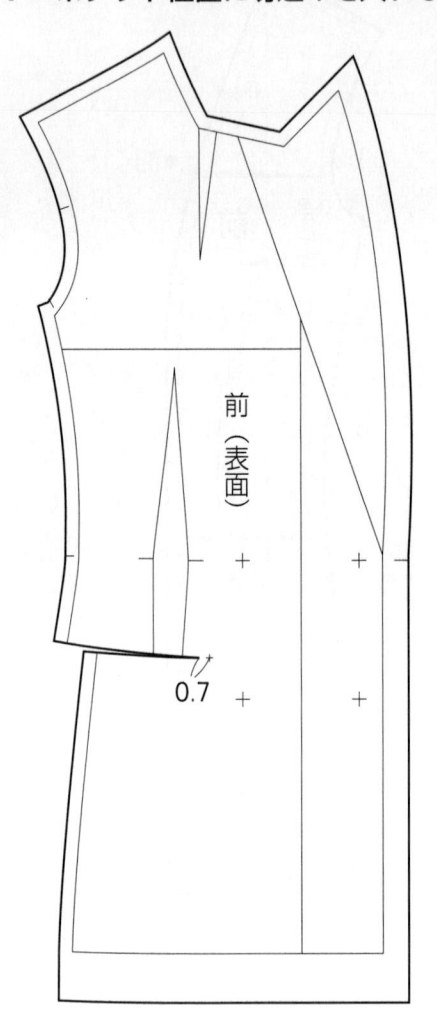

2　前身頃のネックラインダーツ、ウエストダーツを縫う

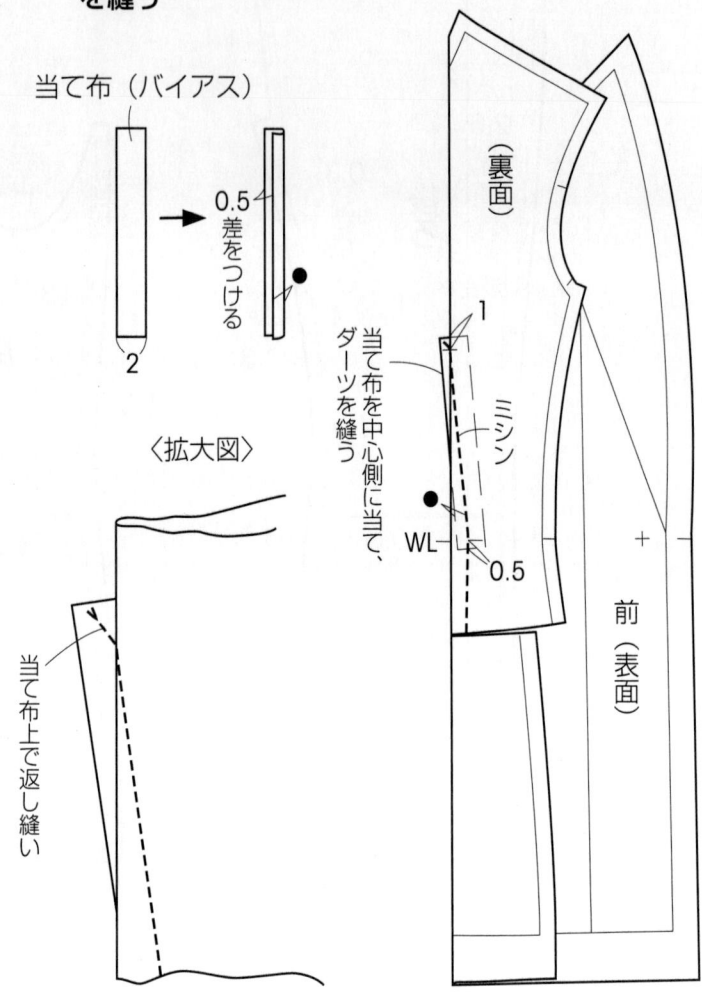

当て布（バイアス）

0.5差をつける

〈拡大図〉

当て布を中心側に当て、ダーツを縫う

当て布上で返し縫い

ミシン

WL

0.5

前（表面）

0.7

前（裏面）

3　ポケット口に力布をはり、裾芯をつける

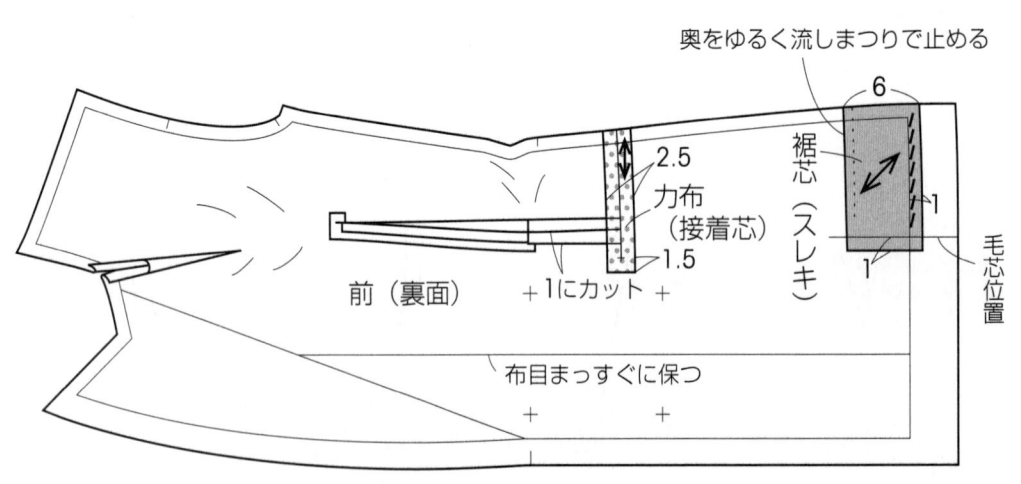

奥をゆるく流しまつりで止める

2.5
力布（接着芯）
1.5
+1にカット
前（裏面）
裾芯（スレキ）
6
1
1
毛芯位置

布目まっすぐに保つ

脇（裏面）
力布
2.5
1.5
裾芯（スレキ）
6
1
奥をゆるく流しまつりで止める

①ウエストダーツの中心をWLまでカットし、縫い代を割る
②ポケット切込み位置の裁ち端を突き合わせ、ポケット口に力布をはる
③裾芯をつける

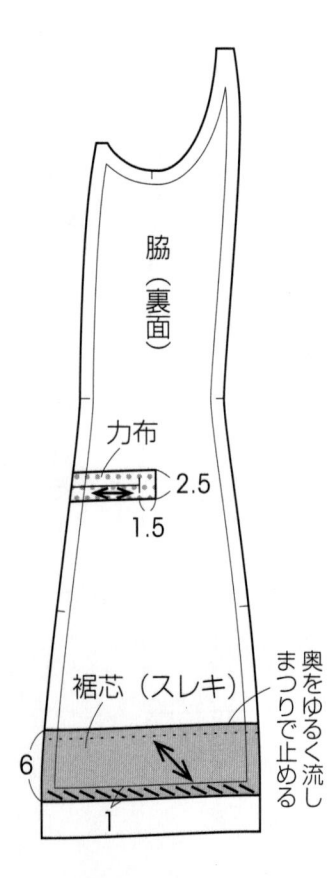

4 前身頃のパネルラインを縫い、テープをつける

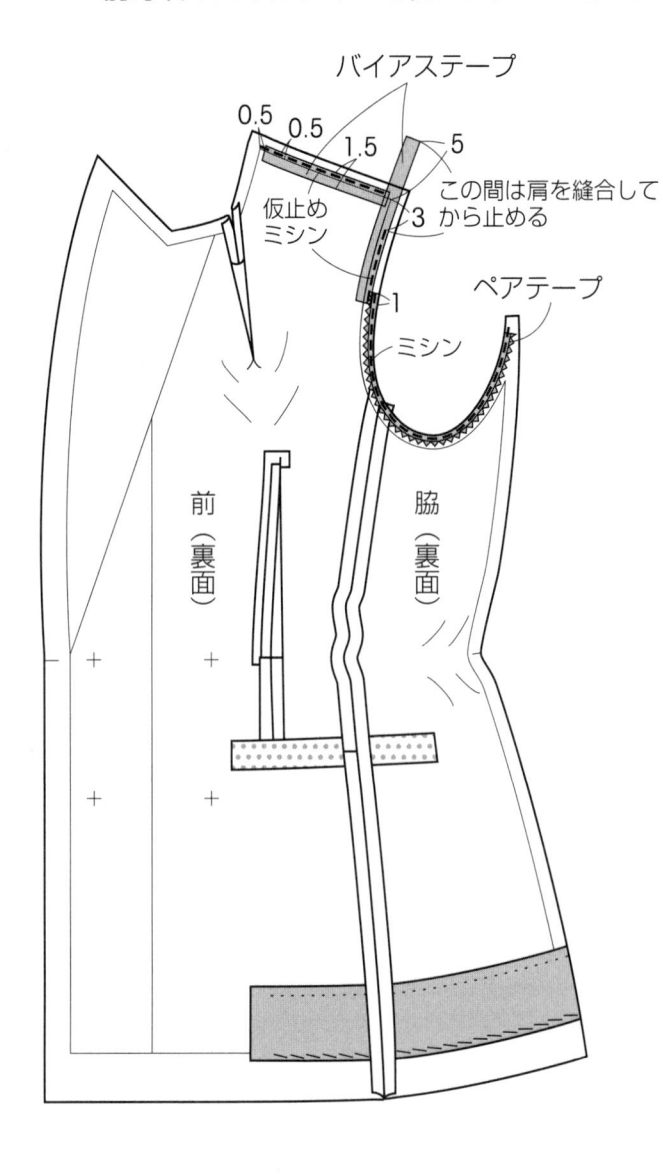

- バイアステープ
- 0.5　0.5　1.5　5
- 仮止めミシン
- この間は肩を縫合してから止める
- 3
- ペアテープ
- ミシン
- 1
- 前（裏面）
- 脇（裏面）

ポケット口をカーブで訂正

- 脇（表面）
- 前（表面）

5 ポケットを作る

裁ち方

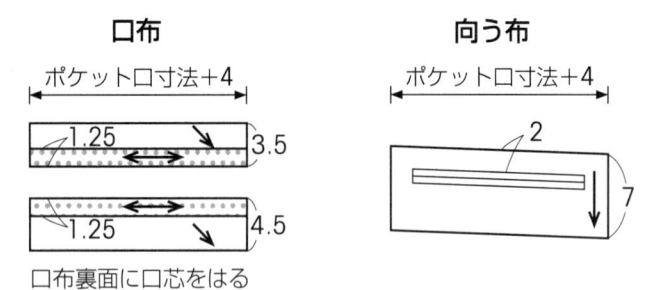

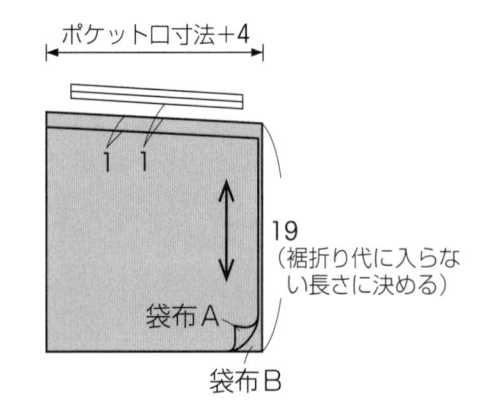

口布

ポケット口寸法＋4

- 1.25　3.5
- 1.25　4.5

口布裏面に口芯をはる

向う布

ポケット口寸法＋4

- 2
- 7

袋布（スレキ）

ポケット口寸法＋4

- 1　1
- 19（裾折り代に入らない長さに決める）
- 袋布A
- 袋布B

①ポケット口のカーブに合わせて口布を突き合わせて置く
②玉縁幅にミシンをかける。縫始め、縫終りは返し縫い

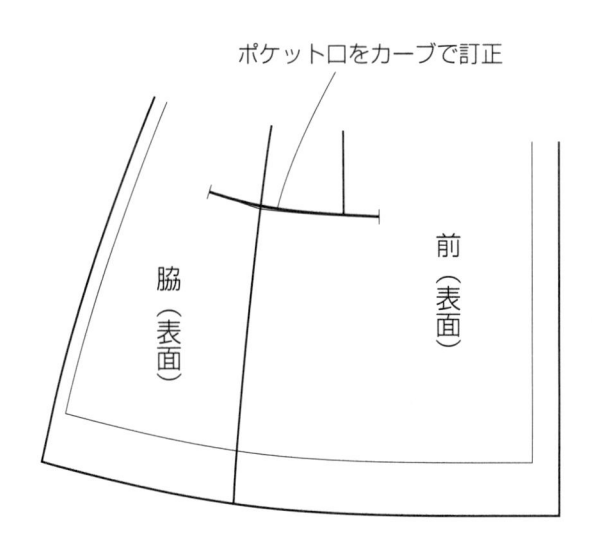

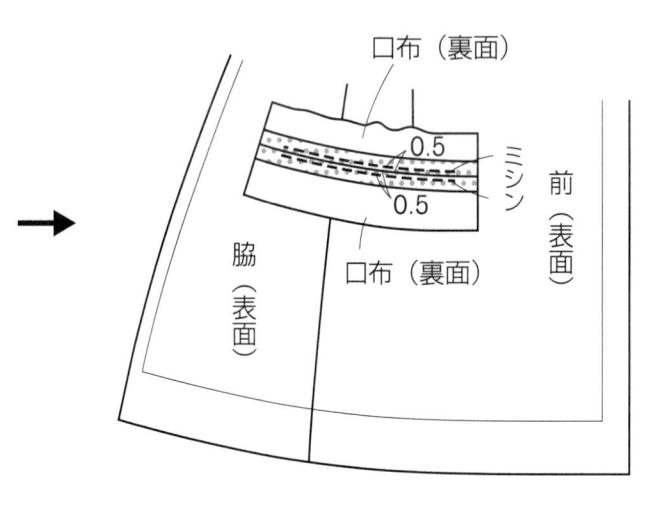

- 口布（裏面）
- 0.5
- ミシン
- 0.5
- 前（表面）
- 脇（表面）
- 口布（裏面）

Ⅲ　デザインと作図・縫製

口布をよけて切込みを入れる

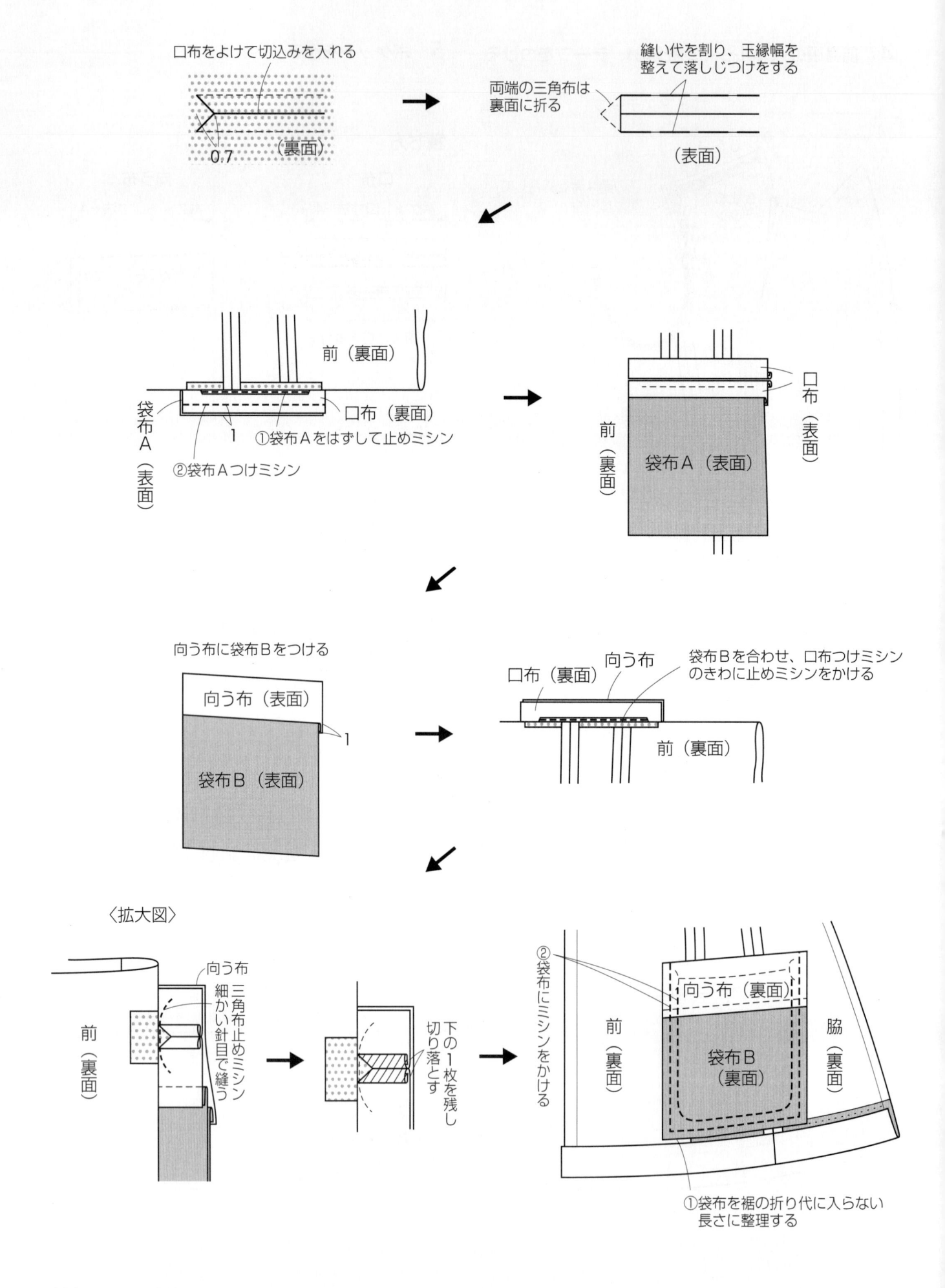

縫い代を割り、玉縁幅を整えて落しじつけをする

両端の三角布は裏面に折る

0.7 （裏面）

（表面）

前（裏面）
袋布A（表面）
口布（裏面）
①袋布Aをはずして止めミシン
②袋布Aつけミシン

口布（表面）
袋布A（表面）
前（裏面）

向う布に袋布Bをつける

向う布（表面）
袋布B（表面）

口布（裏面）　向う布
袋布Bを合わせ、口布つけミシンのきわに止めミシンをかける
前（裏面）

〈拡大図〉

向う布
三角布止めミシン
細かい針目で縫う
前（裏面）

下の1枚を残し切り落とす

②袋布にミシンをかける
向う布（裏面）
前（裏面）　袋布B（裏面）　脇（裏面）
①袋布を裾の折り代に入らない長さに整理する

6 前芯を作る

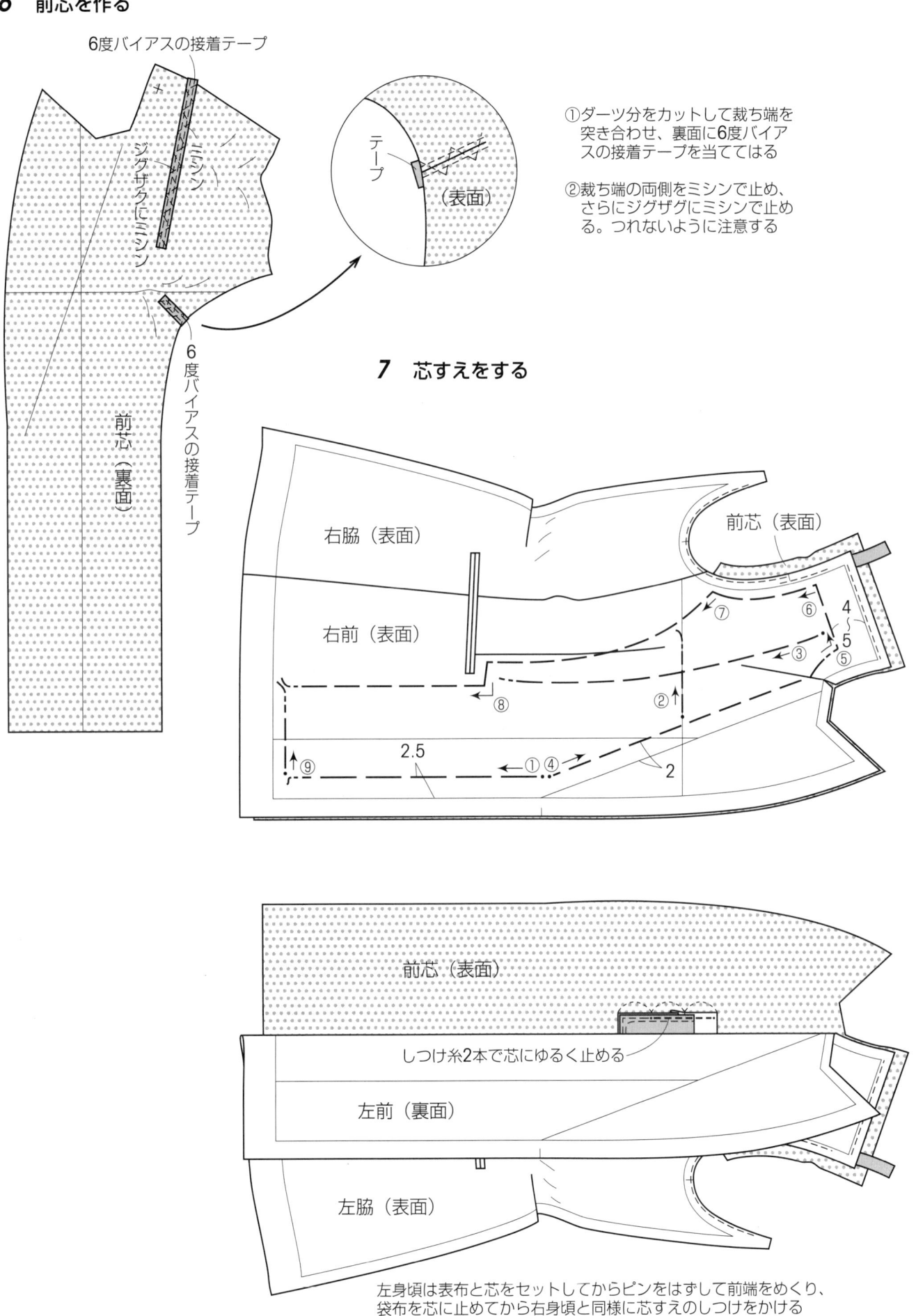

6度バイアスの接着テープ

ミシン

ジグザグにミシン

前芯（裏面）

6度バイアスの接着テープ

テープ

（表面）

① ダーツ分をカットして裁ち端を突き合わせ、裏面に6度バイアスの接着テープを当ててはる

② 裁ち端の両側をミシンで止め、さらにジグザグにミシンで止める。つれないように注意する

7 芯すえをする

右脇（表面）

右前（表面）

前芯（表面）

2.5　2

前芯（表面）

しつけ糸2本で芯にゆるく止める

左前（裏面）

左脇（表面）

左身頃は表布と芯をセットしてからピンをはずして前端をめくり、袋布を芯に止めてから右身頃と同様に芯すえのしつけをかける

Ⅲ　デザインと作図・縫製

8 腰ポケットの袋布を中とじする

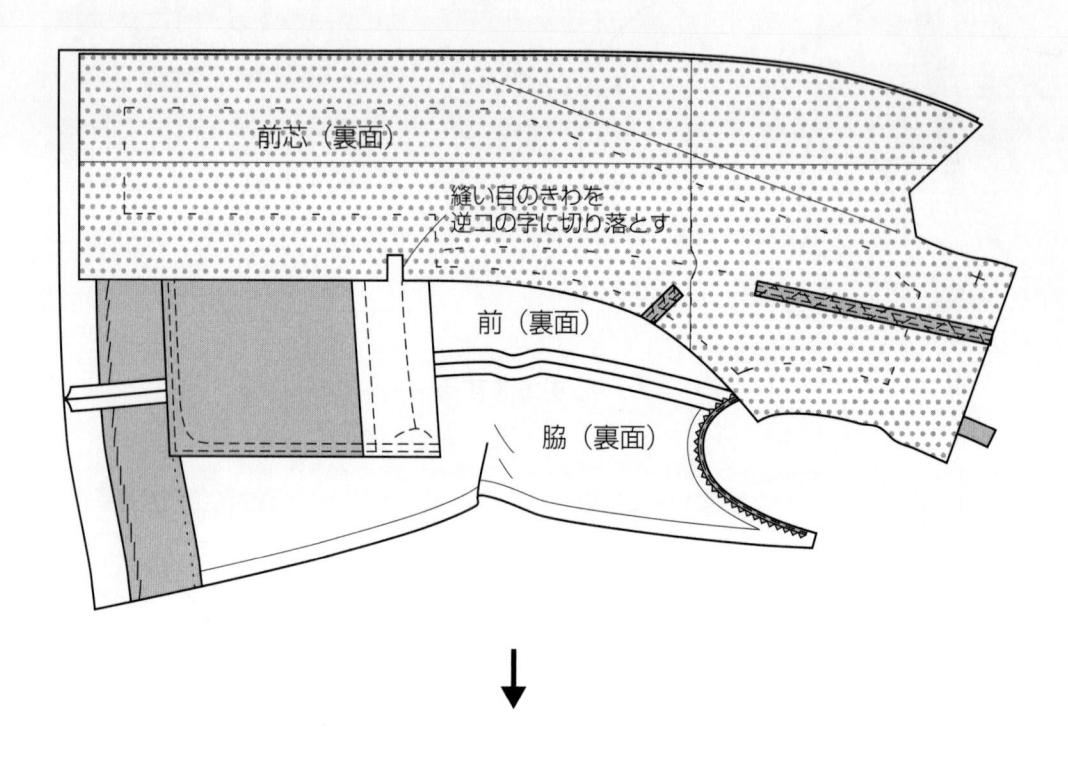

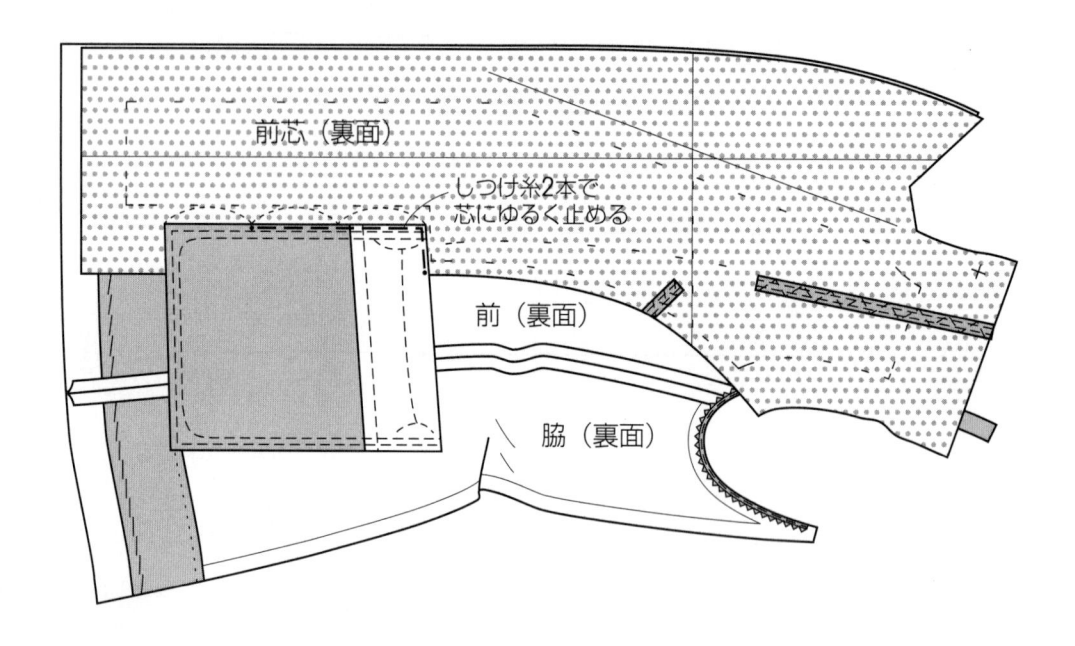

前芯（裏面）

縫い目のきわを
逆コの字に切り落とす

前（裏面）

脇（裏面）

↓

前芯（裏面）

しつけ糸2本で
芯にゆるく止める

前（裏面）

脇（裏面）

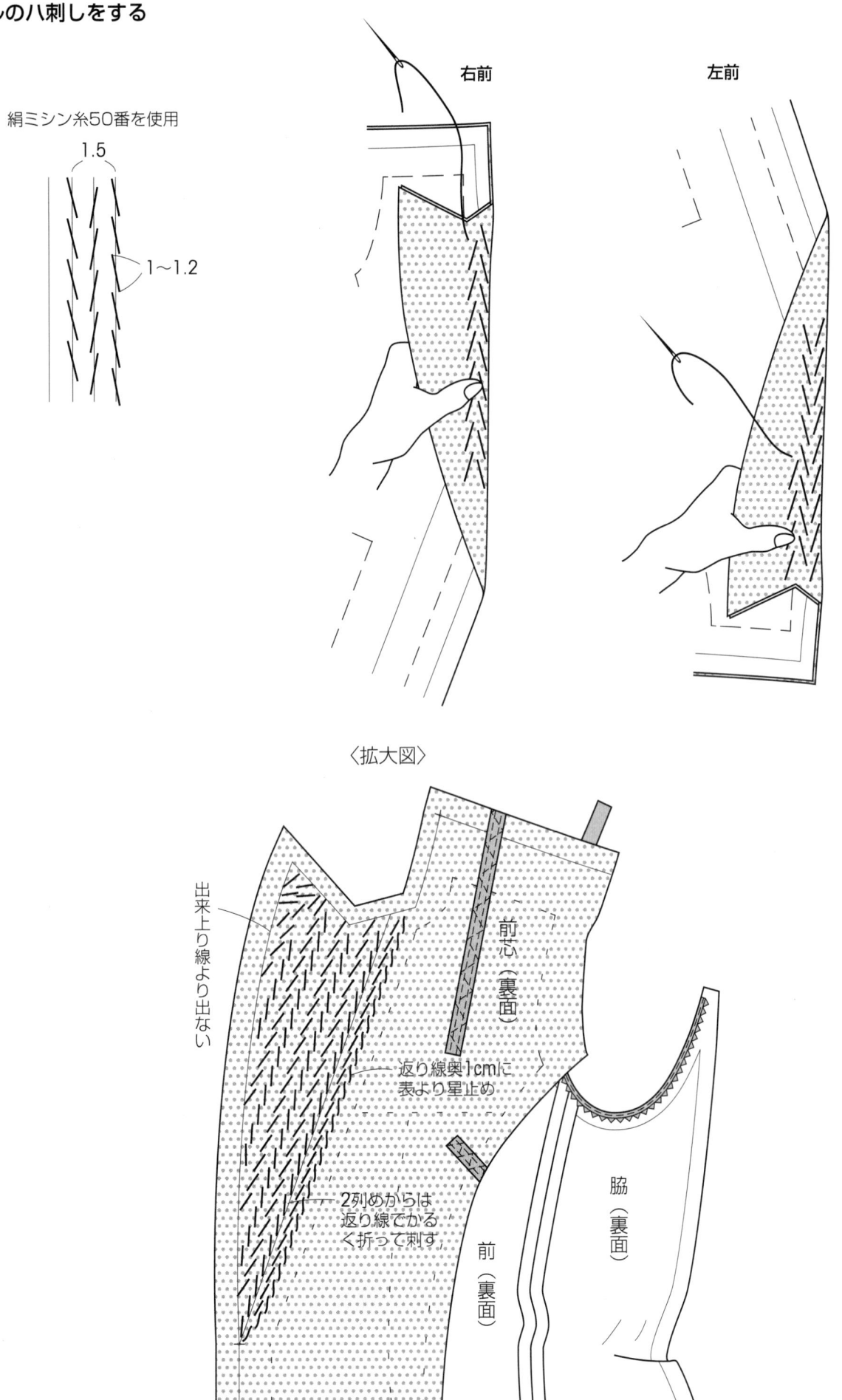

9 ラペルのハ刺しをする

絹ミシン糸50番を使用

1.5
1〜1.2

右前　　左前

〈拡大図〉

出来上り線より出ない

前芯（裏面）

返り線奥1cmに表より星止め

2列めからは返り線でかるく折って刺す

前（裏面）

脇（裏面）

10 前芯の衿ぐりから前端、裾を出来上りにカットする

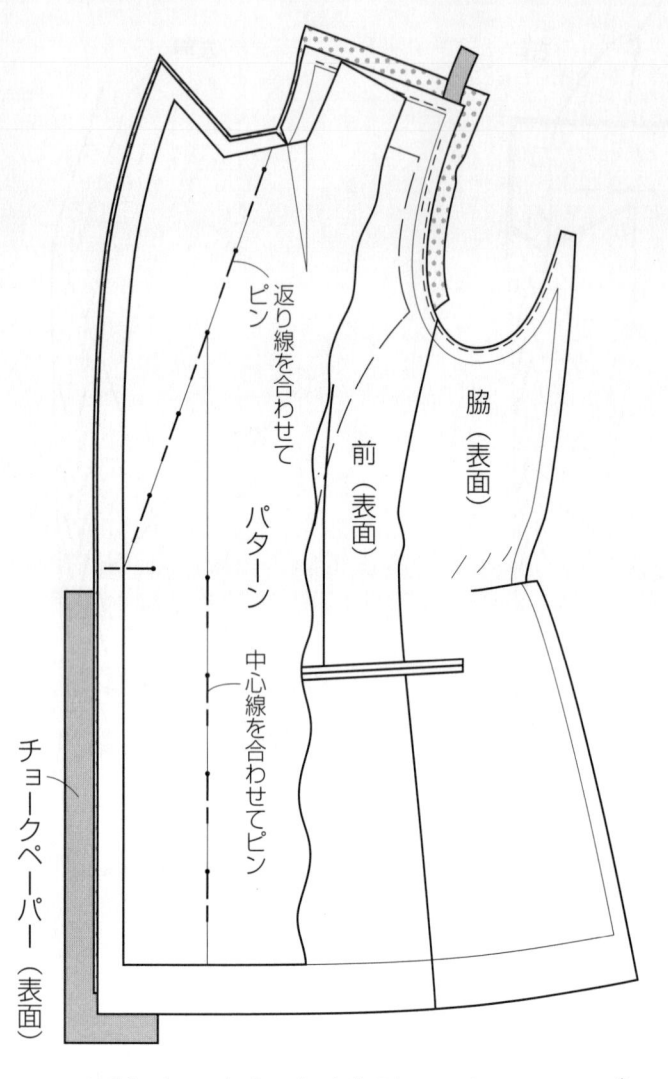

前芯にチョークペーパーを使用し、ラペル、前端、裾の出来上り線をうつす。衿ぐり線はパターンを移動してうつす

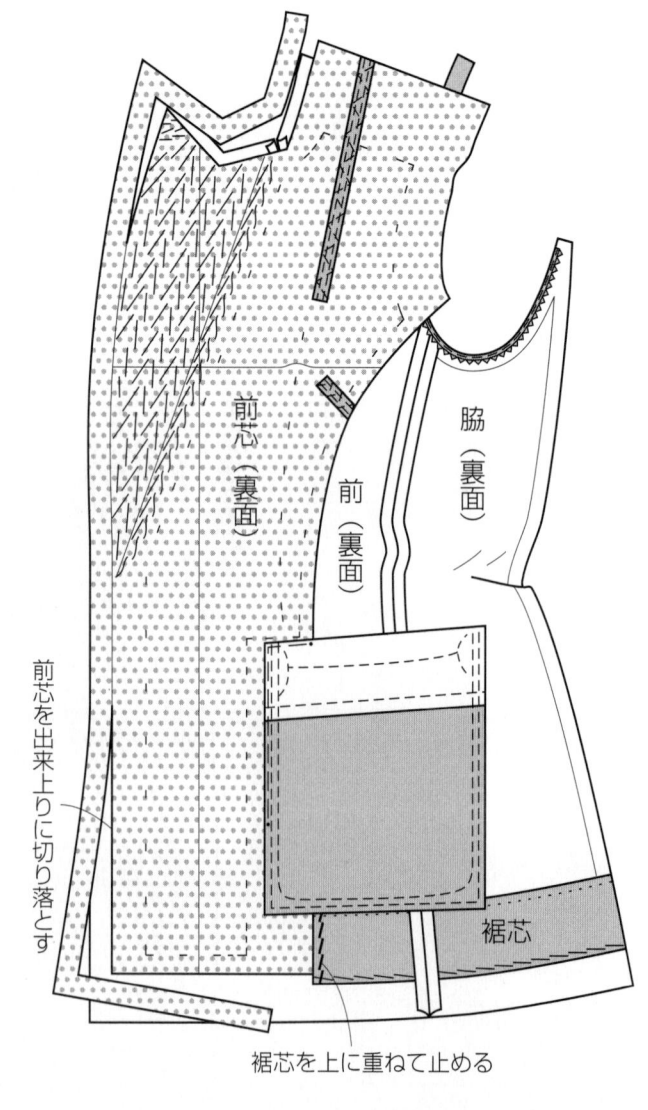

返り線を合わせてピン
パターン
中心線を合わせてピン
チョークペーパー（表面）
前（表面）
脇（表面）

前芯を出来上りに切り落とす
前芯（裏面）
前（裏面）
脇（裏面）
裾芯
裾芯を上に重ねて止める

11　返り線奥と衿ぐり、前端、裾にテープを止める

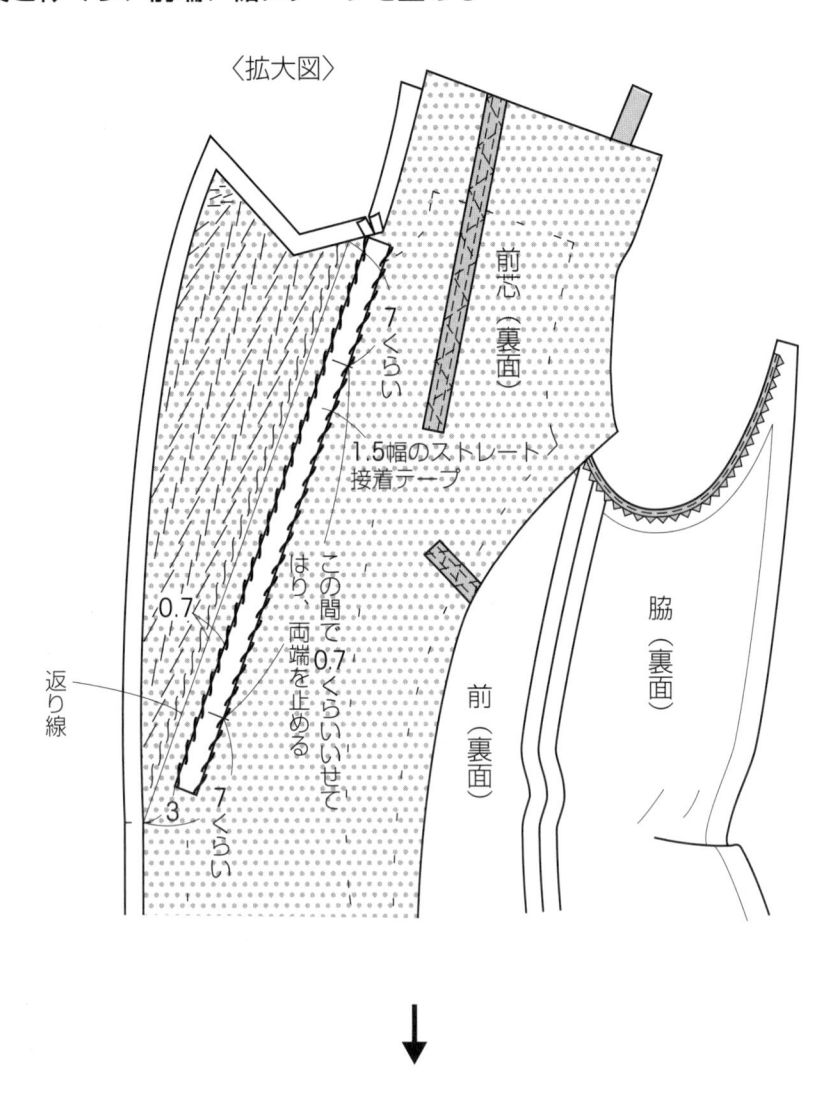

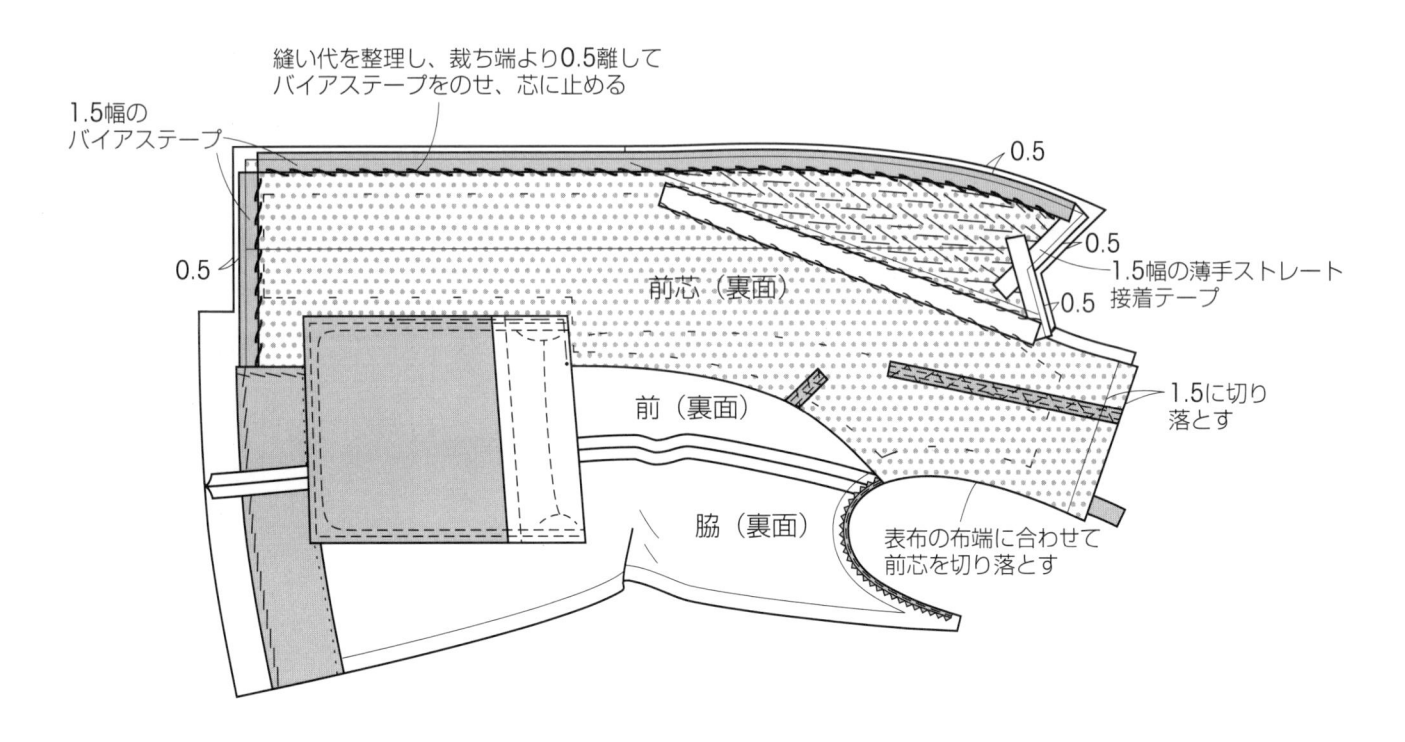

〈拡大図〉

前芯（裏面）

1.5幅のストレート接着テープ

7くらい

0.7

返り線

この間で0.7くらいいせて、両端を止める

3

7くらい

前（裏面）

脇（裏面）

1.5幅のバイアステープ

縫い代を整理し、裁ち端より0.5離してバイアステープをのせ、芯に止める

0.5

0.5

0.5

前芯（裏面）

1.5幅の薄手ストレート接着テープ

0.5

1.5に切り落とす

前（裏面）

脇（裏面）

表布の布端に合わせて前芯を切り落とす

Ⅲ　デザインと作図・縫製　169

12 胸増し芯をつける

胸増し芯は既製のものを使用する。大きさが合わない場合は、衿ぐり、肩、袖ぐりに胸増し芯がかかることを確認し、段差をつけてカットする。

胸増し芯を、肩は前芯より0.5大きく残し、袖ぐりは表布の裁ち端に合わせて切り落とす

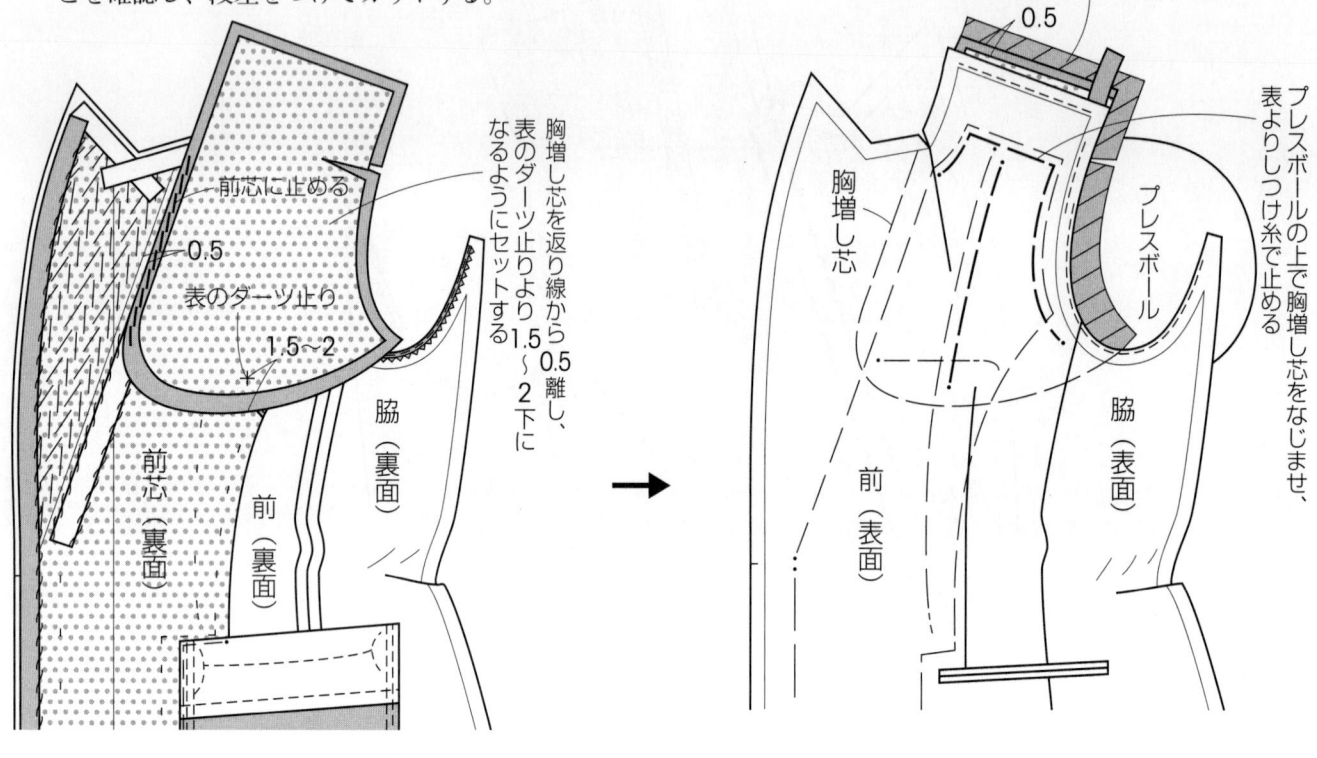

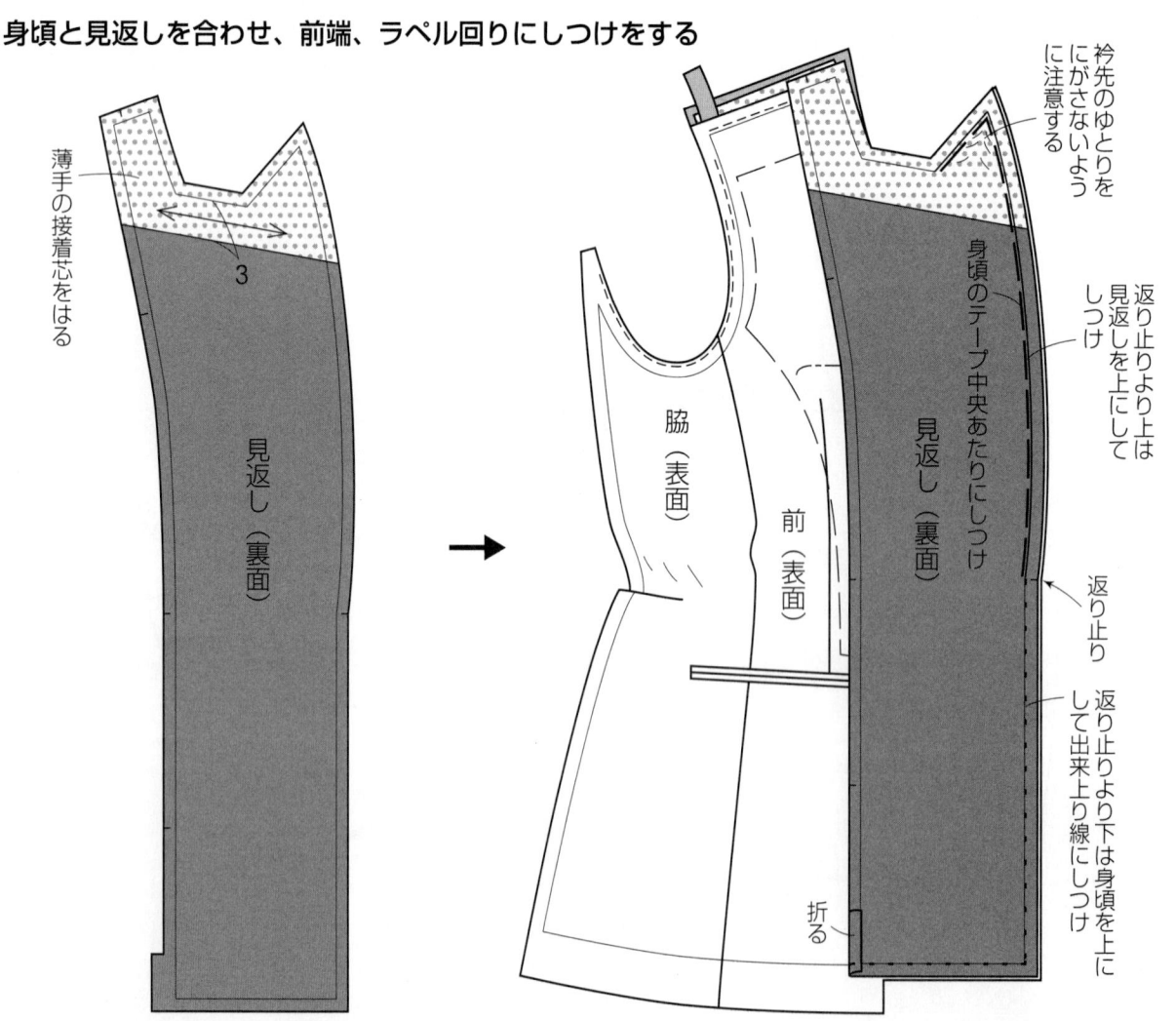

胸増し芯を返り線から0.5離し、表のダーツ止りより1.5～2下になるようにセットする

前芯に止める
表のダーツ止り
0.5
1.5～2
前芯（裏面）
前（裏面）
脇（裏面）

プレスボールの上で胸増し芯をなじませ、表よりしつけ糸で止める

0.5
胸増し芯
プレスボール
前（表面）
脇（表面）

13 身頃と見返しを合わせ、前端、ラペル回りにしつけをする

薄手の接着芯をはる
3
見返し（裏面）

衿先のゆとりをにがさないように注意する
身頃のテープ中央あたりにしつけ
返り止りより上は見返しを上にしつけ
返り止り
返り止りより下は身頃を上にしつけして出来上り線にしつけ
折る
脇（表面）
前（表面）
見返し（裏面）

14　前端、ラペル回りを縫い、縫い代を整理する

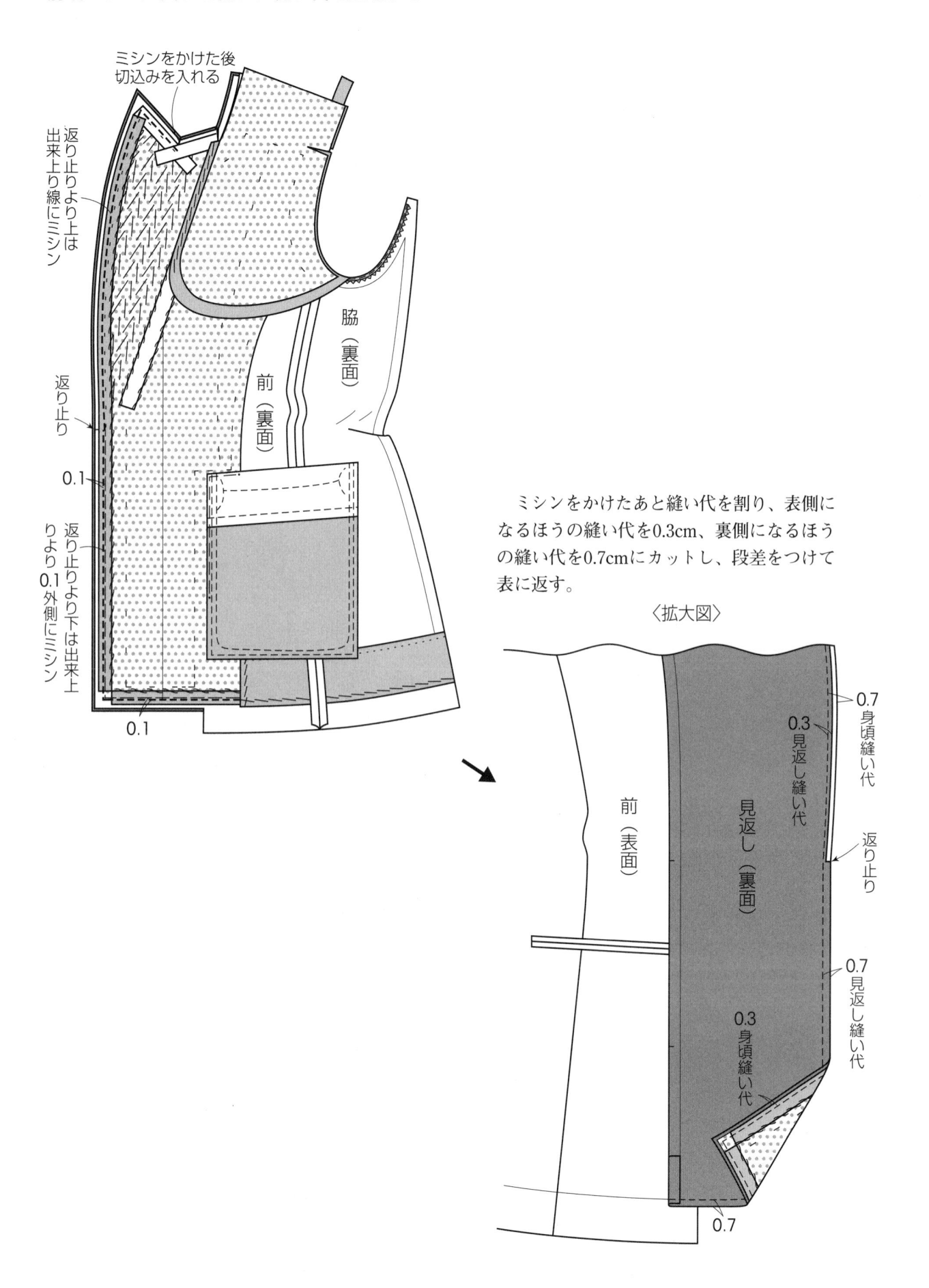

ミシンをかけた後切込みを入れる

返り止りより上は出来上り線にミシン

返り止り

0.1

返り止りより下は出来上りより0.1外側にミシン

0.1

脇（裏面）

前（裏面）

ミシンをかけたあと縫い代を割り、表側になるほうの縫い代を0.3cm、裏側になるほうの縫い代を0.7cmにカットし、段差をつけて表に返す。

〈拡大図〉

前（表面）

見返し（裏面）

0.7 身頃縫い代
0.3 見返し縫い代
返り止り
0.7 見返し縫い代
0.3 身頃縫い代
0.7

Ⅲ　デザインと作図・縫製　171

15　見返しを表に返して整える

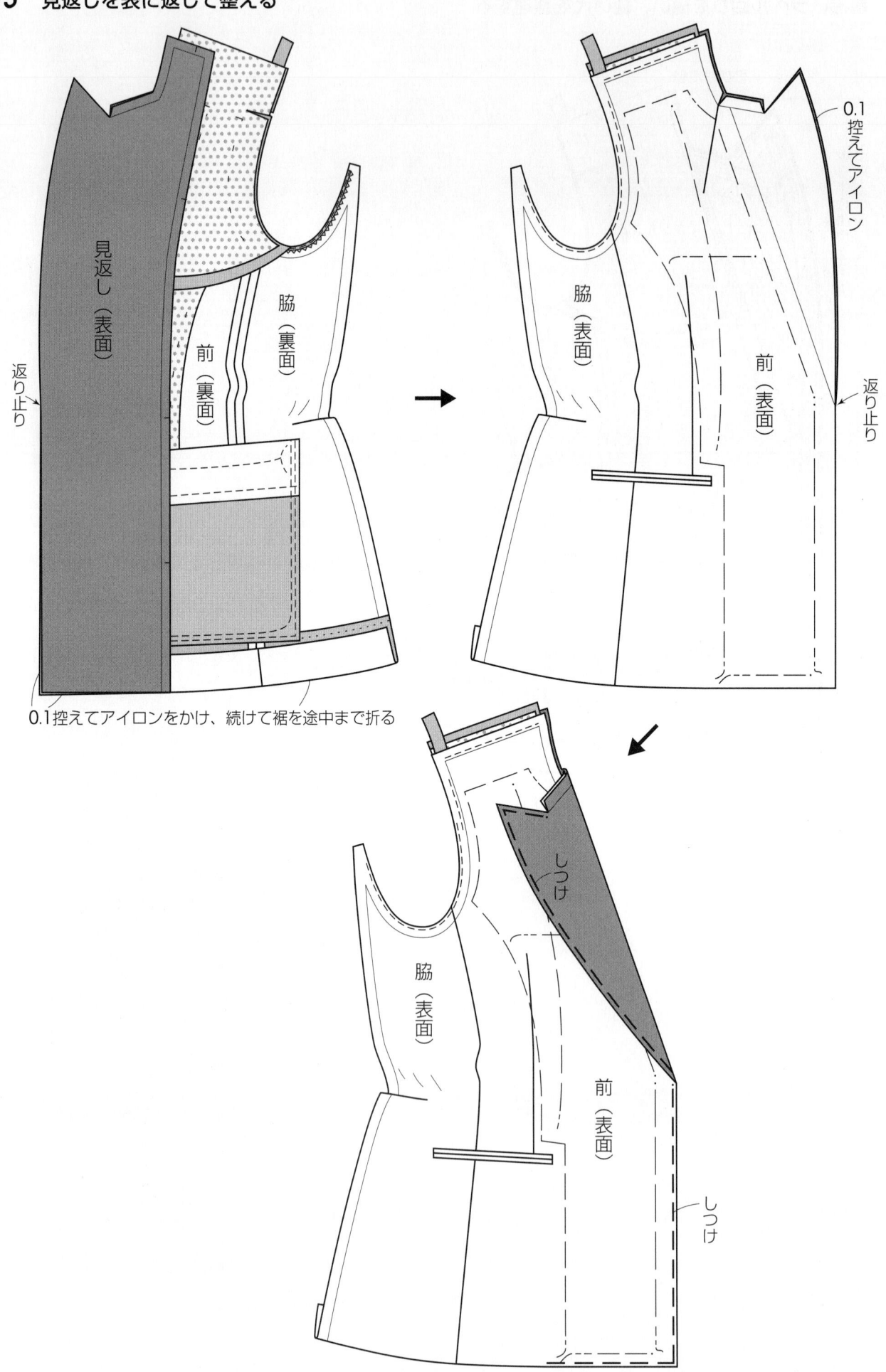

見返し（表面）
前（裏面）
脇（裏面）
返り止り
0.1控えてアイロンをかけ、続けて裾を途中まで折る

脇（表面）
前（表面）
返り止り
0.1控えてアイロン

脇（表面）
前（表面）
しつけ
しつけ

16 裏前身頃と見返しを縫い合わせる

0.2〜0.3

しつけ

0.2〜0.3

0.2〜0.3 外側にミシン

脇（裏面）

前（裏面）

見返し（表面）

裏脇（裏面）

裏前（裏面）

表脇（裏面）

表前（裏面）

2

見返し（表面）

裏脇（表面）

裏前（表面）

縫い代は裏布側に倒す

Ⅲ デザインと作図・縫製 173

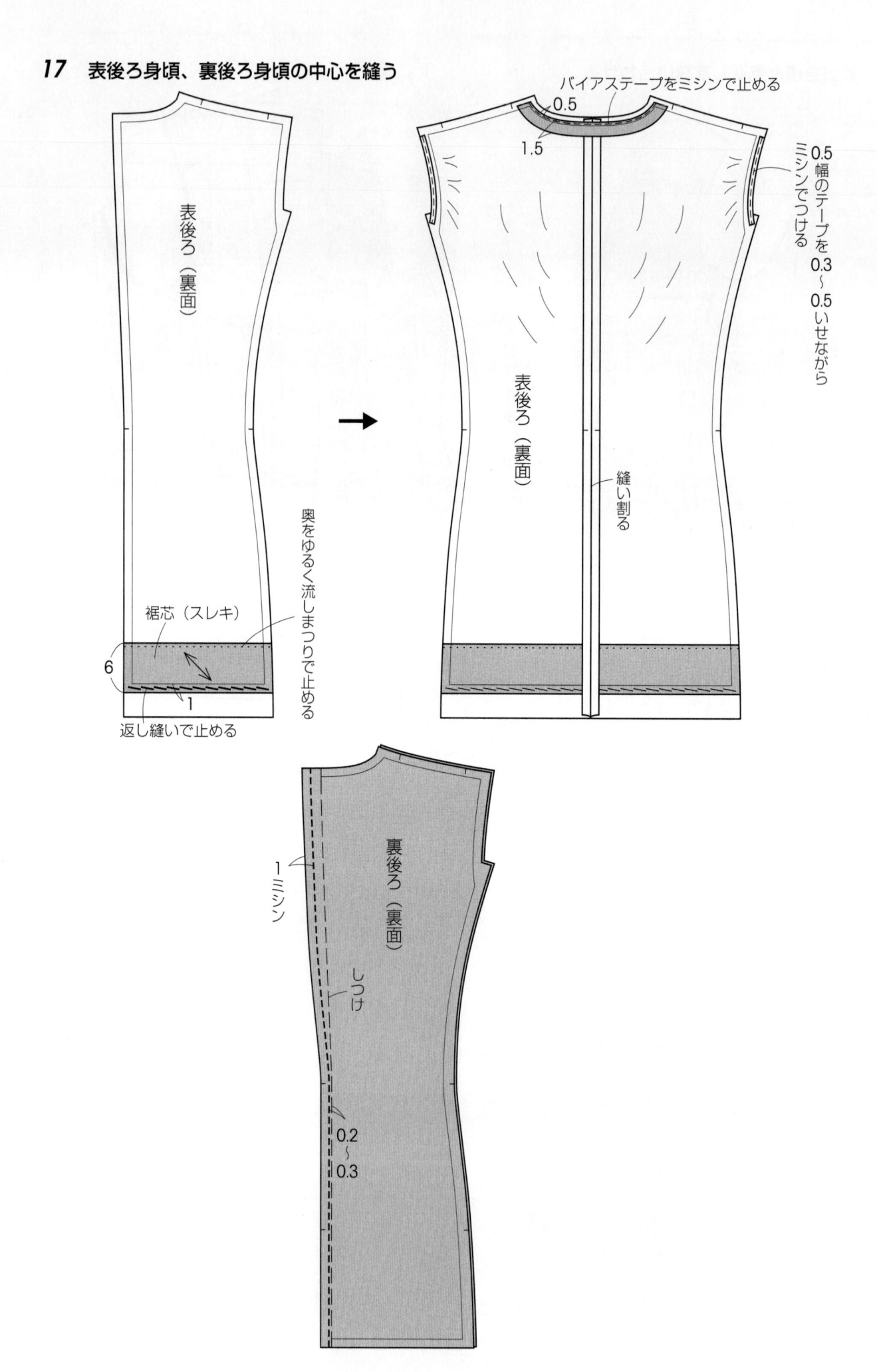

17 表後ろ身頃、裏後ろ身頃の中心を縫う

表後ろ（裏面）

裾芯（スレキ）
6
1
奥をゆるく流しまつりで止める
返し縫いで止める

バイアステープをミシンで止める
0.5
1.5
表後ろ（裏面）
縫い割る
0.5幅のテープを0.3〜0.5いせながらミシンでつける

裏後ろ（裏面）
1 ミシン
しつけ
0.2〜0.3

18　表身頃の後ろパネルラインを縫う

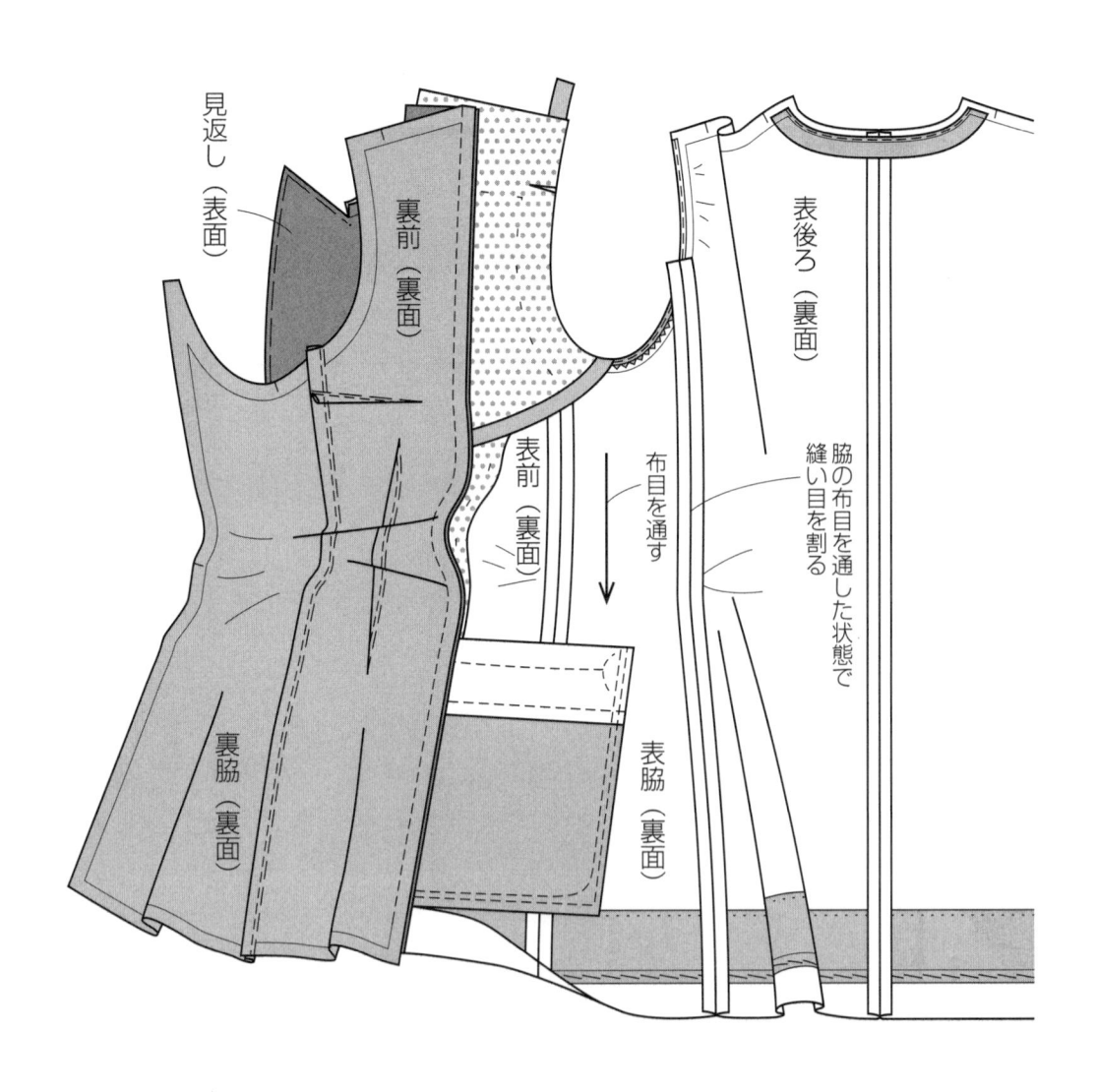

19　表身頃の肩を縫う

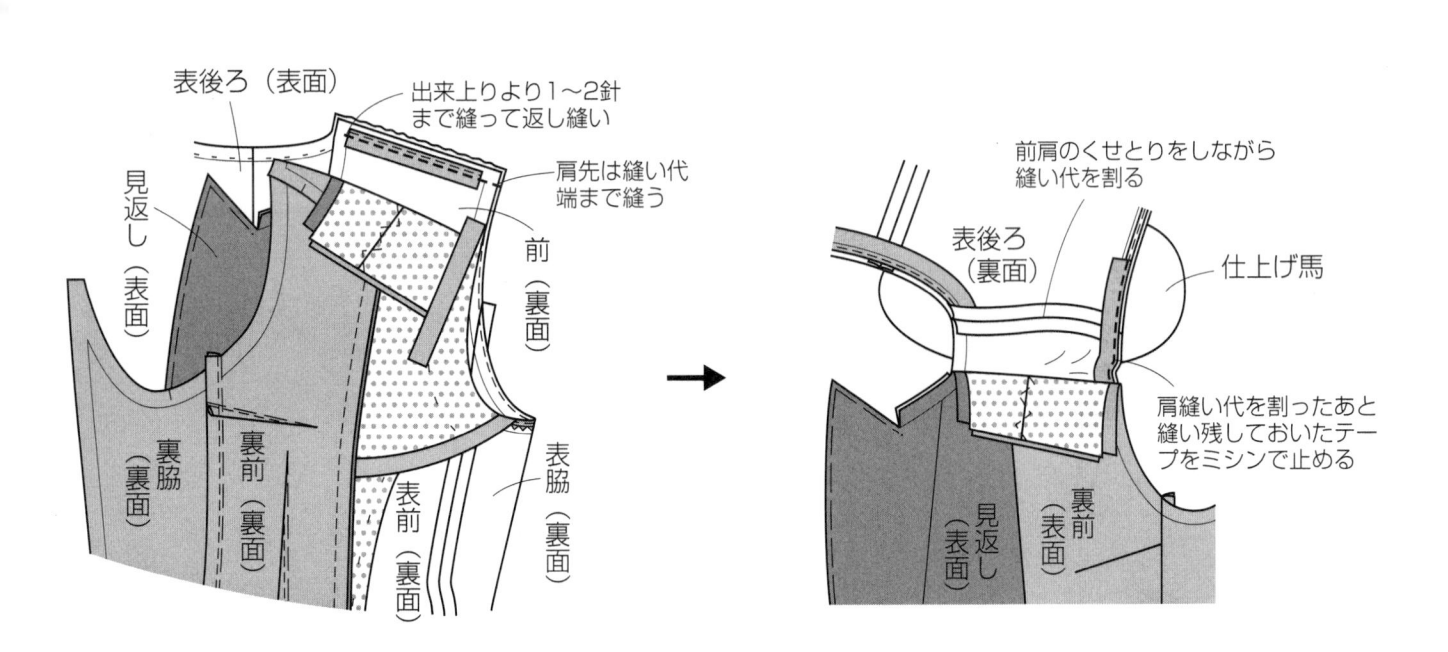

20 裏身頃の後ろパネルラインを縫う

表後ろ（表面）
裏後ろ（裏面）
見返し（表面）
裏前（裏面）
0.2〜0.3 離して
ミシン
しつけ
裏脇（裏面）
表前（裏面）

21 裏身頃の肩を縫う

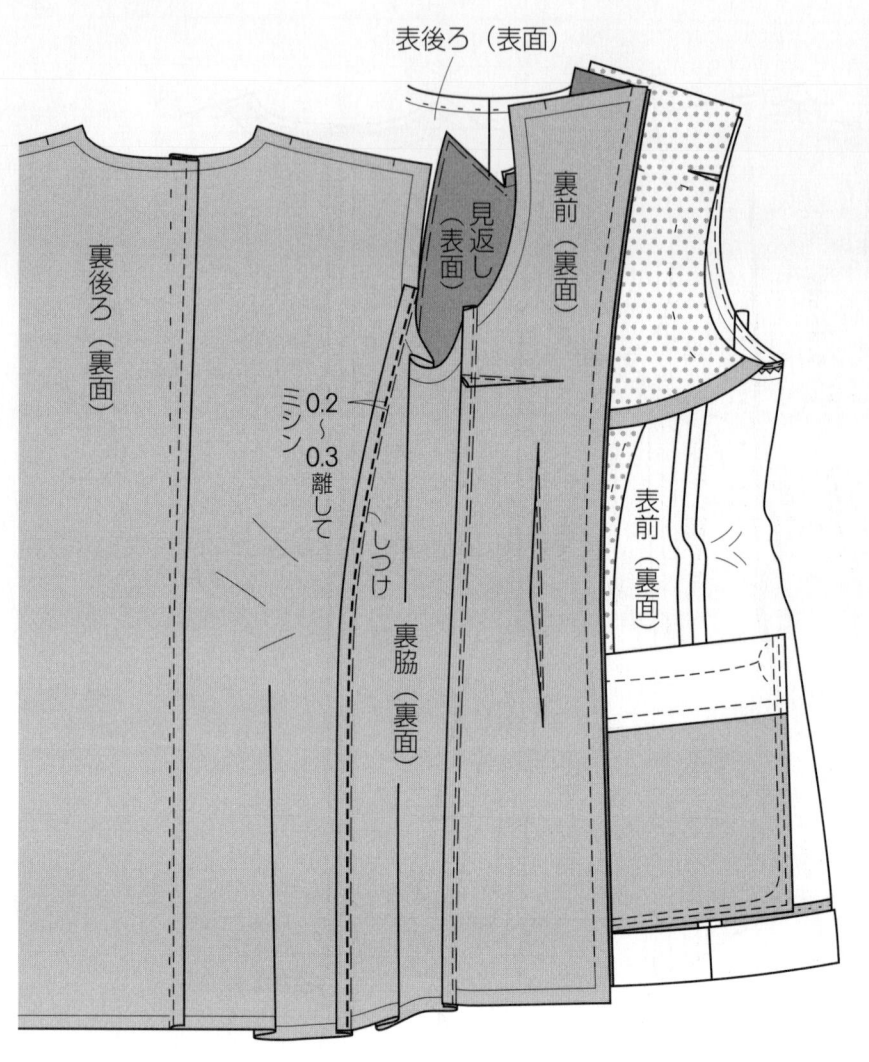

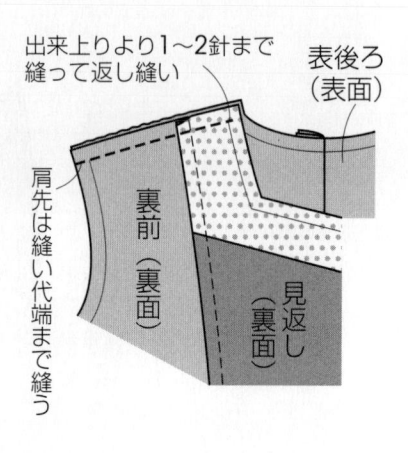

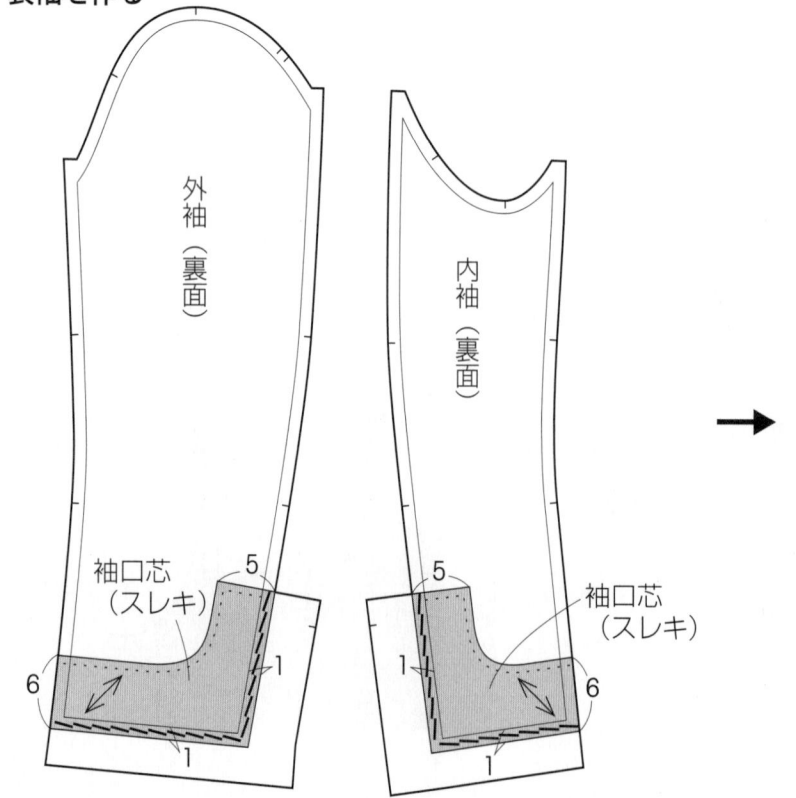

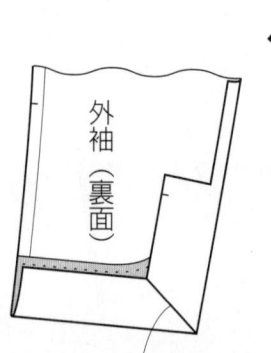

出来上りより1〜2針まで縫って返し縫い
表後ろ（表面）
裏前（裏面）
見返し（裏面）
肩先は縫い代端まで縫う

22 表袖を作る

外袖（裏面）
内袖（裏面）
袖口芯（スレキ）
5
6
1

→

外袖（裏面）

額縁に縫って縫い代を割り（縫い代はカットしない）、表に返してアイロンで整える

外袖（裏面）

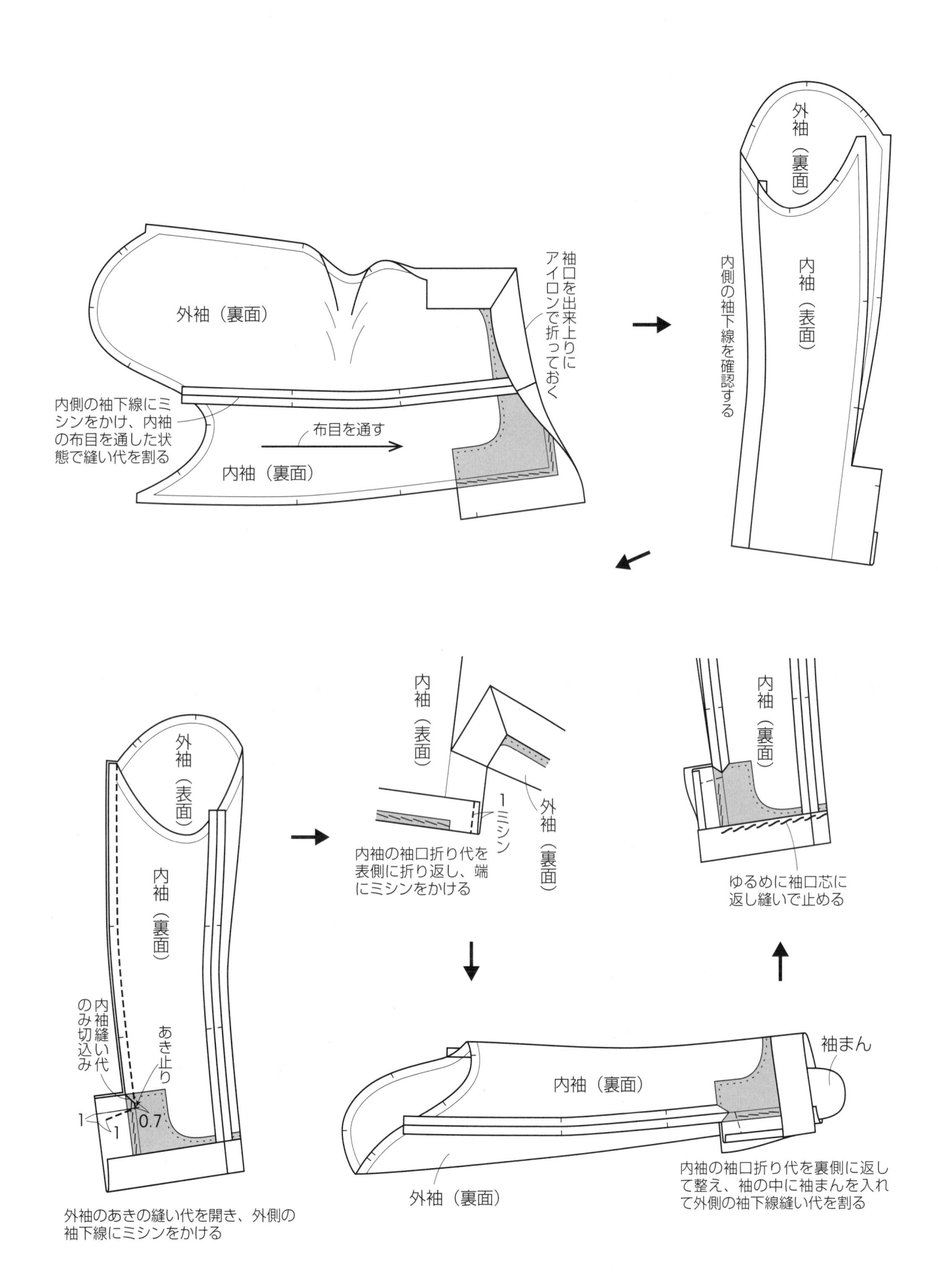

内側の袖下線にミシンをかけ、内袖の布目を通した状態で縫い代を割る

布目を通す

内袖（裏面）

袖口を出来上りにアイロンで折っておく

外袖（裏面）

内袖（表面）

内側の袖下線を確認する

外袖（表面）

内袖（裏面）

内袖縫い代のみ切込み

あき止り

1　0.7

外袖のあきの縫い代を開き、外側の袖下線にミシンをかける

内袖（表面）

1ミシン

外袖（裏面）

内袖の袖口折り代を表側に折り返し、端にミシンをかける

内袖（裏面）

外袖（裏面）

袖まん

内袖の袖口折り代を裏側に返して整え、袖の中に袖まんを入れて外側の袖下線縫い代を割る

内袖（裏面）

ゆるめに袖口芯に返し縫いで止める

Ⅲ　デザインと作図・縫製　177

23　裏袖を作る

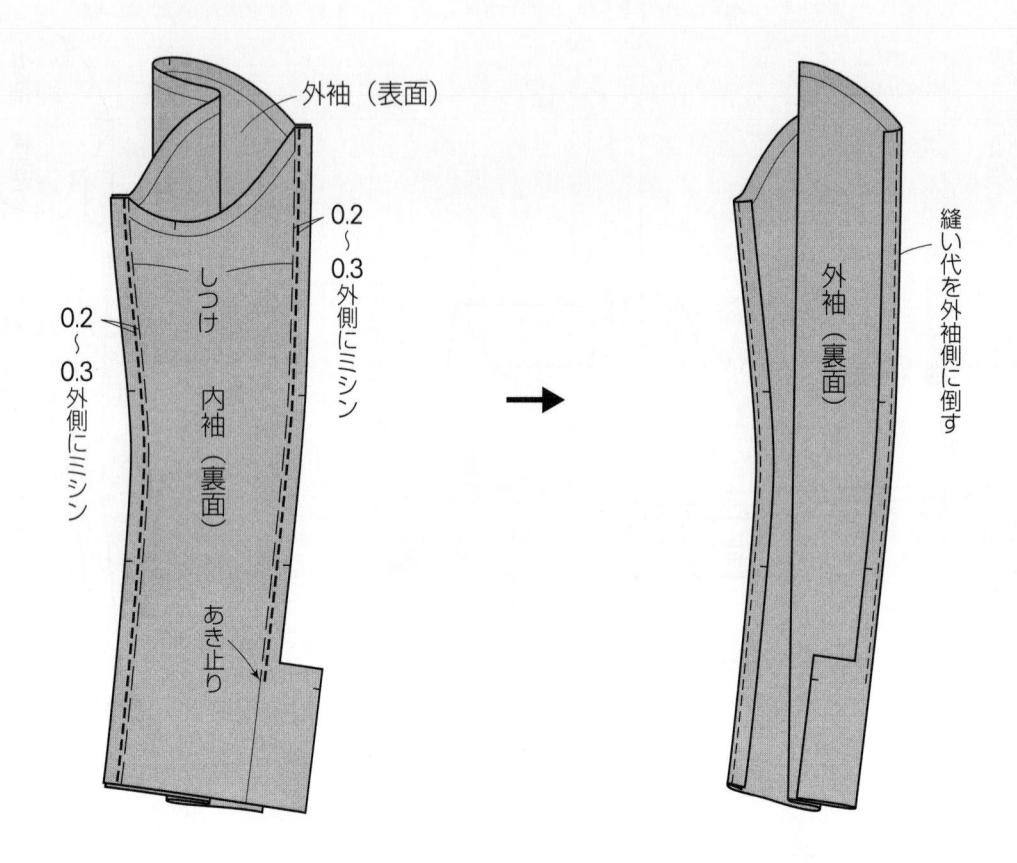

外袖（表面）
0.2〜0.3 外側にミシン
しつけ
内袖（裏面）
0.2〜0.3 外側にミシン
あき止り

縫い代を外袖側に倒す
外袖（裏面）

24　表袖と裏袖の袖下縫い代を中とじする

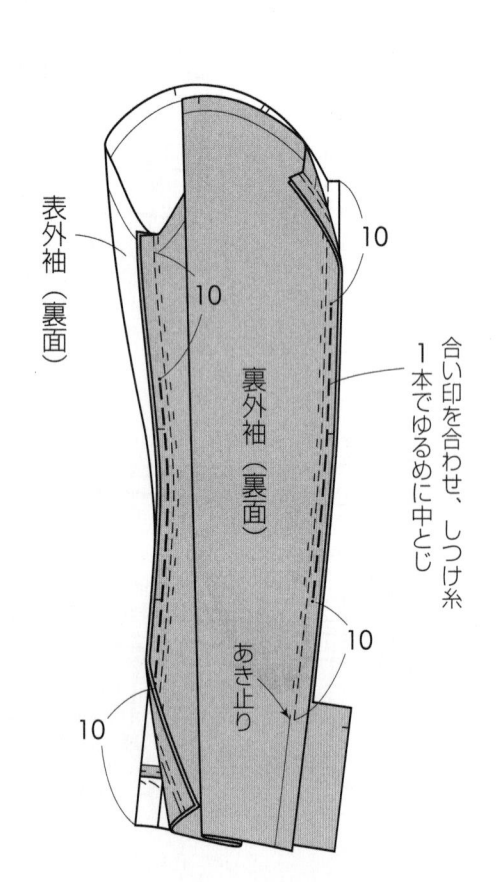

表外袖（裏面）
裏外袖（裏面）
合い印を合わせ、しつけ糸1本でゆるめに中とじ
10
10
10
10
あき止り

25　表に返し、表布と裏布をなじませてしつけで止める

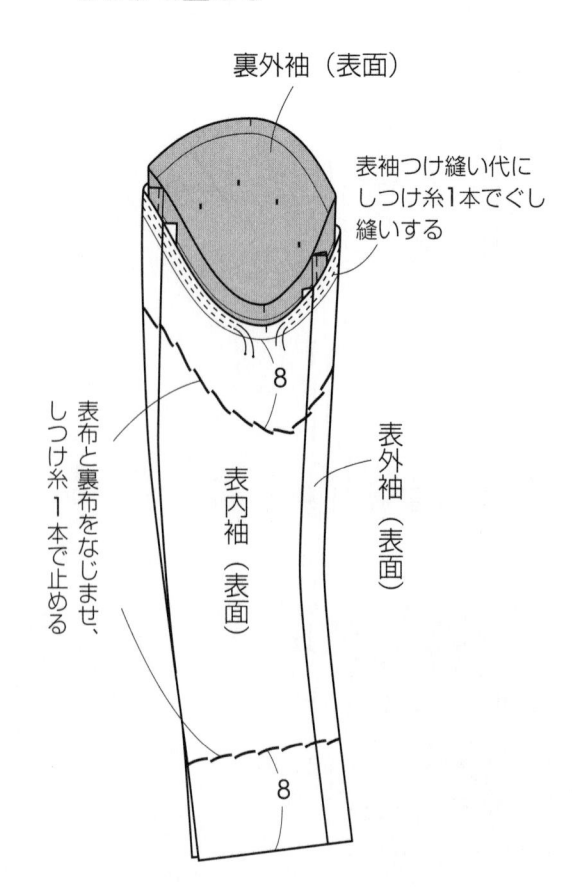

裏外袖（表面）
表袖つけ縫い代にしつけ糸1本でぐし縫いする
8
表布と裏布をなじませ、しつけ糸1本で止める
表外袖（表面）
表内袖（表面）
8

26 袖口とあきの始末をする

裏袖のあき部分は余分な縫い代をカットし、角に切込みを入れて縫い代を折り、表袖にまつる。

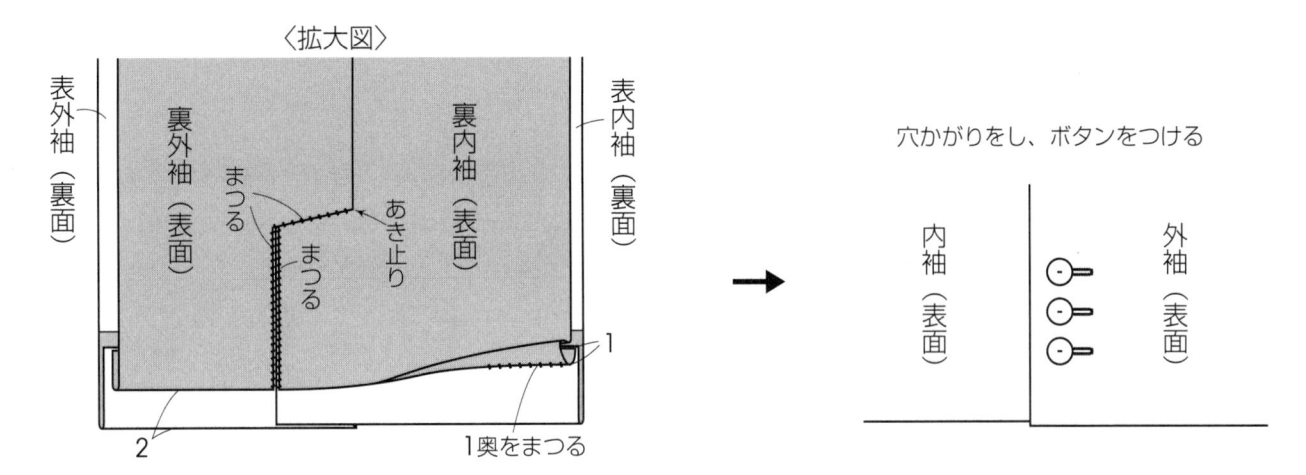

〈拡大図〉

表外袖（裏面）／裏外袖（表面）／まつる／裏内袖（表面）／あき止り／まつる／表内袖（裏面）

1奥をまつる

穴かがりをし、ボタンをつける

内袖（表面）　外袖（表面）

27 衿を作る

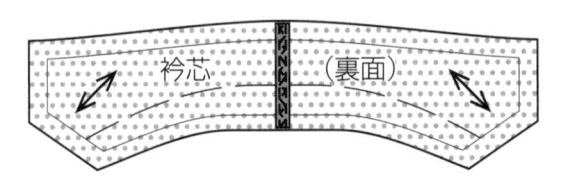

①後ろ中心を出来上りにカットし、裁ち目を突き合わせ、裏面に6度バイアスの接着テープをはる

②テープの両端をミシンで止め、さらにジグザグにミシンをかける。つれないように注意する

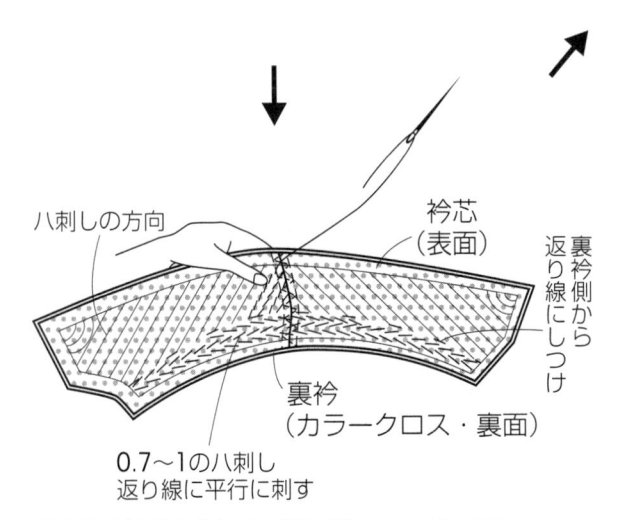

八刺しの方向／衿芯（表面）／裏衿側から返り線にしつけ／裏衿（カラークロス・裏面）

0.7〜1のハ刺し
返り線に平行に刺す

①裏衿と衿芯を合わせ、返り線にしつけをする

②衿こし部分をハ刺しで止める

③返り線より外側は、衿の形を保ち、中心から衿先に向かってハ刺しで止める

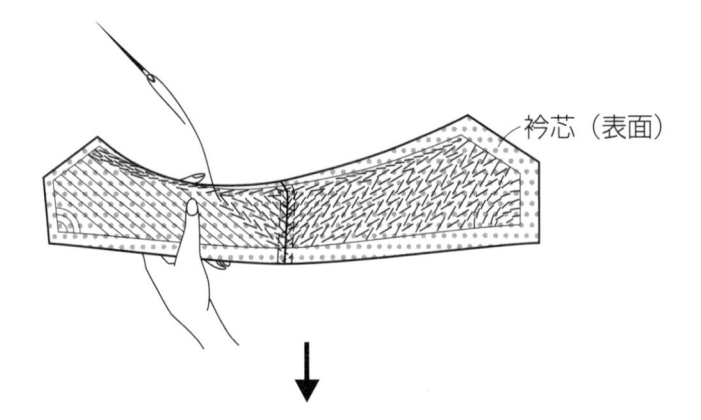

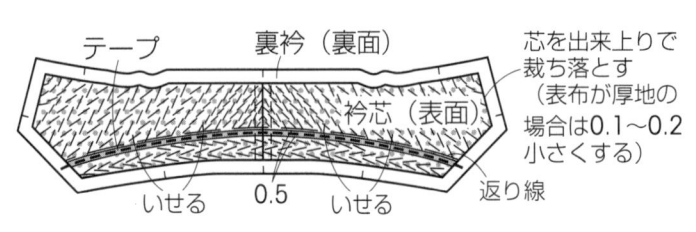

衿芯（表面）

テープ／裏衿（裏面）／衿芯（表面）／いせる　0.5　いせる／返り線

芯を出来上りで裁ち落とす（表布が厚地の場合は0.1〜0.2小さくする）

テープの端を返り線に合わせ、サイドネック付近でややいせながら、テープの中央をミシンで止める

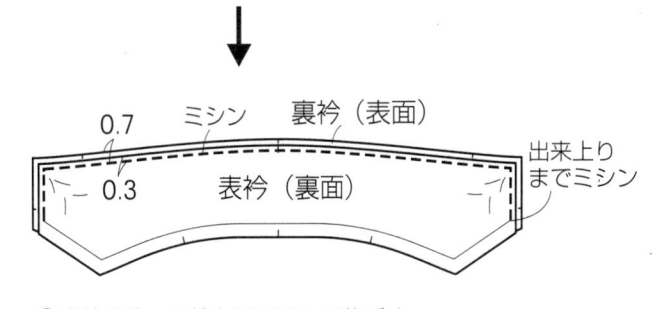

0.7　ミシン　裏衿（表面）
0.3　表衿（裏面）
出来上りまでミシン

①表衿の衿つけ線をアイロンで伸ばす

②表衿と裏衿を合わせ、衿先のゆとりをにがさないようにしつけをして周囲にミシンをかける

③縫い代を割り、表側になるほうを0.3、裏側になるほうを0.7にカットして段差をつけ、表に返してアイロンで整える

Ⅲ　デザインと作図・縫製

28　裏身頃に表衿をつける

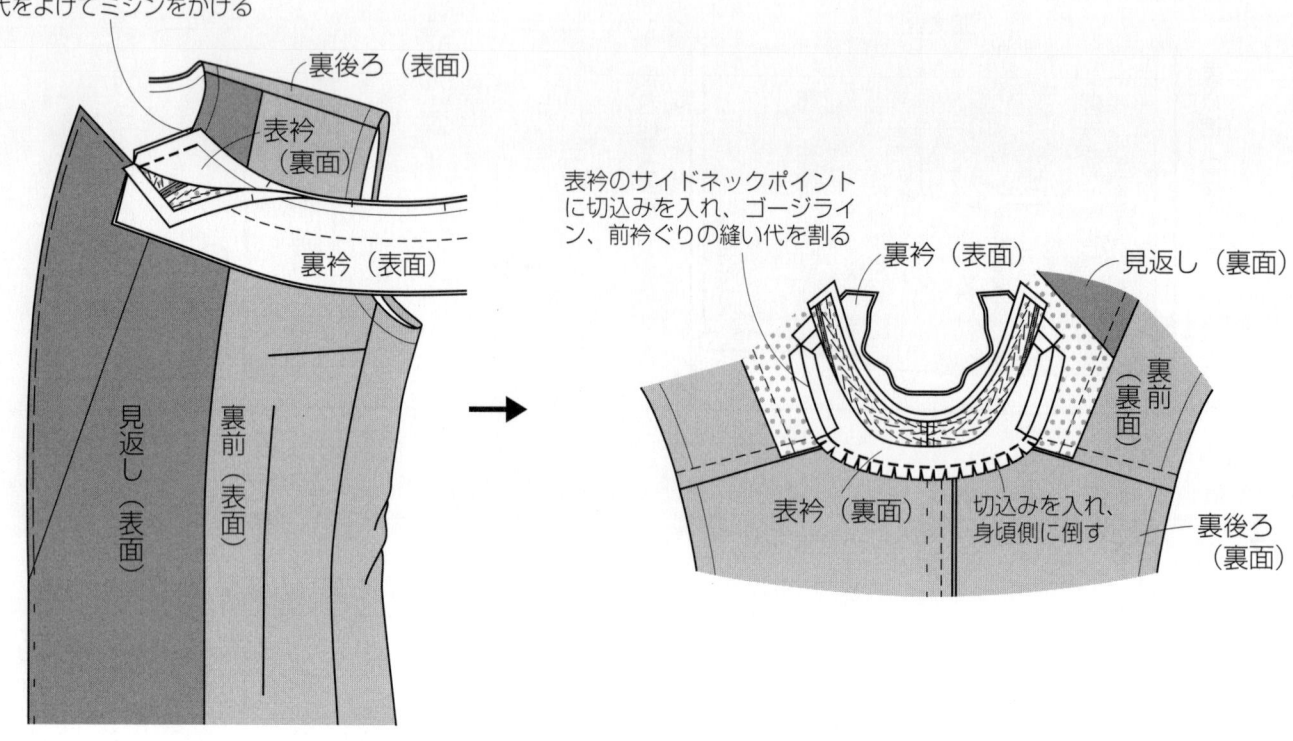

見返しの角に切込みを入れ、表衿と合わせ、表身頃の縫い代をよけてミシンをかける

裏後ろ（表面）
表衿（裏面）
裏衿（表面）
見返し（表面）
裏前（表面）

表衿のサイドネックポイントに切込みを入れ、ゴージライン、前衿ぐりの縫い代を割る

裏衿（表面）
見返し（裏面）
裏前（裏面）
表衿（裏面）
切込みを入れ、身頃側に倒す
裏後ろ（裏面）

29　表身頃に裏衿をつける

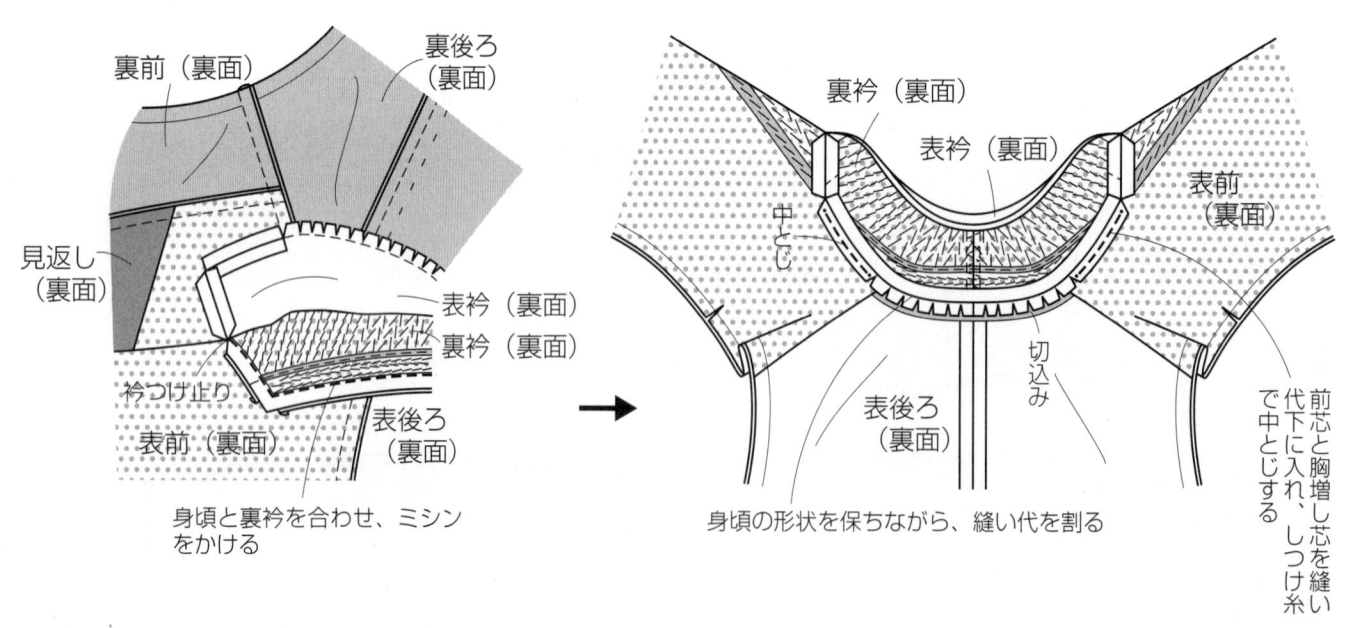

裏前（裏面）
裏後ろ（裏面）
見返し（裏面）
表衿（裏面）
裏衿（裏面）
衿つけ止り
表前（裏面）
表後ろ（裏面）

身頃と裏衿を合わせ、ミシンをかける

裏衿（裏面）
表衿（裏面）
中とじ
表前（裏面）
表後ろ（裏面）
切込み

身頃の形状を保ちながら、縫い代を割る

前芯と胸増しし芯を縫い代下に入れ、しつけ糸で中とじする

30　衿を中とじする

- 衿を出来上りの状態に折って表衿のゆとり分を確かめ、衿つけ縫い目に落しじつけをする。
- 裏身頃をめくり、衿つけ縫い代をしつけ糸1本でとじる。

31　見返し奥を中とじする

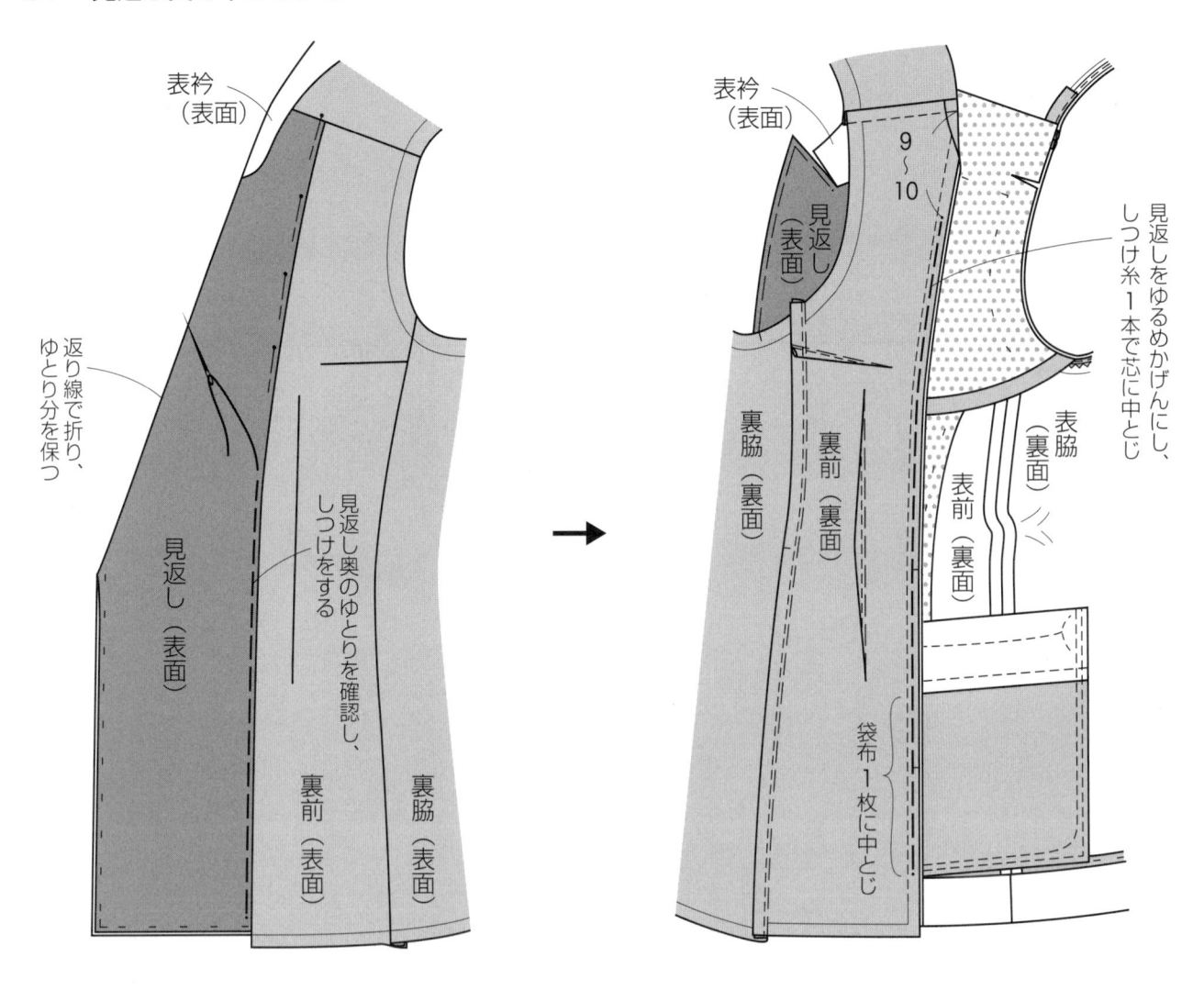

表衿（表面）

返り線で折り、ゆとり分を保つ

見返し（表面）

見返し奥のゆとりを確認し、しつけをする

裏前（表面）　裏脇（表面）

表衿（表面）

9〜10

見返し（表面）

裏脇（裏面）　裏前（裏面）

見返しをゆるめかげんにし、しつけ糸1本で芯に中とじ

表前（裏面）

表脇（裏面）

袋布1枚に中とじ

32　裾を始末する

服飾造形講座④『スーツ・ベスト』参照。

33　肩パッドをつける

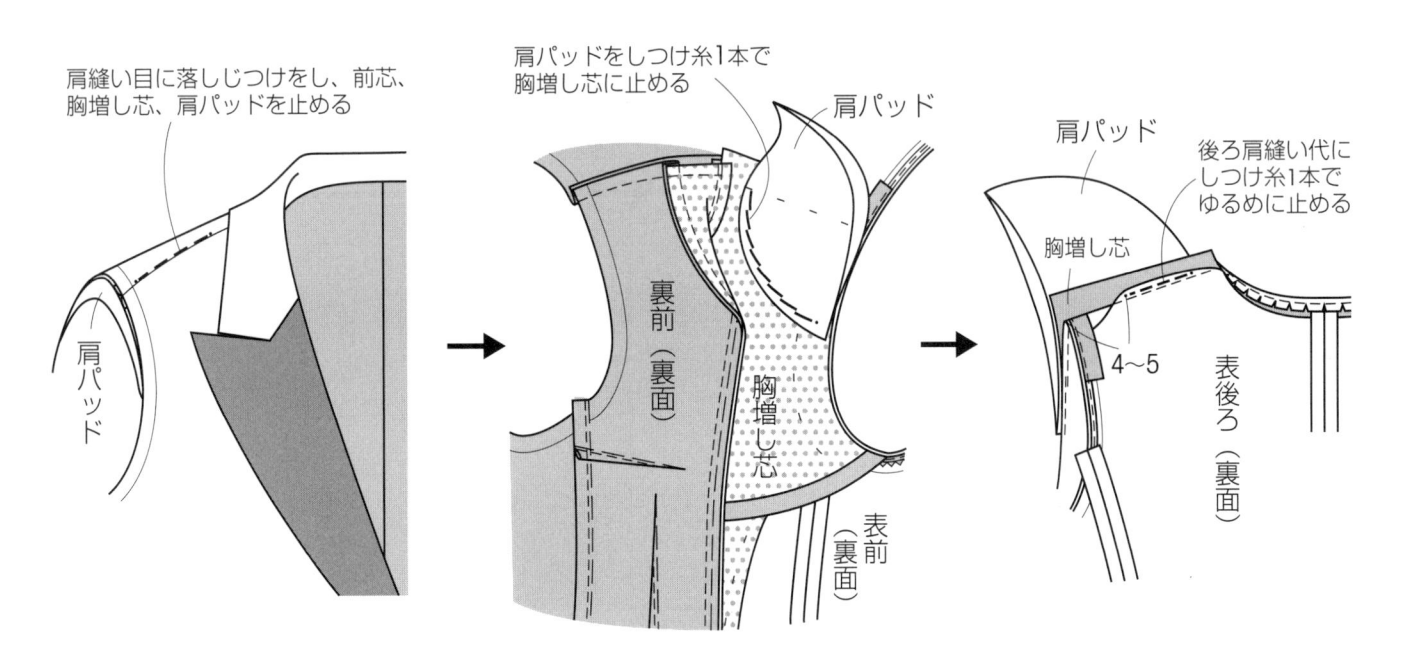

肩縫い目に落しじつけをし、前芯、胸増し芯、肩パッドを止める

肩パッド

肩パッドをしつけ糸1本で胸増し芯に止める

肩パッド

裏前（裏面）

胸増し芯

表前（裏面）

肩パッド

後ろ肩縫い代にしつけ糸1本でゆるめに止める

胸増し芯

4〜5

表後ろ（裏面）

Ⅲ　デザインと作図・縫製　181

34 袖をつける

袖つけに関して詳しくは、服飾造形講座④『スーツ・ベスト』参照。

前芯、胸増し芯の袖ぐり端は、袖つけ縫い代の中とじで止める。

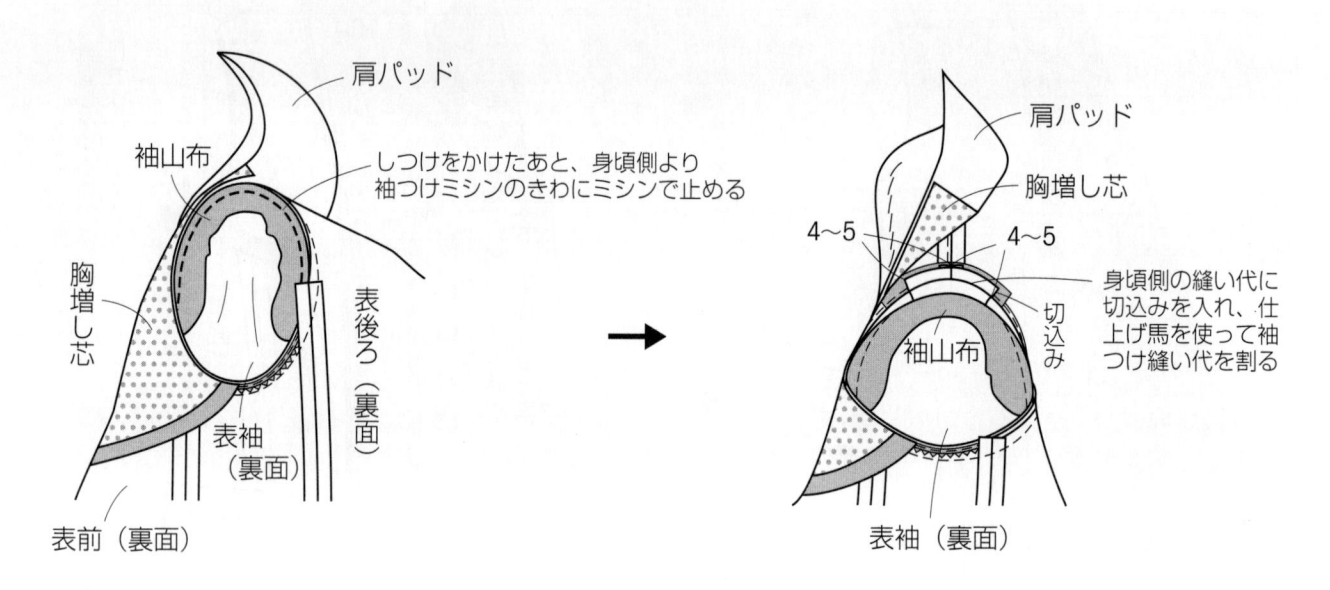

左図ラベル:
- 肩パッド
- 袖山布
- しつけをかけたあと、身頃側より袖つけミシンのきわにミシンで止める
- 胸増し芯
- 表袖（裏面）
- 表後ろ（裏面）
- 表前（裏面）

右図ラベル:
- 肩パッド
- 胸増し芯
- 4〜5
- 4〜5
- 切込み
- 袖山布
- 身頃側の縫い代に切込みを入れ、仕上げ馬を使って袖つけ縫い代を割る
- 表袖（裏面）

35 まとめ

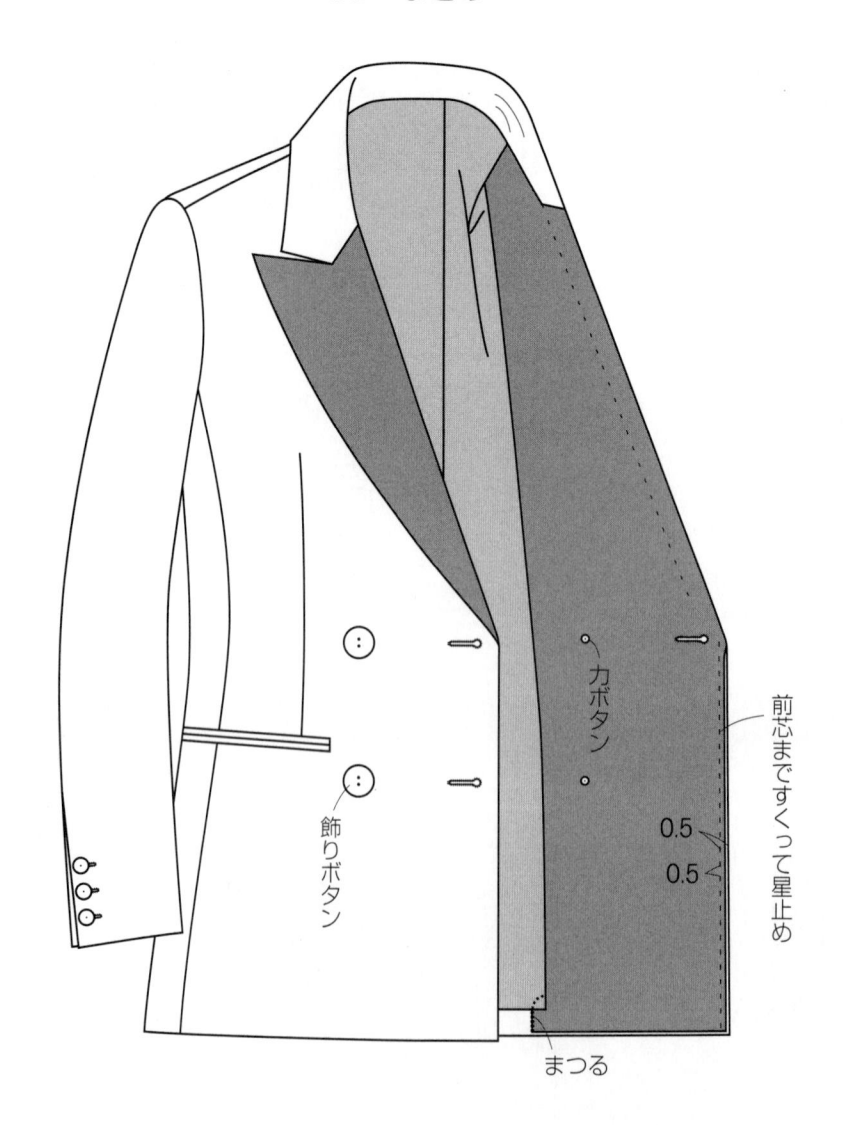

- カボタン
- 飾りボタン
- 前芯まですくって星止め
- 0.5
- 0.5
- まつる

作図の凡例

記号	名称	説明
━━━ ━ ━	出来上り線	太い実線 / 太い破線
─────	案内線	細い実線
─ ・ ─ ・ ─	見返し線	一点鎖線
━ ━ ━	わに裁つ線	太い破線
━ ━ ━ ━	折返し線、折り山線	太い破線
- - - - -	ステッチ線	細い破線
⌒⌒	等分線	細い点線または実線。同寸法を示す符号をつけるときもある。符号は○●など。
↑↕↑ なで毛 逆毛	布目線	矢印の方向に布の縦地を通す。片方だけの矢印の布目線は毛並みの方向を示す。
×	バストポイントを示す印	
∠	直角の印	水平線、垂直線に対する直角には原則として入れない。
	線の交差を区別する印	
たたむ（閉じる）／切り開く（開く）	たたんで切り開く印	閉じて開く場合もある。
	型紙を突き合わせて裁つ印	わに裁つ印の場合もある。
	プリーツ	斜線の方向は、たたむ方向をあらわす。
	タック	斜線の方向は、たたむ方向をあらわす。
表ピンタック　裏ピンタック	ピンタック	
⊕	ボタンの印	ボタンの位置をあらわす。
├──┤	ボタンホールの印	ボタンホールの位置をあらわす。
後ろ／前	ノッチ	合い印
～～～	ギャザーの印	
← →	伸ばす印	
→ ←	いせる印	

- B　　Bust（バスト）の略
- UB　Under Bust（アンダーバスト）の略
- W　　Waist（ウエスト）の略
- MH　Middle Hip（ミドルヒップ）の略
- H　　Hip（ヒップ）の略
- BL　Bust Line（バストライン）の略
- WL　Waist Line（ウエストライン）の略
- MHL　Middle Hip Line（ミドルヒップライン）の略
- HL　Hip Line（ヒップライン）の略
- EL　Elbow Line（エルボーライン）の略
- KL　Knee Line（ニーライン）の略
- BP　Bust Point（バストポイント）の略
- SNP　Side Neck Point（サイドネックポイント）の略
- FNP　Front Neck Point（フロントネックポイント）の略
- BNP　Back Neck Point（バックネックポイント）の略
- SP　Shoulder Point（ショルダーポイント）の略
- AH　Arm Hole（アームホール）の略
- HS　Head Size（ヘッドサイズ）の略

文化式原型成人女子用身頃

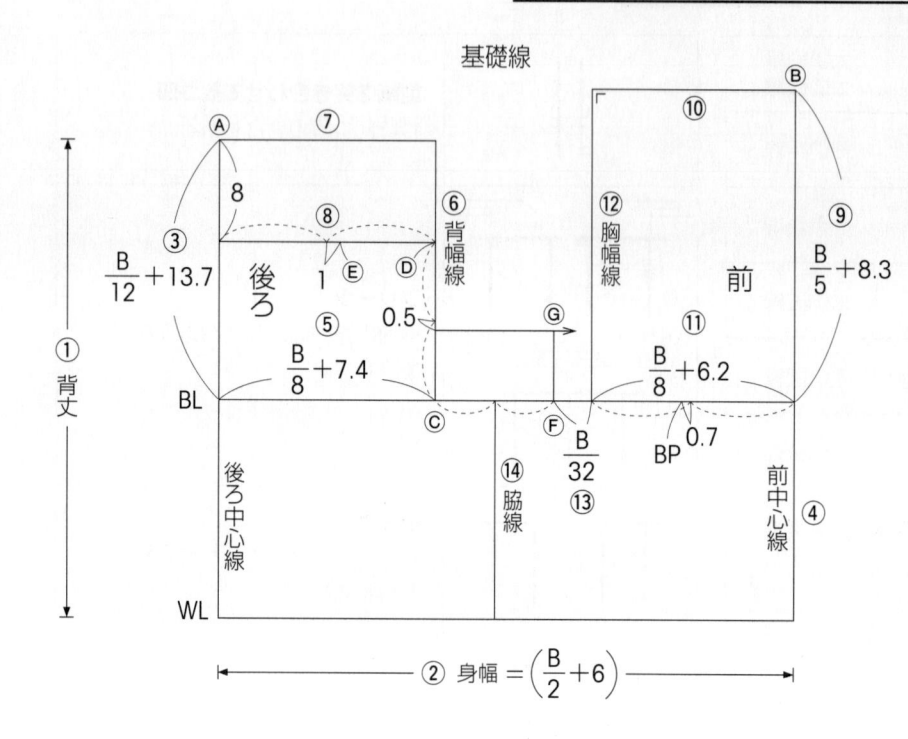

基礎線

- 作図上の各部の寸法の算出は「早見表」を参考にする。
- ウエストダーツの各ダーツ量は、総ダーツ量に対する比率で計算する。総ダーツ量は、身幅−($\frac{W}{2}$+3)となる。各ダーツ量は下表を参考とする。
- 分度器を使わないで作図する場合の胸ぐせダーツは、バスト寸法93cmまで計算式が使用できるが、バスト寸法94cm以上では、アームホール線の訂正があるため（「服飾造形の基礎」編参照）、早見表の数値で作図をした後、アームホール線の訂正を加える。

輪郭線

分度器を使わないで作図する場合の肩傾斜と胸ぐせダーツの算出法

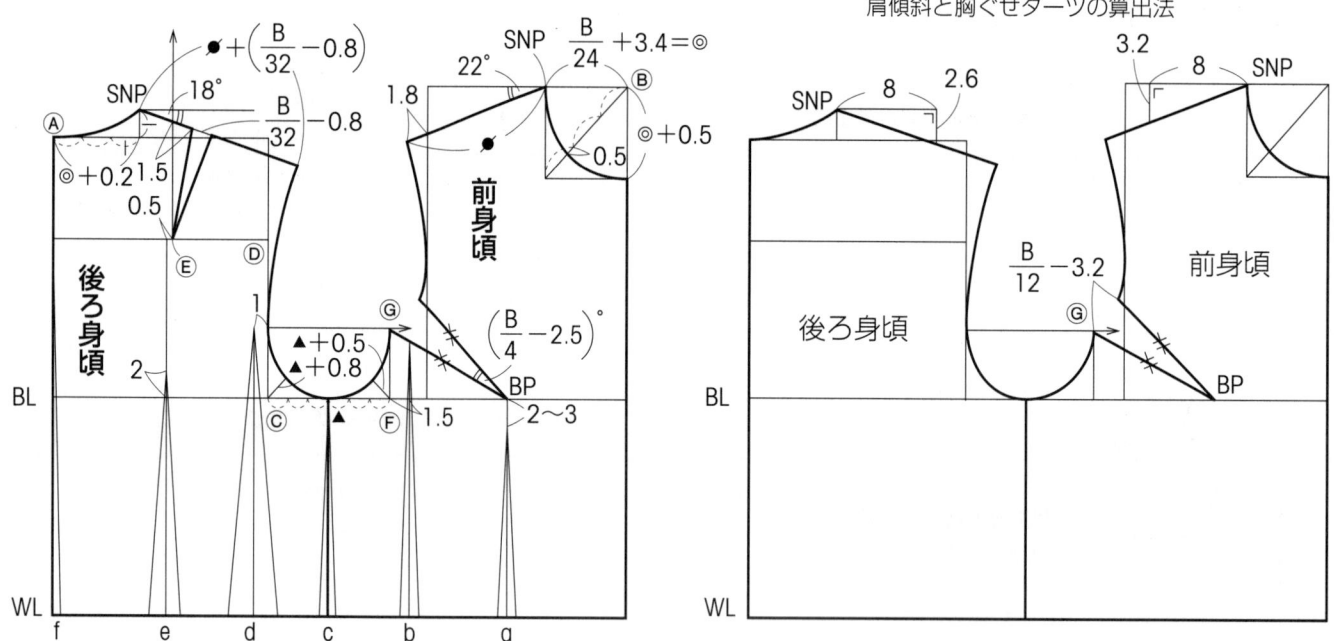

（単位cm）

総ダーツ量	f	e	d	c	b	a
100%	7%	18%	35%	11%	15%	14%
9	0.630	1.620	3.150	0.990	1.350	1.260
10	0.700	1.800	3.500	1.100	1.500	1.400
11	0.770	1.980	3.850	1.210	1.650	1.540
12	0.840	2.160	4.200	1.320	1.800	1.680
12.5	0.875	2.250	4.375	1.375	1.875	1.750
13	0.910	2.340	4.550	1.430	1.950	1.820
14	0.980	2.520	4.900	1.540	2.100	1.960
15	1.050	2.700	5.250	1.650	2.250	2.100

各部寸法の早見表

(単位cm)

B	身幅 $\frac{B}{2}+6$	Ⓐ～BL $\frac{B}{12}+13.7$	背幅 $\frac{B}{8}+7.4$	BL～Ⓑ $\frac{B}{5}+8.3$	胸幅 $\frac{B}{8}+6.2$	$\frac{B}{32}$	前衿ぐり幅 $\frac{B}{24}+3.4=◎$	前衿ぐり深さ ◎+0.5	胸ぐせダーツ (度) $(\frac{B}{4}-2.5)$	胸ぐせダーツ (cm) $\frac{B}{12}-3.2$	後ろ衿ぐり幅 ◎+0.2	後ろ肩ダーツ $\frac{B}{32}-0.8$	★
77	44.5	20.1	17.0	23.7	15.8	2.4	6.6	7.1	16.8	3.2	6.8	1.6	0.0
78	45.0	20.2	17.2	23.9	16.0	2.4	6.7	7.2	17.0	3.3	6.9	1.6	0.0
79	45.5	20.3	17.3	24.1	16.1	2.5	6.7	7.2	17.3	3.4	6.9	1.7	0.0
80	46.0	20.4	17.4	24.3	16.2	2.5	6.7	7.2	17.5	3.5	6.9	1.7	0.0
81	46.5	20.5	17.5	24.5	16.3	2.5	6.8	7.3	17.8	3.6	7.0	1.7	0.0
82	47.0	20.5	17.7	24.7	16.5	2.6	6.8	7.3	18.0	3.6	7.0	1.8	0.0
83	47.5	20.6	17.8	24.9	16.6	2.6	6.9	7.4	18.3	3.7	7.1	1.8	0.0
84	48.0	20.7	17.9	25.1	16.7	2.6	6.9	7.4	18.5	3.8	7.1	1.8	0.0
85	48.5	20.8	18.0	25.3	16.8	2.7	6.9	7.4	18.8	3.9	7.1	1.9	0.1
86	49.0	20.9	18.2	25.5	17.0	2.7	7.0	7.5	19.0	4.0	7.2	1.9	0.1
87	49.5	21.0	18.3	25.7	17.1	2.7	7.0	7.5	19.3	4.1	7.2	1.9	0.1
88	50.0	21.0	18.4	25.9	17.2	2.8	7.1	7.6	19.5	4.1	7.3	2.0	0.1
89	50.5	21.1	18.5	26.1	17.3	2.8	7.1	7.6	19.8	4.2	7.3	2.0	0.1
90	51.0	21.2	18.7	26.3	17.5	2.8	7.2	7.7	20.0	4.3	7.4	2.0	0.2
91	51.5	21.3	18.8	26.5	17.6	2.8	7.2	7.7	20.3	4.4	7.4	2.0	0.2
92	52.0	21.4	18.9	26.7	17.7	2.9	7.2	7.7	20.5	4.5	7.4	2.1	0.2
93	52.5	21.5	19.0	26.9	17.8	2.9	7.3	7.8	20.8	4.6	7.5	2.1	0.2
94	53.0	21.5	19.2	27.1	18.0	2.9	7.3	7.8	21.0	4.6	7.5	2.1	0.2
95	53.5	21.6	19.3	27.3	18.1	3.0	7.4	7.9	21.3	4.7	7.6	2.2	0.3
96	54.0	21.7	19.4	27.5	18.2	3.0	7.4	7.9	21.5	4.8	7.6	2.2	0.3
97	54.5	21.8	19.5	27.7	18.3	3.0	7.4	7.9	21.8	4.9	7.6	2.2	0.3
98	55.0	21.9	19.7	27.9	18.5	3.1	7.5	8.0	22.0	5.0	7.7	2.3	0.3
99	55.5	22.0	19.8	28.1	18.6	3.1	7.5	8.0	22.3	5.1	7.7	2.3	0.3
100	56.0	22.0	19.9	28.3	18.7	3.1	7.6	8.1	22.5	5.1	7.8	2.3	0.4
101	56.5	22.1	20.0	28.5	18.8	3.2	7.6	8.1	22.8	5.2	7.8	2.4	0.4
102	57.0	22.2	20.2	28.7	19.0	3.2	7.7	8.2	23.0	5.3	7.9	2.4	0.4
103	57.5	22.3	20.3	28.9	19.1	3.2	7.7	8.2	23.3	5.4	7.9	2.4	0.4
104	58.0	22.4	20.4	29.1	19.2	3.3	7.7	8.2	23.5	5.5	7.9	2.5	0.4

参考寸法

文化服装学院女子学生参考寸法　衣服製作のための計測項目と標準値（文化服装学院　1998年）

(単位cm)

	計測項目	標準値
回り寸法	バスト回り	84.0
	アンダーバスト回り	70.0
	ウエスト回り	64.5
	ミドルヒップ回り	82.5
	ヒップ回り	91.0
	腕つけ根回り	36.0
	上腕回り	26.0
	肘回り	22.0
	手首回り	15.0
	手のひら回り	21.0
	頭回り	56.0
	首つけ根回り	37.5
	大腿回り	54.0
	下腿回り	34.5

	計測項目	標準値
幅寸法	背肩幅	40.5
	背幅	33.5
	胸幅	32.5
	BPの間隔	16.0
丈寸法	身長	158.5
	総丈	134.0
	背丈	38.0
	後ろ丈	40.5
	前丈	42.0
	乳下がり	25.0
	袖丈	52.0
	ウエスト高	97.0
	腰丈	18.0
	股上丈	25.0
	股下丈	72.0
	膝丈	57.0
他	股上前後長	68.0
	体重	51.0

● アウターウェア製作を目的とした計測のため、ブラジャー、ショーツ、ソフトガードルを着用して計測を行なった。ブラジャー着用によりバストサイズは新JISサイズより1cm大きい。

新JISサイズ（2001年）

成人女子用衣料サイズの体型区分（JIS L 4005-2001）

体型	意　　味
A体型	日本人の成人女子の身長を142cm、150cm、158cm及び166cmに区分し、さらにバストを74～92cmを3cm間隔で、92～104cmを4cm間隔で区分したとき、それぞれの身長とバストの組合せにおいて出現率が最も高くなるヒップのサイズで示される人の体型
Y体型	A体型よりヒップが4cm小さい人の体型
AB体型	A体型よりヒップが4cm大きい人の体型。ただし、バストは124cmまでとする
B体型	A体型よりヒップが8cm大きい人の体型

身長区分と表示

中央値	範囲	表示
142cm	138cm以上146cm未満	PP
150cm	146cm以上154cm未満	P
158cm	154cm以上162cm未満	R
166cm	162cm以上170cm未満	T

成人女子用衣料のサイズ―A体型

(単位cm)

	呼び方		5APP	7APP	9APP	11APP	13APP	15APP	17APP	19APP	3AP	5AP	7AP	9AP	11AP	13AP	15AP	17AP	19AP	21AP
基本身体寸法	バスト		77	80	83	86	89	92	96	100	74	77	80	83	86	89	92	96	100	104
	ヒップ		85	87	89	91	93	95	97	99	83	85	87	89	91	93	95	97	99	101
	身長		142								150									
参考人体寸法	ウエスト	年代区分 10	61	—	—	70	73	76	—	—	58	61	64	64	67	70	73	76	80	84
		20		64	67				80	—										
		30												67	70	73	76	80	84	88
		40	64	67	70	73	76	80	84	88	61	64	67							
		50												70	73	76	80	84	88	92
		60	67	70	73	76	80				64	67	70	73	76					
		70																		

	呼び方		3AR	5AR	7AR	9AR	11AR	13AR	15AR	17AR	19AR	3AT	5AT	7AT	9AT	11AT	13AT	15AT	17AT	19AT
基本身体寸法	バスト		74	77	80	83	86	89	92	96	100	74	77	80	83	86	89	92	96	100
	ヒップ		85	87	89	91	93	95	97	99	101	87	89	91	93	95	97	99	101	103
	身長		158									166									
参考人体寸法	ウエスト	年代区分 10	58	61	61	64	67	70	73	76	80	61	61	64	64	67	70	73	76	80
		20																		
		30	61		64	67	70	73	76	80	84		64		67	70	73	76	80	
		40		64																
		50	64		67	70	73	76	80	84	88				70	73	76	80		
		60	—									—		—					—	
		70				—	76	80	84	88							—			

協力

株式会社　孝富
文化学園ファッションリソースセンターテキスタイル資料室
文化学園ファッションリソースセンターコスチューム資料室
文化学園ファッションリソースセンター映像資料室
文化購買事業部

参考文献

『ザ・リバーシブル　part 1・2』　小倉万寿男著　アパレル工業新聞社　1989年、1990年

監修	執筆
文化ファッション大系監修委員会	横山晶子
大沼　淳	竹内芙佐子
田中源子	坂場春美
高橋澄子	平柳直子
山田倫子	中道友子
堺　日出子	佐藤啓子
閏間正雄	石川啓子
横山晶子	北村幸子
坂場春美	甲斐静代
徳永郁代	辛島敦子
深澤朱美	成田邦子
若林紀子	土井恭子
川合　直	石井律子
平沢　洋	長島早苗
	杉浦照美
	安島直美

表紙モチーフデザイン

酒井英実

イラスト

玉川あかね

写真

藤本　毅

文化ファッション大系　服飾造形講座⑥
服飾造形応用編Ⅰ（高級素材）

文化服装学院編

2003年4月1日　第1版第1刷発行
2022年2月1日　第3版第4刷発行

発行者　濱田勝宏
発行所　学校法人文化学園　文化出版局
　　　　〒151-8524
　　　　東京都渋谷区代々木3-22-1
　　　　TEL03-3299-2474（編集）
　　　　TEL03-3299-2540（営業）
印刷所　株式会社 文化カラー印刷

©Bunka Fashion College　2003　Printed in Japan

本書の写真、カット及び内容の無断転載を禁じます。

・本書のコピー、スキャン、デジタル化等の無断複製は著作権法上での例外を除き、禁じられています。本書を代行業者等の第三者に依頼してスキャンやデジタル化することは、たとえ個人や家庭内の利用でも著作権法違反になります。
・本書で紹介した作品の全部または一部を商品化、複製頒布することは禁じられています。

文化出版局のホームページ　http://books.bunka.ac.jp/